圖解 古羅馬軍團的

武器、防具與戰術

THE ANCIENT ROMA : THE EQUIPMENT & TACTICS OF THE ROMAN LEGION

長田龍太
RYUTA OSADA

前言

提到古羅馬，人們往往會想到法律、建築、藝術、科學、語言、宗教、神話等文化層面的成就，然而在古羅馬比其他任何事物都更受到重視的，其實是軍事。羅馬的政治體系、社會制度、公民意識，全都是以提升軍事力為目的所建構的。這原本是為了在充滿暴力的古代世界生存下去所形成的智慧結晶，但在經歷無數戰爭之後，軍事終成了一股強大的原動力，將羅馬這個本來只是義大利中部的地方城市打造成Caput Mundi（世界之都）。目前普遍認為歐洲文明及伊斯蘭文明都建立在羅馬帝國這個基礎上，那麼我們或許可以說，若沒有羅馬的軍事能力，這些文明可能也都不復存在吧！

■年表（第一部「組織」所提到的時代劃分）

章	年	大事記
第1章 王政時期到共和國時期	753BC	傳說中羅馬的建國年。
	580～530BC	塞爾維烏斯・圖利烏斯統治時期。 塞爾維烏斯・圖利烏斯進行軍事改革，制定了階級劃分與提供軍餉的方式。
	510BC	驅逐國王，成立羅馬共和國。
	437～426BC	與斐迪納的戰爭。
	406～396BC	與維愛的戰爭。羅馬勢力擴張至整個台伯河平原。
	390BC	高盧人占領羅馬。
	～362BC	羅馬軍團增加至2個，並設立護民官。
	340～338BC	拉丁戰爭。拉丁同盟解散。
	326～304BC	第二次薩莫奈戰爭（321BC：卡夫丁峽谷戰役）。
	～311BC？	建立小隊編制。
	298～290BC	第三次薩莫奈戰爭（295BC：森提努姆戰役）。
	280～275BC	皮洛士戰爭（280BC：赫拉克利亞戰役、279BC：阿斯庫路姆戰役、 275BC：貝內溫圖戰役）。
	272BC	塔蘭托投降羅馬。羅馬稱霸義大利。
	264～241BC	第一次布匿戰爭。開始引進羅馬短劍跟羅馬匕首？
	218～201BC	第二次布匿戰爭（218BC：特雷比亞河戰役、217BC：特拉西美諾湖戰役、 216BC：坎尼會戰、209BC：新迦太基淪陷、 202BC：札馬戰役）。
	214～205BC	第一次馬其頓戰爭。
	210BC前後	創立執政官近衛隊？
	200～197BC	第二次馬其頓戰爭（197BC：庫諾斯克法萊戰役）。
	192～189BC	敘利亞戰爭（191BC：溫泉關戰役、190BC：馬格尼西亞戰役）。
	181～179BC	第一次凱爾特伊比利亞戰爭。
	172～168BC	第三次馬其頓戰爭（168BC：彼得那戰役，隔年馬其頓王國被分解成4個共和國。 波利比烏斯移送至羅馬）。
	154～138BC	盧西坦戰爭。
	153～151BC	第二次凱爾特伊比利亞戰爭（大概在這時期步兵大隊成為主要的編制單位）。
	149～148BC	第四次馬其頓戰爭（147BC：設立馬其頓行省）。
	149～146BC	第三次布匿戰爭（146BC：摧毀迦太基，設立阿非利加行省）。
	147～146BC	亞該亞戰爭。希臘喪失獨立地位。
	143～133BC	第二次凱爾特伊比利亞戰爭 （137BC：羅馬軍在努曼廷投降。133BC：努曼廷圍攻戰）。
	133BC	小亞細亞編入羅馬行省中。格拉古兄弟中哥哥的改革與失敗。

章	年	大事記
第2章 共和國後期	123 BC	格拉古兄弟中弟弟的改革。制定透過國家經費來採購士兵裝備的法律。
	113～101 BC	辛布里、條頓戰爭（102 BC：馬略擊潰條頓人，並於隔年擊潰辛布里人）。
	112～106 BC	朱古達戰爭（107 BC：馬略就任非洲軍的司令官，並廢除兵役的財產資格限制）。
	104 BC	馬略凱旋儀式，實行「馬略改革」。
	91～88 BC	同盟者戰爭。此戰中實質廢除了同盟軍團。戰後幾乎所有義大利民眾都能獲得羅馬公民權。
	73～71 BC	斯巴達克斯起義。
	67 BC	龐培鎮壓海盜。
	58～51 BC	高盧戰爭（55 BC：第一次遠征不列顛、54 BC：第二次遠征不列顛、52 BC：阿萊西亞圍攻戰）。
	49～45 BC	凱撒內戰（48 BC：法薩盧斯戰役）。
	44 BC	凱撒遭暗殺。
	31 BC	阿克提姆海戰。
第3章 帝國前期與中期	27 BC	屋大維獲得奧古斯都的稱號。設立皇帝行省及元老院行省。 帝國（準確來說為「元首制」）正式成立。
	AD 9	條頓堡森林戰役。3個軍團全軍覆沒。
	AD 14	奧古斯都逝世，提比略即位。放棄擴大帝國版圖的政策。
	AD 43	入侵不列顛。
	AD 60	布狄卡起義。
	AD 66～70	猶太戰爭（AD 70：耶路撒冷淪陷，第二神殿遭到焚毀）。
	AD 68～69	四帝之年（AD 69：克雷莫納戰役。維斯帕先即位）。
	AD 69～96	弗拉維王朝（AD 83～97：圖密善發動達契亞遠征）。
	AD 101～106	達契亞戰爭。
	AD 122～126	在不列顛建設哈德良長城。
	AD 132～135	巴柯巴起義（第二次猶太戰爭）。猶太行省變更為敘利亞巴勒斯坦行省，耶路撒冷則變更為愛利亞加比多連。
	AD 162～166	與帕提亞帝國的戰爭（AD 165～180：安敦寧在位時期的瘟疫，整個帝國約有500萬人死亡）。
	AD 167～180， 2世紀後半葉	馬科曼尼戰爭。皇帝奧里略死後，由康茂德進行和談。 羅馬短劍被淘汰，羅馬長劍成為主流。
	AD 192～193	五帝之年。塞提米烏斯・塞維魯斯即位。
	AD 194～195 AD 197～200	與帕提亞帝國的戰爭。
	AD 208～211	入侵喀里多尼亞（AD 211：塞提米烏斯・塞維魯斯逝世）。
	AD 212	頒布安東尼努斯敕令，此後羅馬帝國領土內幾乎所有人都獲得羅馬公民權，並實質上廢除了軍團兵及輔助兵的服役資格。
	AD 213～214	在達契亞的戰爭。
	AD 215～217	與帕提亞帝國的戰爭。
	AD 226	波斯薩珊王朝推翻帕提亞帝國。
	AD 231～232	與波斯薩珊王朝的戰爭。
	AD 234～235	與日耳曼尼亞的阿勒曼尼人之間的戰爭。
	AD 243／244	戈爾迪安三世敗給波斯帝國。
	AD 251	阿伯里圖斯戰役。羅馬皇帝德西烏斯戰死。
	AD 257	波斯帝國攻陷杜拉歐羅普斯。
	AD 260	埃德薩戰役。皇帝瓦勒良成為波斯皇帝沙普爾一世的俘虜。
	AD 253～268	加里恩努斯在位時期。
	AD 260～267	帕米拉的奧登納圖斯以「帕米拉都督」的身分得到皇帝加里恩努斯的承認。AD 267年獨立成為帕米拉王國。
	AD 267	日耳曼總督波斯圖穆斯自行稱帝，建立獨立高盧帝國。
	AD 268	哥德人從黑海入侵地中海，雅典遭到洗劫。
	AD 271	奧勒良建設羅馬的城牆。
	AD 273	平定高盧帝國。
	AD 274	平定帕米拉王國，收復東方的失地。
第4章 帝國後期	AD 284～305	戴克里先在位時期。推動軍人及文官的分離。AD 293：創立四帝共治制。
	AD 311	結束對基督教的迫害。
	AD 312	米爾維安大橋戰役。君士坦丁的軍隊掌握羅馬。羅馬軍分化為「邊防軍」與「野戰軍」，並解散了禁衛軍。
	AD 313	頒布米蘭敕令。隨著宗教寬容政策，基督教成為合法宗教。
	AD 324	興建君士坦丁堡。AD 330～332年間成為皇帝的居住地。
	AD 357～359	尤利安發動的高盧戰役（AD 357：史特拉斯堡戰役）。
	AD 363	尤利安遠征波斯，戰死。
	AD 367	「大陰謀」皮克特人、愛爾蘭人、撒克遜人從3個方向同時侵略不列顛。
	AD 376	哥德人越過多瑙河入侵羅馬帝國。

章	年	大事記
第4章 帝國後期	AD378	哈德良堡戰役。皇帝瓦倫斯戰死。
	AD382	在皇帝狄奧多西的交涉下，哥德人移居至巴爾幹半島。
	AD395	羅馬帝國分裂成東西兩個帝國，分別由阿卡狄奧斯（東）及霍諾留（西）治理。 自此以後，帝國再無統一之日。
	AD406～410	羅馬全軍從不列顛撤離，放棄不列顛行省。
	AD410	西哥德人亞拉里克攻陷羅馬。
	AD445	阿提拉掌控匈人 （AD451：侵略高盧，但在沙隆戰役中敗北，於AD453年逝世）。
	AD455	汪達爾人洗劫羅馬。
	AD476	西羅馬皇帝羅慕路斯・奧古斯都退位。西羅馬帝國滅亡。
	AD481～511	法蘭克人克洛維建立梅羅文加王朝，法蘭克王國建國。
	AD533～534	查士丁尼一世重新征服非洲。
	AD535～554	查士丁尼一世重新征服義大利。
	AD582～602	皇帝莫里斯在位時期。執筆撰寫《戰略》。

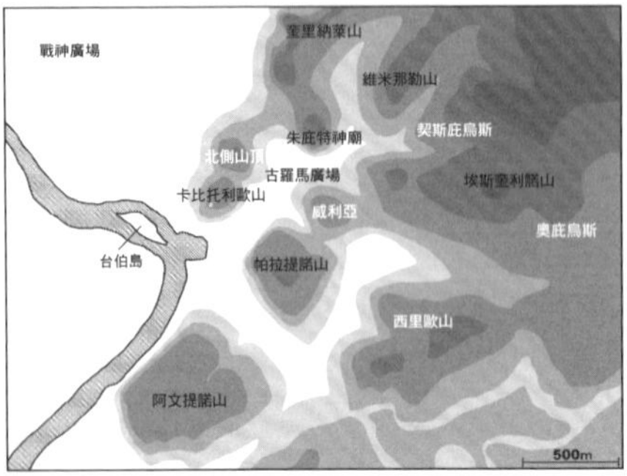

上：王政時期與共和國早期羅馬周邊的城市。灰色文字是當時的部落（民族）。打上雙重圓圈的是當時較為強大的城市。

下：羅馬七丘。黑字是古代傳說的7座山丘和其他重要地名。白字是古代傳說中，早期羅馬人或國王居住的山丘。

不列顛尼亞
日耳曼尼亞I
日耳曼尼亞S
阿格里戴克美特
比利時高盧
盧格敦高盧
潘諾尼亞S
潘諾尼亞I
雷蒂亞
諾里庫姆
阿基坦高盧
1
2
3
納博訥高盧
達契亞
默西亞S
默西亞I
博斯普魯斯王國
伊比利亞王國
達爾馬提亞
塔拉科西班牙
盧西塔尼亞
科西嘉
比提尼亞與
本都
色雷斯
大亞美尼亞
加拉太
馬其頓
卡帕多奇亞
貝提卡
伊庇魯斯
亞細亞
薩丁尼亞
奇里乞亞
亞述
西西里
亞該亞
敘利亞
美索不達米亞
廷吉塔納
茅利塔尼亞
凱撒茅利塔尼亞
呂基亞與
潘菲利亞
賽普勒斯
猶太
阿非利加
資深執政官
克里特與
昔蘭尼加
阿拉比亞
埃及
軍團根據地
從屬國
行省
0
400km
S：上（Superior）
I：下（Inferior）
1：布匿阿爾卑斯
2：科蒂埃阿爾卑斯
3：濱海阿爾卑斯

羅馬最大版圖，公元117年

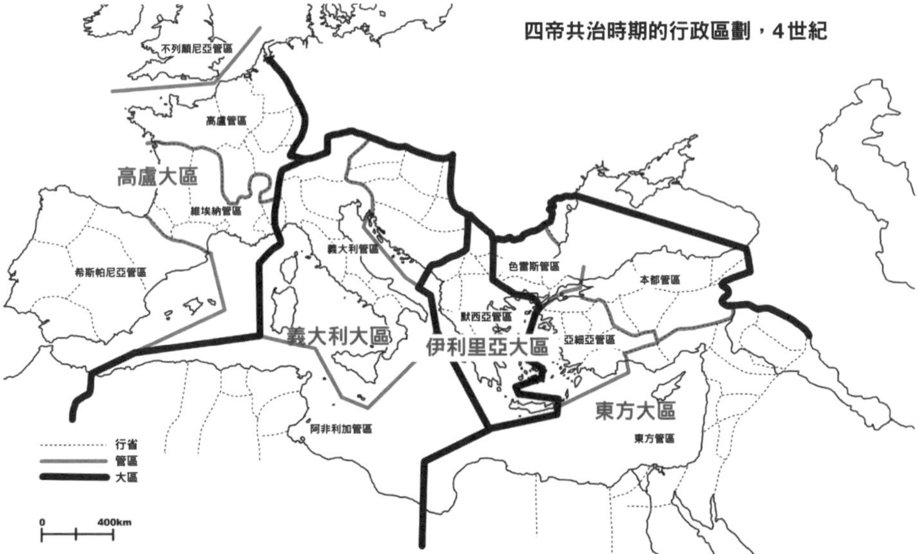
不列顛尼亞管區
高盧管區
高盧大區
維埃納管區
希斯帕尼亞管區
義大利管區
色雷斯管區
本都管區
默西亞管區
亞細亞管區
義大利大區
伊利里亞大區
東方大區
東方管區
阿非利加管區
行省
管區
大區
0
400km

四帝共治時期的行政區劃，4世紀

目次

第一部 組織

第二部 戰鬥

第一部　組織

第1章
王政時期到共和國時期

◆王政時期

王政時期早期

羅馬是一座位於伊特魯里亞人跟拉丁人勢力範圍交界處的城邦，同時也是橫貫義大利東西部的台伯河最下游的渡河地點，處於南北義大利交易路線的中心。從羅馬沿台伯河往上游前進，可抵達義大利的中央地帶，順河而下則能直接前往外海，可說是至關重要的交通要衝。再加上這被7座山丘守護的城市，還坐落在台伯河平原這片義大利首屈一指的肥沃土地上，其幸運與豐饒不言可喻。

然而即使擁有這麼好的條件，羅馬直到公元前6世紀都還只是個不起眼的小部落，與其他拉丁城邦沒有什麼不同。

最早期的羅馬軍隊組織，由國王、國王近衛隊（或服從他的戰士）以及氏族的戰士集團所構成。從陪葬品來看，在前9世紀時，至少還是個經濟上人人較為平等的社會，可是到了前8世紀時，已明顯出現社會階級之間的貧富差距。

這個時期的戰爭主要是為了解決與鄰近村莊之間發生的糾紛，或是掠奪物資及人力，參與人數頂多只有數百人。這些戰爭也很難說得上有什麼明確的開端與結束，往往都是接連不斷的小規模偷襲與防衛。按李維的話來說，就是處於「既無和平，亦無戰爭」（nec certa pax nec bellum fuit）的狀態。不過即使在這個狀態下也不是真的毫無規則、野蠻放縱，畢竟村落間仍存在害怕對方報復的恐怖平衡，也有名譽等觀念，在一定程度上還是發揮了抑制力（可持有武器的階級、戰爭規則等）。這個時代的國家控制力還很微弱，戰爭基本上可以說是氏族之間的私鬥。

在李維的第2卷第49章中，有這麼一段記述勾勒了這個時期戰爭的樣貌。公元前479年，羅馬與距離僅13㎞的維愛爆發戰爭，宣布要一肩扛下戰爭全責的法比烏斯氏族之長凱索・法比烏斯一聲令下，命全族所有男子共306人（以及4千名被保護人）隔天備齊武裝，事先前往指定地點集合。他們在族長指揮下，來到介於羅馬跟維愛中間的克雷梅拉河修築城寨，直到最後被維愛軍運用計策消滅的2年之間，不斷騷擾及偷襲維愛的勢力範圍。這段故事乍看像是神話傳說，然而前485～479年間，每年都選出執政官的法比烏斯氏族，在這之後直到前467年都沒再出現任何一名官員，這個事實或許暗示了前479年前後，確實發生了什麼令他們影響力驟減的事件。

在王政時期，隨著與薩賓人等周圍部族同化，羅馬軍的規模也與日俱增。首任國王羅穆盧斯將羅馬城的人口分成3個部落，分別命名為Ramnes（取自羅穆盧斯之名）、Tities（取自與羅馬合併後，跟羅穆盧斯共同統治羅馬的薩賓人之王提圖斯・塔提烏斯）與Luceres（來源不詳）。這些部落名稱都是伊特魯里亞語，顯示當時伊特魯里亞為羅馬帶來的強烈影響。部落由護民官（Tribunus）管理，並各自再細分成10個胞族。每個胞族都要提供100名士兵，共組成3千人的軍隊，這就是紀錄上最早的羅馬軍隊組織。

另外，各部落還要提供100名騎兵，這些騎兵稱為賽拉瑞斯（Celeres），為國王的近衛隊。他們不只在戰爭時期，平時也要保衛國王周邊，算是類似職業軍人（或說是跟班）的存在。早期的騎兵在戰鬥時，要下馬以步兵的身分應戰，一般認為真正的騎兵直到前600年左右才出現。

「強擄薩賓婦女」的神話故事顯示了羅馬吸收並同化薩賓人的過程，此外三部落的名稱來自與此事件有關的國王之名，胞族的名稱據信也取自被強擄的薩賓婦女之名，因此有人認為各個部落或許都是特定的血緣集團，然而沒有確切的證據。

軍隊的最高司令官當然就是國王，不過當國王因為某些理由而無法指揮，或必須在多個地點戰鬥時，就會選出人民統領（Magister Populi）負責指揮軍隊。

當時的軍隊以步兵為主力，使用標槍、短劍、矛、斧等武器（從當年羅馬挖掘出來的槍尖，幾乎全都是投擲用的輕量槍頭）。基本的防具有盾牌與頭盔，鎧甲則有起源自義大利的護心鏡（Kardiophylax），或是皮甲等有機物製造的鎧甲。在這之後從前8世紀起，開始出現來自南義大利、希臘、腓尼基、歐洲中部的貿易進口品。儘管幾乎所有裝備（尤其是防具）都是青銅製，但確實也存在許多使用皮革、布料、骨頭或木頭等有機物製作的防具。

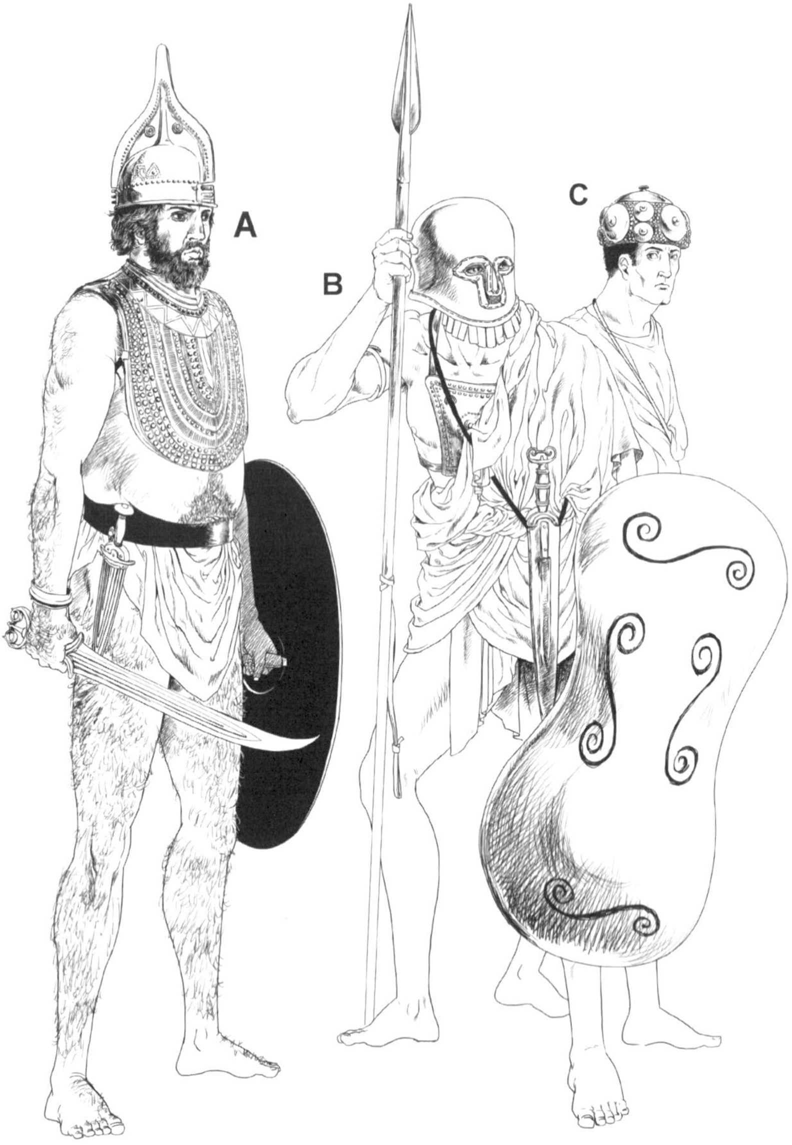

圖1：前8～7世紀的羅馬戰士。當時還未使用鐵製武器，全由青銅製作。
A：前8世紀後半的高級戰士或國王。頭盔為微蘭諾威風格，護心鏡出土於伊特魯里亞的納爾切。劍出土於伊特魯里亞的波隆那。雖然大多數的劍都是直劍，但也發現了像這樣的彎劍。B：前7世紀的戰士。頭盔是羅馬東南方25㎞內米湖出土的原始科林斯風格，胸甲是前8世紀後半的樣式，並披上了名為Cinctus Gabinius的長袍。盾牌仿造戰神瑪爾斯的安基利亞聖盾呈8字形，大概是皮革製。C：伊特魯里亞的青銅圓盤頭盔。前7世紀。

第六任國王塞爾維烏斯・圖利烏斯的改革

根據羅馬的傳說，第六任羅馬王塞爾維烏斯・圖利烏斯（BC580～530）打下了羅馬這個國家體系的基礎。他進行了羅馬史上第一次人口普查，並根據財產多寡將公民劃分為7個階級（Classis）。各個階級由特定數量的百人隊（Centuria）組成，每個百人隊皆擁有一票的權利，可以在稱為百人會議（Comitia Centuriata）的集會上主張其意見（然而直到前367年，幾乎都沒有實際權力）。百人隊必須在戰爭時提供特定人數的士兵來組建軍隊（一般認為是一百人，但會依照當時狀況變動），率領百人隊的是直接隸屬於國王的軍官百夫長（Centurio）。

7個階級必須各自執行以下任務並準備好（最低限度應該湊齊的）裝備。雖然沒有頭盔，但應該可以看作是當時的標準裝備之一吧（括弧內是根據狄奧尼索斯所言）！

階級名	財產（單位：阿斯）	百人隊數	裝備
騎士		18，騎乘	?
第一	100k～	80	青銅鎧甲、矛、長矛、劍、圓盾、脛甲、(頭盔)
第二	75k～100k	20	矛、長矛、劍、盾、脛甲、(頭盔)
第三	50k～75k	20	矛、長矛、劍、盾、(頭盔)
第四	25k～50k	20	矛、長矛、(劍)、盾
第五	11k～25k	30	投石索、(標槍)

從第一到第五階級各分為一半的年長士兵（46歲以上）與一半的年少士兵，年長士兵負責守衛羅馬，年少士兵則出征討敵。出征時，羅馬軍包含騎兵18個百人隊、重裝步兵70個百人隊、輕裝步兵15個百人隊（如同後述，之後還會追加4個百人隊）。

另外根據李維的描述，第五階級還追加了2個喇叭手百人隊，狄奧尼索斯則寫道，第四階級裡，喇叭隊以及工兵、打鐵鋪各自追加2個百人隊，不過一般認為這些都屬於戰爭時期的額外人員，並不具備投票權。

這種階級制度並非在短期內，而是在長時間的磨合下所形成的。起初只有第一階級、騎士階級和第五階級（雖然名稱是第五，但實質上就是指具有兵役資格的階級以外的士兵），之後才逐步增加第二、第三等階級。像這樣被徵集起來的軍隊稱作Legio（原意為「挑選、徵召」，本書之後將其稱為「軍團」），百人隊便以軍團的部隊之一發揮其作用。

當時的士兵人數通說為步兵4千人、騎兵600人，可這麼一來數量就對不上了（尤其是騎兵）。根據李維的記載，國王是在第一階級中，挑選最優秀的士兵並創建12個百人隊，再加上原本就有的6個百人隊（其中3個為羅穆盧斯所制定），將這合計18個百人隊當作騎士階級。因此步兵4千、騎兵600這個數目，可能是最早期的遠征軍數目（第一階級全軍一半的40個百人隊，及騎兵6個百人隊）也說不定。

這項改革多半被認為是羅馬軍採用了希臘方陣戰術的證據之一。所謂的方陣，指的是重裝步兵（Hoplite）裝備長矛與盾（尤其是稱為阿斯庇斯〔Aspis〕的圓盾），並列隊成像是巨大的方塊來進行戰鬥的戰術，通常會保持縱向8列的縱深。羅馬可能是從伊特魯里亞引進了這樣的戰鬥方式。

但如同筆者在前作《古希臘重裝步兵的戰術》所考察的結果，當時的方陣並不是士兵肩並肩貼在一起那樣緊密的陣形，每個士兵在戰鬥時，前後都還保留有約90㎝的空間。換句話說，這是任何地區都很常見的矛兵戰鬥方式，並不是什麼特別的戰法。此外，伊特魯里亞人喜歡使用標槍，然而前後排僅90㎝的間隔，是遠不夠用來投擲標槍的，至少要有1.5m的距離。考量到這幾點，最恰當的結論是伊特魯里亞人（和羅馬人）其實都只引進了希臘式的裝備而已。

那麼為什麼會出現以上那樣的見解呢？其中一個具有說服力的解釋是，古代的歷史學家只知道希臘（雅典或斯巴達）的歷史，他們深信文明國家就是會從「王政＝英雄的決鬥與混戰」這樣的時代，轉變成「共和制＝公民兵的方陣」，而現代的學者不經批判便接受了這樣的觀點，並且片面地斷定「既然使用跟希臘兵一樣的裝備，那麼一定會採用跟希臘兵一樣的作戰方式」，才導致了這樣的見解吧！

在這次的改革中，還建立了軍餉（Stipendium）制度（老普林尼「過去將鹽〔Sal〕當成軍餉支付給士兵，薪資〔Salarium〕一詞即是起源於此」的說法，說不定就是在指這個時代）。除此之外，騎兵購買馬匹的費用以及出征時飼育的費用，也是由國家撥款給付（老加圖的祖父勇猛作戰，他在戰鬥中被殺死的5匹馬的費用，全由國家補貼以當作獎賞）。也就是說，當時的騎兵騎乘的馬是公費提供，並非騎士階級自己準備的馬匹。首次出現騎乘個人飼養之馬匹的騎兵，已經是前403年的事了。

然而這項改革到底反映了當年多少現實，至今仍是個難解的疑問。當時的戰爭很有可能主要是氏族間的私鬥，並沒有採用傳統觀點所認為的，以財產階級為單位劃分的方陣戰術。不過如同前述，當時的方陣只是指矛兵排排

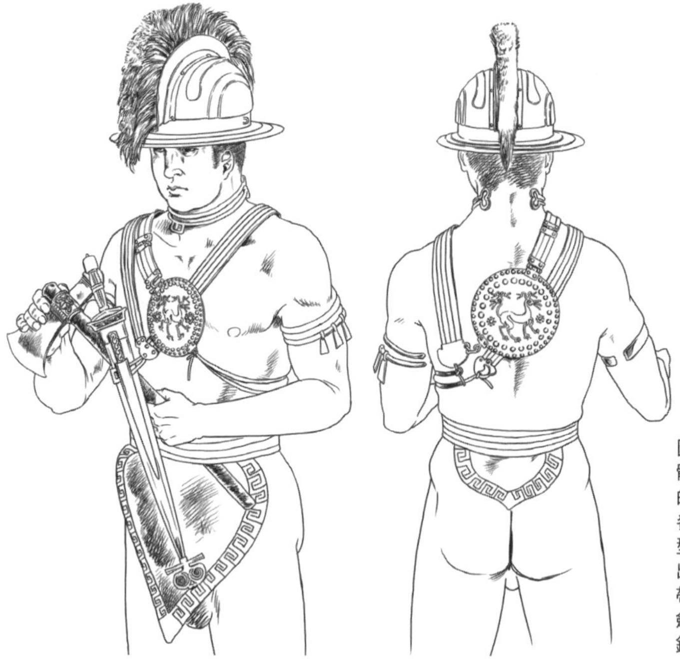

圖2：前6世紀的士兵。整體的形象為「卡佩斯特拉諾的戰士」雕像，只是護心鏡參考了阿爾費代納出土的類型，斧頭則參考卡拉布里亞出土的遺物。護心鏡上的吊帶相當複雜，是在用來吊掛劍的皮帶上再斜向掛上護心鏡。劍採用起源於希臘的短劍，材質改為鐵製，斧頭與鎧甲則仍然是青銅。

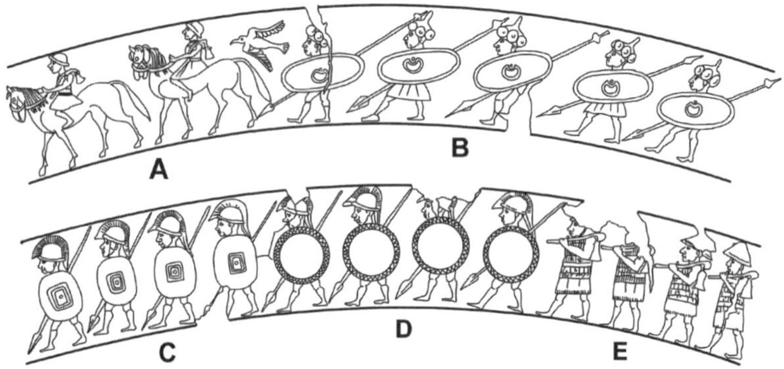

圖3：這是否為前6世紀末伊特魯里亞的「方陣」實際情況？雖然本書為了方便拆成上下二段，但其實原本是一整段連在一起的圖。最前排的A應該是貴族，頭上戴著跟C、D類似的頭盔只是沒有羽飾，肩膀則掛著斧頭。B跟圖1的C戴著一樣的頭盔。從槍桿尾端的形狀來看，可以知道這不是標槍，而是近身戰鬥使用的長矛。盾牌中央的雕刻呈新月形，但不確定那是否為象徵盾牌的圖案。C、D裝備的是標槍（或兩用槍）。在這之中，D看起來最接近重裝步兵，但不清楚為什麼排在後面。最後端的E未持有盾牌，而是穿上類似鱗甲的衣服與圓錐形的頭盔並裝備著斧頭，或許是輕裝步兵，也可能是接近神官的存在。光看這件文物的圖案，可以知道伊特魯里亞恐怕也有著類似羅馬以財產來劃分階級的制度。加爾都西會修道院的壺，上段部分。波隆那出土，公元前6世紀末。

站的隊列，即使所謂的軍隊是以氏族為單位的團隊集合體，想採用方陣也沒什麼問題，不如說氏族部隊各自行動的作戰方式，更像是後世小隊編制型軍團的先祖。

若要進一步反駁，還有說法認為這項改革顯露的狀況，其實是公元前2世紀左右的事。之所以有這樣的結論，是因為第六任國王在位時期的羅馬尚未使用貨幣（用的是事先測量好的青銅塊）。由於當成財產單位所使用的阿斯銅幣要到前211年才制定，因此這項改革的原始資訊必然是在這之後才撰寫下來。或許作家是看到這份前2世紀的資料，誤以為該制度從制定後就再也沒變更過，持續承襲了下來，於是直接將這份資料當成是當年改革的資訊，才造成這樣的混淆。不過通常認為各階級的裝備，確實反映了當年那個時代的情況。

這個時代的戰爭都發生在非常短的距離內。在首任國王羅穆盧斯發起的「強擄薩賓婦女」中，受害者部落之一的安登奈僅距離羅馬5㎞左右；前499年與羅馬作戰的斐迪納也僅相距約8㎞；為了台伯河平原的霸權，羅馬花費10年才終於攻下的維愛也才距離約16㎞。以現代人的感覺來說，那就像只是去隔壁城鎮結果卻到了敵國。對當時的羅馬人而言，世界的大小僅此而已。

共和國時期

建立共和制

前509年，羅馬人流放了國王，成立羅馬共和國，但軍事組織似乎沒有什麼特別的變化。一開始尚不是由執政官（Consul）掌權，而是由最高裁判官（Praetor Maximus）掌握軍隊的指揮權（直到前4世紀中葉的碑文，才實際確認執政官的存在）。雖然最高司令的立場很快就替換成執政官，但最高裁判官的名號還是遺留在「將軍營帳」(Praetorium)、「禁衛軍」(Praetoriani）等語彙中。若相信李維的說法，那麼共和國最早期的羅馬軍隊，便是由其中一位執政官（最高裁判官）指揮步兵，另一位指揮騎兵，這恐怕是反映了王政時期的組織形態。

執政官等要職由百人會議投票選出，換個說法可以認為，這個制度允許士兵插嘴干涉自己的指揮官人事情況，然而一般民眾的權利如同前述，直到前397年都還有相當的限制。在軍事層面上來講，平民（Plebs，下級氏族）沒有「探詢神意的資格」(Auspicium),因此即使在選舉中,也只能贊同貴族(Patricii,上級氏族)所挑選的候選人,無法做出其他行動。例如在前399年以前,執政官的選舉結果要是沒有元老院的承認便是無效的(而且元老院還將執政官候選人的名額限定在2人,靠這些小手段使投票喪失意義)。

共和國初期同時也是將軍事力劃歸中央統一管理的時期,有人主張羅馬為此所引進(或說強化)的其中一種手段,便是統治權(Imperium)這個概念。雖然統治權通常指的是國王將自己手上包含軍事、政治的各種權限,分配到各個官職的權力,但實際上在共和國時期的某個時間點,執政官為了跨越氏族的藩籬以統一指揮全軍,便創造了這個「超越公民兵人權,而能強制執行軍規和命令的權力」,有人認為統治權指的其實是這個概念(比如指揮官可以無視再審權,直接處死公民兵)。當然,這個說法有很多反駁的意見,但不妨當作參考之一。

除此之外,再加上代表共和國窺探神意的權利(Auspicium Militiae),這樣終於備齊了身為指揮官的權力。在古羅馬,任何行動首先都要詢問神明,若無法獲得承認便視為無效。詢問神意的權利,既是對某個行動做出最終裁決的權利,也會被視為整個行動結果最重要的負責人。

為了合法獲得軍隊的指揮權,除了統治權外還需要Provincia。這個詞一般譯為「行省」,但原是指給予指揮官的「任務」,後來在指涉任務的同時,也逐漸帶有「特定地區」(作戰區域)的意思。這個概念不僅給予軍隊司令在軍事作戰上,不可或缺的絕對命令權,同時也限制其權限範圍,防止軍隊司令濫用權力。一個最好的例子是前291年時,一位命令軍團兵整頓自家土地的執政官被判罰罰金的事件,又或是前67年盧庫魯斯被剝奪Provincia的瞬間,士兵便拒絕執行其命令的案例。雖然盧庫魯斯還保有統治權,但因為失去了能發揮統治權效力的Provincia,便跟著喪失了命令士兵的權力。

軍團走向小隊編制

目前仍不清楚羅馬軍團是在什麼時期採用了小隊編制戰術。

公元前390年,高盧人擊敗羅馬軍隊,隨後占領了羅馬。貧弱的羅馬人察覺方陣戰術過於落後,開始了各種組織改革,最終催生了後來的小隊編制型軍團……以上這雖然是公認的說法,但欠缺說服力。之所以這麼說,是因為那場傳說中成為改革契機的戰爭,實際情況是「高盧軍以無法置信的速度衝破羅馬軍的弱點,先行擊退羅馬軍配置在右手邊山丘的後備隊。被占據有利位置的羅馬軍陷入恐慌,為了避免被數量勝於己方的敵人包抄,勉強拉長軍隊的橫向寬度,導致陣線薄弱到無法順利與敵人戰鬥,結果被排山倒海的敵人打得潰不成軍」，根本就不是什麼方陣的問題。此外如同前面所述，方陣本身很有可能打從一開始就沒引進羅馬，這也是必須考量到的一點。

因此若假設羅馬軍「有採用過方陣戰術」，那麼小隊編制戰術就是根據方陣的運用經驗，試圖改善缺點的結果。從改革成果來看，羅馬人似乎對方陣戰術有所不滿，覺得「所有人同時動作的方陣很難用」、「因為沒有後備，一旦陣線被壓制或遭到突破就無法重組陣線了」。

若假設羅馬軍「沒有採用過方陣戰術」，那麼小隊編制應該就是起源於氏族各自籌組部隊的傳統。戰鬥一開始氏族部隊會聚成一團，氏族首領站在前頭，並依照年齡的年輕順序往後排。在這之後，氏族部隊根據年齡分成3個團體，並彼此互相支援。在更之後的年代，隨著氏族權力衰退，以上的組織逐漸轉變為後來的小隊編制。

軍團的基本單位是稱為小隊（Manipulus）的小型部隊，每個小隊依據年齡再分為青年兵（Hastati）、壯年兵（Principes）以及後備兵（Triarii）3個部隊，並各自組成線陣（Acies）。將這些線陣縱向排起來，便是基本的

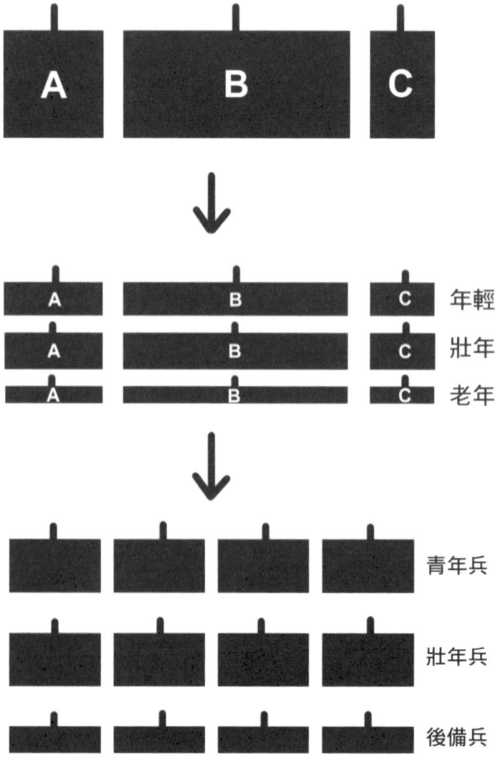

圖4：小隊編制成立的過程示意圖。最初由每個氏族（圖中的A、B、C）各自排成隊列，但後來改為以年齡區分，並在最後消除氏族的束縛，出現規格統一的部隊。

戰鬥陣形（三線陣）。在這樣的陣形下，即使有個線陣被突破，後方的部隊也能立刻補上來支援被打開的漏洞。各個百人隊（或小隊）彼此之間不會貼在一起，在布陣時會保留一定的空隙，這樣不僅能讓後排的部隊穿過空隙往前移動，也可以讓前排疲累的士兵往後退下休息。

裝備也有了改變。第一階級的裝備阿斯庇斯圓盾被廢除，改採用起源於義大利的羅馬長盾（李維認為「士兵開始領到薪資」，他試圖在開始支付軍餉的前後時期找出改革的準確時間）。此外，也將近身戰鬥用的長矛改為標槍。為了能夠更有效率地投擲標槍，需要比過去更寬敞的空間，因此羅馬軍隊的隊列也變得更加分散。

隨著羅馬擴大勢力，軍隊的戰力也持續增強。在前362年之前，羅馬便增加到2個軍團，開始由各自的執政官指揮（McNab猜測，應是在前366年執政官這個官職重新復位的時期）。前311年之前，再進一步加上了2個從羅馬殖民地和同盟城邦徵召而來的「聯盟軍團」（Ala Sociorum，聯盟軍團在名目上跟公民軍團人數相同，但根據紀錄，實際上比公民軍團的人數多了15～44%，騎兵更是多達2.3～3倍）。

軍團分配有從I到IIII（IV）的編號，第一執政官執掌奇數號的軍團，第二執政官則執掌偶數號的軍團，在戰場上由左至右分別以IIII、II、I、III的順序布陣（之所以取用意思為翅膀的Ala這個字，即是從這個配置而來）。輔佐指揮官的任務則交給了軍事護民官（Tribunus Militum）負責。軍事護民官皆為元老院議員階級，起初由元老院選出，不過在前311年之前，便已更改成6人中最多有4人由人民大會選出。

執政官指揮軍隊這項政策在政治上雖然正確，然而以軍事層面而言可說是錯誤的。即使執政官個個都有身為政治家的豐富閱歷與才能，但作為軍隊司令卻是無能且經驗尚淺，由這樣的人來掌握軍隊顯然不妥。他們的任期只有1年，換句話說每個人都是生涯首次指揮軍隊，並在真正活用其經歷前任期便已結束。更糟糕的是，時常發生執政官只想在短促的任期內盡可能做出功績（最好是凱旋儀式）並搜刮戰利品，因而無法建立大局觀的事蹟，甚至會有為了避免下一位指揮官搶走功勞，而在任期即將結束前，強行簽訂和平協定來結束戰爭的情況。

面對攸關羅馬存亡的危機時，會選出職權超過執政官的獨裁官（Dictator），然後由獨裁官掌握軍隊的指揮權。獨裁官接著需要再進一步任命自己的副手，也就是騎兵長官（Magister Equitum）。騎兵長官顧名思義，指的就是「騎兵的指揮官」，不過實際上通常是獨裁官的代理，在獨裁官外出時負責留下來處理事務，或在戰場上指揮分遣部隊。

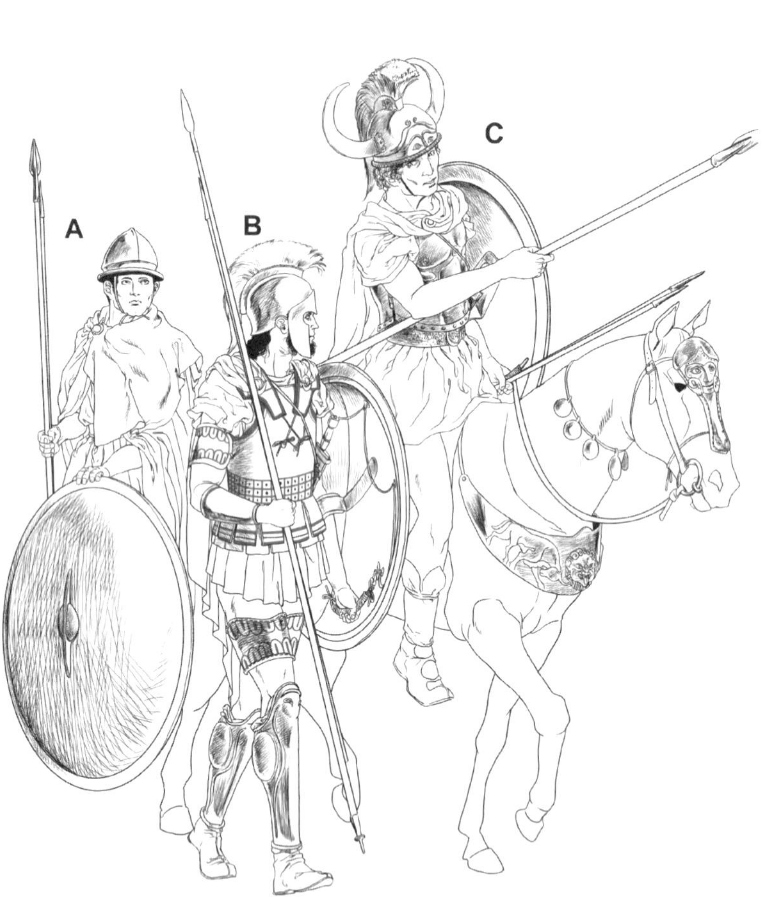

圖5：公元前5世紀的羅馬士兵。
A：一般士兵。頭戴涅高烏風格的頭盔。盾牌出自波隆那出土的石碑。這種盾牌呈寬大的橢圓形，中央有稍微突起的盾心。盾牌邊緣類似阿斯庇斯圓盾。
B：第一階級的士兵或百夫長。這是以伊特魯里亞的城邦法萊里的神殿浮雕為基礎所畫的復原圖，是當時裝備最厚重的士兵。除了脛甲、大腿甲之外，手臂上下也裝備臂甲。軀幹的亞麻胸甲為純白色，並鑲上藍色、紅色等邊飾。頭盔是當時逐漸普及的哈爾基斯風格。
C：騎士階級。應是護民官或盟軍指揮官。造形依羅馬近郊的拉魯維烏姆所挖掘出來的，前580年時期的墳墓出土文物為基礎所繪製。頭盔受到希臘的影響採涅高烏風格，中央有羽飾。頭盔兩旁的裝飾只留下一些殘片，過去普遍認為這是用來插羽毛的管子，不過近年來的研究則認為，應是如重現圖所示為兩根巨大的角，角以豐饒和繁榮的象徵為人所知。鎧甲是肌肉甲，內側還殘留亞麻布的痕跡。纏在鎧甲下方的寬大腰帶，表面覆蓋有非常小的青銅飾釘。
出土的除了1柄普通的長矛之外，還有2根槍尖呈釘狀的標槍。劍使用希臘一種刀刃向內反曲的彎刀（Kopis），是全長可達到81cm的巨大武器。文物中並未出土盾牌，目前推測當時採用的應該是不使用金屬的皮革製盾牌。

COLUMN 1

羅馬被占的影響 1

高盧人占領羅馬這個事件對羅馬人的深層心理造成了巨大影響。

羅馬被占後，羅馬人雖同意支付高盧軍隊撤退金（換算成現代單位約黃金329kg，約16億5千萬日圓），但據說這時高盧人對秤錘動了手腳，逼羅馬人必須支付比談好的金額更多的錢。當羅馬人發現這點並前去抗議時，高盧軍隊的指揮官將纏在腰上的劍丟到秤盤上（使羅馬人得支付更多金錢）並大喊：「Vae victis!」

這句著名的「Vae victis」直譯即是「戰敗者的悲哀」，意譯則是「戰敗是多麼悲慘的一件事啊！」，對羅馬人來說可謂屈辱至極。

更重要的是他將劍放到秤上面。此處的重點不是重量，而是劍實為武力的象徵，這個動作簡單講就是在羞辱羅馬人，「有怨言的話就打我啊，你們這些輸家」。羅馬人即使遭此侮辱，也只能乖乖把錢付給對方。

這次屈辱的經驗被世世代代傳承下去，後世認為這將「戰敗」的恐懼深深植入羅馬人心中。此後，對羅馬人而言，戰爭的終結即意味著「逼對方吞下我方所提出的條件之時（不考慮對方的處境）」，而在走到這一步前，無論經歷多少次可悲的失敗也絕不會停止戰鬥。若後世人們的想法是正確的，那麼第二次布匿戰爭中，漢尼拔終究未能使羅馬屈從，或許就是因為高盧人帶來的恥辱還烙印在羅馬人的記憶裡吧！

無論如何，有意思的是同樣經歷戰敗悲劇的日本在後來對戰爭無比過敏，羅馬卻化為無人能擋的狂戰士。我想這是因為在弱肉強食的古代，根本就不存在迴避戰爭這個選項吧！

這個時期的軍隊編制常與後世的小隊編制型軍團混淆，因此並不清楚實際的情況。當然，不難想像在最後形成小隊編制型軍團前，有過跌宕起伏的過程，想要完全掌握其歷史軌跡是不可能的事。因此，還請大家記住以下的解說也能套用在小隊編制型的軍團上。

1個聯盟軍團（根據後面解說小隊編制型軍團的波利比烏斯所言）由10個稱為大隊（Cohors）的部隊所組成。這個所謂的大隊，是由單一同盟城邦所提供的部隊，其中包含與羅馬公民軍團數量相同的輕裝步兵，且同樣由青年兵、壯年兵、後備兵建構而成，唯有騎兵要提供3倍的數量（約900騎。據推測到了前2世紀便下降到250～400名左右）。他們由執政官任命的12位（軍團裡有6位）盟軍指揮官（Praefectus Sociorum）所率領。這些指揮官還有一個任務，就是要從聯盟軍團裡挑選3分之1的騎兵、5分之1的步兵來組成執政官近衛隊（Extraordinarii）。

然而這項任務卻非常惹人嫌棄。雖然乍看之下不過就是步兵500人加上騎兵100人左右，但假設人口的3～4分之1為可以服兵役的成人男性（17～46歲），並且考量到防衛自己的城鎮至少需要一半的人數，那麼人口4千～5千人的中型城邦也才勉強滿足羅馬的要求（而且因為男性勞動者從城鎮消失，城邦的經濟活動會陷入停滯）。雖說士兵的主食由羅馬無償提供，不過除此之外的支出必須自己掏腰包支付。儘管每數年才提供一次士兵，但那一年通常還有加稅等措施，肯定會對城邦居民的生活造成沉重的負擔。

聯盟軍團的裝備與羅馬軍隊相同，而他們原本自己獨有的戰鬥方式則逐漸被遺忘在歷史中。不過也有例外。根據前1世紀的歷史學家狄奧尼索斯所描述，法萊里（羅馬東北方約50㎞的伊特魯里亞城邦）與費辛尼姆（羅馬北方約60㎞的城邦）在當時還保有古希臘重裝步兵的裝備。

李維（第8卷第8節）在描述前340年的軍團時，將小隊當作編制的最小單位而非百人隊。1個小隊有士兵60人、百夫長2人、旗手1人。隊列的最前排為最年少的青年兵，由15個小隊組成，各個小隊還會配屬20名輕裝步兵（Leves）。接在青年兵後方的是由壯年期士兵組成的壯年兵，同樣有15個小隊，不過這些小隊似乎沒有配屬輕裝步兵。前面這2列士兵又稱為前列兵（Antepilani）。

在這後方還有15個小隊，每個小隊為186人並拆分成3個分隊。站在最前方的分隊是稱為後備前鋒兵（Pilus）的後備兵，是最年長的精銳部隊，剩下2個分隊分別是後備散兵（Rorarii）與後備冗員兵（Accensi）。每個分隊各有1名旗手，因此各隊最終還是由60名士兵組成。不過後備散兵和後備冗員兵是否為正式部隊至今仍有疑問，尤其是後備冗員兵這個字在後世是用來指稱「助手、雜工」，因此可推測他們是附屬在軍團之下的非戰鬥人員。至於後備散兵，目前並不清楚其語源和意思，甚至不知道那是不是拉丁語。

60人小隊和2名百夫長這個數字很值得關注。許多學者認為這要不是拼湊不同時代的大量資料所導致的結果，不然就是後世抄寫出錯，但從使用的語彙來看，也有意見認為這是基於相當古老的文獻資料所推導出的數字。或許歷史上還曾有過1個百人隊只有30人的時期也說不定。

除了以上這些士兵外，軍隊裡還有來自海外的傭兵。尤其是隨著公民、聯盟騎兵減少，騎兵逐漸成為以傭兵為主體的部隊，以至於共和國後期幾乎所有的騎兵都已經是傭兵了。

圖5：公元前4世紀的士兵。
A：百夫長。頭盔為阿普洛－科林斯風格的A型頭盔，在參考的原型頭盔上沒有羽飾。鎧甲為肌肉胸甲，可以透過腋下的環來調整尺寸。纏在左肩上的披肩稱為Paludamentum。
B：旗手。造形參考帕萊斯特里納國立考古博物館所藏象牙盤。原型穿戴長型肌肉甲與蒙特福爾蒂諾式頭盔，但已介紹過鎧甲，這裡改為短型鎧甲。頭盔與護喉採前5世紀薩莫奈的哈爾基斯頭盔。原型軍旗形狀不清晰，但能依稀看出3個像圓盤之物，其上還有1根似橫棒物。整體印象參考普萊奈斯特出土的水桶上人像，只將老鷹雕刻換成野豬。原型象牙盤上只有其長矛比較短，原因不明。
C：士兵。鎧甲參考自著名的托迪戰神瑪爾斯塑像（前5世紀後期～4世紀初期）。雕像上穿戴伊特魯里亞的鱗片式亞麻胸甲，而且比一般同類型的胸甲還要長，直到腰椎，下方還縫有2層皮條流蘇。盾牌是接近正方形的羅馬長盾。從矛頭延伸到中央的補強用結構消失了。頭盔是起源自高盧的蒙特福爾蒂諾式頭盔，參考的原型是皮耶特拉邦丹泰出土的文物，為薩莫奈人供奉於聖地的供品。一般認為這或許是從羅馬人身上搜刮來的戰利品。
D：士兵。頭盔與鎧甲出土於羅馬東北方城市馬爾切利納（前325～300年）。鎧甲是義大利最古老帶有裝飾的肌肉胸甲，從頸部的弧度、腹肌有無、胸部或乳頭的形狀來看，應是模仿女性的上半身。腹部的腰帶上刻有荒野之神法烏努斯或森林之神西爾瓦努斯的形象。頭盔是種稱為孔韋爾薩諾頭盔的佛里幾亞式頭盔，頭盔上除了有象徵翅膀的羽飾，中間還有魚鰭般的頭冠裝飾。盾牌參考伊特魯里亞墓地裡的壁畫，但不清楚「A」是什麼意思。

然而在這個時期，氏族的勢力仍然強盛。直到前4世紀，各個有力氏族都具備了相當於獨立國家的軍力，影響力很可能足以超越羅馬這個國家的框架。在李維的第5卷中對此有相當鮮明的記載。

由於護民官阻止了軍隊的徵召，因此奧盧斯・波斯圖米烏斯以及盧基烏斯・尤魯斯召集了幾乎全由志願者組成的軍隊，穿越原野入侵卡雷領地，突襲正帶著劫掠來的物品回歸的塔爾奎尼亞軍隊。他們在那裡消滅眾多敵人，奪回財物並搜刮戰利品，隨後回到羅馬。軍隊保留兩天時間給財物原有的主人，讓他們將物品帶回，隔天再把剩下的財物（幾乎都是從敵人身上搶來的戰利品）分發給士兵。（第5卷第16章）

不過也可以認為正是在這樣的時期，氏族原有的軍事、政治權力逐步被國家權力所吸收，並形成後來我們所稱的「羅馬共和國」。

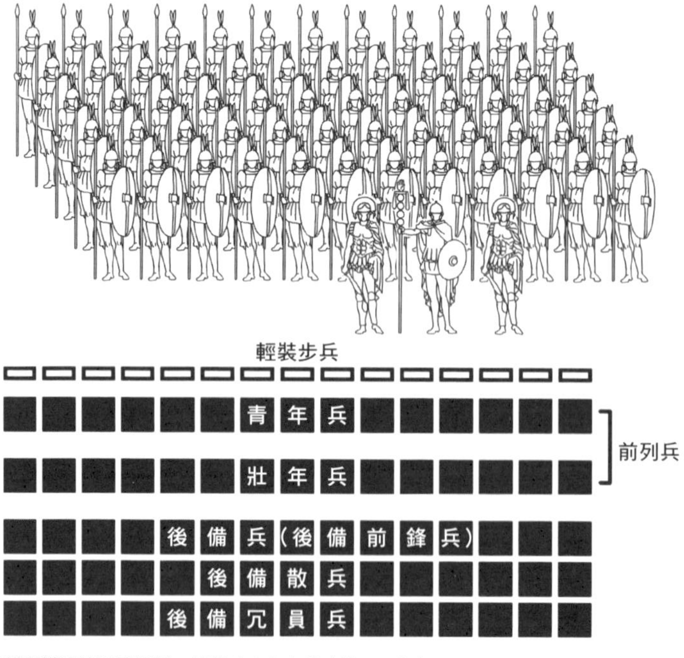

圖7：李維所描述的軍團編制。維蘇威火山之役（前340年）。
上圖是1個重裝步兵小隊的圖解。下圖是軍團的編制模型圖。表示部隊的方塊厚度與士兵人數比例成正比。如圖所示，第3列的部隊特別厚。

小隊編制型軍團

首次完整將羅馬軍團的全貌記錄下來的，是活躍於前2世紀的歷史學家波利比烏斯。他是羅馬軍將領的朋友，親眼見識了羅馬軍團實際戰鬥的身姿，因此他所留下的紀錄擁有難以估量的價值。他開始執筆記述歷史的時間為前160年左右，不過一般認為他參考並使用了在此之前的史料，因此書中反映的約莫是第二次布匿戰爭時期（前218～201年）的羅馬軍隊。

他在書中所描寫的軍團稱為小隊編制型（Manipulus）軍團。這種軍團的形成時期大約在第二次薩莫奈戰爭期間的前321～311年之間。在這次戰爭中，羅馬人經歷了幾乎可比擬高盧人占領羅馬的大敗「卡夫丁峽谷之恥」，因而開啟了對軍隊編制的改良。面對之後接連敗北的羅馬（前315年：勞托萊戰役），北方的伊特魯里亞選擇宣戰，令羅馬被困於南北兩方的夾擊。縱使身陷無路可退的危機中，不過自前311年起羅馬軍便連戰連勝，反而將來襲的兩股軍隊逼至投降。在這場華麗逆轉勝的背後，很有可能就是因為羅馬軍採用了新型戰術。

直到第二次布匿戰爭前，羅馬軍隊基本上保持2個執政官軍隊（4個公民軍團＋4個聯盟軍團），不過在這之後改為將1個執政官軍隊（2個公民軍團＋2個聯盟軍團）當成基本戰略單位。此外，除了像坎尼會戰這樣的決戰，執政官也不再與軍隊共同戰鬥。進入前2世紀之後，羅馬也開始運用像1個軍團＋聯盟軍團所構成的部隊，或甚至比這個更小規模的部隊。這類小規模部隊的人數在2千人左右，其中大多是同盟兵。

這種編制更動說明了戰爭形態的變遷，從以一個國家為對手的決戰，轉變成對大範圍區域內多方勢力的鎮壓戰。

■兵種：步兵Pedes

羅馬軍團中除了有上述3種部隊外，還有稱為少年兵（Velites）的輕裝步兵部隊。

少年兵裝備的是沒有羽飾的頭盔（不過有的人會纏上狼皮來防護或當作識別記號）、圓盾（直徑約90㎝）、劍以及7支輕標槍（但在一隻手握持盾牌的狀態下，另一隻手最多只能拿起4支直徑2㎝的標槍就是極限了，因此剩下的標槍似乎會暫時留在後方備用，或放進容易搬運的袋子裡）。每個百人隊皆配屬20位少年兵，不過這只是行政上的處置，在實戰中所有人還是會聚在一起戰鬥。

圖8：公元前3世紀的士兵。
A：從這個時期開始引進鎖子甲。頭盔為蒙特福爾蒂諾式，劍為希斯帕尼亞人使用的款式，也是之後羅馬短劍的原型。
B：少年兵。頭盔是最早期的款式並纏上狼皮。盾牌為圓盾，而且如希斯帕尼亞的雕像所示，上面有可以掛在脖子上的皮帶。他拖行的士兵身上所插的槍，據說是羅馬重標槍原型之一的希斯帕尼亞鐵標槍。
C：羅馬重標槍也是在這個時期開始普及，當時的槍尖還非常短。頭盔是南義大利流行的圓錐形頭盔，稱為皮洛斯盔。
D：百夫長。根據當時的繪畫史料，上級軍官使用的不是羅馬長盾，而是阿斯庇斯圓盾。頭盔為阿普洛－科林斯C型盔，羽飾則採用往上架高的類型。由於這樣在戰鬥中羽飾會掉下來，所以可能是用繩帶之類的固定住。鎧甲參考的是位於羅馬卡比托利歐山上，聖奧莫博諾教會所出土的戰神瑪爾斯銅像。跟一般鎧甲相比長很多，軀幹部分甚至延伸到肚臍附近。肩膀與腰部則有皮條流蘇。銅像沒有穿戴脛甲，所以這裡讓士兵穿上長靴。

圖9：公元前2世紀的士兵。根據阿黑諾巴爾布斯祭壇（前2世紀）的浮雕。
A：軍官，應該是護民官。頭盔參考西班牙加泰隆尼亞的港口雷斯索雷斯的沉船（Les Sorres VIII。前2世紀）所發現的文物。這是伊特魯里亞的涅高烏頭盔，製造時期推測約在前5世紀。雖然祭壇上難得描繪了軍官的盾牌，但跟軍團兵一樣是橢圓形的羅馬長盾。
B：軍團兵。祭壇描繪的軍團兵全部都穿著鎖子甲。這些鎖子甲還可以分成2種，以護肩的形狀來區別。左側的鎧甲在同時期的伊特魯里亞騎兵浮雕上也能看到。羅馬重標槍的形狀是種稱為雷尼布拉斯型的早期款式，槍尖很長。

李維認為少年兵的創建始於第二次布匿戰爭中的前211年。話雖如此，這並不是說在此之前羅馬軍隊中沒有輕裝步兵。假設李維說的是事實，那麼羅馬可能是在坎尼會戰等一系列挫敗後，為了應付人力資源的消耗，將本來負責輕裝步兵的階級往上晉級為軍團兵，並企圖將原先免除兵役的無產階級拉進軍隊中，才創建少年兵這個單位來作為徵兵的藉口。

青年兵及壯年兵裝備有劍、羅馬長盾、鎧甲、頭盔、2支重標槍和脛甲。財產未滿10萬阿斯的士兵穿青銅製的胸甲，更有錢的士兵則裝備鎖子甲。後備兵則使用長矛（Hasta）來代替重標槍。

以上是現在的主流說法，不過根據波利比烏斯所述，壯年兵跟後備兵一樣都是矛兵。這麼一看，筆者拙著《古希臘重裝步兵的戰術》頁264中雖寫到，若接受主流說法，那麼在前190年左右，壯年兵便已捨棄長矛了，然而實際上可能直到前160年壯年兵都還是矛兵。

壯年兵跟後備兵都裝備長矛，而名字的原意為矛兵的青年兵卻裝備標槍及劍。針對這個矛盾之處，Sage認為可能是Hasta其實也指標槍，而且這些青年兵為最年輕的士兵，或許原本是像少年兵那樣的輕裝步兵，只是隨著時代演進而逐漸變化為重裝步兵。

■兵種：騎兵Eques

騎兵由貴族以及富裕的平民所組成，其中這些富裕的平民大半都是義大利中部各個城邦裡擁有羅馬公民權的領導階級。服兵役時，這些同樣來自菁英階級的人彼此之間會建立管道，醞釀共同的菁英意識形態，可說騎兵內部形成了類似社交俱樂部的環境。

對當時想走上政治這條道路的人而言，兵役有著非同小可的意義。在從軍紀錄中，戰爭時獲得的戰績、從敵方那裡搶奪來的戰利品，以及戰場上受到的創傷疤痕等等尤其受到重視。為了獲得選票與人們的信任，這些都是必要的「美德」(Virtus)。野心勃勃的年輕人通常會先待在軍隊10年，一口氣消化掉參政所需的服役時間，然後在接近30歲的年紀首次參加競選。若想成為首先被任命的護民官，條件是擁有10年以上的參軍經歷。這樣的條件絕非偶然，而是為了配合騎士階級的服役年數所設定的。

在主流意見中，羅馬騎兵通常被認為比其他國家的騎兵還要貧弱，但實際上除了第二次布匿戰爭時期的慘敗之外，羅馬面對其他騎兵部隊，基本上都能保持優勢。羅馬騎兵最大的特徵是專精近距離戰鬥，並傾向下馬戰鬥的作戰方式。話雖如此，當然也不是所有騎兵一口氣全部下馬，其中部分騎兵還是會繼續騎乘戰鬥。這種乍看之下頗為愚笨的戰法，從歷年的戰爭結果來看，實際是極為有效的方針。

舉例來說，在前280年與伊庇魯斯國王皮洛士之間的赫拉克利亞戰役中，面對開始渡河的羅馬軍，皮洛士率領3千近衛騎兵進攻，但遭到羅馬騎兵反攻而落入下風，所以他只能命令後方步兵攻擊，自己則暫時往後退，與侍衛麥加克勒斯互換鎧甲。在後來兩軍步兵一進一退的持續攻防中，（或許是）羅馬騎兵的攻擊重創了近衛部隊，導致成為替身的麥加克勒斯戰死。以為國王被殺的伊庇魯斯軍差點就要瓦解，幸而皮洛士脫下頭盔向士兵宣告自己還活著，這才穩定了軍心，並隨後投入戰象部隊才終於取得勝利。

在前225年的泰拉蒙戰役中，駐紮於山丘上由執政官率領的羅馬騎兵隊，與高盧騎兵、輕裝步兵隊之間爆發了大規模會戰。在這場戰鬥中執政官陣亡，首級甚至被送到高盧國王的跟下，可見其戰鬥之慘烈。然而最終羅馬騎兵還是擊退了高盧騎兵，並在之後於山腳下突襲正在戰鬥中的敵方步兵側翼，取得這場戰爭的勝利。

即使是在羅馬軍大敗而歸的特雷比亞河戰役中，在第一天的戰鬥裡，羅馬騎兵與輕裝步兵隊也不只是阻止了高盧和努米底亞的騎兵在外圍的騷擾，還在後來騎兵之間的戰鬥中取得勝利。雖然隔天戰敗了，但也要考慮到騎兵早上未能進食，而且必須渡過水位上升且冰冷刺骨的河水，是在相當疲勞的狀態下戰鬥才有這次敗北。

羅馬騎兵首次嚐到毫無辯解餘地的慘敗，是在坎尼會戰當中。MacCall認為羅馬正是以這場戰爭為契機，開啟了後續一連串騎兵重裝化的過程（否則除此之外，羅馬騎兵從未發生什麼需要重新審視自己裝備的情況）。

根據波利比烏斯所述，早期的羅馬騎兵不穿鎧甲，裝備的是太細而派不上用場的長矛以及牛皮製的圓盾，然而在了解希臘騎兵的優秀之處後，便立刻採用了希臘騎兵的裝備。雖然不確定具體時間，但MacCall從前述的理由，推測這段改革期應該是在前220～200年前後。

騎兵的主要武器是近距離戰鬥用的長矛，並沒有使用標槍的直接證據。

騎兵起初也使用跟步兵相同的雙刃直劍，但後來引進並改用希臘短劍（Xiphos）。儘管在那個時期就算使用同樣來自希臘的短刀（Makhaira）或彎刀（Kopis）也不奇怪，但沒有證據。

到了前200年左右，希臘短劍逐漸被西班牙劍所取代。然而，這所謂的西班牙劍到底是不是現在我們認為的羅馬短劍，尚有討論的餘地。因為起源自希斯帕尼亞（西班牙）的劍有2種，一是屬於羅馬短劍原型的雙刃直劍，另一種是類似Kopis的單刃鉤刀（Falcata）。由於騎兵的短劍以「會留下恐怖的傷痕」為人所懼，因此應該要將此處的短劍視為Falcata才對。

改革前的騎兵並未穿上鎧甲。改革後的鎧甲根據古代的繪畫資料，使用的是亞麻胸甲跟鎖子甲。雖然指揮官等高級軍官可能會穿肌肉甲，但這樣身體動作會受到很大的限制，難以騎馬，因此應該只有極少數人穿戴肌肉甲。

早期騎兵之所以不穿鎧甲，是因為當時的騎兵沒有馬鞍或馬鐙，想在馬上保持平衡是非常困難的事。穿上十幾公斤重的裝備導致喪失穩定性，這對騎兵而言是無法忽視的嚴重問題。除此之外，遇敵交戰後迅速下馬戰鬥，然後又迅速上馬展開突襲的戰鬥方式，必須盡可能保持裝備輕盈，更別說是在那個沒有馬鐙的時代。鎧甲或堅固沉重的盾牌不只會妨礙騎兵行動，甚至可能造成危險。

圖10：前2、3世紀的騎兵。
A：執政官蓋烏斯・弗拉米尼烏斯・尼波斯。前217年。根據西利烏斯・伊塔利庫斯《布匿戰記》第6卷第172節所描述，當他戰死於特拉西美諾湖戰役時，頭上戴的是青銅與海豹皮製成的頭盔。這是從高盧的波伊人國王蓋爾格諾斯身上取得的戰利品，上面刻有斯庫拉的塑像，斯庫拉揮舞著斷掉的船槳並率領張開血盆大口的狗，此外，還有用高盧人頭髮製作的3重羽飾。鎖子甲上面縫有小塊的鐵片與黃金片。盾牌上繪有在洞窟裡舔舐嬰兒的狼，並沾滿了高盧人的血跡。武器是劍與長矛，馬背上鋪有老虎毛皮當作馬鞍。鎧甲設計參考的是伊特魯里亞的鎧甲，以胸口的線條為界，往上是鱗甲，往下則是鱗片更小的鱗甲或鎖子甲。鎧甲長度直到腰椎，下面還有2層較短的皮條流蘇。護肩非常細。馬具為前4世紀左右出現的Ω形金屬馬銜，插圖中的原型裝的是大勒銜。這種款式在前2世紀左右便消失在戰場上了。
B：前2世紀的騎兵。參考了阿黑諾巴爾布斯祭壇。頭盔是起源於希臘的維奧蒂亞式頭盔，這種頭盔仿造帽子的形狀，不會遮蔽視野與耳朵，是最適合騎兵的頭盔。劍是希斯帕尼亞的Falcata鉤刀。馬具是從希臘引進的大勒銜。

■兵種：禁衛軍Cohors Praetoria

禁衛軍這個單字原本指的是「跟隨司令官的人員」，後來演變成「司令官的護衛兵、精兵」。

後者所指的禁衛軍應該是在前210年左右由大西庇阿設立。他集結軍團內特別優秀的士兵並免除其雜項工作，還將軍餉提高1.5倍。從此之後，司令官會從同盟各國提供的執政官近衛隊（Extraordinarii）和志願兵（Evocati，已經完成服役義務，但因為資質優秀而受軍隊邀請，繼續留在軍隊的士兵）當中選拔，來組建禁衛軍。禁衛軍不只保護司令官的人身安全，有時候也作為軍團中最強的部隊投入到重要戰局中。

但禁衛軍這個組織並不是常規部隊，在某些時期不會存在。比如馬略、蘇拉、龐培和凱撒等人都沒有編組禁衛軍（Cohors Praetoria）。相對的，馬略喜歡近衛騎兵隊，凱撒則將第十軍團或西班牙人部隊當成自己的衛隊。內戰時期龐培一方的將領彼得利烏斯的禁衛軍（Cohors Praetoria Caetoratorum），即裝備著希斯帕尼亞的圓盾。

◆共和國時期的羅馬軍日常

羅馬軍這支公民軍隊中，大多數公民都由農民組成，因此生活週期也依循農民平日的作息。在義大利，小麥會在秋分（9月22日）到冬至（12月22日）這段時期播種（最普遍的時間點是在10月），然後在5月後半採收。一般認為，羅馬通常要到收穫後才開始投入戰爭，但實際上早在3月，更準確地來說是在執政官就職日3月10日就開始了。

那麼農民的生計還能維持下去嗎？Rosenstein模擬了前3～2世紀的農家生活（家庭成員設定為父親、母親、滿服役年齡的2個兒子以及女兒總共5人），結果得出2個兒子服役後減少的勞動力，並不會影響農家生存這個結論。雖然生產力降低了，但同時剩下的家人為了生存所需的糧食（＝必要勞動時間）也隨之減少，而且在服役期間所蒙受的損失，也能透過戰利品或賞金等形式得到充分的補償。

以下介紹的羅馬軍制度是以波利比烏斯所述為基礎。他的記述主要針對護民官的職務或營帳的搭建方法等做了詳細解說，然而另一方面，他對司令官或財務官的營帳等卻沒有太多著墨，因此研究指出，他參考的可能是護民官專用的職務執行指南，這點大大地提升了其描述的準確性。

徵召士兵

雖然軍團的最高指揮權在執政官手上，但在每年2人、任期1年的限制下，若要向多個地區派遣軍隊，或面臨必須長時間指揮軍隊的情況時，那麼被賦予執政官權力的資深執政官（Proconsul）或職位更低的裁判官（Praetor）就會執掌軍隊（前326年拿坡里圍城戰的指揮官昆圖斯・普布里烏斯・斐洛即是最初的例子）。在他們之下設有財務官（Quaestor），除了軍團的一般會計與補給事務之外，可能還負責指揮後勤隊，並在指揮官缺席（死亡）時上場指揮軍團。在財務官之下，則是實際指揮並管理軍團的軍事護民官（Tribunus Militum）及盟軍指揮官（Praefectus Sociorum）。

在第二次布匿戰爭期間，或至少在前190年以前，出現了副將（Legatus）這個職位。擔任副將的人皆是經驗豐富的元老院議員，應執政官的邀請由元老院選出。他們的角色在於指揮大型的分遣部隊，可說是為了應對戰爭形態從決戰轉移到大範圍壓制戰所誕生的職位。

圖11：執行獻祭儀式的執政官。普萊奈斯特的水桶。前4世紀。
最引人注目的，應該是在當時的羅馬可說打破常識的長袖上衣，以及服貼雙腿的褲子。另外手上還握著被認為是最早期的老鷹旗。右手的水盆是用來將祭品（以這裡來說就是牲品的血）倒進祭壇的工具。下方看起來像是瓦斯槍的東西是用來焚香的臺，吊掛著用來加入香料的鏈子。

是否要打仗由元老院的會議決定，在此之前，執政官會先執行各式各樣的獻祭儀式或前往各處禮拜，根據祭品的動物肝臟等情況來占卜神的旨意。若占卜結果顯示吉兆，那麼接下來就會舉行諸聖祈禱日（Supplicatio）儀式。這是在神殿前擺放躺椅，然後向躺椅上的諸神禮拜的儀式，並在儀式中向神明約定，未來勝利之時，將舉辦讚頌神明的競技大賽或為神明獻上豐厚的供品。

元老院做出是否要開戰的裁決則是這之後的事。

羅馬人為了獲得戰爭的正當性，必須持續向諸神宣稱自己是為了大義而戰，為此他們會派遣名為宣戰祭司（Fetiales）的神官。這些神官會擔任使節，被送到敵對勢力前，宣稱己方有朱庇特的護佑，並在此時舉行儀式，控訴自己的正當性與敵方應該對羅馬所做的賠償。這個儀式會在跨越敵方國境線、在敵方領地內首次遭遇人民、抵達敵方城邦的城門，以及進入敵方城邦廣場時舉行，總共4次。若33天後還是無法取得應有的賠償，那麼神官會向朱庇特或雅努斯等多位神明控訴羅馬的正當權利遭到拒絕，然後回到羅馬，在這之後元老院便會做出開戰的決議。這項習俗直到前3世紀前半神官替換成使節為止，延續了很長一段時間。

一開始元老院會決定各個執政官等職位的任務（Provincia）。此處的Provincia是指軍隊的作戰目標與地區，會考量到共和國所面臨的各種情況來劃分。這些目標幾乎都與軍事行動有關，但偶爾也有例外，比如調查外國動向或擬訂蝗災對策等非戰鬥任務。表面上負責什麼Provincia會抽籤公平決定，但實則由元老院決定，可私下交易交換，算是有自由調整的空間。

之後元老院便會決定當年要徵召的軍團兵員數，可變更百人隊的人員數來應對人數調整，與此同時，也會定下支付給各個軍團的軍費或物資的量。

管理這些軍費和補給事務的是財務官的工作。由於他的業務（尤其是會計事務）負責對象並非指揮官而是國家，就算反抗指揮官的不當命令也不會受罰。然而，財務官多為年輕的元老院議員，幾乎無法反抗執政官這樣的權威人士。隨著時代演進，曾經能反抗指揮官的財務官權限愈來愈小，取而代之的是由軍隊裡的長官或副將臨時接手補給事務。

執政官會先選出軍事護民官。在他們之中的14人需擁有5年以上軍隊資歷，10人需擁有10年以上軍隊資歷。在當時軍事護民官仍是相當重要的職位，因為這個時期尚未有軍團長，而是由軍事護民官兩兩一組，每2個月輪流指揮與監督軍隊。

接下來便是士兵的選拔（Dilectus）。擁有一定以上財產的羅馬公民（Cives qui arma ferre possunt，指可持有武器的公民）在46歲前必須服滿騎兵10年或步兵16年（根據波利比烏斯所述為20年）的兵役。可以連續申請參軍（或延長兵役）的役期上限為6年。

公民在卡比托利歐山集合，依照所屬的部族分別聚在一起。這裡的部族指的是投票部族的行政單位，全部共有35個部族。

集合後第一件事便是分配軍事護民官。首先14位順位排後的護民官（資歷5年以上）從第一軍團開始依序以4、3、4、3人的比例分配，接著順位排前的護民官（資歷10年以上）同樣以2、3、2、3人的比例來分配，最後每個軍團都能分配到6個軍事護民官（此處所介紹的編制尚為4個公民軍團的時期）。

各個軍團的護民官會用抽籤方式決定先徵召哪個部族。被叫到的部族從中推出年齡、體格相仿的4人，接著第一軍團的護民官可以先選擇其中1人，然後第二軍團再選1個，以此類推。接下來推出的4個人，則依照第二、第三、第四、第一軍團的順序來選擇。在這時候，前一年未從軍的人、年輕人、未婚者會優先被選拔，而擁有年幼孩子的父親若非在特別的情況下，通常不會被徵召到軍隊中。整個徵兵的過程就像以上這樣直到滿員為止，但因為就算1組10秒也得花費11小時以上，因此應該是由多個護民官同時進行選拔作業。也是在此時，軍隊會編列被徵召士兵的名冊。根據西塞羅的記述，執政官通常會將名字看起來很吉利的士兵編為第一號。

接下來再以同樣的方式選拔每個軍團300人的騎兵。在波利比烏斯當年（前160年左右），騎兵的選拔先於步兵，而且早於徵兵前，便根據名下財產編列好名冊了。成為騎兵（騎士階級）的條件純粹依據個人的財產而定，而且從前3世紀起，這些資料就會被保管在騎士階級專用的人口紀錄簿裡。

起初騎兵全由公有馬騎兵（Equites equo publico）所組成，他們所騎乘的馬匹由公費購買與養護，不過後來加入了騎乘自家馬匹的私有馬騎兵（Equites equis suis）。這2種騎兵沒有差異，在待遇上完全相同。

選拔全部完成後，所有士兵便集合起來，從護民官中選出1名代表者，發誓將服從司令，並盡自己全力實行上級命令。在2世紀奧盧斯・格利烏斯的《阿提卡之夜》中，介紹了這份誓詞的一部分。

Nisi harunce quae causa erit: funus familiare feriaeve denicales, quae non eius rei causa in eum diem conlatae sunt, quo is eo dic minus ibi esset, morbus sonticus auspiciumve, quod sine piaculo praeterire non liceat, sacrificiumve anniversarium, quod recte fieri non possit, nisi ipsus eo die ibi sit, vis hostesve, status condictusve dies cum hoste; si cui eorum harunce quae causa erit, tum se postridie, quam per eas causas licebit, eo die venturum aditurumque eum, qui eum pagum, vicum, oppidumve delegerit

我發誓，除了參與家人葬禮與服喪之時（故意調整日期而逃避兵役者不在此限）、罹患疾病之時、遭逢凶兆而必須實行特殊儀式之時、參加本人不得不出席的獻祭儀式之時、遭遇外敵攻擊之時、與外國人有約定之時，若無特殊理由（我必定在特定日期響應徵召），那麼在完成要事的隔日，我必奔赴本人所在地區、村莊或城市的徵召負責人面前。

最有趣的一點是與外國人有約定可以是缺席徵召的理由，據說有許多不熟悉羅馬習俗的外國人，會在從軍時期不小心與他人做出約定。但這份誓詞最重要的地方其實在於，士兵宣示忠誠的對象是軍隊司令。在一開始由於軍隊與其司令會每年異動，因此這份誓詞也不具備超脫文字的額外意義，然而隨著軍隊及司令變得需要長年保持同一體系，這份誓詞便成為推動軍隊私有化強而有力的原因之一。

完成宣誓後，所有人一同大聲應和「我亦相同！」(Idem in me!)，最後再向所有人傳達「不攜帶武器」集合的日期與地點，接著就可以解散了。

在同一個時間點，聯盟軍團的編組命令書（Formula Togatorum）也會送到各個同盟城邦，並標記集合地點與日期。同盟城邦如同前述，每個城邦都必須編組 1 支大隊，而他們的選拔方式也與羅馬軍隊相同。在經過相同的宣誓後，接著選出指揮官（Praefectus sociis）及會計官（Quaestor，與羅馬的是不同的官職）。

編制

數日後（或隔天），士兵依照年齡劃分成青年兵、壯年兵、後備兵及少年兵。除去少年兵以外的每個部隊，會各自選出 10 位前百夫長（Centurio Prior），接著再選出 10 位後百夫長（Centurio Posterior）。最初選出來的百夫長（第一大隊後備兵的前百夫長）稱為首席百夫長（Centurio Primi Pili），具有參加軍事會議的權利。前百夫長在戰鬥時負責指揮小隊右半部的百人隊，後百夫長則指揮左半部的百人隊。

除此之外，每位百夫長還能親選 1 位副百夫長（Optio）。他們是百人隊的副隊長，戰鬥時會在百人隊後方整頓隊列，負責將後退的士兵推回去，為此他們手上持有頂部裝著鐵球的長杖（Hastile）。

接著是劃分士兵的部隊。除了少年兵以外的士兵平均分為10個小隊，每個小隊由2個百人隊組成，每個百人隊各設有1名百夫長及1名副百夫長。在百人隊當中最為勇敢且家世良好的2名士兵會被選為旗手（Signifer，因此旗手是包含在百人隊的人數中），最後再選出科爾努號手（Cornicen）。

像這樣編組完成的小隊包含青年兵120人、壯年兵120人、後備兵60人、少年兵120人，等於1個軍團有4,200人。若是在非常時期，那麼青年兵與壯年兵還會再各自追加40人，使軍團人數增強到5千人（後備兵始終維持60人）。軍團的人員數量常有變動，1個公民軍團人數為4千～6千人、騎兵300人；聯盟軍團則為5千～8千人、騎兵500～900人。

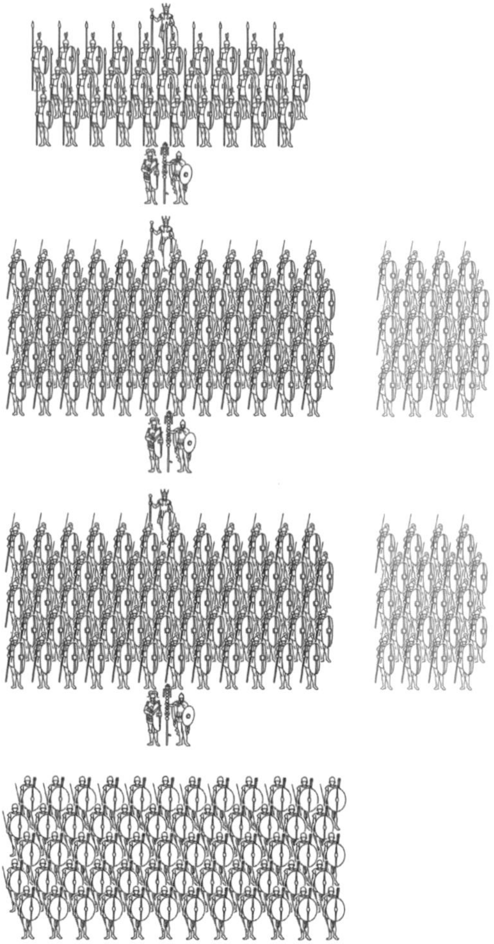

圖12：百人隊。從前列開始依順序是少年兵、青年兵、壯年兵、後備兵，將人數乘以兩倍後便是一個小隊。灰色士兵是加強百人隊時追加的40人。

騎兵的編組方式也與步兵類似。300名騎兵會劃分成10個騎兵中隊（Turma），每個騎兵中隊裡又選出3名十夫長（Decurio），每位十夫長再選出自己的副官（Optio）。雖然乍看之下騎兵中隊像是由3個10人分隊組成，但實際上30人的騎兵中隊就是騎兵的最小單位了，最先被選拔出來的十夫長負責指揮整個騎兵中隊。

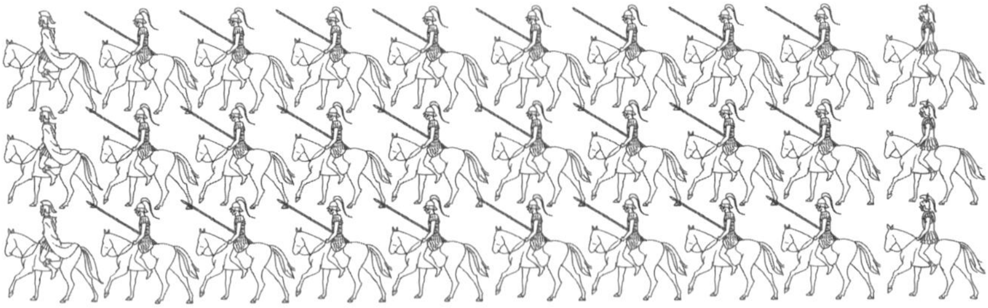

圖13：騎兵中隊圖解。前頭是十夫長，最尾端則是十夫長的副官。

最後根據波利比烏斯所描述，「因為與執政官有個人的交情」而集合起來的士兵會編入近衛隊中。這些士兵相當於馬略軍團時期所謂的營帳夥伴（Contuberinalis），也被稱為志願兵（Evocatus）。似乎是由步兵與騎兵混編而成。

如以上這樣完成軍團的編組後，會再向士兵傳達下次集合的時間與地點，然後解散。下次集合可能是數個月之後，在此期間被選為百夫長等職位的士兵，會開始購置新的裝備（尤其是特別的羽飾或副百夫長的長杖等等）。

聯盟軍團雖然也以相同方式來編組部隊，但不同之處在於會先選拔執政官的近衛隊，其徵召人數多達騎兵的3分之1（300人）、步兵的5分之1（720～840人），是支規模頗為龐大的部隊。這樣的作法當然會降低聯盟軍團的戰力，但恐怕是為了能充分補足近衛隊人數，所以才招收多一點人員。聯盟軍團的騎兵從前2世紀左右開始，由騎兵指揮官（Praefectus Equitum）指揮，他們指揮的是全體騎兵，而騎兵中隊則由當地的指揮官負責。

集合與訓練

數個月之後，各個村莊或社區的士兵開始出發前往羅馬。這時候並不是每個人自己獨自前往，而是由前述誓詞裡登場的各村莊徵召負責人帶隊，集體踏上前往羅馬的旅途。集合地點若不是在羅馬城外的戰神廣場，就是在距離羅馬約2㎞遠的阿庇亞大道上的瑪爾斯神殿（因為士兵無法進入羅馬城內）。

根據波利比烏斯所述，在這之後，軍團士兵每3天可得到軍餉1個第納里烏斯銀幣，百夫長則是2倍，騎兵則包含馬的飼育費在內可以得到3倍。以當時純勞動者每天1.5第納里烏斯銀幣的薪水來看，這樣的軍餉可說是相當低，但戰利品及獎金可以充分彌補這點。

步兵每個月可獲得小麥28㎏的軍糧配給，騎兵則可分配到小麥84㎏與大麥293.4㎏；聯盟軍團的步兵可分配到小麥28㎏，騎兵為小麥56㎏與大麥209.6㎏。支付給聯盟軍團的軍糧是免費的，但分給公民士兵的則要從軍餉裡扣掉，除此之外，衣服、武器等配給品也是如此，可以說一般士兵的手上幾乎不會留下什麼錢。

雖然配給騎兵的小麥量是步兵的3倍，但通常認為這還包含跟隨在騎兵身邊的2名僕從的份。

儘管史料裡未曾提及，不過在出發遠征前肯定有過一段訓練期間。在訓練期當中不只是鍛鍊技術與體力，也是原為陌生人的士兵或軍官之間，培養信賴與同袍情感的重要時間。在這段期間（雖然只是筆者的想像，但應該有1個月以上），他們會在戰神廣場或周圍架設營地，過上與日後遠征相同的生活，讓身體熟悉軍中的作息。

訓練項目隨指揮官不同而有差異。根據4世紀的維蓋提烏斯所述，士兵會將插在地面上的木樁當成沙包攻擊，或背負兩倍重的武器裝備來進行對打練習、行軍訓練、障礙跑、跳馬、游泳、投石、擲標槍等各種項目。與此同時，還會測試新戰術與新裝備，或實行大規模的教學講習、攻城或建築防禦工事等各種演習。波利比烏斯描述，前222年與高盧人的戰爭前，「軍事護民官親自向各個士兵展示並實踐如何以個人或以部隊方式戰鬥」（第2卷33章1節）。由此可知，軍事護民官可能負責規劃並籌備訓練課程，而百夫長則在現場負責指揮部隊。

當時的運動採用大約每4天1個循環的訓練方式（古羅馬的1週有8天，所以是個很剛好的數字），而這種訓練方式得到軍團採用也不是什麼不可思議的事。前209年大西庇阿實行的訓練也是4天1個循環，第1天在完全武裝的狀態下慢跑5.6㎞，第2天是裝備清點與保養，第3天休息，第4天則用纏繞皮革並在尖端裝上鈕扣的木劍及重標槍進行戰鬥訓練。

這些訓練即使在遠征期間也會實行，而且在軍紀散漫時最初採取的手段也是訓練，因為訓練本身同時也是重新確認上下關係與紀律的儀式。史書上反覆出現的「優秀指揮官從無能指揮官手上接過軍隊後，重新開始訓練來整頓紀律」這種經典橋段，也是因為優秀的指揮官很清楚訓練能帶來的效益。

雖然目前不了解騎兵如何訓練，但據描述似乎很類似節慶中舉辦的馬術比賽。羅馬的馬術比賽起源於前6世紀由伊特魯里亞傳來的特洛伊遊戲（Lusus Troiae），這是將騎兵分成2隊，並編組陣列進行複雜移動的比賽。參賽者都是6～17歲屬騎士階級的少年，他們在監督者的指導下練習。

開戰

如同西塞羅所說，「宗教與虔誠讓我們擊敗一切人種與國家」，羅馬的戰爭帶有濃烈的宗教儀式色彩。羅馬雖信仰多位軍神（朱庇特、密涅瓦、雅努斯等），但其中信仰最為廣泛的是司掌戰爭、農耕與生命循環的戰神瑪爾斯。冠以他名字的3月（Mensis Martius）更是古羅馬曆法中的第一個月分。

執政官接過軍隊指揮權時，首先會在卡比托利歐山「至高的朱庇特」（以及密涅瓦與朱諾）神廟起誓，並與身旁的刀斧手一同脫下托加長袍，實行穿上Paludamentum披肩的儀式。

宣戰布告在得到百人會議的承認後，會在3人以上的成年男性見證下，對著一塊假想為敵方領土的空地投擲標槍宣戰（原本是實際到敵方領地投擲標槍）。《阿提卡之夜》裡記載，對赫姆度里人（塔西佗《日耳曼尼亞志》第42章提到的部族）的宣戰布告如以下所示。

Quod populus Hermundulus hominesque populi Hermunduli adversus populum Romanum bellum fecere deliqueruntque quodque populus Romanus cum populo Hermundulo hominibusque Hermundulis, bellum iussit ob eam rem ego populusque Romanus populo Hermundulo hominibusque Hermundulis bellum dico facioque.

就這樣，赫姆度里人與赫姆度里人的男子向羅馬公民宣戰，並傷害了他們。為此羅馬公民下令將會為赫姆度里人與赫姆度里的人民帶來戰爭，我們羅馬公民將向赫姆度里人與赫姆度里的人民宣戰並挑戰他們。

出發前會為軍隊舉行名為Lustratio的淨化儀式，並在儀式中將豬(Sus)、羊(Ovis)、公牛(Taurus)獻給瑪爾斯，實行稱為Suovetaurilia的獻祭。圖拉真柱上也描繪著出發遠征前舉行儀式的樣子。西塞羅曾寫道，獻祭時牽引牲畜的，通常是名字聽起來相當吉利的士兵。

另外還有將領揮舞戰神瑪爾斯的聖矛並高喊「甦醒吧瑪爾斯！」(Mars vigila!)的儀式。若有人質疑執政官占卜的正當性，那麼即使在軍隊出發後，執政官也得立刻回到羅馬重新占卜。

COLUMN 2

羅馬被占的影響 2

羅馬被占領後，公民堅守在卡比托利歐山。某天夜晚，高盧人的突擊隊爬上山崖準備偷襲羅馬人。不幸的是看門狗都在睡覺，絲毫未察他們的到來。眼看高盧人就要成功發動偷襲，此時，朱庇特的妻子天后朱諾的聖鵝突然群起狂叫喚來守衛，才好不容易擊退了來犯的部隊。

從此之後，每年8月3日定為「警告者朱諾」(Juno Moneta)的節日，同時也是「狗的懲罰日」(Supplicia Canum)。在這一天舉辦的儀式中，人們會讓聖鵝乘坐在鋪上紫色軟墊的神轎上，將狗打扮成當年怠忽職守的看門狗，然後假裝對狗處以架刑(正確來說是種針對反叛者與強姦維斯塔貞女的罪犯所使用的刑罰「古式處刑」〔Supplicium de more maiorum〕，雖然與架刑不同，但外觀幾乎一樣)，並展示給聖鵝觀看(起初是真的將狗殺死，後來改成假裝行刑)。

不知道是不是期待她守望的神力，朱諾在卡比托利歐山上的神廟後來也兼差當起了羅馬的造幣廠。英語Money這個字的語源便是來自她的別名Moneta，在某種意義上，或許可以說她是現代唯一仍受人崇拜的古代羅馬神祇。

行軍

經過以上準備已整裝待發的羅馬軍，接下來終於要出發去遠征了。

天亮後，軍事護民官會進入執政官營帳，從執政官手上接過當天的命令文件，接著再返回自己的營帳，對召集起來的百夫長和十夫長下達命令。若有必要，隊長也會將命令再轉達給自己手下的士兵。

另一方面，士兵起床後會迅速吃完早餐，準備面對接下來的一天。科爾努號手吹奏第一聲號笛後，士兵會先收拾執政官及護民官的營帳，接著才是收拾士兵的營帳。與此同時，奴隸和馬伕也會牽來載貨用的騾子及拉車。

第二聲號笛響起時，就要將貨物堆到騾子或拉車上，士兵則依照固定順序整隊。集合地點是營地外牆的內側所保留的空地。雖說行軍隊伍已經決定好怎麼排了，但總是需要一些標記，因此旗手（跟百夫長）會先到集合地點待機，當士兵結束必要工作後，就以軍旗為標的集合。

第三次吹響號笛，全軍便開始移動。通常最先出發的是執政官近衛隊（與執政官，可能也包含軍事護民官），接下來依照右翼聯盟軍團、右翼聯盟軍團的運輸隊、第一軍團、第一軍團的運輸隊、第二軍團、第二軍團的運輸隊、第三軍團、第三軍團的運輸隊、左翼聯盟軍團的運輸隊、左翼聯盟軍團的順序編組隊形。這個順序每天都會輪流替換。若有來自後方的威脅，那麼執政官近衛隊會負責殿後。騎兵可能排在各自所屬軍團的後方，或排在步兵隊伍的兩側。

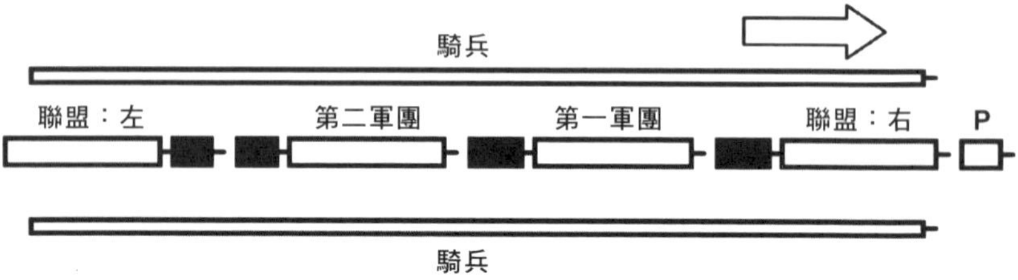

圖14：行軍隊形。黑色四邊形是運輸隊，P表示近衛隊。

如果情況更為危險，那麼青年兵、壯年兵、後備兵的隊伍會平行往前移動，也就是說，會以戰鬥時的陣形往側面方向移動。在這個狀態下，各個小隊的前方是該小隊的運輸隊。當敵人出現時，運輸隊會停下，各個小隊則朝左右某個方向繼續前進並轉移至戰鬥陣形。《高盧戰記》第4卷第14章可以看到與這個行軍隊列一樣的例子。此外，在前108年的穆圖爾河之役中，發現敵方伏兵的執政官正是組成戰鬥隊形並朝向側面行軍。

雖然這些隊伍的前方都派遣了偵察隊，但從羅馬軍時常遭受大規模偷襲的戰史來看，普遍認為羅馬軍的偵察能力可能相當低落。

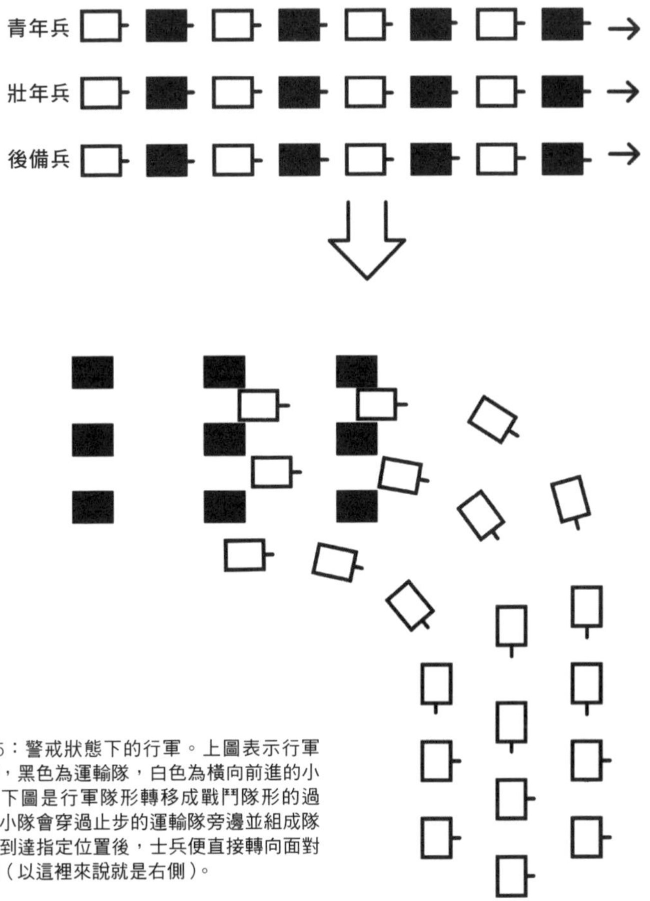

圖15：警戒狀態下的行軍。上圖表示行軍隊形，黑色為運輸隊，白色為横向前進的小隊。下圖是行軍隊形轉移成戰鬥隊形的過程，小隊會穿過止步的運輸隊旁邊並組成隊形。到達指定位置後，士兵便直接轉向面對敵軍（以這裡來說就是右側）。

1天的移動距離推估大約是15～20㎞，行軍時間約4～5小時。8月羅馬近郊的日出時間是5點半，日落時間則為晚間10點，因此行軍的生活作息應該是5點半起床吃早餐、7點出發、11～12點抵達並開始紮營、晚間10點半就寢。

軍營

關於羅馬人是從何處了解到軍營（Castra）的構建方式至今仍議論不休，不過從布局來看肯定是起源自希臘。無論如何，至少在與伊庇魯斯國王皮洛士的戰爭（前280～275年）之前，羅馬人就已經有相當程度的實力，能夠建造完成度很高的軍營。

軍營內的格局是大致固定的。執政官居住的將軍營帳前方有一條橫向的中央大道（Via Principalis），以此為界，上方為指揮官、護民官或近衛隊等核心幹部的營帳，下方則是一般士兵的營帳。

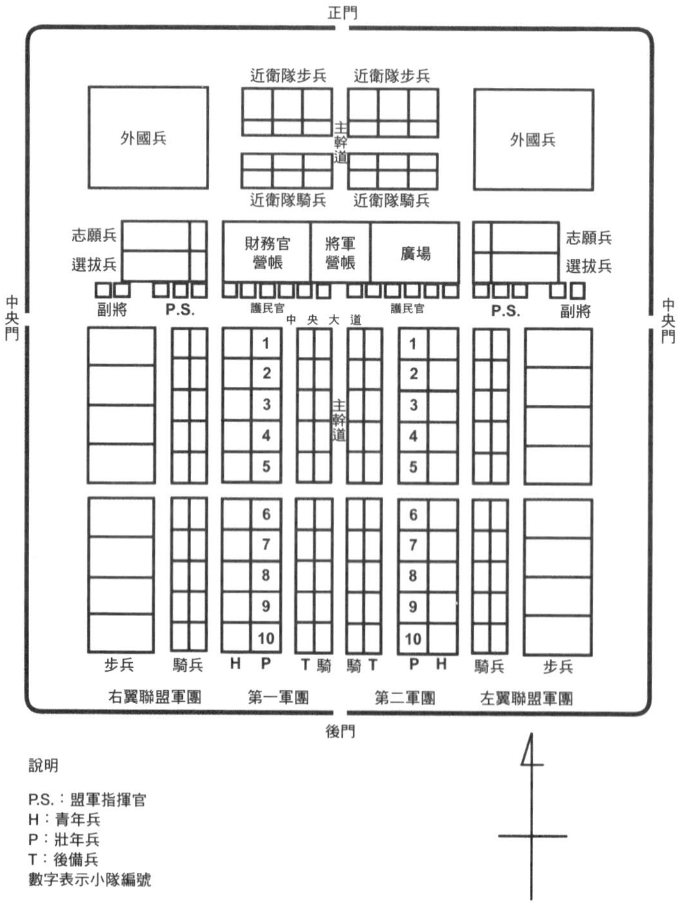

圖16：波利比烏斯所描述的軍營。以Dobson的圖為基礎所繪製。

紮營地點由值班的護民官與幾位百夫長決定。他們會領先於全軍並挑選適當的地點，然後在將軍營帳的位置立起旗幟，接著軍官會以將軍營帳前方稱為格羅瑪（Groma）的點為基礎，來決定軍營的格局。他們將各部隊的區劃當成有一定面積的單位，並根據基本格局像拼圖般來配置這些單位，這樣就能不受人員數量與地形的限制，靈活對應各種情況。

關於將軍營帳的構造，Dobson在參考紀錄及後世的城寨、城鎮中央公所後，認為應該如以下的描述。

首先，將軍營帳的正面朝向廣場，也就是朝東而建。在其東側的北方有演講臺，南方則設有鳥占臺（嚴格來說不是高臺，而是一塊被劃成四邊形的土地），而後方也就是將軍營帳中央設有祭壇並插上軍旗，再更後方是指揮官的帳篷（Tabernaculum）。廣場的北邊與南邊各設有武器庫（Armamentaria，也有說法指武器庫是3世紀之後的產物）。

若士兵的人數超過規定，會將其營帳配置在將軍營帳左右，同時削減廣場及財務官用的土地面積。如果執政官2人同時紮營，則會拿掉將軍營帳後方的近衛隊用地，讓兩個將軍營帳緊貼彼此。這時兩邊軍營會像是背靠著背合在一起，而原先拿掉的近衛隊營帳則排列在側面。

雖然這樣的格局中沒有廁所，但從間接證據來看，他們會在軍營裡的某處挖一個坑當作廁所。在一些將領中，有人會攜帶具備水洗功能的攜帶式廁所，但大多數軍官通常只用到尿壺，讓手下僕從拿去倒掉。在帝國時期的軍營裡，則會挖掘很深的壕溝，並在裡面放置桶子與木蓋當作廁所，不過多數軍官應該還是採用上述那種方式如廁。4個軍團2萬人的排泄量1天就可以達到數噸，但從當年的描述來看，患病紀錄少到令人驚訝，可以推測軍隊肯定透過了某些手段防止疾病蔓延。在這當中最普遍也最有效的防疫方法，就是直接離開軍營。

當軍營完成布局後，護民官會對士兵下令，要士兵發誓絕不會在營區內偷竊。根據《阿提卡之夜》，誓詞如以下所示（在原始文獻上，將此當作士兵被選拔時的誓詞，但因為跟波利比烏斯的描述完全一致，所以我放到這裡來）。順帶一提，從執政官的名字（蓋烏斯・雷利烏斯與盧基烏斯・科爾內利烏斯・西庇阿）來看，誓詞的引用年是前190年，為筆者拙著《古希臘……》中所介紹的馬格尼西亞戰役那一年。

Laelii C(aii) fili consulis L(ucii) Cornelii P(ublii) fili consulis in exercitu decemque milia passuum prope furtum noli facies dolo malo solus neque cum pluribus pluris nummi argentei in dies singulos;

extraque hastam, hastile, ligna, poma, pabulum, utrem, follem, faculam si quid ibi inveneris sustulerisve, quod tuum non erit, quod pluris nummi argentei erit, uti tu ad C(aium) Laelium C(aium) filium consulem Luciumve Cornelium P(ublium) filium consulem sive quem ad uter eorum iusserit, proferes aut profitebere in triduo proximo, quidquid inveneris sustulerisve dolo malo, aut domino suo, cuium id censebis esse, reddes, uti quod recte factum esse voles. （括號內為作者所寫）

在蓋烏斯之子，執政官蓋烏斯・雷利烏斯，與普布里烏斯之子，執政官盧基烏斯・科爾內利烏斯的軍中，我與10名戰友一同發誓。此後無論是1人還是多人時，都不會抱著惡意偷竊每日1枚銀幣以上的物品，並且除了1支矛、1根矛柄、木頭、水果、飼料葉子、水袋、錢包、火把以外，凡是任何價值超過1枚銀幣而且不屬於自己的東西，都會送到蓋烏斯之子，執政官蓋烏斯・雷利烏斯，與普布里烏斯之子，執政官盧基烏斯・科爾內利烏斯的面前，或執政官所任命者的面前。要是被發現我攜帶這些不應持有的物品，或是察覺自己在非故意的情況下攜帶這些物品，那麼我將會在3天內歸還原有的主人。

雖然條文看起來像是可以偷竊價值在1枚銀幣以下的物品，但1枚銀幣恐怕就是遠征中所需裝備品的最低金額。至於價值在1枚銀幣以下，而且為誓詞所指定的物品以外的東西，則必須自己負起保管責任了。3天物歸原主的規則則是為了避免因誤會而罰錯對象。

結束宣誓後，接下來是將任務分派給青年兵與壯年兵的各個小隊。2個小隊負責中央大道的清掃與警備（白天幾乎都在此進行各種活動），剩下18個小隊則每3個為1組分配給各個護民官，負責替護民官搭建營帳、整平周圍土地或看守護民官行李等其他雜務。

再來是挑選護民官營帳的衛兵。衛兵由2個4人組組成，2人站在營帳前，2人站在營帳後待機。這些衛兵每天由各個小隊輪流值班。

後備兵雖然不用替護民官處理雜務，但會從每個小隊裡選出4人到最近的繫馬處照料騎兵的馬匹（應該是每天輪流）。

最後每天會輪流派1個小隊擔任將軍營帳的警備隊。

當這些雜務都分派完成後才開始搭建營地。營地防護牆的建設作業，縱邊由聯盟軍團，橫邊由公民軍團負責。防護牆的規模視周遭的威脅程度隨機

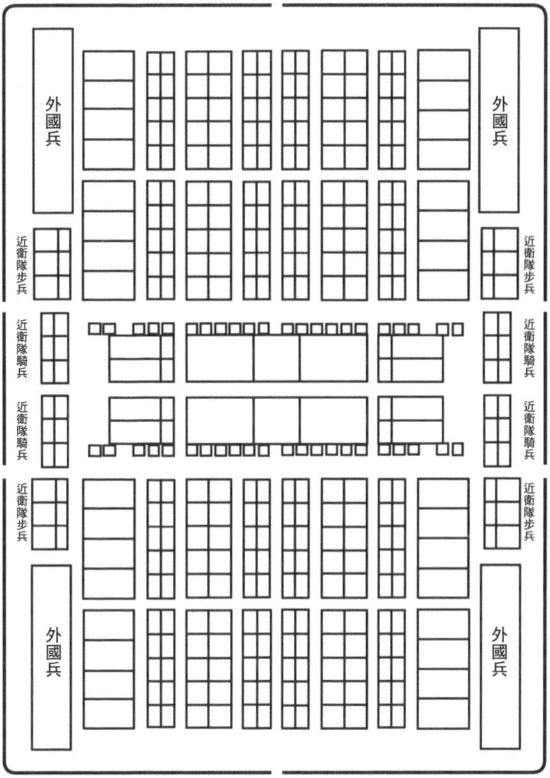

圖17：有2名執政官（4個公民軍團）時的軍營布局。

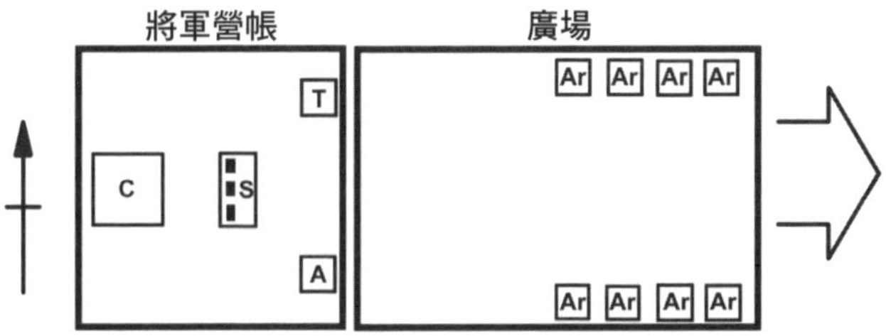

圖18：將軍營帳與廣場的布置。
箭頭朝向正面的東方。根據Dobson所繪。

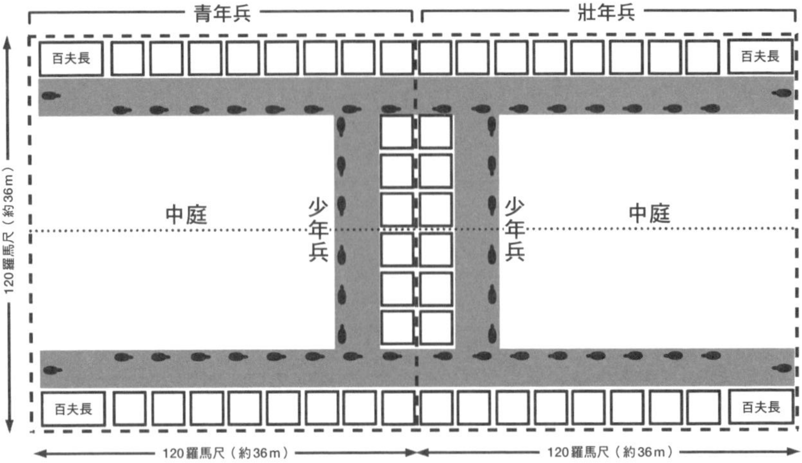

圖 19：青年兵與壯年兵的小隊營帳配置。長虛線表示小隊，短虛線表示百人隊。灰色範圍是放置載貨用騾子（黑色標記）與裝備的地方。外圍被通道圍起來。根據Dobson所繪。

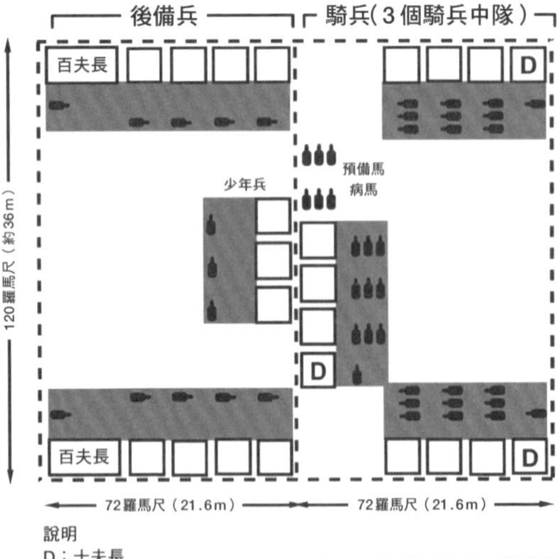

圖 20：後備兵與騎兵的營帳配置。
與前圖相同，灰色範圍是放置動物與裝備的地方。

應變，若是安全的位置，很可能只會挖簡單的壕溝，或甚至只叫士兵排成一排看守就解決了。通常會挖出深90㎝、寬1.2m的壕溝，並將挖出來的土方堆在內側形成土堤，最後在正面用混有草皮的土來補強以築起防護牆。防護牆上面還會插起一整排由軍團士兵運過來的長矛，稱為矛牆（Pilum Muralis）。

如果敵人就在附近，那麼壕溝會拓展到深2.7m、寬3.6m，防護牆則加高至1.2m。護民官兩兩一組輪流指揮軍隊，同時監督軍營建設的也是由這2人組負責。至於聯盟軍團裡監督建設作業的人，則與護民官一樣由2名盟軍指揮官負責，軍營兩邊各有1人監督。

騎兵不參與紮營，因為他們是菁英，沒有義務與普通公民一起幹粗活。實際上在前252年，便曾發生過騎兵違抗執政官所下達的命令，拒絕參與土木作業的事件。

營帳會搭建成一排。隸屬小隊的百人隊分別紮營在特定區域的左右邊，而靠近將軍營帳的區域，則優先搭建前百夫長所率領的百人隊營帳。百夫長本人的營帳搭在整排營帳最前頭的好位置，之後才是一般士兵。正面不朝向主要通道的營區深處，則是少年兵的營帳，整體的營帳配置看起來就像一個ㄈ字形。各排營帳的內側放置有包含武器裝備的各種行李，並繫著載貨的馬，中央的空間稱為Conversantibus，可用作烹飪食物等各式各樣的用途。

當時的人每天只吃早餐與午後的正餐這2餐，不過士兵中午會再吃一點輕食。前134年小西庇阿就曾命令士兵午餐要站著吃，而且每幾天就要吃一次未過火的食物（一般推測這裡的「未過火」是指「直接冷著吃已經備好的食物」）。跟其他地區的軍隊不同，羅馬軍隊有著嚴格的用餐時間。

下午並沒有規定要做什麼工作，可能會跟戰友悠閒地聊天、午睡，或修繕、清洗個人隨身物品，有時候可能還會被派去做偵察等任務。從營帳的狹窄程度（參照第4章「裝備」）來看，士兵應該都在各自區域中央的空間度過大部分時間。

蒐集物資也是重要工作。由於需求量極大，因此最應該優先蒐集的物資是不得不在當地蒐集的水、木柴與動物飼料。現代人或許難以理解木柴的重要性，不過由於羅馬軍配發的是未烹飪的食材，需要士兵自己烹調，因此缺乏木柴是與飢餓及（生食所帶來的）疾病蔓延有密切關係的嚴重問題。

物資蒐集隊的人數相當多。根據李維描述，前201年羅馬軍曾攻擊高盧的波伊人，然而因為司令官蓋烏斯・安匹烏斯的疏忽，包含他本人在內的7千名物資蒐集隊最終被對方所殲滅（第3卷第2章7～9節）。此時的軍隊為2個軍團外加4個大隊，共計1萬2千人。即使把奴隸跟僕從的人數算多一點，也可以說將近全軍半數的人員都參與到蒐集物資的工作中。

綜合各種記敘，可知道當時蒐集物資首先要做的是派出偵察隊前往軍營周圍，確認是否有敵人在附近，接著在重要地點配置全副武裝的士兵以防敵

COLUMN 3

其他類型的營地

波利比烏斯所描寫的軍營構造在現代已成定論，不過據Dobson的研究，其實還存在其他格局的軍營。

這種格局的依據是《De Metatione Castrorum》這部作品，採用把將軍營帳及財務官營帳置於中心的樣式。這種軍營的特徵是財務官營帳位於後方，而且從各種文獻中，皆可以看到軍營後方有所謂的財務官門（Porta Quaestoria），因此可以確認到這個事實。在李維的記敘中，薩莫奈人曾從軍營後門（Porta Decumata）入侵營區，在警報未響起前便蜂擁進財務官營帳殺死財務官，從這裡也可以知道財務官營帳位在軍營的後方。

順帶一提，這樣的布局與帝國時期的軍團根據地將司令部置於中央的布局一致，因此可推測這是在波利比烏斯之後衍生出來的軍營形式。

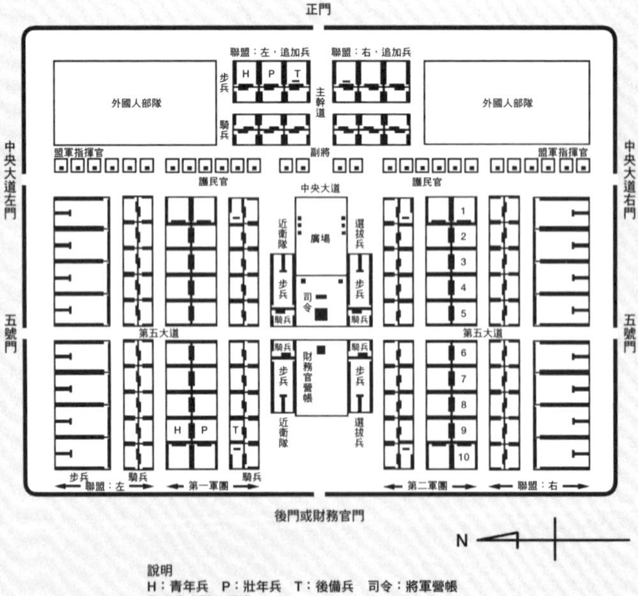

人襲擊。有時候視情況可能還要派出騎兵與步兵圍住要收獲物資的場所，士兵只在這個區域內進行作業。將領本人也要帶著護衛在四周巡邏，嚴厲處罰離開包圍圈的人。因為蒐集物資是軍事行動的一環，若個人擅自蒐集物資會擾亂紀律，使軍隊陷入危機，所以受到嚴格禁止。

夜哨

營地建設完成後，少年兵會圍繞整個防護牆以一定間隔站崗，並在每個大門配置10人作為門衛（少年兵不需負責警備任務以外的其他雜務）。

到了傍晚，無論步兵還是騎兵，各部隊的第十小隊（離將軍營帳最遠的小隊）會選出1名口令官（Tesserarius，口令官可免除警備等任務）前往當日值班的護民官營帳報到。他們會收到一塊寫有當晚暗號的木牌（Tessera）。

口令官會先拿著這塊木塊回到自己的小隊，將暗號告知百夫長與士兵，此時小隊中會有下一個小隊的前百夫長出席，而口令官便會在證人的眼前將木牌傳遞給他。接著這位百夫長會回到自己的部隊，同樣將木牌傳給來到自己部隊的下一隊百夫長……以此類推，像接力賽一樣把木牌傳下去，最後收到木牌的第一小隊前百夫長會將木牌還給護民官，這樣便可知道暗號已傳達至整個部隊。若在日落時木牌還沒交回來，那麼會立刻出動調查，並嚴懲導致木牌丟失的人。

太陽下山後便是夜哨時間。夜哨分成4個時段，依此輪班站哨，時間的管控交由後備兵第一小隊的2位百夫長每天輪流執行。科爾努號手會吹響號笛通知全軍進入夜哨時間。

當天值班的小隊負責守衛將軍營帳，護民官和騎兵指揮官的營帳則如同前述由4名士兵把守，各個小隊還要指派4名警備兵護衛自己小隊的營帳。除此之外，財務官所在的財務官營帳（Quaestorium）需要3人、每位幕僚（執政官的副手）的營帳則各需要2人把守。

分派到營地外的駐點看守的士兵則有特別的站哨流程。

傍晚，配置在駐點的士兵中，隸屬第一個負責夜哨的小隊士兵需要派出1人，在副百夫長的帶領下，前往護民官的營帳取得各個夜哨時段的木牌。這些木牌上寫有表示各時段的記號。

另一邊營地裡則會編組巡視各個駐點的巡察隊。巡察隊是由騎兵中隊指揮官指派的副官所選出的4名騎兵，每天早餐前告知他們任務（值班的指揮官會在當天傍晚，向下一個騎兵中隊指揮官通知隔天需要值班）。

這4名騎兵抽籤決定負責的巡邏時段，然後在傍晚前往值班的護民官那裡，取得詳細寫有當晚夜哨時段和巡視駐點的木牌，接著到後備兵第一小隊的百夫長帳下待機。

時間到後，他們會各自帶著可當作證人的朋友巡視各個駐點。若站哨的士兵醒著，就從士兵手上收回木牌（士兵傍晚從護民官手上拿到的木牌）；若士兵在打瞌睡，那麼巡察隊就會請證人確認情況，在不收回木牌的狀態下直接前往下一個駐點。

隔天早上，巡察隊的4人會前往護民官的營帳交回木牌。如果這個時候回收的木牌一個不缺，那就什麼事也沒有；如果木牌有少，那就檢查木牌上的記號，將打瞌睡的哨兵跟那一隊的百夫長叫過來。軍隊會根據巡察隊及證人的證詞來審訊哨兵，若確定有罪便會實施處罰（死刑）；若無法證明士兵怠忽職守，就會反過來處罰巡察隊。

阿庇安曾描述過這樣一個案例。當凱薩與龐培之間陷入內戰時，凱薩的軍團因為軍隊未支付軍餉而感到不服，進而引發叛亂，但在凱薩的演說下他們被重新說服，只有12名士兵因叛亂罪判處死刑。然而，後來卻證實其中1人在叛亂當天因其他要事不在現場。原本按法律應該要對處死無辜士兵的凱撒判處死刑，但畢竟情況緊急，最後跟隨在他身邊的1名百夫長代替凱撒遭到處刑，為整起事件畫上句號（〈內戰史〉第2卷第47節）。

冬營與補給

從前4世紀開始，戰爭季結束後軍團未解散的情況愈來愈多，有時候甚至長達數年都維持同一體系。在越冬期間，士兵會在軍營裡等待春天到來（可能會搭建小屋過冬），但並不是所有人都駐留在同一個地方，有急迫要事的人可以向指揮官提出申請取得休假。

在長時間的遠征中，雖然需要建立能定期供應物資的體系，不過在第一次布匿戰爭前，羅馬軍裡其實沒有那樣的成熟體系，也沒有負責補給的軍官，供應物資的任務實際上由元老院負責。

羅馬軍應該是在第二次布匿戰爭時學到補給的方法。漢尼拔入侵義大利後，義大利的農地被迦太基軍隊掠奪、破壞殆盡，幾乎無法發揮功能。羅馬不得不仰賴來自遠方的補給，但這也因此催生了供應及運輸物資的需求，逼迫羅馬建立穩定的物資體系。後來，補給業務由執政官（在元老院的指導下）本人親自處理。而執政官外出打仗時，則由內事裁判官（Praetor Urbanus）負責處理包含從羅馬徵用、運輸物資在內的各種補給業務。

軍需物資有2種來源，一種是半強迫同盟國交出的支援物資，另一種是由被稱為Publicani的民間承包商所徵收來的物資，他們還能負責將物資搬運到指定地點。從前215年的契約來看，承包商可以幫忙軍隊調度物資，且之後再付錢就好，條件是免除兵役義務，物品遭受損失時，他們也會要求補償。然而這些承包商往往有貨物品質低落、交貨量不足契約所訂、截止日期已過貨物卻尚未送達等問題，有時候甚至會企圖詐領補償金，信用程度可說是相當低。

交戰

多數情況下，戰鬥並不是一捕捉到敵軍便立刻開始。通常會讓士兵休息，做好萬全的準備，只偶爾派出輕裝步兵或騎兵發動小規模衝突，並在衝突後謹慎觀察對手動向，伺機而動。

正式開戰後，軍隊司令官的帳前會立起軍旗（Vexillum），告知全軍立刻武裝準備戰鬥。

戰鬥前，指揮官會上臺演說鼓舞士兵。當然，1個人的聲音很難傳遍整個軍營，因此如同拿破崙所做的，指揮官可能會事前將演講稿交給百夫長，讓百夫長幫忙讀稿，或透過多名傳令人將演說內容轉達給遠處的士兵。

根據Cowan的研究，這些演說有4個重點。第1點是強調眾神皆站在我方，這場戰爭是上天旨意，是正義之戰。為此會使用雞來做鳥占或用動物內臟占卜，並向士兵展示占卜出來的吉兆（即使說詞相當牽強附會）。第2點是強調我軍士兵勇敢堅強，敵人都是軟弱的膽小鬼，藉此激勵士氣。第3點是向士兵保證我軍必然勝利。第4點則是向士兵約定勝利之時一定能變得更為富有。

前往戰場列隊時，與行軍一樣是從最右翼的部隊按順序離開營地。小隊型軍團的各個部隊都有明確且固定的分工，不如後世的軍隊那般靈活。

關於之後交戰的詳細情況，礙於篇幅我會在其他章解說。

戰爭結束

基本上羅馬對敵人所採取的處置有2種。

如果對方投降，那就按照羅馬法裡所謂的歸降者（Dediticii）來處理。按官方說法這代表的是「請求羅馬公民的保護與名譽」（in fidem populi Romani se dedere），說得極端一點就是無條件投降。順帶一提，在羅馬人的腦中，原則上不存在有條件投降這件事。

起初羅馬將歸降者同樣當成是羅馬公民，羅馬周邊的城邦基本上都是以這個方式納入羅馬的體系。不過，以前380年塔斯庫勒姆城的例子為開端，戰敗的城邦開始劃歸在自治城市（Municipium）這個類別中。這些城市居

COLUMN 4

義大利各民族

在義大利半島上，操持不同語言、擁有不同習俗的多個民族曾互相爭鬥，發生多次衝突。在掌握義大利霸權的過程中，羅馬與這些民族時而征戰，時而合作，最終將這些民族融入進自己的體系中。

■伊特魯里亞人（拉丁語Etrusci、Tusci、希臘語Tursenoi、Turrhenoi）

居住在現代托斯卡納地區的民族，也是托斯卡納這個詞的語源。他們自稱拉塞納人（Rasenna）。目前推測伊特魯里亞人可能不是印歐語系民族，他們以青銅器時代北方與中央義大利文化為基礎，在受到希臘文化影響的同時發展壯大。根據DNA鑑定，伊特魯里亞人應是在7,600年前的石器時代，從小亞細亞移居義大利的原住民族（有趣的是這與希羅多德的描述一致）。前6世紀迎來了全盛期，對當時還處於萌芽期的羅馬造成深刻的影響。

■拉丁人（拉丁語Latini）

如同「平原的人」這個字義，拉丁人是居住在台伯河下游的民族。拉丁人屬於印歐民族，在鐵器時代早期，每年都有30個部落聚集在阿爾班山上的朱庇特拉蒂亞里斯神廟進行祭祀。羅馬人就屬於這個民族。

■薩賓人（拉丁語Sabini）

居住在橫貫義大利南北的亞平寧山脈中央地帶的民族。他們在語言學上屬於印歐語系的義大利語族，是後述奧斯坎語的分支。根據傳說，羅馬人信仰的神明中，許多都來自他們。

民屬於「沒有投票權的公民」(civitas sine suffragio)，無法參與羅馬政治，他們必須背負納稅或服兵役等義務，但也擁有跟羅馬公民相同的權利。此外，他們所擁有的一部分土地，以公有地(Ager Publicus)的名義沒收。這些土地雖歸羅馬政府所有，但只要是公民都能自由使用(非公民則需要支付使用費)。在前4世紀以前，為了讓羅馬公民移居的殖民城市用地就屬於這種土地。殖民城市設在各地區的戰略要地上，具有監視周圍、擴大影響力並作為將來軍事行動的據點等機能，也就是自給自足型的要塞。

在更之後的時代，擁有拉丁公民權的同盟國開始出現。他們雖有服兵役的義務，但不需繳納任何貢金，也不用改變自身的政治形態或文化，能夠自由施政。

COLUMN 4 義大利各民族

■奧斯坎人(英語Oscan)

奧斯坎人泛指使用奧斯坎語的人群，奧斯坎語屬於印歐語系。他們居住在義大利半島南部，與北方鄰居溫布利亞語和拉丁語有密切的關聯。奧斯坎人中最大的民族是薩莫奈人，以激烈反抗羅馬人的支配而聞名。

奧斯坎人擁有相當特殊的習俗──聖春(Ver Sacrum)，他們會在發生飢荒時對天發誓，將隔年春天誕生的小孩，當作獻給戰神瑪爾斯的小孩來養育。當這些小孩成年後，必須跟隨聖獸(公牛、啄木鳥、狼等等)的指引離開村莊，移居到聖獸止步的地點重新發展。

■希臘人(希臘語Hellenes、拉丁語Graeci)

從前8世紀開始，希臘商人便會來義大利半島經商，後來便陸續在此建立殖民城市。最古老的希臘殖民城市是建設在拿坡里灣火山島的皮提古薩(現在的伊斯基亞)，爾後南義大利沿岸建設了許多希臘城市，被羅馬人稱為大希臘(Magna Graecia)。其中最著名的，便是內亞波利斯(現在的拿坡里)和他林敦(現在的塔蘭托)。

■高盧人(拉丁語Galli、希臘語Keltoi)

起源於今日奧地利附近，屬於印歐語系的民族。前3世紀時拓展到包含不列顛島在內的西歐全境、羅馬尼亞等東南歐以及小亞細亞。前400年左右，以波伊人、因蘇布雷人、塞農人為主的高盧部落，突破阿爾卑斯山進入義大利，定居在伊特魯里亞人勢力範圍內的波河河谷內。雖然被羅馬人稱為蠻族，但其金屬加工技術無人可及，鎖子甲或蒙特福爾蒂諾式頭盔等，都為羅馬軍的裝備帶來深遠的影響。

儘管如此，同盟國也不是只有1種，大致還可以分成2種類型，也就是拉丁與義大利。拉丁同盟國（Socii Nomines Latini）是指以30個拉丁殖民城市為核心的城邦團體（這些城市的人口幾乎都是過去放棄羅馬公民權，選擇展開新人生的公民子孫），主要負責為軍隊提供士兵。根據波利比烏斯所述，他們總共能提供步兵8萬人、騎兵5千人。義大利同盟國指的是拉丁同盟國以外的義大利各地部落或國家，共能提供步兵26萬人、騎兵3萬4千人。

如果是在徹底對抗後才戰敗，那麼城市會遭到破壞，所有居民要不被處刑，要不被當作奴隸賣掉。前261年的西西里島城市阿格里真圖姆，是最初遭受此等破壞的城市。前75年，被青年時期的龐培所摧毀的，希斯帕尼亞的瓦倫西亞遺跡中，出土了死狀極為悽慘的遺體，如實表現了當年羅馬軍在蹂躪敵人時會發生的慘劇。比如其中某人雙手被綁在身後，重標槍從肛門插入直到槍頭完全塞進去，雙腿也被截斷。

在這種情況下，軍隊的司令官會舉行退去（Evocatio）儀式。舉辦的時機在城池即將陷落之前，目的在於請求住在那個城市的眾神離開城市，並轉移至羅馬城，通常還會向神明約定會派人建築神廟並祭祀崇拜。像這樣移居到羅馬的神明裡，就包含維愛城的朱諾・蕾吉娜，或是法萊里城的密涅瓦・卡普塔等等。

戰勝後，士兵會得到獎賞，將戰利品搬回自己家中。戰利品除了擺在家裡展示或拿到神廟裡獻給神明，也可以賣掉補貼家用。由於供品會被視為聖物（Sacra）而禁止修補或改造，因此大多數的戰利品都隨著時間逐漸劣化而破碎消失。

最後，那一年的戰爭季會以10月15日舉行的十月馬祭（Equus October）作結，這個節日是為了慶祝農業與戰爭完成了一個循環，並將成果獻給戰神瑪爾斯。十月馬祭的起源或許能追溯到印歐語系的開端，是相當古老的慶典。

這一天戰神廣場上會舉辦雙馬戰車的競速比賽，獲勝的馬車則用長矛刺穿右側的馬來當作祭品，並將馬頭與馬尾切掉。羅馬當中的2個社區會為馬頭展開競爭，贏家可獲得將馬頭裝飾在社區的權利，至於馬尾則搬到王廳（Regia，原為國王的居所，後來成為最高祭司的官邸），並用滴落的血來淨化神聖的祭壇。

第2章
共和國後期

◆馬略改革

到了共和國後期，羅馬軍從原本的公民兵軍團，逐漸轉變為以職業軍人為主的志願兵軍團。不過由蓋烏斯・馬略（前157～86年）所開啟的這一系列改革，實際上只是在既有制度裡補充內容，並非原本的公民軍團以某個時期為界，全部轉變為志願者組成的軍團。羅馬軍因某種原因，無法再靠公民招收到足夠的士兵，於是為了填補空缺，開始從無產階級裡招募志願兵。隨著志願兵的比例提升，使用志願兵的傳統也日益根深柢固，這才是轉型的真相。

當初導致招不到兵的原因，目前認為是因布匿戰爭期間流入了大量奴隸，大規模農場為了利用這些廉價的勞動力，驅逐了原本為軍團兵源的自耕農，才導致羅馬軍招不到兵。公元前2世紀後半葉的格拉古兄弟雖曾想阻止這個趨勢，但最終失敗，於是公民兵逐漸轉換為志願兵。以上是現在關於士兵轉型的定論，然而近年來有愈來愈多證據顯示，大規模農場成為主流是在蘇拉的時代（前1世紀初期），在轉型當時，自耕農依然是農業的核心主體。

Rosenstein主張，兵役造成結婚年齡上升、所有子女平均繼承財產的制度、第二次布匿戰爭後人口急遽增加（當時成年男子人口從前204年的21萬4千人，增加到前125年的39萬4,736人）、殖民城市完成建設、戰利品的利益減少，再加上農家零細化、核心家庭化等因素，才造成羅馬兵源匱乏的問題。

格拉古兄弟的改革（塞姆普羅尼烏斯土地法）是將公有地中，超過個人所有權上限的土地收歸國有，再分配給沒有土地的貧民階級，試圖以此增加自耕農的數量。然而Rosenstein認為，這是完全沒搞清重點的解決方法，明明原因出在農家嚴重零細化、核心家庭化，甚至到了調走其中幾位農民就無力耕種農地的地步，那麼再繼續增加小型自耕農顯然也於事無補。進一步說，農民往往討厭付出養育自己家人以外的勞力，如果不增加農家的規模（家人的人數），那麼獲得再多農地也只是閒置在那裡而已。

在前123年格拉古弟弟制定的法律中，規定貧困士兵的武器裝備由國家負擔，可是因為同樣的理由，這也起不了增加兵役志願者的效果。不過這條法律在約15年後，由馬略活用到其他目的上。前107年，為了解決增強兵力這個燃眉之急，馬略開放讓城市裡的無產階級民眾可以志願加入軍隊，並運用這條法律，拿公費購置這些士兵的武器裝備。雖然他的作法只是一時的權宜之計，但之後卻成了常態。

使軍隊轉型成為定局的，是前91～88年的同盟者戰爭。隨著提供羅馬軍團一半以上士兵的同盟國家發動叛亂，據推估羅馬不得不自行動員17萬人以上的戰力。當時的羅馬人力資源枯竭，甚至就連被解放的奴隸都要服兵役。為了跨越這個困境，羅馬只能仰賴志願兵。成為職業軍人的志願兵，他們比起國家更願意效忠給與自己軍餉、糧食、退伍金（土地）的軍隊將領，因而種下日後軍隊私兵化的遠因。

考量到以上背景，可以認為士兵的性質之所以轉變為志願兵，主要還是中小型自耕農嫌棄兵役的態度。兵役雖是公民義務，也是權利，但對於大多數公民而言，如果不用服兵役那自然是最好的。若軍團還要橫渡大海在遠地過冬，那更不在話下。而對逐漸核心家庭化的農民來說，要是身為主要勞動力的一家之長前去軍中，就意味著整個家庭只能挨餓等死。若將兵役與生活放在天平上衡量，選擇生活可說是人之常情。公民要不是不再參加軍隊的徵召，不然就是在人口調查時故意謊報，將財產申報得低一點以逃避兵役。即使降低軍團士兵的財產資格來應對這種狀況，終究也只是杯水車薪而已。

嫌棄兵役的情況也發生在騎兵中。在前1世紀，騎士階級的年輕人通常只從軍1～2年，接著便選擇成為政治家，這是當時最普遍的出路。雖然這是因為比起軍功，當時的環境更加要求財力、法學知識及辯論術等條件，但就連比什麼都更重視Virtus（美德，主要指軍功）的騎士階級都尚且如此，更不用說對出人頭地沒興趣，只要在自己的村莊種田一輩子就好的農民。反正「大人物也都這麼做」，那麼農民嫌棄兵役的門檻也就更低了。

除此之外，志願兵制度還有幾個不容忽視的優點，那就是減少貧困階級、長期服役提升熟練度，以及退伍後贈與土地以獲得大量支持者。對當時癡迷於權力的上層階級而言，最後的條件尤其誘人。

一旦像這樣形成趨勢，之後就無人可以阻擋了。隨著公民兵減少，志願兵數量跟著增加，執政者也很歡迎這種趨勢。公民可以專注在農業上，貧困階級可以得到生活所需的糧食，執政者可以獲得後援。於是回過神來，才發現羅馬軍團已然轉變為統帥的私兵，最終摧毀了整個共和國。

◆馬略軍團

共和國末期的軍團稱為「馬略軍團」，最大的特徵在於原本屬於勞役之一的兵役，開始帶有職業軍人的性質。也就是說，民眾原先只是為了服役並順勢取得裝備與軍餉，後來卻是為了維持家庭生計而選擇參軍。另一個重要特徵是廢除了兵役的財產資格限制（前107年，或前102～101年），這為無產階級打開了服兵役的大門。隨著這項改革，成為士兵這件事在無產階級眼中，成了相當誘人的職業生涯，許多貧困人民湧進了軍隊。與之相反的，一般公民愈來愈不願參加兵役，最終催生了完全由志願者組成的軍團。

在此之後，士兵的職業化成為定局。當然，在改革前也有連續申請加入軍隊的人，他們也算是某種意義上的職業軍人。

一個著名的例子便是前2世紀的士兵斯普里烏斯・利古斯提努斯。他雖然從父親手上繼承了農地，但農地大小未滿兵役標準，屬於無產階級。另一方面，他的妻子也沒富有到有嫁妝可以運用，因此前200年時，斯普里烏斯只能成為士兵，開始外出打仗賺錢。參加軍隊後的第3年，上層看中了他的勇敢，將他選拔為青年兵第十小隊的百夫長。此後22年間他隨軍四處征戰，參與過6場戰役，其勇猛34次受到表彰，獲得6個公民冠，還得到參加凱旋儀式的權利，最後被授予第一軍團首席百夫長的地位。

包含他自己在內他需要扶養10位家人，為此才反覆申請兵役（當然，他的性格及才能適合當軍人可能也是一大理由）。就算羅馬軍不改革，仍然如過去那樣維持公民兵制度，然而在要求士兵必須在遙遠的戰場上長時間服兵役的背景下，像他這樣以兵役為主要收入來源的職業軍人愈來愈多，也只是時間的問題罷了。

當軍團體系常態化之後，軍團除了編號外，也會因為在各場戰役中的活躍或特殊事件而得到稱號，並漸漸成為軍團的綽號。著名的有「第十軍團埃克斯里斯（騎兵之意）」，其名稱由來與凱撒的一個插曲有關。凱撒曾將他不信任的高盧騎兵請下馬，令軍團士兵騎上去充作自己的護衛。

其他有名的改革還有原本仰賴騾子拉車載貨，但後來讓士兵自己背負這些行李的政策。這項被士兵稱為「馬略的騾子」的改革，現在知道實際上早在馬略時代的30年前就已經開始實施了。根據古代作家所述，士兵曾背負過30天份、22天份、17天份的口糧，但光是17天份的口糧就重達約19kg，還要再加上鎧甲等各種裝備，因此令人懷疑是否真能背負這麼多東西。

軍團士兵背負的還不只是口糧，包含替換的衣服、襪子、餐具等等，他們持有的物品可說相當多樣。約瑟夫斯曾描述軍團士兵會隨身背負斧頭、鋸子、鐮刀、籠子、繩索、鐵鍊，但是否全軍團士兵真的都像這樣，各自帶著一整套工具，至今仍有疑問。Southern推測這些裝備是以每個十人隊為單位共同持有的物品，而當天紮營的值班士兵則負責背負這些器具。

所有這些裝備品的重量包含鎧甲與衣服在內，估算可能達到40～45㎏左右。有些意見認為在沒有現代背包的狀態下，要搬運如此重的東西是不可能的。不過根據德國研究者的實驗，已證明這並非不可能的事。在實驗中，人員背負1世紀的裝備與行李（合計43～46㎏），仍然可以在夏季的阿爾卑斯山脈，以每日平均25㎞的速度行軍500㎞。

還有一些器具也是十人隊共用的，比如備用工具、烹飪器具、石磨、營帳等等，這些器具由分配給各個十人隊的騾子載運。1個十人隊擁有的騾子數量在不同資料上的記載都有差異，但通常認為就1、2頭左右。除此之外，軍團或大隊還另外擁有專門的運輸部隊。2世紀的皇帝馬可・奧理略的凱旋門上，便雕刻著滿載武器防具以供士兵更換的貨車。

如果算上其他軍團或大隊的行李，那麼運輸隊的數量應該相當龐大。普魯塔克曾說，蘇拉的攻城武器需要2萬頭騾子，不過Goldsworthy曾計算1個軍團約需640頭騾子，再加上弩砲用的59臺輕貨車、10臺重貨車。Haldon參考6世紀以後的拜占庭軍，計算出步兵6千、騎兵4千、備用馬1千的軍隊在己方地區行動時的糧食（不包含水或器具類），5天需要騾子1,412頭、10天需要3,244頭、20天需要9,231頭。同樣條件下，想要供應或餵養遠征中的騎兵4千人、備用馬1千匹及載貨用騾子80頭，那麼5天需要4,992頭，10天需要84,866頭的騾子。

這些運輸隊主要由奴隸負責運作。這些奴隸最普遍的稱呼是Calo，其他還有Servus、Mancipium或Puer，希臘語則稱為Therapon、Oiketes。他們究竟屬於個人所有還是公有，目前尚不清楚。凱撒在高盧與貝爾蓋人作戰時，曾留下紀錄顯示奴隸也參加過戰鬥來協助士兵，其中一部分的人還武裝了自己。

另外還有種稱為Lexa的奴隸。在共和國時期，Lexa原本指的是跟隨在軍隊後方的民間人士（各種商人與娼妓等），但後來（尤其是帝國時期）則專指軍團的奴隸。

最後，雖然沒有留下紀錄，不過通常認為這時期已經引進軍醫或醫護兵制度。此前羅馬軍沒有醫師，傷病患只能寄託給友好國、富裕的公民或貴族的家中，並在那裡接受治療與照護。

軍醫首次出現是在前1世紀西塞羅的記敘裡，文中他正在闡述歷戰士兵與第一次受傷的新兵有著不同反應。由此可知，這時期的軍醫已經普及於軍中了。正統的醫學傳入羅馬的時間點，大約是希臘被羅馬吸收的前2世紀中葉，恐怕軍醫也是在這時候引進軍中的吧！

軍隊高層

在蘇拉的時代，執政官被禁止離開義大利，而執政官成為軍隊司令的傳統也已經中斷，軍隊指揮權落在資深執政官或資深裁判官手上。也就是說，軍隊司令的任命權，從人民大會轉移至元老院。

與此同時，副將的職權也隨之擴大。他們指揮大規模的分遣部隊（1個或多個軍團加上輔助部隊）或是船隊，冬營時還須負責指揮軍團，維持周圍治安及保持士兵忠誠等任務，但似乎實際上主要擔當的是事務及外交工作。副將多為有力人士的子弟，而且不需元老院承認，由司令官本人直接指派（高盧戰爭時的凱撒軍裡就有10人），其中大多數都曾擔任平民護民官、市政官或財務官等職位。為了在競選下一個職位前累積更多人氣、經驗與人脈，成為副將是很好的手段。當然，通常他們都是靠關係當上副將，而且年紀輕又缺乏軍事經驗，往往在很短的時間內便離開這個職位。另一方面，軍事護民官逐漸喪失權力，權限也愈來愈低。

儘管副將或軍事護民官有時也會指揮軍團，但這個時期之前的羅馬軍並沒有稱為「軍團長」的職位。唯一立場最為接近的是財務官，然而他雖然負責自身軍團的事務與財務，但沒有軍事上的權限。

將軍的周圍有稱作Familiaris的跟班，這種角色的地位類似騎士階級出身的軍官，有時候會擔任交涉使節被派遣出去。類似的還有Contuberinaris，他們是騎士階級出身的年輕人，有時會擔任將軍的跟班或名譽近衛隊。

為了應對日益複雜的攻城戰，當時也出現了技術軍官（Praefectus Fabricum）這種官職。不過根據紀錄推測，他們應該算是司令官個人的技術顧問。

近衛隊如同前一章所述，會隨著司令官的喜好隨機應變，未必會設置近衛隊。然而前44年凱撒遭暗殺後，稱為Cohors Praetoria或Praetoriani的禁衛軍便成為常駐部隊，並最終在帝國時期完善禁衛軍的編制。

步兵

馬略軍團的基本戰術單位從小隊轉變為大隊，所有士兵也全都開始使用相同的裝備。這項變化並不是某天突然切換過去的，兩種形式可能共存了相當長一段時間。

儘管變遷的具體理由和時期目前還在議論中，不過筆者認為從間接證據來看，應該是以希斯帕尼亞的戰爭為契機，在前2世紀中葉時形成的。征服希斯帕尼亞的歷史從前218～19年，時間橫跨200年之久。在這類以眾多少數民族為對手的鎮壓戰爭中，與其將大規模的軍隊集中在一處，可能更需要將人數少的部隊部署到更廣大的區域中，此時500人這個數量的部隊可說是非常好用。事實上，帝國時期的輔助部隊之所以由500人組成，可能也反映了這個規模的部隊之好用。

波利比烏斯在介紹共和國時期的大隊時提到，大隊由「3個小隊（青年兵、壯年兵、後備兵）和少年兵」所組成（XI，23）。如果把這個當成「迷你軍團」，並根據當下狀況，有時單個有時搭配多數個來運用，因而大隊逐漸成為軍隊組織的標準，這樣想應該比較能合理解釋變遷的理由了。

此外士兵的裝備與功能也得到統一，不再像過去那樣少年兵、青年兵、壯年兵與後備兵各自不同。有些人認為這麼做的原因出在國家分發的裝備，但筆者不這麼想，因為兵種的區分不是裝備而是年齡（經驗）。明明小隊型軍團的區分也能運用在馬略軍團上（比如將新兵看作少年兵，快退伍的老兵看作後備兵等等），可是軍團卻沒這樣劃分，因為根本就沒有那麼做的必要。當1個大隊的分遣隊在野外與游擊兵作戰時，以往的三段戰法依然有效嗎？有必要刻意讓後備兵持矛，而且人數還固定在其他兵種的一半嗎？難道不能將少年兵的任務交給傭兵或同盟部隊，自己的部隊只要專注在重裝步兵上就好嗎？想到這裡便可以知道，最佳的解決方案就是所有百人隊的人數和裝備都保持一致，這樣才能確保足夠的靈活性來應付任何狀況。

此後，羅馬軍團1個百人隊的標準人數固定在80人。這個數字來自青年兵與壯年兵的百人隊60人，再加上附屬的少年兵20人，而6個這樣的百人隊便能組成大隊。小隊（Manipulus）這個名稱則成為百夫長的階級名保留了下來。

大隊如同以往般被賦予了編號，第一大隊的首隊百人隊還會被授與黃金的鷹旗（Aquila）作為軍團象徵。雖然以前也存在老鷹之外各式各樣動物的軍旗，但到了馬略軍團時期就只使用老鷹了。日後鷹旗將成為羅馬軍團的象徵，是軍中最特別也最重要的存在。

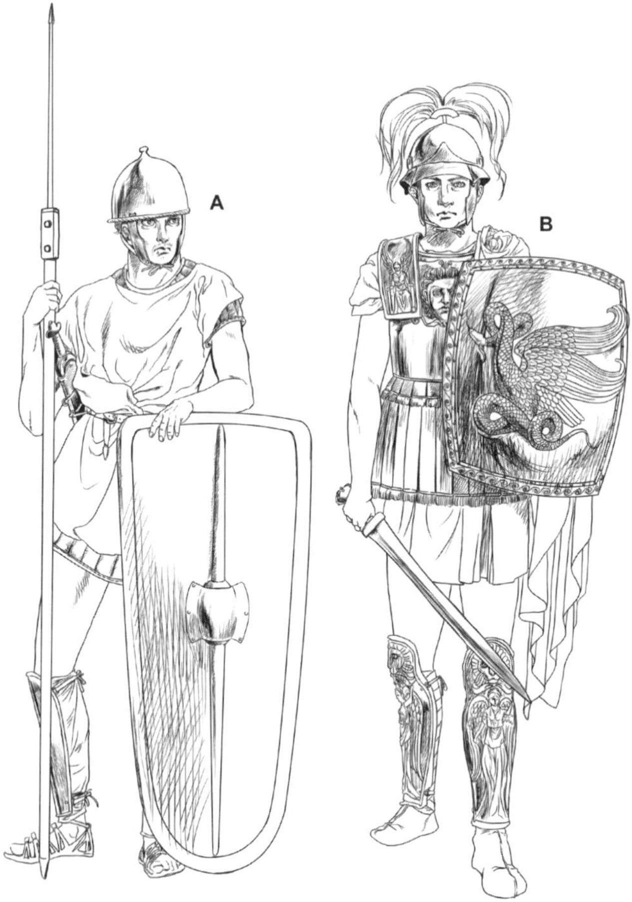

圖1：前1世紀前半的士兵。
A：「埃斯特帕的戰士」雕像（前1世紀）。出土的是2個拿劍的士兵，其中1人看起來只穿著衣服。不過仔細觀察會發現，下襬或袖子中能看到縱向條紋的衣服，因此可能是穿著疊了好幾層布並塞入墊子的鎧甲。與這個同樣造形的鎧甲，還出現在義大利索拉前30年左右的墓碑上。盾牌有著獨特的設計，但或許也只是切掉橢圓形盾牌的上端。另外，2名士兵的雙腳都穿著脛甲，但這時期的脛甲開始只保護腳的正面。
B：百夫長。劍以外的裝備參考了前91年建造的，卡比托利歐山上的紀念碑浮雕。鎧甲原本是指揮官的鎧甲，身上纏繞著腰掛。胸口有戈爾貢，雙肩有坐在寶座上的勝利女神雕飾，可能是鐵或皮革製。盾牌也是獨特的形狀，雕刻著有翅膀的蛇，上面還有青銅的雕花。脛甲雕有獅子的頭與勝利女神。劍使用的是希臘提洛島出土的類型，柄頭有著獨特的裝飾。

圖2：前1世紀後半，凱撒時代的百夫長。

A：參考自凱撒時期創作於北義大利阿奎萊亞的浮雕。頭盔是阿讓型，最有特色的是連貫前後的羽飾和側面的羽毛。鎧甲上看起來還有很短的袖子，可能是如圖這樣的皮甲或鎖子甲。脖子上可看見鎧甲的襯衣。肩甲的設計顛倒了，但不確定這是真實存在的款式，還是雕刻家雕錯了。脛甲是膝蓋與本體分離的類型，在膝蓋上雕有人物的臉。

B：劍參考的是與A之原型同樣來自阿奎萊亞的浮雕，盾則是參考那邦尼的紀念碑。圓盾通常被視為百夫長或旗手等職位使用，但他們也會用普通的橢圓形盾。鎧甲與頭盔來自埃斯奎利諾山上，提圖斯・斯塔提留斯・陶魯斯（前1世紀後半）及其家族墳墓中的溼壁畫。上面繪有羅馬建國神話的一部分，而根據D'Amato所說，就他所了解的範圍內，這是唯一已知百夫長羽飾為紅色的繪畫紀錄。雖然羽飾相當獨特，但不清楚有什麼含意。

C：整體設計參考了第三軍團馬提亞百夫長米努基烏斯・羅拉里烏斯。羅拉里烏斯的羅馬匕首是目前所知最古老的羅馬匕首，有著相當特別的吊掛方式。劍柄受到高盧的影響呈三葉草形。身上的勳章掛飾參考自那邦尼的紀念碑，是現存唯一共和國時期的勳章掛飾。鞋子的鞋舌部分很長，會拉出來再反折。

D：頭盔的設計取自聖雷米陵墓的浮雕。浮雕上的人物由於姿勢的關係，看起來像是由前往後，但本來應該是像上圖這樣橫向的。儘管褪色了，不過前6世紀伊特魯里亞的赤陶製浮雕上也有同樣的羽飾，且將根部塗成白色，前端塗成紅色，因此這裡也採用相同配色。鎧甲參考南法的奧朗日凱旋門（前29～公元21年）。設計上軀幹部分有著格紋，再加上皮條流蘇，側面則有著由上到下的短吊飾。鎧甲下可能穿著棉襖類的襯衣，並在兩邊的腋下綁緊固定。

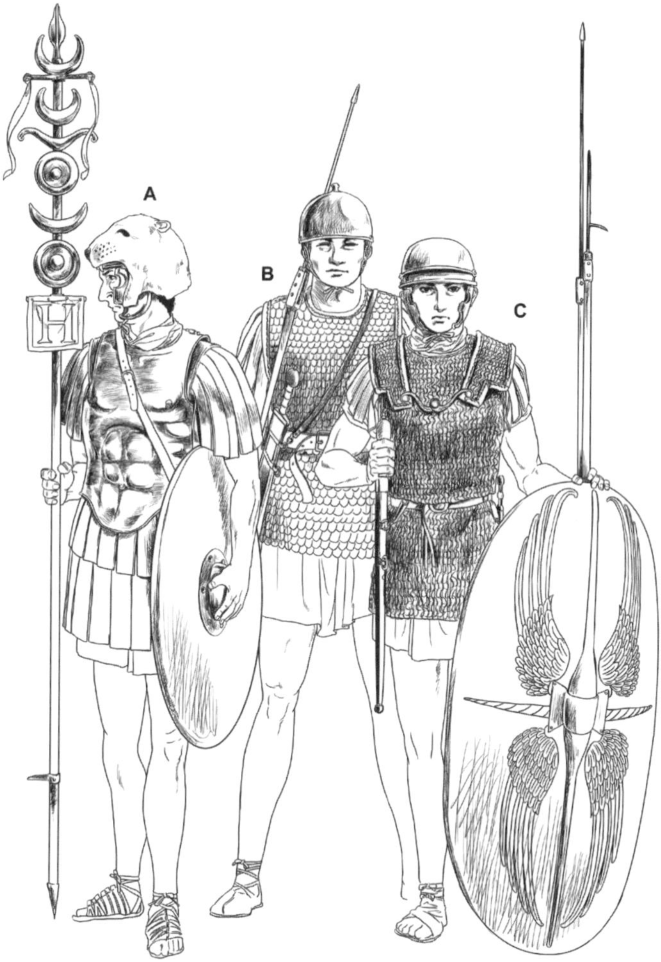

圖3：前1世紀後半，凱撒或帝國最初期的士兵。
A：軍旗參考蓋烏斯・瓦萊里烏斯・弗拉庫斯的硬幣。頭盔與鎧甲參考了法國亞爾的浮雕（21年）。頭上戴著像是獅子毛皮的東西，是這種羅馬兵最古老的繪畫史料。跟希臘化時代的雕像一樣，這個時期的毛皮只套在頭上，不會像披風之類的衣物那樣穿在身上。另外，這個浮雕作品有畫出用來吊掛盾牌的背帶，是相當罕見的例子。皮條流蘇畫得比較長，幾乎快要到手肘部位。
B：同樣是來自亞爾的浮雕。身上的鱗甲沒有袖子，長度剛好能覆蓋腰部。雖然袖子有皮條流蘇，但大腿上沒有。劍不是掛在腰帶上而是掛在肩上。手中持有的是帝國早期的奧貝拉登型重標槍。
C：頭盔與A的旗手一樣是科奧呂C型頭盔。上面有護眉，更接近帝國時期的頭盔設計。鎧甲還原自各式各樣的出土品，肩甲上有鈕扣，扣在鉤子上固定。鉤子中間有旋鈕，可以轉動鉤子。腰帶末端分成2股，這在日後逐漸演變為垂飾。2支重標槍的左邊為瓦倫西亞出土（第1章裡提到插進公民屁股裡的那支），右邊則是在以凱撒與維欽托利的決戰而聞名的阿萊西亞出土的重標槍，附有掛鉤。

騎兵

前面提到同盟者戰爭可能是促進軍團改革的契機，而公民騎兵的消失或許也與這項因素有關。無論真相如何，至少在前60年的時候，公民騎兵（和義大利人騎兵）的身影便已消失在軍隊中。過去最常聽到的理由，便是羅馬人騎兵水準低落才消失（羅馬人自己也這麼說），可是如同前述，這樣的理由並不正確，或者應該說「在過去並不正確」。

圖4：凱撒時期的騎兵幾乎都靠同盟國，尤其是高盧或日耳曼尼亞的同盟部落提供。
A：日耳曼尼亞騎兵。頭盔參考自2003年在克羅埃西亞薩瓦河發現的文物。這個頭盔屬於東高盧樣式，與只用1片青銅板製作的西高盧樣式不同，是用多塊零件製作（這個頭盔用了16塊）。六邊形的盾牌是當時繪畫資料中很常出現的形狀，也是羅馬人眼中日耳曼尼亞盾牌的典型。盾心和圓頂狀的羅馬式盾牌不同，長得像馬戲團帳篷頂點長出棒子的形狀。這根棒子不只能提高攻擊時的殺傷力，也能架開敵人的攻擊。
B：還原了前1世紀製作的「瓦謝爾戰士雕像」。這是羅馬化的高盧人貴族戰士像，男子剃掉了鬍子。鎧甲與步兵的同款，但追加了3個用來扣住鉤子的鈕扣，可以進行更細微的調整。鎧甲上還附了短的袖子。衣服上除了有反折的袖子，還有相當粗大的縫線，所以很有可能是皮衣。馬鞍是羅馬軍也採用的類型，上面有凸角，可以讓騎士穩穩地坐在上面。儘管從這個角度看不到，不過馬鞍上掛著橢圓形的盾牌。順帶一提，雖然不是很明顯，不過馬蹄上釘有馬蹄鐵。

騎兵原本只有菁英階級才能擔任。他們為了累積軍功（Virtus）必須取得戰果，因此騎兵都會勤懇地訓練。可是當他們需要的素質從軍功轉變成知識及財力時，狀況便截然不同了。他們會選擇成為法學家的弟子累積經驗，然後到希臘留學磨練知識及辯論術，將時間與精力都投入社交。因此劍術或馬術當然也就變得生疏，水準低落是再正常不過的事。

共和國末期的騎兵都是從同盟國或部落徵召而來的騎兵。到了凱撒的時代，羅馬公民騎兵已經完全消失了，證據就是前58年凱撒讓軍團士兵乘上高盧騎兵的馬那起事件。

與此同時，羅馬騎兵的傳統技藝「下馬打近身戰」也早已被淘汰，取而代之的是吸收各地騎兵戰術所發明出來的獨特戰法。詳細內容將在帝國時期篇解說，簡單講就是主要受到高盧人馬術的深刻影響，因此捨棄了近身戰，改以投擲標槍為主要戰法。

這些騎兵都是來自同盟國或部落的徵召兵，因此數量並不一定，會隨不同時期有大幅波動。

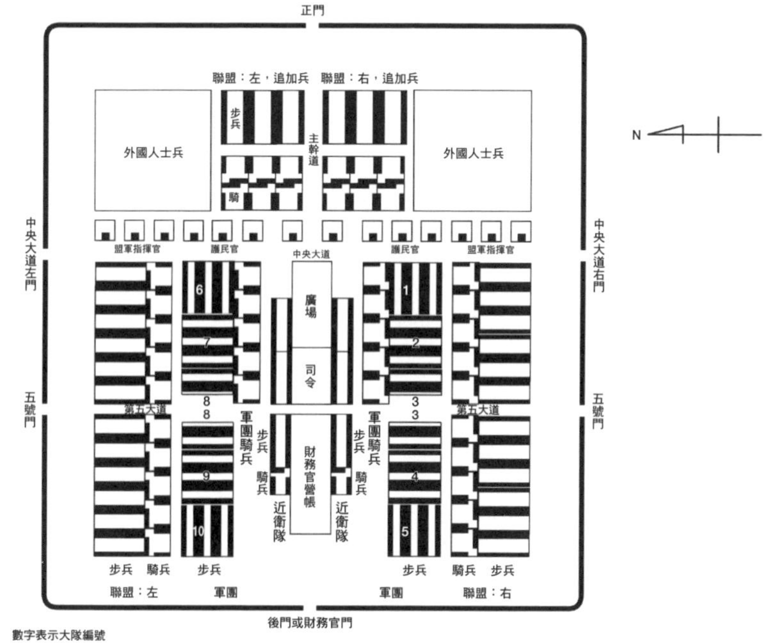

圖5：根據Dobson所繪製的大隊制軍團軍營格局圖。
1個羅馬軍團和1個聯盟軍團的營地。黑色四邊形表示營帳。
為了讓大隊的範圍看起來更清楚，大隊之間會畫上白線。

第3章
帝國前期與中期

自前30年的阿克提姆海戰之後，羅馬就成了「披著共和制外皮的君主制」。如同現在愈來愈普及的元首制（Principate）這個名字所示，皇帝不是「國王」（Rex），而是「第一公民」（Princeps）掌握整個帝國的全部實權。

其權力的根源來自執政官權內含的「更大的統治權」（Imperium maius）、平民護民官權，以及最高祭司（Pontifex Maximus）的職位。更大的統治權賦予皇帝軍事組織的命令權限與大部分行省的統治權限，元老院則幾乎喪失在軍事上的影響力。

掌握這項權力的方法，既不會觸動對王政特別反感的羅馬人敏感神經，又能獲得絕對的權力，然而披的是共和制的外皮，因此無法制定以血統為基礎的皇位繼承制度。凡是具備成為「第一公民」實力的人，都有機會坐上皇帝的寶座，這成了這個制度下最嚴重的缺陷。不論在哪一個時代，都不存在比軍事實力更強大的力量。禁衛軍與各地的軍團都很清楚這點，於是不久之後都開始擁立自己的皇帝。

這造成的結果是，皇帝不再願意將太大的軍事力和軍功授予部下。由於皇帝手上的軍事力與他的立場（性命）息息相關，那麼給予他人軍事力，就等於將自己的力量（性命）瓜分給他人。因此在這之後，羅馬帝國愈來愈難以同時面對多個威脅。

◆軍團

帝國時期的軍團數量在前30年的阿克提姆海戰時，（兩軍相加）達到最多的60個軍團，最少則是9年後條頓堡森林戰役後的25個軍團，但總而言之大部分時間都是30個軍團左右。

這些軍團部署在羅馬國境線（Limes）上的各個軍事要衝。軍團根據地多半建設在主要道路及河川交通網的交會點上，這樣便能以最短時間移動到行省內的各個位置，同時還能以最快的速度，取得來自各地的情報。這些軍團根據地到了中世紀開始，發展成城市或國家首都絕非偶然，而是因為它們都建設在地形學上最佳的位置。

軍團根據地周邊如衛星般分布著輔助部隊的要塞，以應對蠻族的威脅（這些要塞建設的位置，優先考慮的是交通便利性而不是守備）。各個輔助部隊會駐紮在這些理想上以半日行軍距離為間隔的要塞裡，當某個要塞遭受攻擊時，如果快的話當天，慢的話隔天就能等到來自相鄰要塞的支援部隊。軍團則坐鎮在後方待機，當碰上治安維持部隊或輔助部隊無法處理的大軍，或需要遠征時，就是他們出動的時刻。

這個方法的優點是能夠以最小限度的戰力監視最大的範圍。然而另一方面，由於幾乎所有兵力都聚集在前線，一旦防線被衝破就無力阻攔。要是陷入這種困境，就只能從其他前線把兵力調過來（曾有從1,600㎞遠調來兵力支援的例子），但這麼做那邊的前線又會變得脆弱，可說是進退兩難。

在帝國早期，這樣的缺點還不是相當明顯，因為當時的帝國採取擴張主義，定期向外侵略以逼迫外部的蠻族處於守勢。為了向蠻族施加壓力並讓軍隊能夠隨時出擊，當時的軍團根據地都會駐紮2～4個軍團（加上輔助部隊）。

但在第二任皇帝提比略的時代，羅馬的戰略方針開始從攻勢轉為守勢，不再動用軍隊直接介入，而是讓蠻族彼此相爭，試圖以此消耗對方實力。軍團也分散到各地，每個根據地只會部署1～2個軍團而已。這項措施的目的是為了避免有人掌控足夠的兵力來威脅皇位。

遠征的目標也從擊敗敵對勢力及擴大領土，轉變為以懲罰戰爭為主體，讓敵方喪失攻擊羅馬的意願。

在3世紀的動盪期（或稱為軍人皇帝的時代），為了編組足以爭奪帝位的軍隊，位在前線的部隊一個個被調走，致使戰力貧弱的國境線成為蠻族的犧牲品。以這種方式奪得帝位的皇帝，為了鎮壓因為自己或政敵抽調軍隊而發生的危機開始轉戰各地，導致監視力道減弱的地區又起義反抗，最後皇帝再度被其他政敵給擊敗。在這樣的惡性循環下，帝國國力最終衰弱到無法挽回的地步。

在2世紀以前，幾乎所有軍團都有稱號。稱號的性質從「取自以往軍功或插曲的綽號」改變為「識別用名稱」。幾乎在同一時期，軍團廢除了以往從頭開始編組連號的方式，改採用與輔助部隊一樣的編號制度（除非同時期設立了多個相同稱號的軍團，否則始終稱為「第一軍團」）。

COLUMN 5

行省

行省（Provincia）原是指指揮官的統治權發揮效果的地區，後來正式制度化成為區劃單位。

以行省成立的階段來說，首先會為有威脅的地區設定Provincia（任務、職責）並派出軍隊。排除威脅後，為了穩定當地局勢（並包含守備隊的指揮在內）再設定新的Provincia。局勢穩定後，接著設定純粹為了統治的Provincia。以上這些就是在帝國時期之前，成立行省的基本流程。理所當然地，第二階段以後的Provincia沒有軍功或戰利品等好處，因此漸漸地執政官開始只負責好處較多的Provincia（遠征或防衛戰），而好處較少的Provincia（征服地的統治、防衛）則交由下層的裁判官處理。

到了共和國末期，這樣的狀況也產生變化，政治家開始駐守於行省，以排除行省威脅的理由出兵遠征。一個典型例子是前三頭同盟時期，凱撒、龐培、克拉蘇各自就任形勢不穩的敵對勢力所在的行省總督，並以當地為據點發起軍事行動。

行省制度化始於奧古斯都時代。隨著制度實行，義大利外的行省也被分為元老院行省與皇帝行省（和小行省），元老院掌控局勢比較穩定的中央行省，而皇帝則管轄邊疆地區的行省。義大利本土作為「特別地區」，劃分成11個行政區（Regio）來治理。

之後經過塞維魯斯皇帝的行省分割，以及戴克里先皇帝的行省大改革，各個行省被劃分為12個管區（Dioecesis），並將管區長的任命權交到皇帝手上，自此便幾乎排除了元老院的影響力。

羅馬帝國行政區劃清單（3世紀前半）

■義大利特別區Italia

Regio I：拉丁＆坎帕尼亞Latium et Campania
Regio II：阿普利亞＆卡拉布里亞Apulia et Calabria
Regio III：盧卡尼亞＆布魯提Lucania et Bruttium
Regio IV：薩莫奈Samnium
Regio V：皮切努姆Picenum
Regio VI：溫布利亞＆高盧領地Umbria et Ager Gallicus
Regio VII：伊特魯里亞Etruria
Regio VIII：艾米利亞Aemilia
Regio IX：利古里亞Liguria
Regio X：威尼斯＆希斯特里亞Venetia et Histria
Regio XI：外波河高盧Gallia Transpadana

■皇帝行省Imperial Provinces

上不列顛尼亞Britannia Superior
下不列顛尼亞Britannia Inferior
比利時Belgica
三高盧Tres Galliae：以下3個行省的總稱
・比利時高盧Gallia Belgica
・盧格敦高盧Gallia Lugdunensis
・阿基坦高盧Gallia Aquitania
納博訥高盧Gallia Narbonensis
塔拉科西班牙Hispania Tarraconensis
盧西塔尼亞Lusitania
上日耳曼尼亞Germania Sup.
下日耳曼尼亞Germania Inf.
雷蒂亞Raetia
諾里庫姆Noricum
三達契亞：以下3個行省的總稱
・波羅利森西斯達契亞Dacia Porolissensis
・阿普連西斯達契亞Dacia Apulensis
・馬爾文西斯達契亞Dacia Malvensis
上潘諾尼亞Pannonia Sup.
下潘諾尼亞Pannonia Inf.
達爾馬提亞Dalmatia
上默西亞Moesia Sup.
下默西亞Moesia Inf.
色雷斯Thracia
比提尼亞與本都Bithynia & Pontus
加拉太Galatia
卡帕多奇亞Cappadocia
奧斯若恩Osrhoene
美索不達米亞Mesopotamia
巴勒斯坦敘利亞Syria Palaestina
科艾勒敘利亞Syria Coele
腓尼基敘利亞Syria Phoenice

■皇帝小行省Imperial Procuratorial Provinces

科蒂埃阿爾卑斯Alpes Cottiae
布匿阿爾卑斯Alpes Poeninae
濱海阿爾卑斯Alpes Maritimae
凱撒茅利塔尼亞Mauretania Caesariensis
廷吉塔納茅利塔尼亞Mauretania Tingitana

COLUMN 5 行省

努米底亞Numidia
佩特拉阿拉比亞Arabia Petraea
（伊庇魯斯Epirus？）

■元老院行省Senatorial Provinces

貝提卡西班牙Hispania Baetica
薩丁尼亞&科西嘉Sardinia & Corsica
西西里Sicilia
馬其頓Macedonia
亞該亞Achaea
克里特&昔蘭尼加Creta & Cyrenae
賽普勒斯Cyprus
呂基亞&潘菲利亞Lycia & Pamphylia
奇里乞亞Cilicia
亞細亞Asia
阿非利加資深執政官Africa Proconsularis
埃及Aegyptus

■附庸國Vassal Kingdom

亞美尼亞王國
伊比利亞王國（位在亞美尼亞北方，與伊比利半島沒有關聯）
科爾基斯王國
博斯普魯斯王國

軍隊高層

進入帝國時期，副將被納入軍團的內部體系裡，改以軍團長（Legatus Legionis）的身分專注於指揮及管理軍團。軍團長是由皇帝直接任命的元老院議員（多是曾擔任裁判官或財務官的年輕人，在1世紀後期的弗拉維王朝後，裁判官的經驗成為必要條件），不受選舉或元老院的任何干涉。在2世紀後期的塞維魯斯王朝後，隨著元老院階級的影響力下降以及騎士階級興盛，也開始出現騎士階級出身的軍團長。在這種情況中，他們被稱為軍團長代理司令官（Praefectus Legionis agens vice Legati）。

軍團有2種，分別是擁有多個軍團的行省軍團，以及擁有單一軍團的行省軍團，而這2種軍團的軍團長各有不同的特性。前者的軍團長在行省總督（Legatus Augusti pro praetore）的統領下，以軍團長的身分監督負責的軍團；後者的軍團長則兼任行省總督，其業務除了行省的政務外，還得以法官或調停官的身分巡迴各地，幾乎沒有餘力管理軍團，所以實際上是由6名軍事護民官每2個月輪流指揮軍團，而他們也因此被稱為6分之1年護民官（Tribunus Semestris）。軍團長任期2～3年，兩者都被授予裁判官統治權。

埃及是皇帝的私人領地，禁止元老院議員進入。因此埃及的軍團長由騎士階級的軍隊長官出任。

在那個尚未建立現代軍官學校制度的年代，軍團長自身的軍隊資歷只有擔任護民官的1年，以現代人來看，可能會對其能力感到疑慮。然而羅馬人認為，只要有來自書本的知識（多數為名將格言或歷史前例）及部下的建言，便能充分勝任這項職務。

次於軍團長的職位是副軍團長（Tribunus Laticlavius，原意為寬條紋護民官，來自其托加長袍邊緣的裝飾條比較寬這點）。他是6名護民官之一，而且不同於其他護民官，是由元老院議員階級出身的年輕人擔任（年齡多為15歲以上，未滿25歲）。主要的職責是軍團事務或給予軍團長建議，幾乎不會將部隊交由他指揮。

再往下則是宿營長（Praefectus Castrorum），這是奧古斯都創建的職位，最早的紀錄可追溯到公元11年的碑文。在2世紀末的塞提米烏斯・塞維魯斯時期，名稱改為軍團指揮官（Praefectus Legionis），而到了3世紀後半葉的加里恩努斯時期，則以軍團長身分指揮軍隊。

由於這個職位需要非常廣泛的知識與經驗，包含營地的秩序維持、衛生管理、攻城武器的保養與指揮、士兵的訓練、建築物的維護、行軍中的運輸隊指揮等等，因此最早期皆由前首席百夫長或前護民官擔任，不過之後成為前首席百夫長在退役前就任的最終職位。

雖然目前不清楚早期的監督官是1個軍團1人，還是1個軍營1人，但總之到了圖密善的時期，就固定為1個軍團有1名監督官。

再下去則是5名護民官。他們皆為騎士階級出身，因為穿著裝飾條比較窄的托加而被稱為窄條紋護民官（Tribunus Angusticlavius）。與共和國時期相同，他們的工作包含指揮分配到的士兵、調度或徵用物資，以及取締有關補給的不法情事。

在奧古斯都的時代，不時有百夫長出身的人擔任這個職位，不過在克勞狄皇帝整頓騎士階級的經歷後，就幾乎看不到前百夫長的身影了。在大多數情況中，他們都有過輔助部隊的大隊指揮官經歷。在完成護民官這個職責後，再來就是擔任輔助部隊的盟軍司令官。

圖1：1～2世紀的高階軍官。
A：軍團長，或護民官。頭盔出土自英國哈拉頓，為1世紀中葉的款式。這是額頭部分採垂直立起設計的阿提卡型頭盔，軍官、百夫長和禁衛軍都曾穿戴過，也就是所謂「上流嗜好」的頭盔。這種頭盔時常運用額頭平面部分的空間來敲出立體塑像。關於馬具，護額及遮眼罩出土自克羅埃西亞薩格勒布郊外（1世紀），護胸則出土自法國、瑞士與義大利國境的奧斯塔（1～2世紀）。人物塑像不是敲出來的，而是單獨鑄造後再接上去的。
B：格尼阿力烏斯・庫爾修。形象來自第七大隊雷托魯姆的像旗手墓碑（60～80年），德國美茵茲出土。墓碑上的頭盔是披上熊毛皮的騎兵用C型，尖銳的護眉是其特徵。從覆蓋面積也可以知道，這樣的設計以穿戴面具為前提。鎖子甲如舊時代的型式一樣擁有大型的肩甲，甚至覆蓋到上臂。雖然插圖上看不太出來，不過其實用鉤子固定的部分是反折的。關於這點有各式各樣的解釋，此處採用的說法是反折部分為內襯的皮革。劍是美茵茲型的羅馬短劍。完全相同的裝備（包含毛皮）也同樣見於美茵茲出土的，第十四雙子軍團旗手昆圖斯・盧基烏斯・福斯圖斯的墓碑上。

最後則是幾乎沒留下什麼紀錄的Tribunus Sexmenstris，直譯是「6個月護民官」，但任期似乎又不是半年。恐怕是騎士階級，視情況也可能是前百夫長來擔任，推測應該是負責軍團騎兵的指揮與管理。另一方面，Zehetner則推測，由於這種護民官只出現在駐屯於埃及的軍團，因此很有可能是在禁止元老院議員進入的埃及中，代替副軍團長或軍團長的官職。至少可以知道的是，這個職位極少被提到（直接的1例，間接的1例），所以肯定是只在特殊狀況下設立的臨時或特別職位。

這個時期仍然有技術軍官（Praefectus Fabricum），可是克勞狄在位時期（公元50年前後），這已經成為年輕的騎士階級出身者所擔任的名譽職，幾乎喪失了實質權限。3世紀後，技術軍官已成為派去負責建設任務的分遣隊指揮官所使用的名號。

從屬於司令部的一般士兵，有負責輔佐軍團長等領導階層的特權兵（Beneficiarius）等等，不過在這當中最特別的是像旗手（Imaginifer），他們攜帶的旗子上雕塑著稱為Imago的皇帝肖像。

百夫長

百夫長（Centurio Legionis）可說是羅馬軍的骨幹，他們會由所屬的大隊或小隊來決定位階，但並不清楚詳細情況。

最上級的百夫長是首席百夫長（Primus Pilus），他是指揮第一大隊第一百人隊的百夫長，同時也是鷹旗隊的隊長。在他底下有第一大隊的4位百夫長（壯年前百夫長〔Princeps Prior〕、青年前百夫長〔Hastatus Prior〕、壯年後百夫長〔Princeps Posterior〕，以及青年後百夫長〔Hastatus Posterior〕）。他們另有一個別稱「一級百夫長」（Primi Ordines）。

再下去則是第二到第十大隊的百夫長，他們的位階由上到下分別是首列百夫長（Pilus Prior）、壯年前百夫長（Princeps Prior）、青年前百夫長（Hastatus Prior）、首列後百夫長（Pilus Posterior）、壯年後百夫長（Princeps Posterior），以及青年後百夫長（Hastatus Posterior）。數字愈小的大隊地位愈高，而Prior的百夫長除了第一大隊以外，比所有大隊的Posterior百夫長都更高階。為了識別，百人隊的隊名通常使用百夫長的名字，比如百夫長Aurelius Julius Marianus旗下的百人隊，就會叫作Centuria Aurelius Julius Marianus。百夫長每2～3年後就會調動到其他軍團，過著到世界各處旅行的生活。

範例：佩特羅尼烏斯·福圖內特斯（2世紀，阿非利加出身？服役50年）

Librarius（第一義大利，4年）→Tesserarius→Optio→Signifer→Centurio（第一義大利，下默西亞？現保加利亞？）→第六鐵甲（敘利亞）→第一密涅瓦（下日耳曼尼亞？現德國、盧森堡、荷蘭？）→第十雙子（潘諾尼亞？現斯洛維尼亞、克羅埃西亞、匈牙利？）→第二奧古斯塔（不列顛尼亞）→第三奧古斯塔（努米底亞？現阿爾及利亞、突尼西亞？）→第三高盧（敘利亞）→第三十烏爾皮烏斯（下日耳曼尼亞）→第六凱旋（不列顛尼亞）→第三昔蘭尼加（阿拉比亞）→第十五阿波羅（卡帕多奇亞？現土耳其？）→第二帕提亞（義大利）→第一輔助（潘諾尼亞）

這些百夫長的地位據信比輔助部隊的大隊指揮官還要高，有時候他們也會兼任輔助部隊的指揮官。

除此之外，他們不只領有遠比普通士兵更多的軍餉，甚至還具備擁有奴隸的權利及結婚的權利等等。許多百夫長也有馬匹，會在行軍時騎上這些馬。

想晉升為百夫長有幾種管道。第1種是從士兵升上來，需要具備基本的閱讀、書寫和算術能力，再加上良好的考勤紀錄，只要15～20年左右就能經由軍團投票（ex suffragio legionum）晉升。想從普通百夫長再晉升為首席百夫長，可能還需要再20年的時間。

其他還有禁衛軍士兵完成16年的服役期間後就任、騎士階級在皇帝的庇護下升任（上面提到的福圖內特斯的兒子，在軍隊資歷6年，僅35歲就已經有過2個軍團的百夫長資歷，他可能就屬於這種例子），或是騎士階級擔任過大隊指揮官後上任等等方法。

也就是說，百夫長有從基層士兵升上來，以及直接成為百夫長這2種類型，至於高階百夫長或首席百夫長則大部分都是後者。

百夫長的人事行政由帝國中央統治機構──八部門之一的皇帝通信部（Ab Epistulis）所負責，他們的考勤紀錄也保管在此處。八部門的另一個單位皇帝請願部（A Libellis），則會受理要上呈給皇帝的百夫長推薦信或請願書。

首席百夫長的任期雖然只有1年，但幾乎所有人都不會就此退役，而是繼續晉升到其他職位。他們形成了所謂「首席百夫長階級」（Primipilares）的獨特社會團體，並被授予特別的獎賞或特權。這些百夫長可以得到皇帝恩賜的大筆獎金，足夠讓他們升為騎士階級，繼續走上新的職業生涯。弗拉維王朝（1世紀後半）以降，首席百夫長在結束任期後，可轉任羅馬的警察或防衛隊護民官（警備大隊護民官〔Tribunus Cohortis Vigilum〕、城市大隊護民官〔Tribunus Cohortis Urbanae〕）。接著再次擔任首席百夫長並結束任期後，便可能被任命為禁衛軍的護民官相關職位、宿營長或是皇帝小行省的總督。

2世紀初的哈德良時期以後，普通的百夫長也能晉升為騎士階級，繼續累積地方政治家或中央官僚等職業經歷。到了2世紀尾聲，塞維魯斯皇帝意圖將地方行政組織交給前軍人管理的方針，更是加速了這個傾向。

常有說法認為百夫長相當於現代軍隊的中士，但這並不正確。儘管乍看之下百夫長只有指揮80名士兵，但實際上他的權限及責任，遠遠不是用士兵數量就能推估的。他們與其說是「士兵的指揮官」，不如說是「企劃的實際負責人」。除了指揮與監管旗下士兵之外，還有指揮分遣隊（由單獨或多個部隊組成）、監督設施建築與維護等各種工程、要塞與周圍公民居住區的行政業務（包含法律審判）、押送重要犯人等等，只要是有一定程度以上規模與責任的職務，都是百夫長的管轄範圍。有時候甚至連外交使節或政治犯的處刑等等，也會交給百夫長辦理。

能夠象徵他們的事物，有以葡萄藤製作而成的權杖（Vitis），以及橫向的頭盔裝飾（Crista Transversa），特別是前者可說是百夫長最具代表性的象徵，在墓碑等處都一定能看見。這根權杖既是榮譽的證明，同時也是處罰部下的工具（百夫長也擁有毆打民眾的權力）。他們的處罰有時候相當殘忍，打到權杖斷掉也是時有所聞的事。

橫向的頭盔裝飾早在王政時期就已經存在。作為百夫長的象徵，維蓋提烏斯曾介紹過銀製或覆蓋銀的盔飾。這種類型的盔飾在2世紀初期消失，之後開始改用從額頭延伸到後腦勺的類型。

圖2：1～2世紀中期前的百夫長。除了這些外，還發現過跟普通士兵一樣穿著環片甲的百夫長雕像碎片。

A：參考自斯洛維尼亞的普圖伊出土的馬庫斯・佩特羅尼烏斯・克拉西烏斯的墓碑（20～45年）。頭盔上裝飾有據信是鴕鳥羽毛的羽飾。雖然頭盔的具體類型不明，但應該是帝國時期的義大利B型，護頰則是可以塞住耳朵的類型。鎧甲參考的是提圖斯・卡利狄烏斯的墓碑（1～2世紀）。掛在脖子上的頸圈看起來似乎在中央鑲嵌著獎牌（可能是軟石所製）。

B：參考自第十一克勞狄軍團百夫長昆圖斯・塞多留・費斯圖斯的墓碑（1～2世紀中期，維洛納）。劍是龐貝出土的龐貝型，脛甲則出土自西班牙的梅里達（1世紀）。這個時代的鎧甲長度比以前更長，直到腰部。此外，幾乎相同設計的鎧甲也見於同一軍團的鷹旗手盧基烏斯・塞多留・菲爾姆斯（1世紀中期）。把劍壓平，然後用食指與中指夾住劍柄的姿勢在當時的百夫長之間非常流行。

C：2世紀的百夫長。當時很流行這種小波浪捲髮，男性也開始留長鬍鬚。圖中參考的原型是位無名百夫長，穿著應該是皮製的肌肉甲，只是肩甲的方向與正常的情況相反。另外，手臂上的皮條流蘇是直接從鎧甲的一部分切出來的。這個墓碑塑像的特徵，在於背後的橢圓形盾牌露出了盾牌的背面。頭盔出土自塞爾維亞的科斯托爾（1世紀後期～2世紀前期），還原了男性的頭部。頭部側面有用來插羽毛的小孔。

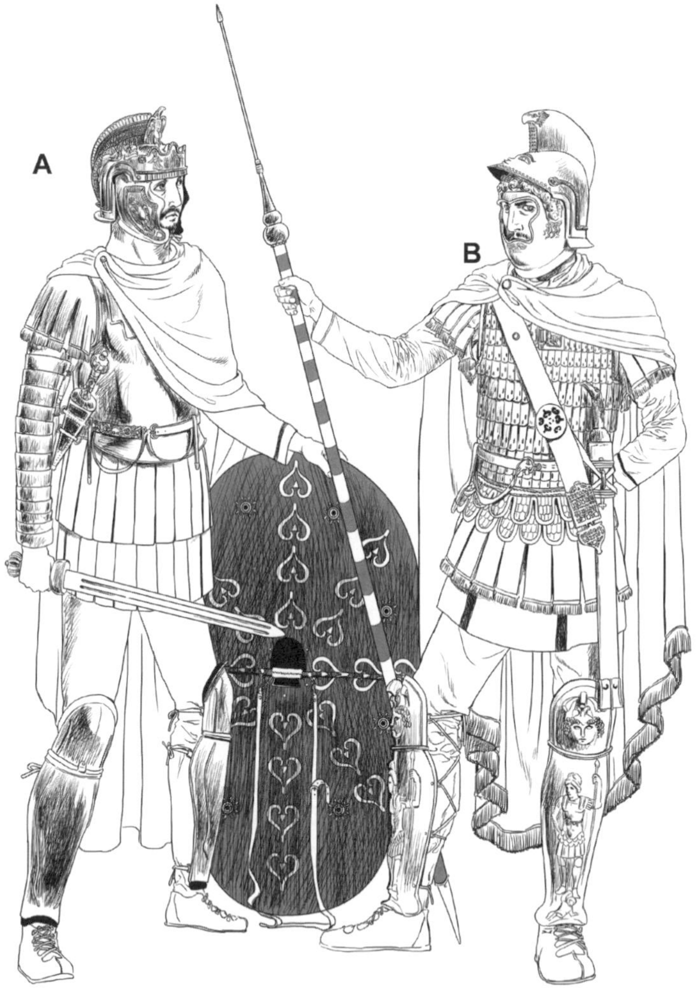

圖3：2～3世紀的百夫長。當時流行含袖子的丘尼卡與服貼腿部的褲子。髮型多是剃到接近光頭的短髮，並留較短的鬍鬚。
A：頭盔是出土自泰倫霍芬的著名頭盔（2世紀中期），分類於騎兵用頭盔H或I型，屬於阿提卡型的演化型。上面有3種盔飾，中央為老鷹，左右則雕有獅鷲。護頰雕有頭頂月桂冠的老鷹。鎧甲改造自第八奧古斯塔軍團的塞維魯斯・阿克蓋普圖斯身上的鎧甲。這裡的匕首搭配半長劍，採用匕首與劍為一對的說法。劍柄頭（水晶製）與劍柄出土自杜拉歐羅普斯（3世紀中期）。腰帶上的金屬配件出土自德國的諾伊貝格，脛甲則出土自德國的愛寧，有著巨大的護膝。盾牌參考出土自杜拉歐羅普斯的文物，上面有群青色的底色，並用白色及紅色描繪紋樣。
B：3世紀德意志地區的百夫長。頭盔是法蘭克福出土的騎兵用頭盔G型，鎧甲是用胸口的鐵片固定住的類型。劍的掛帶出土自德國茨格曼特。劍柄上有著當時百夫長（尤其是禁衛軍）很愛使用的鷹頭像。脛甲來自德國斯特洛丙，重標槍的槍尖則出土自哈茨霍恩的戰場遺跡。重標槍及薩古姆披風參考了禁衛軍百夫長馬庫斯・奧理略・路吉阿諾斯的墓碑，至於有著雙重配重塊的重標槍，則可能用來顯示其身分。

士兵

雖然軍團士兵大部分都是志願兵（Voluntarius），不過在緊急狀態或大規模遠征時也會徵兵以作預備。想成為士兵，必要條件是沒有犯罪經歷的公民。如果有前科的公民入伍，要是志願兵的話就以身分詐欺的罪名處罰該士兵，徵兵的話則處罰錄取該名不適任士兵的官員。奴隸因為「無法同時向主人與皇帝2人宣誓效忠」這個理由無法成為士兵，若士兵被發現身分其實是奴隸，便會處以死刑。

多數志願兵都是擁有羅馬公民權的貧困階層。在最早期，士兵幾乎都出身於義大利，然而不久後，出身行省者便成為軍團裡主要的兵源（雖然名義上只有羅馬公民可以成為軍團士兵，但奧古斯都在位時，就已經存在少數非羅馬公民士兵）。從士兵的出身來看，早期軍團是從橫跨多數行省的廣大範圍內招收志願者，後來逐漸縮小為該軍團所駐紮的行省，最後更限定在軍團根據地的周邊地區（在埃及出土的194年退役者名單中，有出身地紀錄的士兵41人裡，24人為「生於軍營」〔Origo castris〕，也就是說他們是士兵的小孩）。這種傾向表示，定居在駐紮地周圍的軍人子弟，逐漸成為軍團士兵的核心，也代表著軍人和一般民眾間的鴻溝愈來愈深。

要是受過一定程度的教育，軍隊可以算是能獲得良好收入的職業，而且還有出人頭地的機會。其中一個典型例子就是2世紀末的佩蒂納克斯，他便是捨棄教職進入軍隊，最後爬到了皇帝大位上。

進入軍隊的志願者會接受入伍審查（Probatio），只有健康且通過身高限制（165㎝左右）的人才能入伍。通過審查者以新兵（Tiro）的身分向皇帝宣誓效忠，之後會拿到識別證（Signaculum，即刻有名字等資訊的鉛牌，放在皮袋裡掛在脖子上），以及前往部隊根據地的旅費（通常是75第納里烏斯）。同時也會編列他們的個人資料，並保管在所屬部隊的司令部（還可能保管在行省總督府）。直到退役為止，包含士兵的服役年數、異動紀錄、考勤評價、賞罰紀錄、戰鬥經歷等等，所有與之相關的個人服役資訊，都會鉅細靡遺地記錄在這些文件中。非羅馬人會被授予「官方的」羅馬人名。之後經過4個月的新訓（Tiroconium），就能正式成為羅馬軍團的士兵。

士兵的服役期間為16～25年（初期是16年，公元5年時延長到20年，206～208年時再次延長到28年）。他們幾乎都是17～23歲（最小13歲，最大40多歲）便入伍，然後在40～50幾歲退役。退役有3種類型，分別是光榮退役（Honesta Missio，即普通的退役，可以獲得退休金與結婚權等特權）、負傷退役（Missio Causaria，即因負傷或生病而離職。接受與光榮退役相同的待遇），以及不榮譽退役（Missio Ignominiosa，即因犯罪等情事被開除，會喪失所有一般退役後可以取得的特權），前面2者可以拿到退役證明（Diploma，可能與輔助部隊的相同，之後將在「薪餉」這一節解說）。如果服役20年以上且經歷沒有汙點，那麼傷病退役者可以取得全額退休金，20年以下則根據年數領到相應的退休金。

奧古斯都在位期間，服役16年的人被視作老兵（Veteranus），在退役前4年負責比普通兵輕鬆許多的工作。他們被當作分遣隊，在老兵管理官（Curator Veteranorum）之下執行任務。根據文獻，管理官可能是前鷹旗手，並且對文書紀錄等等都知之甚詳。

退役後的士兵可以預備役（Evocatus）的身分重新入伍。儘管他們會執行各種任務，但最能讓他們大放異彩的工作是教官。從3世紀開始，他們當中也有人即使不是百夫長，還是晉升了到騎士階級。而幾乎就在同一個時期，除了士兵自己外，士兵的兒子有時候也能夠一同得到騎士階級。當時若要晉升至騎士階級或元老院階級，必須先由皇室的專責部門（候補者調查部〔A Censibus〕）進行身家調查後，再由皇帝簽署承認，因此對他們的處置可以說是皇帝本人的意思。

從新兵到百夫長之間，有各式各樣種類與等級的士兵。

最常見的軍人等級，從低到高分別是新兵、普通士兵（Miles）、專勤兵（Immunes）、一份半餉兵（Sesquiplicarius）、雙餉兵（Duplicarius）、百夫長，依次晉升。

專勤兵指的是擁有特殊技能（或擔任重要職務）的士兵，因其專業得以免除一般的雜役（清掃、紮營、巡邏和夜間勤務、幫百夫長跑腿等等），不過軍餉本身與普通士兵相同，在訓練及實戰中的待遇也跟普通士兵沒什麼兩樣。雖然是沒有太多好處的等級，但姑且算是出人頭地的墊腳石。隨著習得的技能種類，或許還可以在退役後獨立開業，對有這些志向的人而言，可說是相當重要的經歷。專勤兵的制度應是在馬略軍團的時期自然形成的，到了2世紀後半開始存在五花八門的各種專勤兵。

比專勤兵更上級的士兵，會被視作百人隊幹部（Principales），在這當中最低階的是一份半餉兵。如名稱所示，他們的軍餉是普通士兵的1.5倍，由科爾努號手、口令官（在輔助部隊中還包含裝備管理兵〔Custos Armorum〕）等組成。

雙餉兵則由副百夫長、旗手組成（在輔助部隊中，還包含工作可能是照料馬匹等等的Curator），其中位階最高的是副百夫長，但以職涯發展來看卻比旗手略差。不過直接從副百夫長晉升為百夫長也是有可能的，這些等待百夫長空出位置的副百夫長，稱為百夫長候補（optio ad spem ordinis）。

圖4：1世紀的士兵。
A：科爾努號手。頭盔是帝國高盧F型。頭盔側面有用來插羽毛的小孔。在多數的例子中，軍樂兵或旗手通常被描繪成不戴頭盔的形象，有時會看到他們頭戴動物（獅子、熊、狼等）毛皮。鎧甲是沒有肩甲的短袖型，參考自阿達姆克利西戰勝紀念碑。腰帶、垂飾跟丘尼卡參考的是第十四雙子軍團士兵普布里烏斯・弗拉渥雷烏斯・科爾杜斯的墓碑。匕首與掛帶出土自威爾森。薩古姆是美茵茲圓柱上的旗手所穿的短披肩，可能是夏季用的衣服。劍是美茵茲出土的「提比略之劍」(劍鞘上鑲有提比略的肖像)。
B：第二奧古斯塔軍團的副百夫長。頭盔是帝國高盧H型，鎧甲則是喀克里澤型的環片甲。皮條流蘇和頭盔羽飾參考了亞爾的浮雕。馬尼卡護手出土自英國卡萊爾，是只保護手臂正面的類型。盾牌參考了保存在伊斯坦堡的阿達姆克利西紀念碑浮雕。這塊盾牌切平上下邊緣，呈橢圓形，圖案採用奧朗日凱旋門（公元25年前後）上所繪，第二奧古斯塔軍團的徽章。
C：第五大隊阿斯圖爾的旗手班泰烏斯（1世紀中葉）。這裡的頭盔與墓碑上的不同，使用喀克里澤型附面具的頭盔，至於原型則是帝國高盧F型。鎖子甲是沒有肩甲的簡單款式，裡面穿著毛皮縫製的襯衣。下方的丘尼卡是日耳曼尼亞地區特有的穿法，他們會把兩側掀高做出衣褶。軍旗上被手臂遮住的部分有著抓住雷霆的老鷹像。流蘇上面的球體據信是用來調整配重以便抓握的，但實際功能不明。

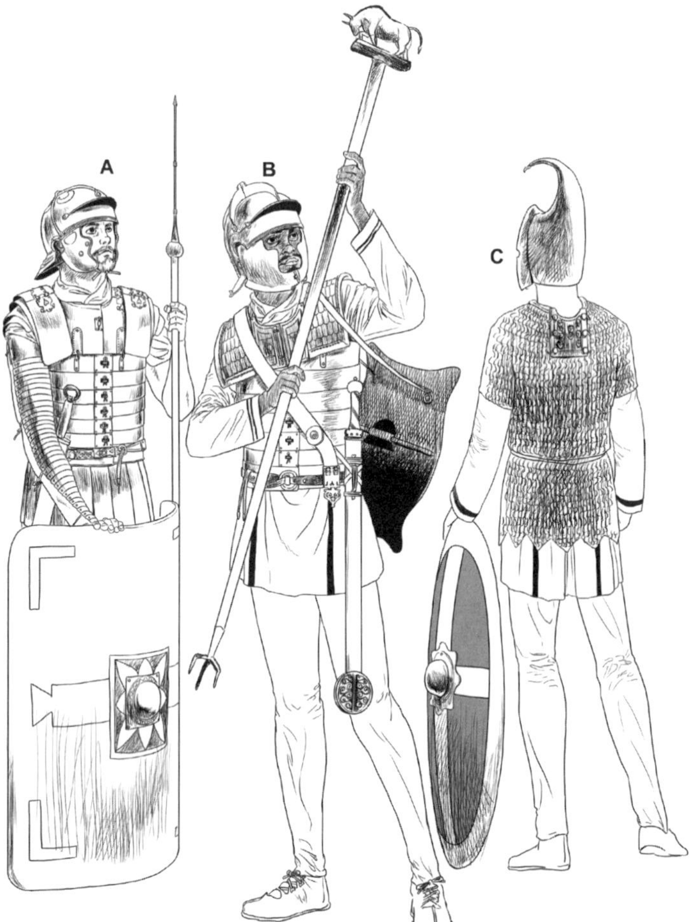

圖5：2～3世紀的士兵。

A：2世紀中葉的士兵。頭盔為帝國義大利G型，最有特色的是頭頂還有十字形補強條。這也曾出現在圖拉真柱上。鎧甲是最晚期的紐斯特德型，幾乎所有固定用配件也都更改為閂扣式。馬尼卡護手是出土自科布里奇的款式。劍為環首劍。盾牌圖案取自蓋烏斯・瓦萊里烏斯・克里斯普斯（75年前後）的墓碑。原型的上下空白處，原本應該有用塗料繪製圖案。重標槍出土自愛寧溫特菲爾德（2世紀中葉）。

B：3世紀中葉的旗手。參考英國卡洛堡出土的墓碑（3世紀中葉）。插圖上是黑人，不過這是筆者自己的改編。雖然持有很奇特的盾牌，但說不定原本想要表現的，其實是圖4的B所使用的盾牌。頭盔是騎兵用E型。鎧甲是阿爾巴尤利亞的浮雕上出現過的奇特鎧甲，像是環片甲與鱗甲的複合型鎧甲。羅馬長劍的劍格與劍鞘圓盤出土自尼德比伯，握把與劍格則出土自茨格曼特。劍的掛帶上的墜飾也是來自茨格曼特，不過四邊形金屬配件來自斯科列，圓盤則出土自維摩斯。他舉著牛的軍旗，可能象徵著將公牛當作徽章的第六軍團的英靈。奧理略時期波托納喬的石棺上，也繪有類似的旗子（畫的是代表第一義大利軍團的野豬）。末端的三叉應該是為了便於立在地面上而做的設計。

C：3世紀的士兵。鎖子甲的設計取自塞提米烏斯・塞維魯斯的凱旋門浮雕。方塊形的青銅板可能是裝在鎖子甲或鱗甲上的背板，會用鉤子扣住鈕扣來固定（也有可能是胸前的護板）。盾牌的盾心參考杜拉歐羅普斯出土的款式，圖案則取自第二帕提亞軍團的士兵塞提米烏斯・維亞托（215～218年）的墓碑。雖然是十字形，但跟基督教沒有關係。形狀奇特的頭盔出土自德國的維克滕，是多種類型的混合體。

除此之外，還有軍團騎兵等兵種，不過在軍團運作上，最不可或缺的應該就是文書職員（Tabularium Legionis）了。雖然他們有各種職銜，但最常見的是特權兵（Beneficiarius，輔佐各種高官的士兵）、會計士（Actuarius，管理帳簿等）、事務員（Librarius，負責抄寫文件或徵用各種雜費等等）。統領他們的是角徽官（Cornicularius）。角徽官屬於百人隊幹部的一員（或同等位階），是文書作業的負責人。角徽官之名來自「裝飾著角的頭盔」，但實際上並沒有發現他們戴著這種頭盔的證據。相對的，他們會在身上佩戴雕刻成象徵身分的矛（Hasta Pula）或矛頭的胸針。

光是以上這樣就已經相當複雜了，然而還要加上輔助部隊等前往其他組織的人事異動。每個人的職業生涯都不盡相同，可說相當複雜多樣。不過當然，這對我們來說，是能夠了解當時軍隊編制或各種職階分級的絕佳資料。

範例1：提比略・克勞狄・馬克西穆斯（117年之後逝世）

軍團騎兵（Eques Legionis）→軍團騎兵的會計士（Quaestor Equitum）→軍團長護衛（Singularis Legati Legionis）→輔助部隊？的首席旗手（Vexillarius）→偵察兵？（Explorator）→騎兵十人隊長（Decurio）→退役

備註：曾參加圖拉真發起的達契亞和帕提亞遠征，並得過2次獎賞（頸圈）。在達契亞戰爭中，將走投無路而自殺的達契亞國王德凱巴魯斯的首級獻給圖拉真，整個情景被刻在圖拉真柱上。

範例2：奧理略・維勒昆狄努斯（3世紀，達契亞瓦塔博斯出身，享年36歲）

軍團事務員（Librarius）→皇室情報機構諜報員，軍團的糧食徵調兵（Frumentarius）→直屬皇帝的騎馬近衛隊，傳令兵（Speculator）→預備兵（Evocatus）→百夫長（Centurio），第一大隊青年前百夫長（Hastatus Prior）→皇室情報機構百夫長（Centurio Frumentarius）→在等待晉升為第四西徐亞軍團的首席百夫長時死亡。

範例3：弗羅魯斯（3世紀）

第十四雙子軍團士兵（Miles，200年入伍）→禁衛軍（205年）→同一禁衛軍的同一百人隊幹部（Principales，209年）→同一百人隊的口令官（Tesserarius，213年）→同一百人隊的副百夫長（Optio，214年）→禁衛軍（Signifer，215年）＋聖地或神廟的管理員（Antistes aedis sacrae，217年）→第二十二初創軍團百夫長（Centurio Legionis，218年）→百夫長？禁衛軍（Centurio？238年）→禁衛軍第三大隊首席百夫長（Trecenarius，240年）

目前並不是很清楚羅馬軍的人事制度，只是從羅馬社會的實際情況來看，比起士兵的個人能力，靠關係、自我推銷與賄賂似乎更為重要（當時並未將走後門視為可恥的事）。根據2世紀從海軍轉調到軍團的特倫提亞努斯所留下的文字紀錄，裡面提到，「就算有掌權者的推薦信，但本人不去買通關係的話也沒有什麼用」，以及「結果最有用的終究還是金錢」。新兵尤利烏斯・阿波利納里斯描述，自己身為普通士兵之所以不用參加辛苦的勞動，是因為直接買通總督取得總督祕書的官職，於是成為了軍團的事務員。

當然，軍隊也沒簡單到只憑關係就能步步高升，但若士兵還抱著「只要認真工作一定會有人賞識」的認知，那麼肯定不會有什麼出人頭地的機會。

編制

與共和國後期相同，軍團的基本單位是大隊。1個大隊有6個百人隊，1個百人隊由80人組成，並劃分成10個十人隊（Contuberinalis）。如同其原意「營帳夥伴」這個名稱所示，他們會睡在同一頂帳篷裡（若是在根據地則睡在同一間營房裡），是軍團編制的最小單位。十人隊的領導者稱為十夫長（Decanus），但似乎沒有什麼特別的指揮權或好處可拿。

大隊雖是軍團的基本單位，但沒有指揮整個大隊的軍官或類似職位，可能是由大隊地位最高的百夫長來指揮，然而某塊碑文（AE 1972，710）上卻曾寫道「2個大隊的旗手」這種存在（原文寫為Aurelius Vitalis / sig(nifer) leg(ionis) III Ital(icae) coh(ortium) I / et II。翻譯即是：奧理略・維塔利斯，第三義大利軍團第一、第二大隊旗手）。這項描述暗示了大隊中有執掌大隊軍旗的旗手，甚至很可能有不是百夫長的大隊指揮官（目前普遍認為大隊指揮官或旗手等職位，只存在於有別於軍團本隊的分遣隊中）。

軍團由10個大隊構成，因此理論上人數應該是1個軍團＝10個大隊＝60個百人隊＝4,800人，但第一大隊是由5個百人隊組成，而每個百人隊的人數又是普通百人隊的兩倍，也就是160人，所以第一大隊合計有800人。

維蓋提烏斯描述的軍團編制則相當獨特。除了第一大隊外的9個大隊，各由5個百人隊、步兵550人和騎兵66人組成，而第一大隊的組成為首席百夫長（Primus Pilus）的4個百人隊、青年前百夫長（Hastatus Prior）

的2個百人隊、壯年後百夫長（Princeps Posterior）與青年後百夫長（Hastatus Posterior）各1.5百人隊，以及後備兵隊長（Triarius Prior）的1個百人隊，合計1千人，再加上4個騎兵中隊的132人。維蓋提烏斯並不是在解說特定時期的羅馬軍團，而是將各個時代的軍團拼湊起來，也就是當成所謂的奇美拉軍團在解說，然而歷史上並沒有這種編制的明確示例（唯有3世紀的卡西烏斯・狄奧留下過大隊為550人的記述，在這一點上是一致的）。

這種特殊編制是何時建立、持續到何時、是否所有軍團共通，至今仍沒有明確的答案，可以確定的是，在公元80年之前便已建立（公元69年第二次貝德里亞庫姆戰役中，曾記載第七軍團的第一大隊有6名百夫長戰死，因此應該是在這個時期之後）。從遺跡來看，的確曾有過5個百人隊組成的大隊，但數量卻不是2倍，而只有1.6～1.7倍左右（約770人）。

在奈梅亨的遺跡中發現，公元100年前後原本供5個百人隊居住的兵舍，後來裝修成給通常兵力的6個百人隊使用，可以說這個時期的第一大隊回歸到了一般大隊的編制。可是同時在2世紀的退役名簿裡，第一大隊的退役者不僅是其他大隊的2倍以上（也就是說人數也是2倍），關於第一大隊第六百人隊（Pilus Posterior）的記述，在第二帕提亞軍團等各軍團中也僅出現3次（196年第一義大利、204年第二十二初創。可是不論哪一方都不是百人隊的名稱）。

為什麼只有第一大隊的兵力是2倍？關於這個問題有過各式各樣的學說，其中筆者認為，軍團的陣列可能是影響最大的原因（詳細說明請參照第二部〈戰鬥〉）。

不過實際的軍團編制可能更加複雜。碑文CIL VIII 18065上記載了162年第三奧古斯塔軍團所有百夫長的名字，是極為珍貴的資料。根據碑文所記，第一大隊7人（包含首席百夫長2人）、第二大隊6人、第三大隊6人、第四大隊6人（其中1人在碑文雕刻途中退役）、第五大隊6人、第六大隊8人、第七大隊6人、第八大隊7人、第九大隊5人、第十大隊7人（其中1人退役）。

這份碑文最引人注目的地方是首席百夫長有2位這件事。關於這點，Domaszewski主張軍團裡有2位首席百夫長，其中一人負責指揮第一大隊，另一人負責管理軍團事務。另一方面，Zehetner則認為軍團可能的確存在2位首席百夫長，但他們的地位沒有差別，相當於本來有6人的大隊百夫長中的1號百夫長跟6號百夫長。

除此之外，所屬其他大隊的百夫長人數也是說法不一，從5人到8人都有。若碑文的資料屬實，那麼羅馬軍團的編制或許沒有我們想的這麼死板，也可能是因為碑文製作時，未上任所以沒記錄到，或是交接途中由於某些理由而使數字重複了。從3世紀後期曾出現在文獻中的額外百夫長（Centurio Supernumerarius，為了特殊任務而臨時任命的百夫長）來看，筆者覺得後者是很有可能發生的情況。

軍團騎兵 Equites Legionis

軍團中還有隨附的騎兵（Eques Legionis）。目前並不了解他們的職務是什麼，而且120這個數量也只出現在1世紀猶太人作家約瑟夫斯的紀錄中，因此很難說所有軍團都配有120名騎兵，唯一可以確定的是，「在公元70年爆發的猶太戰爭中，參戰的軍團騎兵有120名」。由於事務處理的程序問題，這些騎兵是以附屬在各個百人隊的形式，分發到各部隊去的（120名的話，等於1個百人隊可分到2名騎兵）。

在之後加里恩努斯的時代，軍團騎兵的數量增加到600人（若以維蓋提烏斯為準就是726人）。根據維蓋提烏斯描述，軍團騎兵由每隊33人（騎兵十夫長、副官、旗手加上30名士兵）的騎兵中隊所構成，而第一大隊分配到4個，其他大隊則各分配到2個騎兵中隊。然而如同前述，這樣的編制僅見於加里恩努斯時期之後，目前尚未發現軍團騎兵在此前和組織體系有關的資料。唯一的例外，是在巴登挖掘出來的戒指刻印「EQ LEG XXI SEXTI T」（Eques Legionis XXI Sexti Turma，即第二十一軍團騎兵第六騎兵中隊），但仍有許多人對這段句子的還原抱有疑問，因此不能算是確切的證據。

話雖如此，軍團騎兵想要發揮作用，勢必得建立某種組織架構。現在仍可以找到一些零星資料，如前面軍團士兵晉升範例中所介紹的克勞狄・馬克西穆斯。他曾任軍團騎兵的會計士，由此可知軍團騎兵至少在預算上是獨立的部隊。

就結論而言，除了約瑟夫斯的記敘外，不論在哪一個時期的哪一個軍團，都無法確定軍團騎兵的人數（只能推估是120～130人）。即使普遍推測其任務是傳令或偵察，不過那也只是從人數來反推而已，實際上所有騎兵都接受相同的訓練。舉例來說，圖拉真就曾褒獎軍團騎兵，「穿著與軍團士兵相同的鎧甲，又能投擲標槍」。

順帶一提，最後一名被記載在文獻上的軍團騎兵，是242年4月3日從「第二圖拉真軍團的軍團騎兵」，晉升為十夫長的奧菲狄烏斯・維克托里努斯。

沒有資料顯示他們的指揮官是什麼名稱（至少知道有Optio）。有一部分人認為，如果有指揮官的話應該是百夫長，也有意見指出可能就是Optio。儘管Optio往往給人副官、副手等印象，但海軍小型戰船的船長常由Optio擔任，因此這種意見也不是沒有根據（此外，海軍中還有階級更下級的Suboptio）。

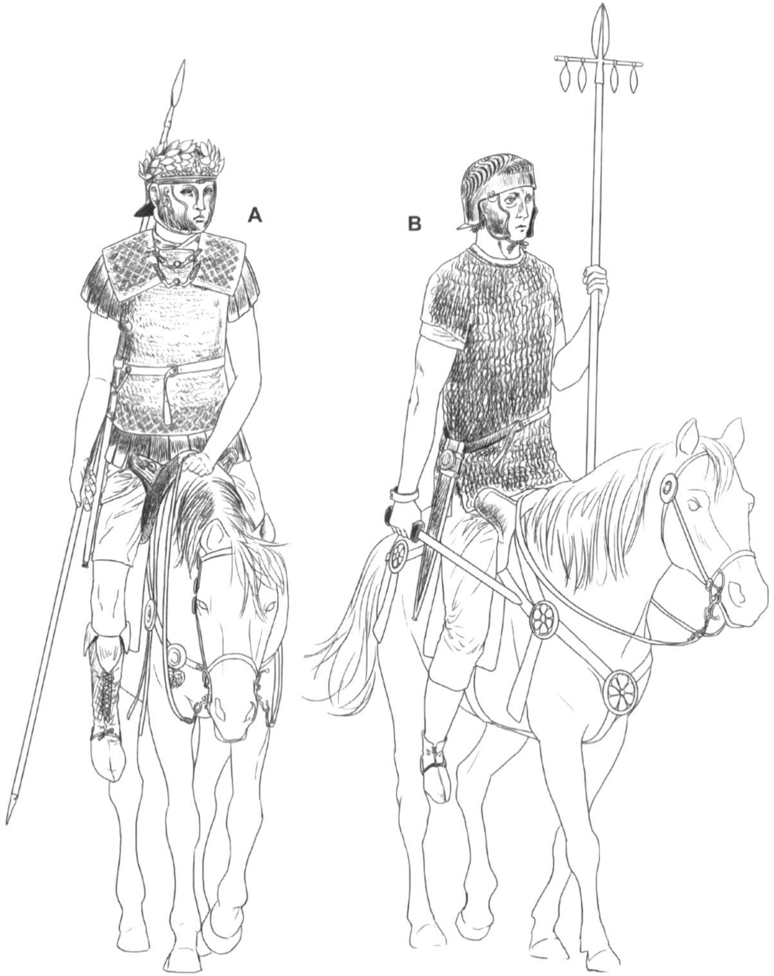

圖6：1世紀的騎兵。
A：這是從位於色雷斯維澤的墳墓發現的裝備，墓主被認為是色雷斯國王羅伊米塔爾克斯3世（45年逝世）。鎧甲融合了鎖子甲與鱗甲，側面部分維持鎖子甲的樣式。馬具出土自維奧蒂亞，馬銜的支架呈S形，咬在嘴裡的部分則附有短刺，能夠更強硬地控制馬匹。馬鞍的角以青銅板補強。直到近年都還以為這塊板子位於角的內部，但隨著發現有裝飾的補強板後，才知道這塊板子是接在外側的。
B：昆圖斯・卡彌尼烏斯・因格努烏斯。第一西班牙聯盟軍團的旗手（20年逝世）。頭盔應該是騎兵用A型，盔頂蓋上一片仿刻頭髮的青銅薄板。劍的掛帶頗為特殊，不是從腰帶上用皮繩掛著，而是直接把劍吊在腰帶上。馬銜與A的類型相同。

圖6：2～3世紀的騎兵。
A：3世紀的騎兵（龍旗手）。頭盔是英國沃辛出土的T字形面具盔。頭盔本身與B的相同，是典禮用的I型，頭盔的前半部（從耳後往前的部分）可以拆下。盾牌的圖案參考杜拉歐羅普斯出土的盾牌，不過實際的盾牌只是在木板上繪製圖案，並沒有實用性。馬的面罩出土自斯特洛丙。由下往上分別雕有瑪爾斯、蛇或龍，以及獻上月桂冠的勝利女神。從2世紀前後開始流行東方風格，將馬鬃打結成像是髮髻的造形。
B：2世紀的騎兵。當時開始出現的全覆裝甲騎兵很可能長得就像這樣。鎧甲出土自敘利亞奈瓦的墳墓（117年），是用皮繩將青銅製的鱗片縫到亞麻布內襯的設計。穿在裡面的襯衣是羊毛的毛氈布。另外雖然插圖上沒有畫出來，但同一個地方還出土了用來裝飾腰掛的銀製配件。劍柄出土自德國索爾斯堡，上面有著編織握柄，以及打上釘子的柄頭與劍格。腿部防具是出土自杜拉歐羅普斯的皮製鱗甲。馬具來自提圖斯・弗拉維烏斯・巴蘇斯的墓碑（70年前後），雖然年代有相當差距，不過規格上幾乎沒有什麼改變。

特殊兵種

■ 短槍兵 Lanciarius

指的是使用短槍（Lancea）這種武器的士兵。短槍是一種標槍，而短槍兵可以看作是過去少年兵那樣的輕裝步兵。

最早登場於文獻上的短槍兵，是1世紀後半不列顛尼亞的塞波西亞納輔助軍團中的騎兵（在騎兵中隊裡似乎有數人為短槍兵），他們裝備著用於近身戰的矛以及2支標槍（Lanceae subarmales）。

若是擔任軍團兵，那麼最早的紀錄是第二帕提亞軍團的士兵（卡拉卡拉在位時期），不過在輕裝的軍團兵裡，短槍兵並非最早的兵種，早在1世紀就有輕裝步兵化的軍團兵了。43年以前的弗拉渥雷烏斯・科爾杜斯（第十四雙子軍團），便被描繪成不穿鎧甲，拿著橢圓形盾牌與標槍的形象。根據文獻資料，在135年阿里安描寫的戰鬥陣列中，前方4排士兵手持重標槍，其餘的4排則裝備短槍。除此之外，卡西烏斯・狄奧也曾寫道，皇帝康茂德給了從不列顛尼亞3個軍團派來的1,500名「使節」權力，允許他們對禁衛總長動用私刑（這些使節是來控訴禁衛軍長官正在企圖謀反），這些使節就被稱為標槍兵。狄奧是與康茂德同時代的人（甚至與本人見過面），因此這個標槍兵的描述應該沒有錯。而從不列顛尼亞有3個軍團來看，各個軍團至少有500名標槍兵，且很有可能是軍隊裡的菁英，足以被選為派遣到羅馬的使節。

到了300年左右，從第二圖拉真軍團分出去的短槍兵有439人，指揮官為總監（Praepositus），再加上輔佐的額外百夫長和旗手，其中有一部分短槍兵是騎在馬上的。

■ 方陣兵 Phalangarius

方陣兵是卡拉卡拉為了遠征帕提亞帝國，由馬其頓和斯巴達徵召而來的士兵所組成的部隊，目的是對抗帕提亞帝國的重裝騎兵。之後的皇帝亞歷山大・塞維魯斯也曾將6個軍團改編為方陣兵。

根據同時代的狄奧描述，他們的裝備仿造馬其頓的方陣兵（長矛、亞麻縫製的鎧甲），不過從墓碑來看，至少鎧甲等裝備與其他軍團士兵相同。雖然不清楚他們是否真的持有長矛，但可以肯定的是，他們確實裝備著矛類武器。

儘管這種作法被批評為「只是低劣地模仿亞歷山大大帝」（尤其是亞歷山大・塞維魯斯），然而面對軍團兵難以應付的波斯、帕提亞騎兵，筆者認為，將歷史上唯一戰勝過波斯騎兵的兵種當成反制手段並不是什麼過錯。

3世紀歷史學家希羅狄安曾引用卡拉卡拉寫給帕提亞國王的親筆信，信上提到，「羅馬兵在近距離以矛戰鬥可謂無敵，帕提亞兵在馬上拉弓射箭的本領優異無比」（第4卷第10章第3節），將這句話中的羅馬兵看作是方陣兵，應該是最為自然的解釋。

不過矛兵只是針對特定敵人的暫時措施，當時的軍團士兵並不總是將矛當成主要武器。

■弓兵Sagittarius

令人意外地，其實軍團士兵與禁衛軍士兵都有接受射箭的訓練。目前可確認軍團中有擔任弓術教官的預備役，也有過禁衛軍在圍城戰中使用弓箭的紀錄。不過即使修習弓術，但除了攻城戰等特殊條件外，普通士兵在戰鬥中都不會使用弓箭。

唯一的例外是第二帕提亞軍團。這個軍團的弓兵既是軍團兵，同時也是能戰鬥的專業弓兵。這似乎也是卡拉卡拉等皇帝為了遠征帕提亞所做的準備之一。

■工兵、大型武器

羅馬軍內並沒有像現代這樣區分出工兵部隊、砲兵部隊等單位，而是以專勤兵的形式讓百人隊裡的士兵兼任。關於這點我會在後面〈裝備〉這一部詳細解說。大型武器包含發射大型箭矢與投石這2種，不論哪一種都是使用動物肌腱或毛髮等絞繩，將扭力轉換成動力發射出去。這類形式的武器通稱為扭力弩（Tormenta），比起運用木頭彈性的弓箭，這些武器有著更為簡易且強力的特性。

維蓋提烏斯或卡西烏斯・狄奧都曾提到，所有軍團士兵皆需接受弩砲等大型武器的操作訓練，然而這些武器到底有多少數量，又需要多少名士兵來操作，至今仍沒有答案。維蓋提烏斯所說，「每個百人隊都有11人操作蠍弩」是唯一的記述。目前推測1世紀時，各個百人隊都配備有某種攻城武器。

輔助部隊沒有配備大型武器。不過在前線要塞等處為了守備，額外配備大型武器也不是什麼很奇怪的事。

■喇叭手Tubicen、科爾努號手Cornicen等等

負責傳達軍令。根據阿里安的說法，軍團內有38名喇叭手，並分配給軍官3人、軍團騎兵3人、第一大隊5人，剩下再分配給其他大隊（大隊裡有3人，每個小隊1人）。維蓋提烏斯則是說，軍團裡有36名科爾努號手。

總人數

現在認為1個軍團的士兵人數為5,120人，即使是古代的作家也大多都將1個軍團的人數描述為5千人。偽希吉努斯雖然沒有描述軍團的人數，但學者根據其他線索推估，第一大隊為960人，其他大隊480人，合計5,280人。

可是1個軍團6千人的敘述也很多。2世紀後半的龐培・菲斯圖斯記為6,200人；4世紀的塞爾維烏斯記為步兵6千人、騎兵300人；6世紀塞維亞的依西多祿寫為6,600人與6千人；維蓋提烏斯則說是6千人或步兵6,100人、騎兵730人。根據現代的主流學說，6千人是包含奴隸等非戰鬥人員在內的數字，又或是指緊急狀態時經過人員補強的軍團。

儘管沒有直接了解軍團實際人數的資料，但從現存的7份軍團退役者報告書，可以大致推算當年的人數。2世紀軍團（第五馬其頓、第二圖拉真、第七克勞狄、第三奧古斯塔）的每年退役人數為66～169人，落差頗大。而再套用服役年數25年、退役前的死傷損失率50%（乍看之下很高，但分析禁衛軍士兵的墓碑，可以算出損失率為52%）等條件來計算，可以得出最小值為第二圖拉真軍團的2,475人（再根據文獻記載，22個百人隊中，有8個百人隊不存在百夫長），最大值為第七克勞狄軍團的6,338人（有些年分甚至有約180名退役者，這時候就會是6,750人）。若以報告書裡的中位數100名退役者來計算，那麼1個軍團就只有3,750人，明顯沒有補到該有的人數。

此外，依照卡西烏斯・狄奧的敘述，3世紀的佩特拉圍城戰時，1個大隊的人數為550人，由此可以肯定人數會有大幅變動的情況。

人數變動的理由可能包含「威脅度低的區域減少軍團的人數，而威脅度高的區域則補滿軍團人數，或編組成人數更多的強化軍團」，或是「長期或短期分派到各地的部隊情報並沒有反映在資料上」等等。

◆輔助部隊

種類

進入帝國時期後，原本人數、組織都不盡相同的輔助部隊，終於固定了人數和組織架構。

新型的輔助部隊以兵種、人數、組成來分類。兵種分成側翼騎兵隊（Ala）和步兵大隊（Cohors）；人數分成千人隊（Milliaria）和五百人隊（Quingenaria）；組成則分為步兵（Peditata），以及混編步兵和騎兵的（Equitata），將這些要素組合就能區分出6種部隊。

側翼騎兵隊是純由騎兵組成的部隊，分成千人側翼騎兵隊（Ala Milliaria）與五百人側翼騎兵隊（Ala Quingenaria）。步兵大隊裡，包含只有步兵的千人步兵大隊（Cohors Milliaria Peditata）和五百人步兵大隊（Cohors Quingenaria Peditata），再加上混編部隊的千人步騎混合大隊（Cohors Milliaria Equitata）和五百人步騎混合大隊（Cohors Quingenaria Equitata）。起初只有五百人隊，但可能在尼祿或弗拉維王朝時期增設了千人隊。

這些部隊在最早期由部落首長、前軍團百夫長、前軍團護民官指揮。然而，有鑑於公元60年代末期的內亂和部落反叛，之後的輔助部隊開始由騎士階級出身者指揮。

關於輔助部隊的指揮官，若是一般的五百人大隊，由軍隊長官（Praefectus）擔任；由公民志願者組成的大隊（Cohors voluntariorum civium Romanorum）和千人大隊，則由護民官擔任；至於側翼騎兵隊則同樣由軍隊長官擔任。這些指揮官有序列之別，由上而下分別是千人騎兵隊、五百人騎兵隊、千人步騎隊、千人步兵隊、五百人步騎隊、五百人步兵隊。

部隊名稱由兵種、編號、編組時士兵的出身部落名，以及兵種、組成、稱號等等所構成。以Ala I Flavia Britannica milliaria civium Romanorum bis torquata ob virtutem為例，分別是Ala／兵種；Prima／編號，第一的；Flavia／創建的皇帝名，弗拉維烏斯的；Britannica／部落名，不列顛人；milliaria／人數，千人；civium Romanorum／稱號，授予士兵羅馬公民權；bis torquata／稱號，授與2次頸圈；ob virtutem／稱號，根據軍功。直譯為「被授予羅馬公民權，因軍功二度受賞，由皇帝弗拉維烏斯（維斯帕先、提圖斯或圖密善其中一人）所創建的不列顛人第一號千人騎兵隊」。

這段名稱最核心的就是最前面的三個要素（兵種、編號、出身部落），以這個例子來說就是Ala I Flavia Britannica milliaria（為了不與五百人隊混淆，最後的Milliaria是必要的，不過通常Quingenaria不會寫進部隊名稱裡。同樣的，基本上也不會標記Peditata。此外，Milliaria有時會標示成代表一千的記號∞），而這也會是部隊剛剛建立時的名字。當有相同名字的部隊建立時（同一時期從同一部落招募士兵並組成多個部隊時），編號就是區別彼此的識別手段。「第一」特別多也是因為這個理由。順帶一提，若之後又從同一部落編組與前次相同類型的部隊時，就會加入皇帝的名字。在本例中，Flavia就屬於這個原因。其他還有像Cohors I Flavia Ulpia Hispanorum milliaria civium Romanorum equitata這種榮獲皇帝賜名作為獎賞，而在中間加入Ulpia（圖拉真）的例子。

稱號代表這支部隊曾建立的軍功或部隊的特徵。與部隊名稱的主幹不同，這個部分可以自由調整順序。

軍隊高層

輔助部隊的司令官由騎士階級擔任，並分成4個位階。

●第一階（Militia Prima）：
五百人步兵大隊司令官（Praefectus Cohortis Quingenariae）、羅馬公民兵大隊司令官（Tribunus Cohortis Voluntariorum Civium Romanorum）。

●第二階（Militia Secunda）：
千人步兵大隊司令官（Praefectus Cohortis Milliariae）、軍團護民官（Tribunus Militum Legionis）。

●第三階（Militia Tertia）：
五百人側翼騎兵隊司令官（Praefectus Alae Quingenariae）。

●第四階（Militia Quarta）：
千人側翼騎兵隊司令官（Praefectus Alae Milliariae）。

軍團的百夫長可以視作介於第一階與第二階之間的位置。

人數

現在成為通說的輔助部隊人數，為2世紀的偽希吉努斯所留下的記述。根據他的說法，各輔助部隊的人數如下所示。

	1,000人 Milliaria	500人 Quingenaria
Ala	24個騎兵中隊	16個騎兵中隊
Cohors Equitata	10個百人隊＋240騎	6個百人隊＋120騎
Cohors Peditata	10個百人隊	6個百人隊

他提到百人隊由80人組成，然後如同共和國時期那樣，再加上1個騎兵中隊30人來計算，就是現在對人數的定論。

	1,000人	500人
Ala	720騎（＋48騎）	480騎（＋32騎）
Cohors Equitata	800人（＋40人） 240騎（＋16騎）	480人（＋24人） 120騎（＋8騎）
Cohors Peditata	800人（＋40人）	480人（＋24人）

括號內為軍官。百人隊有百夫長、副百夫長、旗手、口令官；騎兵中隊有十夫長與十夫長副官。

阿里安身為哈德良在位時期的卡帕多奇亞總督，曾寫下1個側翼騎兵隊512人，包含16個騎兵中隊的敘述。另外199年的祭祀碑（CIL III 6581）上刻有Ala Veterana Gallica以及Ala I Thracum Mauretana兩支部隊14位十夫長的名字，因此以上的數字大致上算是準確的。

關於人數與名字的差異，過去有各式各樣的假說，但從「步兵大隊人數480人和500人很相近」、「千人隊由10個『百人隊』組成」這兩點來看，筆者認為並不矛盾。附屬於步兵大隊的騎兵數量剛好翻倍，可以視為千人大隊的「士兵數」為「概念上的倍數」這件事的證據。唯一例外是千人騎兵隊，就此我並沒有什麼有理據的回答。只是1千名全由騎兵組成的部隊實在太過龐大，相當難以運用，或許才因此只有名字配合步兵大隊來命名。

這些理論上的數值，與實際發現的兵員數紀錄（除了少數幾例之外）算是相當一致，但關於部署在重要戰略地點的幾支輔助部隊，現在知道他們是比一般部隊的人員還要多的強化部隊。

1. 文多蘭達（Vindolanda）文件

（92～97年5月13日，Cohors I Tungrorum Milliaria Peditata）

人數，括號內為百夫長數量		占全體的比例（%）	派遣地點、任務、備註
派遣中的士兵數	46人	6%	保衛Ferox的辦公處及總督
	337人（2人）	44.8%	Coria（現在的科布里奇）
	（1人）		倫蒂尼恩（現在的倫敦）
	72人（2人）	9.5%	5個哨站
			合計456人（5人），60.6%
缺勤	31人	4%	負傷6人，眼疾10人
剩餘人數	265人（1人）	35%	
			總人數752人（6人）

士兵人數低於編制員額（充足率94%）。關於要塞的規模，目前推測由於沒有充裕資源可供800人運用，因此是以分遣隊的存在為前提所設計。部隊的6成都被派往外部。

2. 人數年報（105～108年，Cohors I Hispanorum veterana Quingenaria Equitata）

士兵總數546人（包含119名騎兵）、百夫長6人、十夫長4人。

1個騎兵中隊平均29.75人，幾乎為滿編狀態。

步兵總數427人，1個百人隊平均71.1人，充足率約90%。

在這當中會分出少數人員前往多個地點，並派遣守備隊前往皮洛沃里達納（距離部隊根據地約650km）。多瑙河對岸也派遣了偵察隊，並加派人數為騎兵23人、十夫長1人、百夫長1人（加上步兵？）的部隊支援作戰。

3. 人數日報（156年8月31日，Cohors I Augusta Praetoria Lusitanorum Equitata）

士兵總數505人（包含百夫長6人、十夫長3人、步兵363）。

1個百人隊平均60.5人（充足率75.65%），騎兵114人，1個騎兵中隊平均38人（以3個騎兵中隊計算，4個則28.5人）。

4. 人數日報（213～216年，不明Cohors Quingenaria Equitata）

士兵總數457人（包含百夫長6人、騎兵100人、駱駝騎兵13）。

步兵334人。1個百人隊平均55.6人（充足率69.5%）。騎兵若計為4個騎兵中隊，1個騎兵中隊平均為25人（＋駱駝騎兵3.25人）。

其中126人（部隊的37.7%）分派到科魯姆（推測在尼羅河三角洲）。

再加上恆常性分遣及損失共約30人（人數不明的士兵在艦隊上執勤，7人死亡，1人傷病退役）。

5.隊員名簿（219年？Cohors XX Palmyrenorum）

6個百人隊，5個騎兵中隊。駱駝騎兵16人。註冊總人數：1,390～1,451人，實際數量（記名總數）：1,070人。

這是羅馬軍留下的唯一一份幾近完整的兵員紀錄。

百人隊分別為69、141、125、108、139、144人（合計726人），不只人數之間的差距頗大，文件上與實際的士兵數量也有很大的落差。差距超過3成，騎兵更是差到2倍。

騎兵的註冊總數分別為149、139、131、139、134人，是一般騎兵中隊的5倍，但實際數量分別只有60、66、68、71、67人（合計362人）。即使如此，這也是一般中隊2倍的兵力了。

關於這個人數，可能是因為他們的駐紮地在帕提亞帝國（日後的薩珊王朝）邊界最前線的基地，因此得到大幅補強（步兵、騎兵都是2倍），也有主張認為是這個部隊本身其實是千人隊，只是一部分士兵（4個百人隊與3個騎兵中隊）恆常性地派往其他地區才有這個結果。筆者覺得前者應該是比較合理的說法。

「幽靈隊員」超過3成，這被認為證實了百夫長會詐領支付給幽靈隊員的軍餉。事實上，4世紀以後，用幽靈士兵詐領軍餉的問題確實日益嚴重。話雖如此，皇家財務部不太可能沒察覺到這種規模的軍餉詐欺，也沒有任何理由把詐領的證據，堂而皇之地寫在要上呈給司令部的報告書中。

因此筆者想要指出，這樣的措施可能是用來補助因通貨膨脹等原因而陷入窮困的士兵。舉例來說，1763年的某支英國步兵部隊總共有423人，但其中20人其實是「為了支付士兵入院費、武器裝備的修理費，以及喪葬費等費用所創設的幽靈士兵」。羅馬軍的幽靈士兵會不會與英國的這個制度是相同用意呢？特別值得注目的一點是，騎兵隊的幽靈隊員遠多於步兵，很明顯這反映的就是馬匹的飼育費。

6.人數日報（Cohors XX Palmyrenorum）

・223～225年3月27日：士兵總數923人（或914、963人，包含騎兵223）、百夫長9人、6個百人隊、十夫長5人、下級軍官20人、駱駝騎兵34人（這一天的全文會放在第5章）。

雖然之後2天的紀錄不完整，不過30日為914人，平均每天喪失3人。乍看之下很少，但按照這個速度只要10個月部隊就會全滅，表示此時期有著中規模的軍事衝突。

・225／235年：士兵766人，加上226人正派駐在外。合計1,102人。

・239年5月27／28日：基地有士兵781人（包含騎兵185／233人）。

綜合以上資料，可知Cohors XX是大致由720名步兵（人數1.5倍的6個百人隊）及225名騎兵（人數1.5倍的5個騎兵中隊）所組成的部隊，而且在230年前後，常有200名以上的士兵分遣到各地。

7.法肯堡遺跡（40年前後，Cohors III Gallorum Equitata）

1個百人隊兵舍設有可供14個十人隊（112人）居住的房間。

8.穀物收據（187年，Ala Heradiana）

部隊馬匹用的2萬阿塔巴（artaba，約574t）穀物。對照6世紀「每匹馬需提供每天1/10阿塔巴（約2.9kg）的穀物」這項記述，這些穀物等於548匹馬1年分的飼料。

組織

輔助部隊的士兵皆為沒有羅馬公民權的行省居民。他們的服役期間比軍團士兵更長，軍餉比軍團士兵更低，但即便如此，也比家鄉的薪資條件與生活環境還要好。許多人更是被退役時能夠取得羅馬公民權這項獎賞吸引才志願入伍。

212年，卡拉卡拉授予帝國領土內所有居民羅馬公民權，但就算喪失了大部分加入輔助部隊的誘因，輔助部隊仍然能繼續維持下去。這件事雖引起多方討論，不過最主要的原因，或許還是「可以在故鄉附近值勤」、「勞動條件比軍團士兵更輕鬆」這幾點上。儘管奧古斯都在位時期，有些輔助部隊是由具備羅馬公民權的志願兵所組成，但最後還是被非羅馬公民吸收。

為避免發生叛亂，帝國時期早期幾乎所有輔助軍士兵，都會駐紮在遠離自己家鄉的地方，部隊本身也會部署在遠離創建地點的地區。可是到了公元40年前後，輔助部隊也開始招募來自駐紮地的士兵，這麼做的原因可能在於「減少將大量新兵運送至遠地的成本」，或是「吸納熟知當地情況的士兵」。

除此之外，還存在弓兵或投石兵（Fungitorum）等專精某些特定技能的輔助部隊。

輔助部隊的百人隊與軍團的百人隊幾乎是相同結構，需要注意的是即使名稱相同，但若所屬組織不同，那麼職務可能會有些許差異。輔助部隊的百夫長和軍團的百夫長不同，不會在各個部隊間調動，而是一直在入伍時的部隊待到退休。

相較於共和國時期，此時騎兵中隊內的組織架構變得相當複雜。部隊幹部以指揮官騎兵十夫長（Decurio）為首，再加上以雙餉兵（Optio）、一份半餉兵（Tesserarius）、旗手（Vexillarius、Signifer）為核心來配發事務員。在龐貝城發現的碑文（從名字來看應為3世紀）上，刻有近衛騎兵隊1個騎兵中隊的成員名單（括弧內是筆者的補充）。

- Decurio：Iulius Mascellius
- Duplicarius（Optio）：Nonius Severus
- Sesquiplicarius（Tesserarius）：Iulius Victorinus
- -：Aurelius Mucatralis、Aurelius Lucius
- Signifer：Aelius Crescens
- Custos Armorum：Aurelius Victor
- Curator：Aurelius Atero
- Beneficiarius：Aelius Victor
- Librarius：Claudius Victorinus
- Beneficiarius：Iulius Vindex
- Eques：17人（名字省略）

合計28人，其中最重要的是表示隊內位階的名字排列順序。「-」的部分什麼也沒寫，表示他們為普通士兵。他們之所以擁有特殊待遇，要不是因為他們是相當於軍團十夫長的幹部，不然就是因為他們是資歷最深的士兵。同樣的待遇差異也見於特權兵身上。這份資料相當有趣，可以從中得知當時的騎兵中隊（或百人隊）內士兵的地位有什麼樣的差異。

其他部隊

■集團兵Numerus

Numerus的意思為「數目、集團」，指的是那些沒有編入輔助部隊裡的小股部隊。大多數集團兵都是從各種部落中徵召、招募而來的士兵，不過有時候也指其他從軍團或輔助部隊分派出來的分遣隊。

集團兵的人數比一般的輔助部隊少很多，通常只有30～200人。比如根據非洲的某支集團兵所留下的人數日報，士兵人數在42～63人間浮動，等於平均只有57人。在其他例子中，不列顛尼亞的Ala I Sarmatarum就因為人員減少而降格成集團兵。

3世紀當時存在許多稱為Numerus Exploratorum的部隊。Exploratorum意思為「偵察、間諜」，因此這些部隊可能是負責到蠻族的領地內偵察，掌握對方的動向。

■楔形隊Cunei

Cunei（單數形Cuneus）的意思是「楔子」，本來指的是楔形陣，後來演變為（使用楔形陣戰鬥的重裝）騎兵部隊名稱。

■同盟兵Socii、Symmachiarii、Foederati

這些名稱指的都是來自羅馬以外的國家、地區和部落的同盟部隊，或是附庸國所提供的士兵。他們使用與羅馬軍不同的裝備及戰鬥方式。指揮官並非羅馬人，而是當地的有力人士。

特殊兵種

■全覆裝甲騎兵Catafractarius

羅馬人將全身上下穿戴裝甲的重裝騎兵稱為Catafractarius或Clibanarius。他們雖是東方各個王朝（尤其是波斯與帕提亞）最自豪的決戰兵器，但意外的是羅馬軍並沒有很積極地引進重裝騎兵。

不論任何人，甚至就連羅馬人自己也承認，他們特別喜愛新奇事物，但不知為何全覆裝甲騎兵卻花了整整3個世紀才引進。其中的緣由在於，現代看來簡直像是無敵重戰車的全覆裝甲騎兵，其實在實戰裡並沒有太多派上用場的機會。羅馬最初接觸到全覆裝甲騎兵，是前190年的馬格尼西亞戰役，這些騎兵的右翼雖然擊潰了一部分聯盟軍團和公民軍團，但左翼卻幾乎潰不成軍（詳情請參照拙著《古希臘重裝步兵》）。到了前69年的提格拉諾塞塔戰役中，這些騎兵又遭到軍團兵從後方突襲，在戰鬥前就已經崩潰。前39年的阿馬努斯山戰役中，雖然他們準備偷襲占據高點的羅馬軍，但在上坡爬得氣喘吁吁的途中，就遭到軍團兵反過來俯衝突襲而四散潰逃。到了隔年的澤烏瑪戰役中，全覆裝甲騎兵吸取之前的教訓，在弓騎兵的支援下準備攻擊在營地內的羅馬軍，然而卻被突然迸出的軍團兵偷襲（據說他們為了減少箭矢帶來的損害，從遠在150m以上的位置衝過來），再次崩潰而逃（甚至帕提亞皇太子還在此役中陣亡），可說幾乎沒有任何優點。帕提亞帝國的全覆裝甲騎兵唯一一次勝利，是在克拉蘇戰死的卡萊戰役中，然而那也是在疲勞與弓兵不間斷的攻勢下，待羅馬士兵徹底弱化後，才好不容易取得的一次勝利。雖說可能也有指揮拙劣的因素在，但以突擊力見長的重騎兵，竟然三番兩次被步兵反過來突襲而潰不成軍，當然會被認為沒有參考價值。

可是在達契亞地區遭遇薩馬提亞人和斯基泰人的全覆裝甲騎兵後，羅馬軍一反過去的態度，開始引進全覆裝甲騎兵。最早的羅馬全覆裝甲騎兵，據信是哈德良在位時期（2世紀前半）創建的Ala Gallorum et Pannoniorum Catafracta。這支部隊部署在緊鄰達契亞地區的默西亞行省，而之後創建的裝甲騎兵隊，主要也都部署在達契亞附近的地區。雖然不清楚薩馬提亞人的全覆裝甲騎兵跟東方的有什麼不同，但從羅馬人的反應來看，肯定有什麼決定性的差異。根據塔西佗所述，他們全身包覆著「鐵板或非常厚重的皮甲（或是外套）」，並裝備著長矛和劍。

儘管羅馬軍吸納了全覆裝甲騎兵，但他們也沒有做出什麼重大貢獻，（從戰果來看）存在感相當低。事實上，包含像馬可奧理略圓柱等各種繪畫資料中，都沒發現過疑似是全覆裝甲騎兵的騎兵（身披裝甲的馬）。

在最近的研究中，有人認為全覆裝甲騎兵其實並沒有為馬披上鎧甲。除了前述的馬可奧理略圓柱之外，所屬Ala Firma Catafractaria的騎兵墓碑（3世紀）上出現的馬，也沒有披上鎧甲。不僅如此，直到現在都沒發現過任何將馬匹披上鎧甲的羅馬騎兵。這麼看起來羅馬的全覆裝甲騎兵，指的似乎是騎馬的士兵穿著從頭頂蓋到腳趾的全套式鎧甲，而馬沒有穿上防具的騎兵。

Clibanarius常被當作是Catafractarius的別名，不過這是普通人的認知，在軍事術語上指的是另一種騎兵，其根據在於部隊的名稱會將這兩種分開使用。羅馬軍要到4世紀以後才開始創建Clibanarius部隊，如果Catafractarius跟Clibanarius是同一種騎兵，那似乎沒有理由改掉本來就已經存在的Catafractarius之名。也就是說，這2個單字分別指的是不同騎兵。

若真是如此，那麼將Clibanarius當作是連馬都穿上鎧甲的波斯型重裝騎兵，而Catafractarius則是不穿馬甲的長矛騎兵，應該是比較自然的解釋。波斯型的全覆裝甲騎兵，根據3世紀赫利奧多羅斯所撰寫的小說《衣索比亞故事集》所描述，他們頭上戴著附有面具的全罩式頭盔，身上包覆鱗甲並裝上脛甲。馬亦披上保護頭部的面罩與鱗甲，腳也同樣裝上脛甲。武器是長矛與劍，並沒有裝備盾牌。這套裝備與杜拉歐羅普斯發現的波斯全覆裝甲騎兵塗鴉幾乎一致（除了面具）。

記錄下羅馬4世紀後期狀況的《百官志》（以下簡稱ND）中曾描述，全覆裝甲騎兵部隊大部分都部署在東方（Clibanarius部隊在東方有1隊宮廷衛隊，6隊野戰軍，而西方只有1隊野戰軍。Catafractarius部隊在東方有5隊野戰軍，1隊邊防軍，而西方只有野戰軍、邊防軍各1隊），這些肯定是為了應付薩珊王朝所設立的部隊。馬甲主要是用來防禦箭矢，並不是用來防劍或矛，從這裡也可看出這是為了對抗東方弓騎兵所建立的兵種。

■騎矛兵Contrarius

裝備需要用雙手才能操作、長度相當長的騎矛（Contus），屬於輕武裝的重騎兵。這種騎兵原本見於達契亞或薩馬提亞人的軍隊，在1世紀後期（應該是維斯帕先在位時期）被羅馬軍引進。通常認為他們不持盾牌，也沒穿戴鎧甲。

■弓騎兵

相較於評價慘澹的全覆裝甲騎兵，波斯或帕提亞的弓騎兵則受到大力讚賞。羅馬弓騎兵的起源，據信是內戰時龐培所雇用的弓騎兵。不過在弗拉維王朝以前，都不存在專門的弓騎兵部隊，可能只是既有部隊的一部分。早期的弓騎兵部隊由東方各民族徵召的士兵組成，而部署地也仍然是東方的達契亞、敘利亞周邊地區。

◆外觀與裝備

在現代，軍團兵給人的形象往往是拿著四邊形的羅馬長盾，穿著環片甲並手持羅馬短劍和重標槍，至於輔助兵則拿著橢圓形盾牌，身穿鎖子甲或鱗甲，手持羅馬長劍與矛，但實際上，目前認為軍團兵與輔助部隊間，幾乎沒有什麼裝備上的差異。

我們熟知的軍團兵與輔助部隊的裝備差異，是基於圖拉真柱的描繪。圓柱上軍團兵和輔助部隊間有著明顯的裝備差異，但畢竟圓柱是為了紀念圖拉真打贏達契亞戰爭，且浮雕位在高數十公尺的地方，還要讓底下的人可以用肉眼看見上面的故事（在沒有解說文字的情況下），因此必須將浮雕上的人物形象雕刻成一眼就能看出來是什麼人。軍團兵與輔助兵的裝備差異，便是為了區別人物所刻意雕塑的符號，這也能協助我們了解「當時的人心中想像的軍團兵與輔助兵是什麼樣子」，我想應該沒必要對此追求過高的準確性才是。事實上，在描繪同一場戰爭的阿達姆克利西紀念碑上，軍團兵的形象與圖拉真柱的軍團兵完全不一樣，幾乎都穿著鎖子甲與鱗甲，右臂則配戴著馬尼卡護手。

時至今日，也開始有學者懷疑軍團兵搭配羅馬短劍和重標槍、輔助兵搭配矛和羅馬長劍這樣的裝備差異是否準確。這種不同形象的根據，來自塔西佗《編年史》第12卷第35節，他提到被輔助兵和軍團兵夾擊的不列顛人，「若朝向輔助兵便被軍團兵的短劍和重標槍擊斃，若轉向軍團兵則被輔助兵的長劍和矛所殺」（et si auxiliaribus resisterent, gradiis ac pilis legionariorum, si huc verterent, spathis et hastis auxiliarium sternebantur）。然而這與其說是對實際場景的描寫，不如說是文學表現手法。當時不論Gladius（短劍）還是Spatha（長劍）指的都只有「劍」這個意思，像現代這樣以劍形來分類是後世的發明。

光從浮雕來看，軍團兵和輔助部隊步兵都持短劍，騎兵則使用長劍。另外，由於像長盾這種包覆身形的盾牌會阻礙騎兵行進，因此他們使用平坦的盾牌。形狀一般是橢圓形，不過也有六邊形或上下切掉的橢圓形等等。

到了3世紀後，裝備開始產生巨大的變革。原先主流的羅馬短劍銷聲匿跡，全軍都開始改用羅馬長劍。為了配合這項變化，原本掛在肩上的劍帶改掛在左腰的位置。劍鞘末端的鞘尾，也從原先貼合劍尖的形狀，改為圓形或四邊形。盾牌也從獨特的長方形羅馬長盾，改為碗狀且略微彎曲的橢圓形盾牌。頭盔則開始採用覆蓋整個頭部的類型。

據信這些變化是為了適應戰鬥方式改變，其中筆者認為James主張的「為了對付敵人」是最有說服力的說法。當時羅馬面對的是薩馬提亞人、帕提亞帝國、波斯薩珊王朝、哥德人等等具備強大騎兵戰力的敵人，或許正是為了追求更長的攻擊範圍，裝備才有了以上的變動。

這些裝備在帝國早期由個人工房生產，不過後來設立於根據地或要塞內部的工房（Fabrica），也開始承擔部分的生產力，成為軍事物資的生產據點之一。工房生產的裝備可說是五花八門什麼都有。2～3世紀埃及出土的莎草紙上，就記錄著軍團的工房在2天內生產的裝備品清單。根據內容可知，工房的人員包含軍團士兵、專勤兵、輔助部隊步兵、軍團所擁奴隸，以及民間工匠（附監視員）。第1天的生產品有劍（長劍）10把、鎧甲或馬尼卡護手的鐵帶（Lamnae levisatares）10個、不明物6個、不明（…peractae）125個、武器？（Telaria）5個、拉車用釘子。第2天則生產了編織加工？的盾牌（Scuta talaria）、平面的盾牌（Scuta Planata）、鐵帶、弓、弩砲用框體。

◆禁衛軍和其他軍事組織

禁衛軍Cohors Praetoria

前身是保衛執政官營帳的近衛隊（Praetoriani），奧古斯都將其改組為恆常性的組織。最早期的禁衛軍由每個大隊500人，共9個大隊組成，後來強化為每個大隊1千人，另外再加上由1千名騎兵組成的部隊。雖然譯為「軍」，但官方將他們當作數個大隊的集團來看待。

奧古斯都害怕自己被賦予獨裁君主的形象，因此羅馬城內僅駐紮3個大隊（1個輪班時段1個大隊），剩下的都調派到鄰近城市裡。在這樣的方針下，大隊的力量被打散，不如後世般擁有強大的實力。

事態發生變化是在公元23年。在時任禁衛總長塞揚努斯的主導下，羅馬城近郊建造了禁衛軍根據地（Castra Praetoria），使禁衛軍所有大隊都能聚集在同一處。與此同時，他將大隊數量增加到12個，並因自身軍事力量獲得極大的影響力。從此以後，禁衛軍開始利用地位時而暗殺皇帝，時而擁立對自己有利的皇帝，然而該影響力來自純粹的武力，在政治上可說毫無力量，也從未帶著統一的意向來執行工作。不僅如此，在絕大多數情況中，他們也表現出極強的忠誠心。

在69年開始的內戰期間，坐上帝位的維特里烏斯，解散了支持先帝奧托的禁衛軍，再從支持自己的軍團裡選出士兵擔任近衛兵。這個時期的近衛兵增加到16個大隊。

而此時被解散的前禁衛軍士兵，則改為擁護皇帝的勁敵維斯帕先，為他鞠躬盡瘁直到他成為新的皇帝。即位後，維斯帕先將禁衛軍的數量縮減為原來的9個大隊，但由於一口氣開除大量士兵可能會引起叛亂，因此他採用逐步裁減人數的方針（統治初期至少有19個大隊，到了76年只剩下9個大隊）。在圖密善時期，或許是為了對付達契亞地區的暴動，他追加了1個大隊，此後禁衛軍便以10個大隊為標準編制。

在2世紀末奪得政權的塞提米烏斯・塞維魯斯解散了當時的禁衛軍，然後從對自己效忠的軍團士兵裡重新組建了禁衛軍，並將1個大隊的士兵數量增強到1,500人。

COLUMN 6

第二帕提亞軍團

皇帝塞提米烏斯・塞維魯斯所創建的第二帕提亞軍團，與其他軍團相比有著獨樹一幟的功能。由於羅馬採取以最少人數部署在國境線上的防衛戰略，因此當某地區陷入危機時，若不犧牲其他地區的兵力就無法調派援軍，可說是相當致命的缺點。皇帝能自由調動的預備戰力僅有禁衛軍，實在稱不上是充足的戰力，為了彌補這點而成立的便是帕提亞軍團。

他們的領導者並非軍團長，而是直屬於皇帝的軍隊指揮官（準確來說是軍團長代理司令官〔Praefectus vice legati〕）。他們雖是騎士階級出身，但都是從基層士兵到百夫長，每個職位一步一步爬上來的軍人，在這當中有些人還曾兩度任職首席百夫長。

他們的駐紮地在羅馬以南21㎞的阿爾巴諾。雖然根據地的規模只有普通軍團的一半，但就建造於圖拉真的別墅旁。根據地之所以比較小，推測可能是因為當時正與帕提亞帝國交戰，軍團的大半人員都駐紮在敘利亞的阿帕米亞。士兵都是與禁衛軍同一個地區出身的人，甚至有許多士兵的兄弟都隸屬於禁衛軍，因此實質上，第二帕提亞軍團可以說就是第二支禁衛軍。除此之外，軍團內還擁有短槍兵、方陣兵、弓兵等特殊兵種，也是羅馬軍團中唯一在第一大隊裡擁有Pilus Posterior（即第6位百夫長）的軍團。

3世紀後半葉的瓦勒良及加里恩努斯在位時期，軍團與禁衛軍同樣一分為二，各自分配給兩位皇帝。之後瓦勒良的軍團可能隨著他被沙普爾一世俘虜，一起成為階下囚或潰逃；至於留在加里恩努斯身邊的軍團，則以菁英軍團的地位持續駐紮在義大利。

3世紀後期，戴克里先將帝國劃分為4個區塊，各自指定了1位皇帝，此時禁衛軍也隨之拆分為4支軍隊，並送到每個皇帝的身邊。戴克里先死後，羅馬禁衛軍最後一次擁立皇帝：這次被選上的是馬克西米安，然而他敗給君士坦丁一世，最終戰死。君士坦丁一世即位皇帝後，解散所有禁衛軍，為禁衛軍330年的歷史畫下句點。

禁衛軍是從所有軍團中精挑細選的士兵，而且多半為出身於義大利的居民。不知是否這個原因，他們對於由非義大利人的行省居民組成的其他軍團抱有優越感，稱自己為「真正的羅馬軍士兵」。此外，他們領有1.5倍的軍餉（Sesquiplex Stipendium），能在羅馬度過相當舒適的生活（雖說從宿舍遺跡來看，居住狀態似乎極為擁擠就是）。

另一方面，他們必須接受比軍團士兵更嚴苛的訓練，但他們士氣高昂，確實可稱作是帝國最強精銳。從69年開始，禁衛軍成為皇帝直轄部隊積極參加遠征，斬獲了數不清的戰功。他們參加的最後一場戰爭，是312年米爾維安大橋戰役，即使在己方軍隊全線崩潰的狀況中，禁衛軍仍然堅守一方，繼續抗戰到最後一刻。對此感到欽佩的君士坦丁在戰後並未對他們處刑或開除軍籍，只是讓他們以普通士兵的身分到萊茵河執行防衛任務。218年，埃拉伽巴路斯軍和馬克里努斯軍的對戰中，馬克里努斯軍中的禁衛軍士兵卸下了鎧甲（鱗片甲）與盾牌（可能是脫掉鎧甲後將盾牌換成更輕巧的類型），以更輕盈簡便的裝備來戰鬥，由此可知他們平時的裝備可能相當厚重（又或是為了避免被敘利亞的炎熱天氣給消耗體力，才選擇輕量化的裝備）。

相較於軍團兵25年的服役年數，禁衛軍只需要16年（最早只要12年，但在公元5年時延長到16年，之後更進一步延長到18年。如果是從軍團兵轉調過來，那麼加上之前的服役年數，只要合計18年便可退伍），之後還可以預備役身分繼續待在軍中。預備役這個職階沒有退休制度，因此常用來慰留優秀的士兵。舉例來說，圖拉真在位時期的禁衛軍凱烏斯・維登尼烏斯・摩德拉圖斯原為第十六高盧軍團的士兵（應是弩砲操作員），服役10年後轉為禁衛軍第九大隊的士兵服役8年，退伍後又以預備役身分（皇家軍械庫技術官〔Architectus Armamentarii Imperatoris〕）繼續工作了23年。其經歷之特殊在於即使曾在尼祿死後的內戰期，作為維特里烏斯底下的士兵戰鬥，後來卻被昔日的敵人維斯帕先收編進禁衛軍裡。Cowan推測，可能因為他在克雷莫納戰役中，是讓維斯帕先軍吃盡苦頭的弩砲部隊一員。

順帶一提，有趣的是直到2世紀末的塞提米烏斯・塞維魯斯在位時期前，軍人退役是每2年舉行一次（公曆的偶數年），因此運氣不好的士兵要多服1年兵役。

禁衛總長（Praefectus Praetorio）這個職位是騎士階級出身者，所能晉升到的最高官職之一，其權限之大有時候甚至僅次於皇帝。在禁衛總長之下，有指揮各個大隊的護民官，而各個大隊的首席百夫長稱為Trecenarius——即「三百夫長」之意，原本指的似乎是禁衛軍的首席百夫長，因為他手下有300名騎兵組成的護衛騎兵（特務〔Speculator〕）。

近衛騎兵隊Equites Singulares Augusti

近衛騎兵隊的起源是凱撒帶來的日耳曼人護衛（Germani Corporis Custodi），爾後奧古斯都繼承了這些部隊。當羅馬的3個軍團在公元9年的條頓堡之戰中全軍覆沒時，這些部隊因為由敵方民族組成而遭到解散。不過到了提比略在位時，他們再次以日耳曼部隊（Germani）的名義重新組建起來（不過從墓碑看來，隊員還是比較喜歡使用Caesaris Augusti Corporis Custodi這個舊有的名字）。

作為正式軍事組織的近衛騎兵隊，是在1世紀後半弗拉維王朝或圖拉真時期成立的。兵力為1千騎兵，駐紮在不同於禁衛軍的其他要塞。塞提米烏斯・塞維魯斯即位後，人數增加到2千人，並在舊要塞的旁邊建造新要塞（Castra Nova Equitum Singularium）。最後與禁衛軍同時期被君士坦丁解散。

他們的早期成員多為下日耳曼尼亞的巴達維人，之後則是由日耳曼尼亞、雷蒂亞、諾里庫姆、潘諾尼亞的騎兵部隊選拔而成。

部隊指揮官為護民官，並如一般的騎兵部隊由十夫長率領的騎兵中隊組成。

憲兵隊Numerus Statores Augusti

3世紀以後稱為Statores Praetorianorum。駐紮在與禁衛軍相同的根據地，服從禁衛總長的指揮。指揮官稱為Curator Statorum或Praefectus Statorum。

特務Speculatores

皇帝的騎馬護衛部隊，大約有300多人。由禁衛軍首席百夫長指揮，副官為Princeps Castrorum。原先是比禁衛軍更上層的組織，但隨著近衛騎兵隊成立，最後被吸收為禁衛軍的一部分，從此以後便無人知曉他們的任務為何。

祕密警察Peregrini

原本是「異鄉人」之意。指揮官稱為Princeps，副官為Subprinceps，底下還有數名百夫長（Centurio Deputatus）。成員似乎是由各軍團選拔出來的士兵。他們的位階相當高，其百夫長等同於軍團裡的一級百夫長。

皇室情報機構Frumentarii

這個詞原本指的是徵收穀物當作租稅的官員，或是徵收軍團糧食的士兵。

在過去的近衛兵中，尤其是特務常臨時接到蒐集情報或暗殺等任務。但後來對於常駐情報機構的需求愈來愈高，就在這時候，圖拉真看上徵糧兵為了工作必須前往帝國各個角落的特質，於是完整收編了他們的情報網與知識，成立皇室情報機構。本部位在羅馬的異鄉人要塞（Castra Peregrina），目前已知內部有百夫長（Centurio Frumentarius）這樣的職位。

由於職業特性，他們往往是民眾嫌棄的對象，但他們卻對自己的工作感到自豪。戴克里先後來裁撤了情報機構以獲得民眾支持，卻旋即成立了更加不擇手段的諜報組織（Agens in rebus）。

◆遠征

計畫

羅馬人相信將軍必備的素質不是武勇，而是細心周到。在高盧戰爭中凱撒最為人熟知的，便是他徹底蒐集了大量有關地理、民族、風俗等各種情報，但並非他比較特別才這麼做。

情報的來源有與敵方部落交流的商人、周邊地區的居民、盟國居民、敵國出身的俘虜和奴隸、軍隊的偵察部隊等等（在「輔助部隊」那一節介紹過的Cohors I Hispanorum所提供的日報中，應該有許多讀者都留意到了他們會往敵方領地派遣偵察部隊這點），將軍（或皇帝）會根據這些情報決定在哪個地點與敵軍交戰、如何擺出陣形、如何行軍、如何設定補給路線、該做些什麼準備，以及需要哪些器具。

編組

遠征時的第一步，是從各地軍團以及全部或部分（分遣隊〔Vexillatio〕）輔助部隊中召集士兵，接著開始編組「軍」（Exercitus，雖然指揮官稱為都督〔Dux Excersitus〕，但這不是正式的官職名）。此時參加的輔助部隊似乎會依照不同兵種（步兵、騎兵、弓兵等）單獨運用。

如同前述，如果直接調走整個軍團，那麼該區域的防守能力將大幅下降，蠻族則藉機侵略帝國疆土，因此3世紀以後，只從各個部隊裡抽走一部分當作分遣隊，再重新集結起來編組成軍的作法成為了主流。

以這種方式編組而成的軍隊司令官，通常是皇帝本人或深受皇帝信任的將領，但無論司令官是誰，最高負責人都是皇帝，只有皇帝能獨占那份榮耀。舉例來說，凱旋儀式就只有皇帝能舉行，而實際的指揮官則只能舉行次一等的凱旋將軍飾儀（Ornamenta）。

百夫長或輔助部隊的司令官等職位的職權範圍非常廣泛，有時候甚至是由百夫長來指揮輔助部隊，或由輔助部隊的司令官來指揮多個部隊及分遣隊。

原先羅馬軍在編組軍隊時皆以決戰為優先考量，所以不擅長應付活用機動性的游擊戰。當然這也存在例外，其中一個例子便是昆圖斯・尤尼烏斯・布拉蘇斯，他在21～23年擔任阿非利加總督時，指導了鎮壓塔克法里納斯（柏柏人的王）的戰役。面對活用小規模集團的機動性來打突襲戰的敵人，布拉蘇斯將全軍分成3支軍隊分頭進軍，並在行進路線上建造瞭望臺嚇阻敵人的行動，然後再將有著豐富經驗的百夫長所指揮的小部隊派遣到各地，隨時掌握敵方部隊的動向，最終將敵方逼入死地。

在達契亞，馬可・奧理略也在敵方部落的土地上，建造了無數的瞭望臺以監視對方動向，並持續追趕敵方部落，使對方無法長久待在同一個地區，靠著消耗敵方體力與意志的方式取得了勝利。

像這種很花時間的戰爭需要龐大的預算。雖然沒有可信資料指出整個帝國的稅收與軍事行動開銷的比例，不過從戰爭期間頻繁發生增稅與資金不足的情況來看（馬可・奧理略為了獲得軍費還舉辦拍賣，賣掉了自己的家具），戰爭這項事業會以極為可怕的速度吞噬預算，而且還不能像共和國早期那樣取得豐厚的回報。

公元70年維斯帕先在位時，軍費占國家預算的3分之1。根據3世紀的卡西烏斯・狄奧所說，卡拉卡拉曾上調士兵的軍餉，使每年軍費達到7千萬第納里烏斯（第79卷第36章）。

現代學者的推測分別如下（單位為第納里烏斯）。奧古斯都在位時（1世紀），Frank：5,500萬、McMullen：7,850萬。圖密善在位時（1世紀前半），Campbell：1億2,500萬、McMullen：1億500萬。康茂德在位時（2世紀後半），Pekàry：3千萬、Hopkins：約1億1,100萬。卡拉卡拉在位時（3世紀初），Campbell：2億。學者一致認為，軍費恐怕占了整個帝國預算的一半以上。

補給

進入帝國時期，在羅馬軍成為常備軍之後，補給體系也開始由中央政府管理。羅馬軍的最高司令官是皇帝，他會做出關於軍事的一切裁決，當中就包含物資分配和補給計畫等項目。根據皇帝的裁決來實行具體補給業務的，則是皇家財務部（a Rationibus）。

和平時期負責供應物資給軍隊的，是由軍隊駐紮之行省總督擔負。儘管大部分物資都由該行省生產，但仍有缺少時還是會從其他行省調度過來。

除此之外，軍隊也會頻繁從經過的地區半強制地徵收物資，或用極為便宜的價格收購。狄奧對於政府從公民身上徵收軍事物資，卻又沒有補償一事有諸多批判。

遠征時會任命負責主計、物資供給等任務的特別軍官，比如負責物資供給的補給長（Praepositus annonae、Proculator annonae、Praepositus copiarum），以及負責會計的會計長（Proculator Arcae）等等。3世紀初，塞維魯斯遠征不列顛尼亞的期間，科布里奇就以「不列顛尼亞遠征軍物資管理官」（Praepositus curam agens horreorum tempore expeditionis felixcissmae Brittanicae）的身分駐紮。

物資補給的路線稱為供應線（Commeatus、Vectura），由最接近遠征地區的行省和周邊地帶的行省，負責物資調度，並將運送過來的物資堆放在遠征根據地（Stativa）。城市被選為根據地的第一條件是水上交通便利，而且有著充實港灣設施，最好再加上羅馬人（商人）居民多，能辦理事務手續的官員多，既是必要物資的生產據點，又沒有被敵人襲擊的危險等條件。208年的喀里多尼亞（現在的蘇格蘭）遠征軍的遠征根據地，就選在增建了18棟糧倉的阿爾貝亞（現在的南希爾茲）。從遠征根據地出發補給的物資，則統一保管在軍隊作戰地區中的補給基地。補給基地會隨軍隊開拔改變位置，也可能運用當地的盟友城市或過去遺留的舊軍營。

從補給基地再到前線軍團之間，則設有一連串供運輸部隊休息，又能保衛補給線的物資集散地。雖然現在沒有留下詳細資料，但利用過去軍團建設過的舊軍營，應該是最有效率的方法。羅馬軍的物資供應能力極為強大，在56～58年的亞美尼亞戰役中，這樣的補給體系足以橫越山岳地帶，為遠在560㎞之外的遠方軍隊提供必要物資。

運輸方法

最普遍的陸地運輸手段就是使用載貨的動物（Iumenta）。普通農民常用驢子，而軍隊更喜愛使用騾子（驢與馬的混血）。隸屬於軍團和輔助部隊的運輸隊（搬運十人隊或騎兵中隊裝備的運輸隊），為了盡可能減少地形的影響，不會使用拉車等工具，通常只用騾子載運貨物。

除此之外的運輸隊（糧食、替換的裝備、攻城武器等）則沒有這樣的限制。其中補給車（Vehicula）是陸地上最能有效載運貨物的手段，在羅馬軍中得到廣泛利用。儘管當年的羅馬有著各式各樣的拉貨車，不過軍用車會特別稱為Carrus clabularius、Clabularis、Clavularis或Clabulare等等。這些載貨的動物，則由專門的契約商供應給軍隊。

物資通常是裝袋搬運，每個袋子都縫上了以青銅製作的識別用名牌。現存的名牌為橢圓形，上面刻有所屬部隊的簡稱。此外，運輸液體（葡萄酒）時不會使用容易撞壞的雙耳瓶，而是使用酒桶。酒桶（Vasa、Cupa或Dolium）是前350年左右由高盧人所發明，到了1世紀已廣泛運用在各種場面中（尤其是軍用）。酒桶的主要生產地是隆河中游地區，其他生產地還包含波爾多、勃根地或摩澤爾河谷等葡萄酒產地。至於尺寸，即使是小型酒桶也有24㎝高（容量約2.5L），大型酒桶更超過2m（容量約1,440L），容量愈大造形就愈細長。與現行酒桶上相同結構的龍頭，早在當時就已出現，取出酒水的方式與現代完全一模一樣。除此之外，空酒桶也會用來製作浮橋或木筏。

關於1個軍團到底需要多少動物，目前有各式各樣的推測，最有可能的數值應該是每個十人隊2頭騾子、軍團騎兵60頭、百夫長1頭、首席百夫長2頭，共計1,400頭，再加上替換用的騾子（5～20%左右），這個數字就是軍團所需最低限度的運輸力。

除了以上這些騾子，還得再加上搬運軍官行李的動物。關於這點只能說完全是個人喜好，因此不可能做出準確的推測，只知道這肯定需要相當大量的動物。最極端的例子是前48年的蓋烏斯·阿維阿努斯，他為了搬運私人物品（以及奴隸等），直接使用了一整艘運輸船。此外，在成為皇帝之前的提比略，也曾帶著隨行醫生、廚房、浴室、轎子等各類行李去參加潘諾尼亞遠征，然而作者（維萊伊烏斯·帕特爾庫魯斯）卻對提比略「沒有搭乘馬車」這件事大加讚賞，似乎以當時的基準來看，這樣都還算是少的了。

COLUMN 7

軍隊與動物

羅馬軍中最常見，也最常被介紹的動物就是馬與載貨用的動物，但其實軍中還有其他各式各樣的動物，只是沒有留下什麼文獻資料。

在這些動物裡最多的就是軍犬了。在古代的地中海世界，軍犬廣泛運用在看門狗或戰鬥犬等用途。羅馬人跟希臘人原本普遍使用原產於希臘西北方伊庇魯斯地區的大型犬摩羅修斯犬（現代的獒犬、大丹犬及聖伯納犬等犬種的祖先），不過帝國時期之後，開始改用戰鬥力更高的不列顛尼亞產戰鬥犬。據說這些狗都戴著有棘刺的項圈及鎧甲。

對於必須長期儲備大量糧食的軍隊來說，鼠害是非常令人頭疼的問題。據研究，1隻老鼠每年可以破壞約450kg小麥（其中40.8kg是被吃掉的損失，剩下則是排泄物造成的汙染）。

為了應對鼠害問題，養貓成了好方法。1隻貓1天可以吃掉3隻小型哺乳類或1隻鳥，計算下來等於每年吃掉約1,100隻小型哺乳類。如果當中有500隻老鼠，那麼貓每年可以保護約225t小麥，這幾乎等於770人1年分的糧食配給量。

因此貓與軍隊之間的感情非常深厚。在紅海沿岸的要塞中，曾發現被細心埋葬的貓木乃伊，而且被發現時肚子裡還留有6隻老鼠的殘骸。另外在多瑙河到萊茵河沿途的軍事設施中，也發現過許多貓的骨骸。第三昔蘭尼加軍團的碑文上雕有貓的塑像，說不定代表他們將貓當成軍團的象徵。

順帶一提，貓的拉丁文Cattus語源也與軍隊有關（母貓〔Catta〕這個字首次出現於75年）。甚至144年的碑文也記載了，禁衛軍第三大隊第六百人隊的士兵，自稱為Catti（Cattus的複數形）。

用來占卜戰爭吉利與否的鳥占（準確來說是鳥舞〔Tripudium〕）儀式中，使用的是雞。雞由專門的祭司養在籠子裡，占卜時才打開籠子放出來，餵以麵包或糕點。若這時雞從籠子裡出來並吃掉餌食就是吉兆，除此之外的情況（比如不吃餌、不離開籠子、鳴叫等等）則算是凶兆。

這些行李由軍團的奴隸或民間工人搬運。雖然文獻上記載羅馬軍有Calo及Lixa這2種隨從或是奴隸，但不清楚他們之間的差別。Lixa一般指的是跟隨在軍隊後方的商人，在文學上則指代最下級的士兵，不過另外還有「公共奴隸」(Servus Publicus)或「士兵隨從」(Servus Militis)的意思。

筆者認為Silver所主張的，「Lixa是自由人（解放奴隸）的非戰鬥人員及個人奴隸，而Calo是軍隊奴隸」，是最有說服力的說法（至少有維蓋提烏斯或凱撒等人物的證詞）。這些奴隸或隨從中，武裝過的人稱為戴盔者(Galearius)，發生會戰時，負責守備營地或執行其他各式各樣任務。在墓碑等文物上也畫有他們作為騎兵的隨從，緊緊抓著轡繩以免馬匹逃竄，並在左手拿著2支矛以供騎兵更換的樣子。看起來很像全裸或穿著及腰的鎖子甲，手上沒有盾牌，推測是在戰場上正在將標槍遞給主人。

行軍

行軍時的隊列分為預料會遭遇到敵軍的隊列，以及普通隊列這2種。

基本上由偵察隊、前衛、本隊（與側翼部隊）、運輸隊、後衛所組成，有時候在本隊兩側還會形成警戒側面的部隊。在這些隊伍中，前衛、側翼及後衛以騎兵為主，步兵則待在本隊中（軍團士兵配置在隊列中央是基本策略）。各部隊的指揮官會走在引導部隊的前頭位置，旁邊站著旗手或喇叭手等人，面臨緊急狀況時可以迅速傳達命令。此外，行軍中大致上依照會戰時的列陣位置來排列隊伍順序。

如果預料到會遭遇敵軍，那麼會以方陣行軍。

根據約瑟夫斯的記述，行軍時士兵會排成6列，而阿里安則說排成4列。

例1：約瑟夫斯《猶太戰史》第3卷115～126章：公元69年，猶太，加利利

1. 偵察隊（輕裝步兵、弓兵）
2. 軍團兵、（應該是輔助部隊的）騎兵
3. 從各百人隊挑選10人組成的紮營隊和營地設施
4. 鋪設道路、伐木整地的工程隊
5. 將軍（維斯帕先）的行李、高級軍官、騎兵護衛隊
6. 將軍、護衛（步兵與騎兵皆有）、將軍個人護衛
7. 軍團騎兵
8. 攻城武器
9. 軍團長、輔助部隊長及其護衛
10. 鷹旗與軍旗
11. 喇叭手

12. 軍團兵，由百夫長領導
13. 軍團所屬的隨從與運輸隊
14. 輔助部隊、同盟兵
15. 後衛（輕裝、重裝步兵、騎兵）

例2：阿里安《針對阿蘭人的布陣》，公元135年，卡帕多奇亞（Coh.是大隊的簡寫。步兵排成4列前進。寫有「從～」表示從該部隊分派出去的部隊）

■ 前衛

1. 騎馬偵察隊2隊
（2個騎兵中隊？可能從軍團騎兵或輔助部隊的騎兵組成）
2. 弓騎兵，2個騎兵中隊
（從Coh. III Petraeorum sagittariorum milliaria equitata）
3. 騎兵（Ala Auriana）
4. 騎兵（從Coh. IV Raetorum），指揮官：科林斯的達伏尼
5. 騎兵（Ala I Augusta Gemina Colonorum）
6. 騎兵
（從Coh. I Ituraeorum equitata、
Coh. III Augusta Cyrenaicorum equitata、
Coh. I Raetorum），指揮官：德米特里烏斯
7. 日耳曼騎兵，2個騎兵中隊
（從Cohors I Germanorum equitata），指揮官：宿營長

■ 本隊

8. 軍旗（或在各部隊前聚集該部隊的軍旗一同前行）
9. 步兵（Coh. I Italicorum與Legio III Cyrenaica的分遣隊），
指揮官：普爾喀（Coh. I Italicorum指揮官），
Cyrenaica分遣隊再加上100名弓兵，
Italicorum應為300人左右
10. 步兵（Coh. I Bosporanorum milliaria），指揮官：蘭普洛克勒斯
11. 步兵（Coh. I Numidorum），
指揮官：維魯斯（弓兵走在部隊前方）

12. 護衛騎兵隊
（Equites Singulares，不是近衛騎兵隊，只是總督的護衛隊）
13. 軍團騎兵（Equites Legionis）
14. 投石機（從當下狀況來看應指弩砲）
15. 第十五軍團
（Legio XV Apollinaris。依照短槍兵→軍旗→司令官瓦倫斯→高級軍官→護民官→第一大隊百夫長→軍團兵的順序排列）
16. 第十二軍團分遣隊
（Legio XII Fulminata。依照軍旗→護民官→百夫長的順序）
17. 同盟兵（亞美尼亞、特拉比松、科爾基斯、呂基亞）
18. 步兵200人
（Coh. Apula(Apuleia)civium Romanorum）：
17與18由Coh. Apula司令官塞昆狄努斯指揮。
為避免隊列混亂，百夫長也一同前行（可能走在隊列兩側）。
19. 運輸隊

■後衛

20. 騎兵（Ala I Ulpia Dacorum）

側翼

21. Coh. I Bosporanorum與Coh. I Numidorum的騎兵隊
22. Ala II Gallorum（以一列縱隊的隊形保護本隊側面）
23. 騎兵（從Coh. I Italicorum。與22一樣排成一列縱隊）

■司令官

24. 阿里安（卡帕多奇亞總督）：正常來說會走在15的軍旗前，不過若有適當時機就會巡視整個隊列，確保行軍正常無虞。

例3：238年皇帝馬克西米努斯・色雷克斯回攻義大利時，首先送出了偵察兵，確認四周都沒有敵人後，在平地令軍隊以寬大的方陣前行。根據希羅狄安描述，運輸部隊配置在軍團兵的方陣中央，側面則有騎兵與摩洛哥人標槍兵、東方人弓兵。後衛由馬克西米努斯親率部隊坐鎮，前衛則有日耳曼人傭兵隊。

軍營

帝國時期與軍營有關的史料，主要來自撰寫於2世紀的《De Munitionibus Castrorum》，作者是被稱為偽希吉努斯的人物（之所以會有這樣奇妙的名字，是因為過去這本書的作者被認為是希吉努斯，然而現代否定了這個觀點）。他所描述的軍營是由皇帝直接指揮的軍隊所建造，並以達契亞地區的作戰為重點。

阿里安並未提及關於軍營的資訊，不過他在記敘中提到的事物，或許也能用來佐證營地建設的前一階段是什麼樣子。

根據他所說，軍隊抵達目標地點後，首先騎兵會組成方陣，並加入步兵（和運輸隊），同時派出偵察隊調查周邊地形，防備來自敵方的偷襲。步兵在騎兵的方陣裡整裝，組成用於戰鬥的陣形。

從軍營的遺構可知，大部分軍營都不是從前的正方形，而是邊長2：3的矩形。這是很接近黃金矩形的數值，在數學上是最為均衡的形狀。各位可能覺得為什麼講到數學，但其實當時的人普遍相信，數學、魔法、生物學等等學問，在本質上全都是相通的。那麼在數學上均衡的營地，肯定也維持了宇宙萬物之間的和諧，能夠獲得神的祝福。

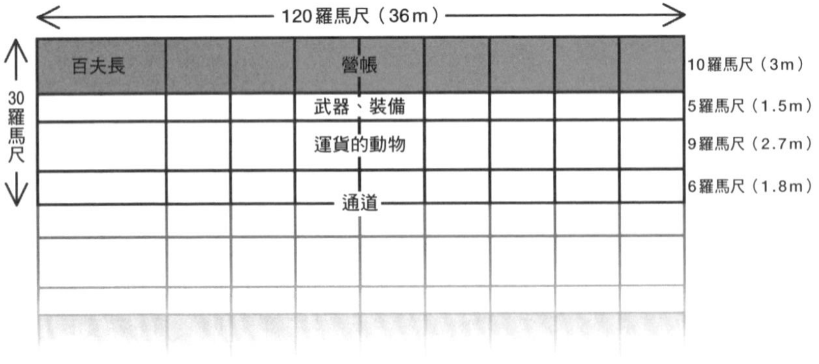

圖8：《De Munitionibus Castrorum》中1個百人隊的營地格局。這是最基本的單位，寬120羅馬尺、深30羅馬尺。每2個這樣的單位以通道連在一起並持續串聯下去。

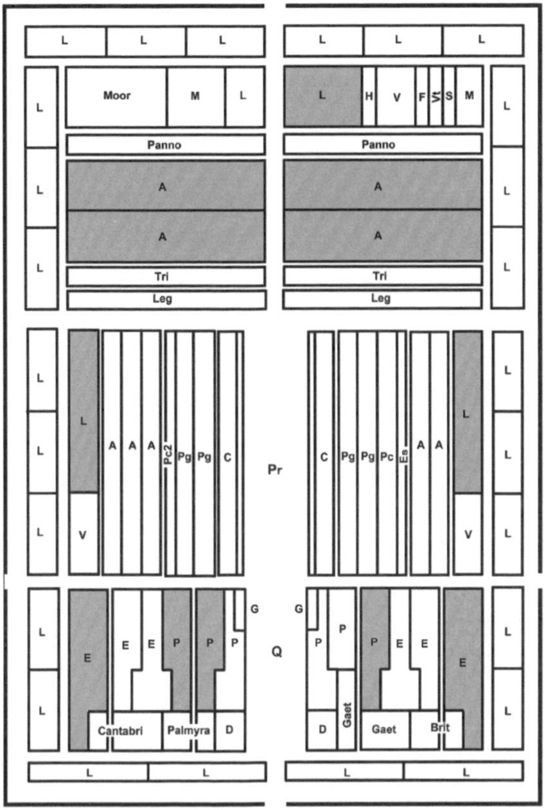

圖9：《De Munitionibus Castrorum》當中描述的軍團營地。由Gilliver還原。
淺灰色表示千人隊（包含軍團第一大隊）。
Pr將軍營帳、Q財務官營帳、C隨從官（皇帝的跟班）、Leg軍團長、Tri護民官、L軍團大隊、G衛兵、P大隊（步兵）、E步騎混合大隊、A側翼騎兵隊、Pg禁衛軍大隊、Pc護衛騎兵隊、Pc2護衛騎兵隊225人、Es近衛騎兵隊225人、V分遣隊、M水兵、S偵察兵、Vt獸醫、F工房、H醫院、Moor摩爾人騎兵、Panno潘諾尼亞人騎兵、Cantabri坎塔布里人騎兵、Palmyra帕米拉人、D達契亞人、Gaet蓋圖里人（柏柏人）、Brit不列顛人。

訓練

實行訓練的教官稱為Campidoctor、Magister Campi、Exercitator（Exercitator Armaturae）或Armatura等等。關於這些名稱的差異，我們只能從碑文等文物推敲，例如Campidoctor（演習場教官）隸屬軍團，負責教導士兵如何行進與編組隊列等等。Exercitator或Centurio Exercitator則隸屬於特務或軍團騎兵（包含輔助部隊？），可能是教導與馬術有關的技能。輔佐Exercitator的則是Magister Campi（演習場長）。

他們大多都是百夫長等級的軍官，同時也是身經百戰、經驗老到的士兵。

關於羅馬軍的訓練，最詳實的記載應該就是維蓋提烏斯了。他是生活在4世紀的人，也如他自己所寫，是「以過往的紀錄為基礎」，現代學者通常認為他在書中的記述大抵上都是正確的。

根據他的描述，新兵在接受4個月的適任訓練後，判斷不適合擔任士兵的人就讓他回家。訓練的第一課，是教導士兵如何以相同步調前進以免打亂隊列。士兵必須用5個夏令時間行軍20羅馬里（大約每小時5㎞），這是一般速度下的行軍訓練。如果是快走訓練，則需要在相同時間內行軍24羅馬里（時速約6㎞）。與此同時還有跑步、跳躍、游泳等各種訓練項目。

武器的訓練則使用比正常劍重2倍的木劍，以及經過編織加工的盾牌。一開始會讓士兵將木樁看作是敵人並擊打木樁，訓練則分別在早上與下午共舉行2次。

學完基礎後，接著進階到稱為Armatura的訓練。維蓋提烏斯寫道，精通這項訓練的人將能夠擊敗任何敵人。教授這項特別訓練的教官，也同樣稱為Armatura。維蓋提烏斯提到，4世紀當時還保留了這種訓練的一部分，儘管他沒有像其他項目那樣，具體說明這到底是什麼訓練，但一般認為可能是種用木劍對練，或類似對戰演示的訓練方式。

接下來是遠距離武器訓練。起初是練習將標槍投到木樁上，教官會細心指導訓練兵如何用正確的姿勢丟出標槍。除此之外，所有訓練兵都要接受投石（包含用手投及用投石索投兩種）訓練。在他們當中特別優秀的3、4成士兵會進一步加入到射箭的訓練中。

除了原本就具備騎馬（或駱駝）技術的士兵外，剩下的騎兵則從服役多年的步兵中選拔而出。騎兵的基礎訓練與步兵沒什麼差別，唯一例外的是跨到馬背上的訓練。據維蓋提烏斯所說，訓練中，士兵必須在完全武裝的狀態下，從馬的左右任何一邊，甚至是馬正在奔跑時都能迅速跨到馬背上。此外為了在天氣惡劣的冬天也能訓練，還會在有屋頂的地方設置木馬。

關於「有屋頂的馬術訓練場」，在至今為止的任何相關遺跡中，都沒有發現確定是該訓練場的構造（雖然有發現數個類似的建築物，尺寸也非常接近現代的室內馬場，但沒有決定性的證據可以證明）。幾乎可說是唯一證據的，就只有英國內瑟比出土的碑文，上面刻有「馬術訓練大廳」（Basilica Equestris Exercitatoria）的文字，但並不知道大廳的所在地。只是考量到騎馬設施的所需大小，多數學者認為，這種馬術訓練設施應該會建在要塞的外面（雖然算是軍團的根據地，不過阿爾及利亞的拉百瑟斯曾在要塞西邊1.5㎞處，建造過每邊長200ｍ的演習場）。

馬術操練表演Hippika Gymnasia

奧古斯都重新制定了類似特洛伊遊戲的騎馬比賽，然而直到哈德良在位時期，帝國為東方勢力的騎兵部隊傷透腦筋時，其重要性才真正得到重視。馬術操練表演也是在這樣的背景下誕生的。

這是一種馬術競技，採納了羅馬輔助部隊裡各式各樣部落的訓練方式，再融合到競技中。據阿里安的描述，比賽時騎兵會分成2隊，戴上頭頂有黃色馬毛羽飾的頭盔以及面具，手持色彩鮮豔的輕型盾牌。騎兵不穿戴鎧甲，只穿上遊行用的彩色服裝與窄管褲。馬則戴上裝飾豪華的眼罩及護額，胸口也裝有皮製的胸甲。

兩隊入場後，會暫時繞成一個圓圈不斷走動，接著其中一隊（A）前進到司令臺左側整隊，組成像是龜甲陣的隊列。騎兵模仿的是步兵的龜甲陣，他們會縮短間隔，以後背朝向敵人，用盾牌保護背部。另一隊（B）則在場地另一側整隊。

A隊派出2名靶騎移動到A的右翼前方（雖然以位置來說是後方，但以龜甲陣的陣形來說算是前方），並舉起盾牌完成準備。

接下來B隊的每一名騎兵會輪流衝向靶騎，盡可能丟出更多的標槍。此時待機中的A隊騎兵也會衝出來，一邊用盾牌保護身體，一邊對著掉頭的B隊騎兵投出標槍。

B隊騎兵必須不畏對方騎兵的阻礙，在通過靶騎旁邊時繞過靶騎，然後再掉頭回到自己的隊伍裡。這個時候，騎兵需要順時針轉向後方，對著靶騎再丟出標槍，然後立刻轉向正面並用盾牌保護背部。這個技巧被阿里安稱為Petrinos，據說是起源於高盧的最高難度技巧。

圖10：馬術操練表演。

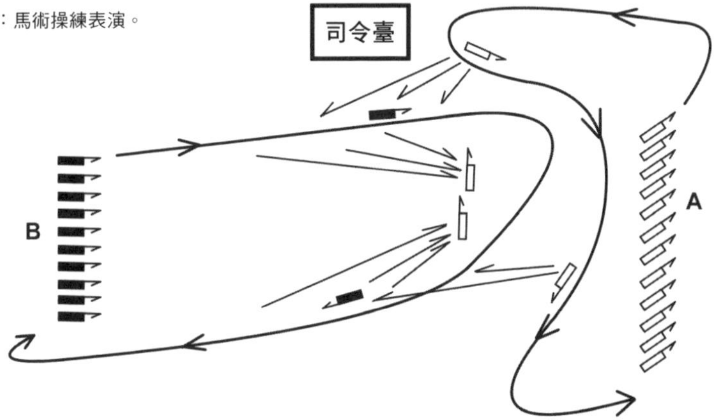

儘管阿里安沒有提到，但其中一邊結束攻擊後，應該是會攻守交換再來一次。

接下來的比賽項目，據說起源於希斯帕尼亞坎塔布里人的坎塔布里環（Circus Cantabricus）。方才的兩個隊伍會分成攻守兩方，使用比剛才還要更重、更難投出的標槍，然後以順時針方向繞圈。繞圈時盡可能地縮短兩個環的距離，並在交錯的瞬間，瞄準防守方舉起的盾牌中心投出標槍（如果投到其他地方可能會受傷）。當攻擊方全部投完標槍後，接著攻守交換再演練一次。

圖11：坎塔布里環。

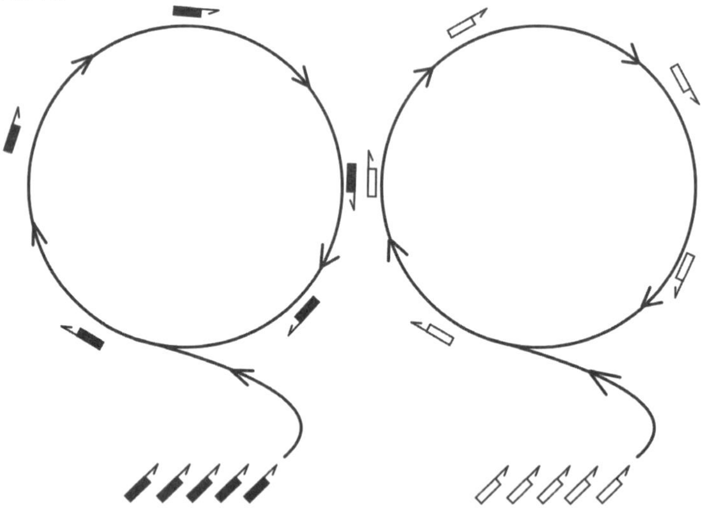

這樣就完成團體競賽了，接下來進入個人戰技的演示。除了追逐看不見的敵人並將矛往前刺的技巧外，阿里安還介紹了高盧語中稱為Toloutegon的技術。這個技巧的目的，是讓前方敵人以為自己要突進，然後即刻掉頭將盾牌從頭上放到背後，一邊保護背部一邊攻擊後方敵人。

另外還會展示用劍攻擊馬上或地上的敵人，或是跨坐到馬背上的技巧。尤其後者似乎有很多種類，甚至有對著全力奔馳的馬翻身躍上馬背的高難度技巧，稱之為「旅人」。

雖然這邊沒有介紹，不過羅馬騎兵對於採納敵方的優秀技術非常積極，比如帕提亞或亞美尼亞的弓騎兵戰術、薩馬提亞長矛騎兵或高盧騎兵的迴旋與機動技術，乃至於跳過壕溝與壁壘的方法與戰吼等等。

薪餉

奧古斯都時期的軍餉是每年225第納里烏斯（以下簡稱D），並在1、5、9月的發薪日（Stipendium）分成3次給與士兵（每次75D）。凱撒與龐培開戰前，曾將軍餉提高到2倍，因此在這之前的軍團兵軍餉等於是225D的一半，也就是112.5D。

直到公元83年，圖密善將軍餉提高到300D（增加3分之1。有些學者認為這是將每年3次發薪日改成4次的證據）之前的約百年間，軍團士兵的軍餉都未曾調漲。下一次再增加軍餉的時間點，是塞維魯斯在位時期，這次也同樣經過了百年以上。雖然不清楚此時軍餉的準確數值，但推測應該是400～500D。

此後再沒留下關於軍餉具體數字的紀錄，全部都只能靠推測。曾受父親塞維魯斯教誨「滿足士兵需要，其餘不用多想」的卡拉卡拉，進一步為士兵的軍餉增加50%。此外，目前普遍認為到了馬克西米努斯・色雷克斯時，軍餉再次翻倍，不過也有學者認為，直到戴克里先時期，軍餉的金額都沒有再提升。

埃及曾出土在發薪日搬運金錢的護衛隊所留下的文件。根據上面內容所記載，側翼騎兵隊的軍餉為7萬3千D、步兵大隊為6萬5千D、軍團為34萬3千D。在2、3世紀的資料中，一名輔助兵的軍餉是257.75D。

禁衛軍的待遇比其他部隊更好，當軍團兵為225D時，禁衛軍為375D；當軍團兵調漲到300D時，禁衛軍更是能拿到1千D。除此之外，獎勵金也比軍團兵更豐厚。

獎勵金起初是在值得紀念的日期（戰勝、皇帝即位、開始遠征等）所支付的臨時下賜金，後來成為皇帝即位紀念日、戰勝紀念日、皇帝及皇族生日等紀念日發放的固定獎金。

百夫長以上的職位只能憑臆測來估算其軍餉。現在最有力的說法，是百夫長在共和國後期能拿到士兵5倍，1世紀以後能拿到15倍的軍餉，獎勵金更是遠勝普通士兵。一級百夫長乃至於首席百夫長的軍餉則更為豐厚。雖然只是推測值，不過一級百夫長應能拿到普通百夫長的2倍（士兵的30倍），首席百夫長能拿到再乘以2倍（士兵的60倍）的軍餉。

目前最權威的羅馬軍軍餉制度，如以下Speidel整理的圖表所示。

	奧古斯都（13BC）	圖密善（83／84AD）	塞維魯斯（197AD）	卡拉卡拉（212AD）	馬克西米努斯（235AD）
禁衛軍					
士兵	750	1,000	2,000	3,000	6,000
百夫長	3,750	5,000	10,000	15,000	30,000
近衛騎兵隊					
騎兵		700	1,400	2,100	4,200
十夫長		3,500	7,000	10,500	21,000
軍團					
士兵	225	300	600	900	1,800
騎兵	262.5	350	700	1,050	2,100
百夫長	3,375	4,500	9,000	13,500	27,000
一級百夫長	6,750	9,000	18,000	27,000	54,000
首席百夫長	13,500	18,000	36,000	54,000	108,000
軍營指揮官	NA	18k-24k	36k-48k	54k-72k	108k-144k
護民官	NA	8333-9000	16666-18k	25k-27k	50k-54k
軍團長	NA	25k	50k	75k	150k
Cohortes Civium Romanorum					
士兵	225	300	600	900	1,800
百夫長	3,375	4,500	9,000	13,500	27,000
輔助部隊					
Coh.士兵	187.5	250	500	750	1,500
Coh.騎兵	225	300	600	900	1,800
Ala.騎兵	262.5	350	700	1,050	2,100
Coh.百夫長	937.5	1,250	2,500	3,750	7,500
Coh.十夫長	1125	1,500	3,000	4,500	9,000
Ala.十夫長	1,312.5	1,750	3,500	5,250	10,500
Coh.指揮官	NA	4,500	9,000	13,500	27,000
Ala.指揮官	NA	15,000	30,000	45,000	90,000

單位：第納里烏斯

發薪日會舉辦遊行。部隊士兵各個極力盛裝打扮，排出整齊隊列，然後軍隊將軍餉發到每一位士兵手上。話雖如此，此時發給各個士兵的也不是現金，而是發薪證明書，真正的軍餉由旗手負責保管。證明書上寫有受薪人、發薪人、所屬部隊、發薪日期、金額、經費徵收額、證人名字等等各種資訊。從當時的習慣來看，這份文件會同時抄寫2份，1份交給士兵，1份放到司令部的地下金庫裡嚴加保管。

士兵的裝備、伙食費、個人存款、喪葬公共基金等等會從軍餉中扣除，此外，軍餉的1％還會被當作目的不明的徵收金，現在推測可能是事務費或設施使用費。

在埃及尼科波利斯出土的昆圖斯・尤利烏斯・普羅克魯斯，與蓋烏斯・

瓦萊里烏斯・日耳曼努斯的紀錄中，寫有公元81年時2人軍餉與以下徵收金的具體金額。遺憾的是不清楚他們是軍團兵或輔助部隊兵，但可以從中知道軍餉每年分3次發放，每次247.5德拉克馬。而從軍餉裡扣除的金額如下所示（d＝德拉克馬）。

- **共通，每次固定**：草料10d、食糧80d、鞋子與襪子12d
- **共通**：
  1月「營地的農神節」20d
  （可能是前一年12月舉辦的農神節慶祝派對的費用）、
  5月「給軍旗」4d
  （可能是喪葬公共基金或Rosaliae Signorum的節慶費用）
- **服飾費（普羅克魯斯）**：
  1月60d（雖然已經遺落項目名稱，但從狀況來看應該沒有錯）、
  9月145.5d
- **服飾費（日耳曼努斯）**：1月100d、9月145.5d
- **徵收金合計（普羅克魯斯）**：1月182d、5月106d、9月247.5d
- **徵收金合計（日耳曼努斯）**：1月222d、5月106d、9月247.5d

從上述項目來看，發放的衣服或許有好幾個等級可以選擇，每一種的價格都不同。此外，雖然軍餉中有很大一部分被扣掉了，但剩下的錢全都存入個人帳戶中，看似也沒有領出來的跡象，因此可以推測，或許僅憑軍隊撥下來的物資就足夠生活了，又或是士兵能夠透過額外收入來繳納雜費。

這些軍餉到底占士兵的實際收入多少比例，目前仍眾說紛紜。之所以沒有共識，是因為目前還無法掌握定期或不定期發放的獎勵金全額究竟有多少。儘管現在的見解是應該與軍餉差不多，但也只是推測。

2世紀後半在埃及發現的信件中，曾寫到劍的價格是80德拉克馬（20第納里烏斯），這是青銅鎧甲約4分之1的價格。從當時士兵軍餉每年300第納里烏斯來看，似乎很昂貴，然而寫這封信的士兵卻覺得這樣的價格是破天荒的低價。

在那之後到3世紀之前的某段時間，政府制定了軍糧稅（Annona Militaris），從此不再從軍餉裡扣除士兵的伙食費。多出來的費用應該是用於儲蓄了，不過並不清楚是否改善了士兵的生活，因為在馬克西米努斯之後，即使帝國面臨嚴重的通貨膨脹，也沒有紀錄顯示軍餉隨之增加。舉例來說，根據301年戴克里先頒布的「限制最高價格法」，品質最差的女用丘尼卡為3千第納里烏斯，這幾乎是當時軍團兵年收1,800第納里烏斯的2倍。

■退休金

退休金由公元6年奧古斯都成立的軍隊資金庫（Aerarium Militare）支出。他投入個人財產1億7千萬塞斯特斯來創建基金，並擬定1％的拍賣稅（centesima rerum venalium），以及5％的遺產稅（vicesima hereditatum）當作未來的資金源。從奧古斯都到克勞狄時期，軍團兵可以拿到的退休金（Praemium）為3千第納里烏斯，卡拉卡拉時期則調漲到5千第納里烏斯。

退役時會發給士兵退役證明書（Diploma）。能取得證明書的有軍團兵（公元70年後幾乎不再發行）、輔助部隊兵、禁衛軍士兵、海軍士兵等各個組織的退役軍人。這份文件既是結婚許可證（準確來說是賦予配偶及子女公民權），也是非羅馬人士兵獲得羅馬公民權的證明書，同時還是退役軍人能實行各項特權的證明，可說是相當重要的文件。

證明書在羅馬製作而成。退伍者名單得到皇帝認可後，以敕令（Constitutio）的形式頒布，接著會鑄造青銅板並在上面列出該年所有退伍者，再公告於羅馬城內（如奧古斯都神廟等處）。

與此同時，也會製作發給退伍者本人的證明書。證明書由2片在中央鑿開2個洞的青銅板製成，其中一片的兩面刻有敕令全文，另一片的兩面則刻有7名證人的名字。確定文章無誤後，將2片板子重疊，用金屬線牢牢固定，而證人則各自用封蠟將證明書封起來，最後在封蠟處蓋上半圓形的封蓋後就完成證明書的製作了。

由於證明書只在有偽造嫌疑時才會開封，所以跟字體端正的正面不同，背面的字往往刻得相當隨便。

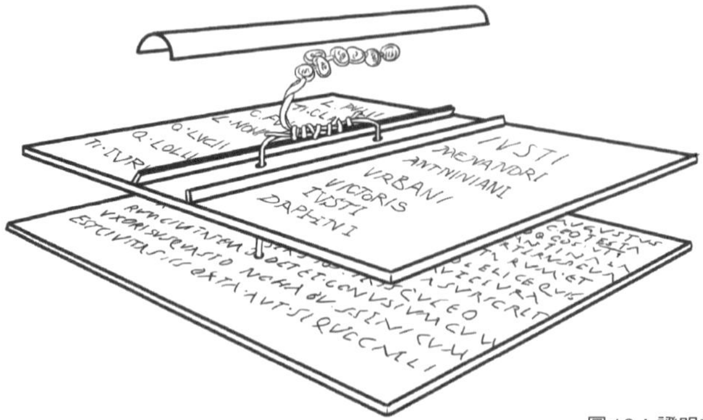

圖12：證明書的結構示意圖。
從上面開始：封蓋、封蠟、金屬絲、內板（證人欄）、外板（敕令本文）。

第4章
帝國後期

在稱為三世紀危機的時代，羅馬因接連發生內戰，導致國家的防衛能力大幅衰退。從235～284年之間，每位皇帝的平均統治時間僅僅2年。帝國沒有穩定情勢的時間，軍人出身的皇帝沒有足夠政務能力這點，也為帝國帶來災難。為了打贏內戰而增強兵力、為了維持士兵忠誠而胡亂分發獎賞、為了得到防衛費等各種費用，這些種種需求都迫使政府一再推行糟糕的大規模貨幣改革，令物價失控地飆升。舉例來說，2世紀時在埃及1阿塔巴（約27L）的小麥為8德拉克馬，3世紀中葉時漲為24德拉克馬，到了3世紀後期更直接漲到220～300德拉克馬。雪上加霜的是，在那段時期還碰上瘟疫大流行。以上這些都重創了羅馬經濟直到無法挽回的地步。

在這樣的背景下，高盧帝國與帕米拉王國的獨立，以及新崛起的薩珊波斯、日耳曼民族的阿勒曼尼人、撒克遜人、哥德人等外族入侵，也都相繼為帝國帶來新的威脅。

■皇帝戴克里先的改革

戴克里先在284年即位後，便開始著手大規模改革。他將帝國分成4個部分，由2位正帝與2位副帝分別管治，各自負責帝國東西方的防守，這即是所謂的四帝共治制。與此同時，他還將行省拆分得更細，並改革地方軍隊的指揮系統，明確區分官僚與軍人的職業經歷，以便提供素質更好的軍官。這些改革全都是為了保護帝國疆界這個軍事目標，使帝國的所有統治機關都為了戰爭而存在。

在他的規劃下，軍隊分成部署在前線保護國境的防衛部隊，以及在後方待機，當危機發生時便驅策前往，必要時更能直接入侵對方領地的機動部隊2種類型。類似機動部隊的構想，早在2世紀末的第二帕提亞軍團就已經實行，不算是很新穎的點子，然而戴克里先進一步以此為目標，編組了稱為扈從軍（Comitatus）的部隊。扈從軍同時包含騎兵與步兵，其存在類似4位皇帝的護衛。儘管目前對於他們是否真的為機動部隊的核心仍然眾說紛紜，但至少可以肯定他們的地位相當重要。

■君士坦丁一世的改革

324年，成為羅馬唯一皇帝的君士坦丁一世開始著手大規模軍事改革。他明確劃分出野戰軍與邊防軍，前者稱為Comitatenses，後者稱為Limitanei。

邊防軍駐紮於前線附近的要塞或城市，面對盜賊等犯罪集團或小規模襲擊時，會離開要塞剿滅對手，面對大規模集團時則退回要塞。若敵方包圍要塞，那麼就在拖住敵方腳步的同時，等待敵方補給消耗完畢而撤退，或等待來自後方的援軍。若敵方包圍其他要塞，或無視要塞徑直攻向後方，那麼就派出小規模部隊偷襲，並逼退敵方偵察隊或物資蒐集隊。另一方面，野戰軍則是專門用來擊退大規模襲擊或入侵敵方陣地的核心部隊。

當羅馬帝國的軍事安全政策轉型成以防禦為主體後，要塞的結構也產生變化。在此之前要塞沒有防禦設施，只是行政、儲備、作戰的指揮中心，並沒有設想到攻城戰。

不過到了3世紀後半與4世紀初期，要塞作為防禦據點的特質愈來愈突出。新建造的要塞不再採用以往的長方形而改為正方形，並增加了城牆的厚度。若是舊式要塞，通常只會留下1座城門，其餘全部封閉，並將原本建於城門兩側的塔樓連在一起，有時還會建造半圓形的塔樓。

除此之外，建於城牆裡或要塞角落的塔樓也與之前不同，採用向外突出的形狀，讓塔樓裡的士兵可以從側面攻擊緊貼在城牆旁的敵人。內部結構也做了改變，原本沿著城牆鋪設的道路被拆掉，改為所有兵舍都與城牆貼在一起。

要塞外的大路上也建造了瞭望臺，另外還發現了進行過防禦補強的資源儲藏庫。主要河川的登陸點（用來讓船員休息、換班或進行修補作業的小規模要塞），則加蓋了突出到河川裡的城牆。

■主力兵種的變化

直到4世紀末，羅馬軍的主力都是步兵，騎兵主要的角色是支援步兵。可是在6世紀，騎兵已成為戰爭的主力，步兵的功能轉變成維持隊形，讓騎兵可以在步兵身後重新集結列隊，或保護騎兵撤離。會有這樣的變化，是因為當時的羅馬深受威脅領土的遊牧民族所影響（4世紀的匈人、5世紀的保加爾人、6世紀的阿瓦爾人）。

與此同時，步兵的隊形變得更加緊密，最重要的作用是承受敵人的攻擊。步兵會組成每個十人隊8人1排的縱隊，最前頭是經驗最豐富的隊長，他們與相鄰的士兵共同將盾牌疊在一起形成盾牌壁，再用矛與劍戰鬥，剩下的士兵則越過前方士兵的頭丟出標槍，或投擲標等遠距離武器來支援最前排的戰鬥。

此時也是弓騎兵開始得到廣泛運用的時期。5世紀之前的羅馬騎兵戰術與過去一樣，主要是排除敵方騎兵、支援己方步兵、追擊逃走的敵人。5世紀後，羅馬吸收了匈人強大的複合弓及其戰術，採用先以弓騎兵進攻，再讓重裝騎兵往前突擊與對方決戰的戰鬥方式。來到6世紀，這些弓騎兵更進一步穿上厚重的鎧甲，為查士丁尼一世（6世紀前半）重新征服義大利做出重大貢獻。

這個時代的軍隊規模遠比以前還要小。根據Haldon的計算，6世紀的帝國總兵力約在30～35萬左右，且大部分都是地方的邊防軍，遠征軍的規模頂多只有1萬6千～3萬人。《戰略》寫到，一般的遠征軍為5千～1萬5千人，大規模遠征軍也就2萬人左右。維蓋提烏斯則描述一般遠征軍為1萬2千人，大規模遠征軍是其2倍。其他史料則有7,500～3萬人的紀錄。

◆領導階層

這個時期最大的變革，要屬出現了純粹的職業軍官。他們的起源可追溯到3世紀，當時的職位選拔標準更加傾向實力主義，使得元老院議員逐步遠離軍事相關職位。多出來的空缺大多被騎士階級出身者，特別是歷任多個軍事單位的人所填補。當中不少人是從普通基層士兵做起，憑藉著勇氣與實力往上晉升的強人，甚至還有人成為皇帝。

實力主義的思維逐漸普及後，政府內部也隨之形成軍人與官僚2種完全不同的職業升遷路徑，最終讓長久以來的軍政兩立傳統消失在歷史中。

野戰軍軍長Magister Praesentalis

指揮野戰軍的將領統稱為野戰軍軍長，是直屬於皇帝的最高軍隊司令官。立於其中頂點的是野戰軍總長（Magister Militum），在他底下還有騎兵總指揮（Magister Equitum）以及步兵總指揮（Magister Peditum），是實際上指揮各支野戰軍的指揮官。

都督 Dux

雖然從2世紀開始，官僚（尤其是元老院階級）與軍人間的職業歷程便逐漸分離，但第一次真正推出政軍分離政策的人是皇帝加里恩努斯（253～268年）。此後戴克里先分離軍人及文官時，還從行省總督手上剝奪了軍事指揮權。行省的軍隊司令官稱為都督，如果這位都督負責橫跨多個行省範圍的防務，那麼他會被稱為邊境都督（Dux Limitis）。

根據《狄奧多西法典》，都督的任務是指揮野戰軍以外的地方軍，並負責防守邊境、維修與整備邊境防衛線、建設新要塞、徵召與分發新兵、提供軍需，乃至於彙整季報給禁衛總長（雖然禁衛軍已經被君士坦丁一世解散，但這個職位卻保留下來，職務內容改成負責供應軍隊糧食的軍官）。

隨從官 Comites

原本指的是皇帝等重要人士的隨扈人員，不過在這個時代用來指涉各式各樣的官僚與軍人。比如軍事隨從官（Comites rei militaris）指的是軍隊指揮官，《狄奧多西法典》則留下了邊境隨從官（Comes Limitis）這種官職。此外，從小規模部隊指揮官到匹敵都督的地方軍隊司令等等，當時有各種不同位階的隨從官存在。都督與隨從官的職務與位階，都會隨著時代情勢而大幅改變，想要完整了解其變化的詳細內容是不可能的事。

部隊指揮官

當時來自各式各樣部隊的指揮官會被授予總管（Praepositus）、護民官（Tribunus）、長官（Praefectus）3種頭銜之一。這3種軍官沒有什麼明確的職務或部門區別，時常會混在一起。

原本總管指的是小規模部隊的指揮官，而百夫長、護民官或長官等等，則是指揮集團兵或分遣隊時的軍銜，不過後來種類逐漸增加，光是帝國後期能確認到的就有Praepositus Limitis／Legionis／Auxilii／Cohortis／Militis／Equitum這6種「總管」。

隨著軍隊改革，護民官也開始帶有軍官的功能。最高等級的護民官是宮廷衛隊的指揮官。

在ND《百官志》中，不論東西帝國都曾出現許多長官擔任各種不同軍團的指揮官，不過只有西羅馬帝國的側翼騎兵隊司令官由長官擔任。

◆野戰軍Comitatenses、Palatini

這支帝國的核心部隊是用於迎擊入侵帝國的威脅，或遠征邊境外的敵方勢力。早期只存在中央的野戰軍，後來為了應對來自多個方向的攻擊，又增設了各地區版本的野戰軍，比如在ND中便記錄了12個這樣的野戰軍。關於士兵人數，目前認為野戰軍的人數占羅馬軍約40%左右。

野戰軍由推估500人的騎兵分隊（Vexillatio Comitatenses），以及推估1千～1,200人的野戰軍步兵隊（Legio Comitatenses）組成，不過實際人數似乎遠比這個數字要低。

中央輔助軍Auxilium Palatinum

君士坦丁一世在325年前後編組的部隊。後面當野戰軍與中央軍分離時融入中央軍中。

中央軍Palatini

創建地區版的野戰軍時，中央政府的野戰軍便改為這個稱號。指揮官是騎兵總指揮（Magister Equitum，或in Praesenti / Praesentalis），位階在野戰軍之上，宮廷衛隊之下。

當中的騎兵部隊為500人的中央騎兵分隊（Vexillationes Palatinae），步兵則由1千～1,200人的中央步兵隊（Legiones Palatinae），再加上人數更少的中央輔助軍（Auxilia Palatina）組成。

準野戰軍Pseudocomitatenses

附屬於野戰軍下的邊防軍部隊，Pseudo在希臘語是「假的、偽裝的」之意。準野戰軍是邊防軍為了配合（遠征等）需求，從軍隊裡抽調出素質最好的士兵所組成的部隊，所有士兵皆為步兵。在378年阿德里安堡戰役中大敗後，為了補充戰力，從邊防軍裡調走了大量士兵來填補準野戰軍。

◆邊防軍 Limitanei

邊防軍負責守衛以國境附近的城市為中心的前線地區，還負有維持治安或提供兵力給遠征軍的責任。總管指揮各個部隊，其上還有行省的首長（Comes、Dux、Praepositus等等）負責指揮整個地區的軍隊。5世紀時帝國全軍的6成為邊防軍。

早期的邊防軍由領受國家軍餉的職業軍人組成，素質和野戰軍沒有什麼差別，可後來逐漸轉型成半農半兵，素質也隨之下降。此外，優秀的志願者都優先分發給野戰軍，這也是造成邊防軍素質低落的原因之一。

Ripenses

不是指特定部隊名，而是分類上用來指邊防軍的上級部隊（軍團等）。

輔助部隊 Auxiliares

雖然與之前的輔助部隊同名，但實際性質完全不一樣，是種只出現在ND的步兵部隊。這恐怕是君士坦丁一世或其父親君士坦提烏斯・克洛魯斯組建的部隊，由高盧或日耳曼尼亞各部落士兵組成。

精選騎兵 Equites Promoti

現代認為是由加里恩努斯成立（過去認為是戴克里先創立的）。原本是皇帝直轄的騎兵部隊，由軍團騎兵或步騎大隊（Cohors Equitata）中的騎兵選拔組成。之後這支部隊從皇帝直轄部隊變更為邊防軍。

分隊 Vexillationes

可能是在加里恩努斯之後創建的部隊形式。在他的方針下，增加大量人員的軍團騎兵被拆解，之後成了獨立的部隊。在位階上與軍團相等。

軍團Legiones

戴克里先在位時創建了大量軍團，將數量增加至60個。此時每個軍團的兵力約只有1千人左右，軍團根據地的規模也隨之大幅縮小（如果是5千人的軍團，那麼想徵召增加的10萬人，在人力資源上不可能辦到）。不過既有軍團的總人數並沒有裁減至1千人，似乎只是因為派遣到各地的分遣隊都獨立了，才讓這些軍團看起來也跟著縮水了。舉例來說，4世紀的第三義大利軍團，除了防守雷根斯堡、梅爾廷根、肯普滕、菲森、齊爾等地，還將兵力分派到野戰軍中。

騎兵、楔形騎兵Equites、Cunei Equitum

其他的騎兵部隊。兩個名字之間沒有差別，似乎單純只是沿用了上一個時代的名稱而已。目前認為可能是重裝騎兵部隊。

Alales、Cohortales

指上一個時代的輔助部隊，也就是側翼騎兵隊與步兵大隊，可看出當時（可能因為與裁減軍團兵同樣的理由）人數有相當程度的減少（某個要塞在當時只使用了以往10%的面積，簡單計算等於整支部隊只有50人）。是所有邊防軍中位階最低的部隊。

側翼騎兵隊在君士坦丁一世時期銷聲匿跡，而步兵大隊則被輔助部隊代替，改為部署到後方的腹地去。

◆其他

宮廷衛隊Scholae Palatinae

屬於近衛騎兵隊。指揮官為護民官，與第一等的Comes同級，結束任期後則與地方的Dux同等。為了避免發生叛亂，這支部隊沒有總司令，由皇帝親自指揮。ND裡曾提到東方有7支、西方有5支宮廷衛隊。西方的宮廷衛隊直到6世紀狄奧多里克時期都還存在，然而東方則在5世紀利奧一世在位時被替換成Excubitor。

侍衛官 Protectores

原本是「護衛」或「隨從」之意，用來指代保護重要人士的護衛，不過加里恩努斯將其制定為名譽稱號，賜給對皇帝特別忠誠的軍官。在他死後，侍衛官被編組為一支部隊。他們服從野戰軍總長的指揮，同時輔佐皇帝及野戰軍總長等高級將領，並以個人或小組形式派遣到各地。他們負責的業務範圍包括補給、情報蒐集、徵兵等等，可以說是軍隊幹部候補生的墊腳石。

異族騎兵 Gentiles

宮廷衛隊中的輕騎兵隊。由法蘭克人、斯基泰人、哥德人等蠻族士兵組成。

弩砲隊 Ballistarii

準野戰軍的部隊之一。原先隸屬於軍團的大型武器隊，後來由加里恩努斯獨立出來並進行整合。如果不需要使用大型武器，那麼會改為裝備手持式的十字弓。

◆士兵

徵兵問題

為了維持軍事實力，歷任皇帝面對徵兵問題都實行了堅定嚴格的措施。365年，羅馬政府開始逮捕逃兵並重罰藏匿他們的親友，同時加強取締打扮成僕從藉此逃避兵役的人。軍隊還降低了士兵的身高標準。2年後，面對砍斷拇指只為逃避兵役者，皇帝發布敕令將他們強制抓回軍隊內。隔年又一次發布敕令，砍斷拇指者處以火刑，家主須遭受連坐受罰。在此之後，狄奧多西一世制定法律，規定不服兵役者強制編入軍隊而非判處死刑，而那一家的家主還得再交出另外一名青年入伍。除此之外，前士兵的兒子會被半強制地徵召入伍，到了406年甚至開始認可奴隸加入軍隊中。

兵力不足還不只是人類的問題，連軍馬及載運行李的動物也是如此。有時候腐敗軍官犯罪也加劇了軍馬不足的窘境。5世紀初，昔蘭尼加的祭司辛奈西斯就寫下了一起事件，有一位名叫巴拉格利達耶的部隊指揮官，私自將部隊的軍馬全部賣掉，使得一隊弓騎兵最後竟成了步弓兵。儘管這麼大規模的盜竊較為罕見，但至少可以知道類似的貪腐問題頻繁發生在軍隊中。

蠻族化

即便如此，帝國最後還是沒能找出從根源上解決徵兵困難的方法，於是允許蠻族遷入帝國，但需要履行服兵役義務，希望藉此解決兵源問題。這件事本身不是很新穎的作法。奧古斯都曾將5萬蓋塔人遷入默西亞，提比略將4萬日耳曼人遷入高盧和萊茵河沿岸，而馬可・奧理略則迎進5,500名薩馬提亞人及3千名納里斯蒂人；3世紀的普羅布斯迎接了10萬名巴斯塔奈人，君士坦丁一世更是迎接30萬薩馬提亞人進入帝國。

雖然這些蠻族區分成Gentiles與Laeti這2種，但兩者之間的差別並不明確。Laeti只見於高盧及義大利，似乎受到羅馬人官僚的監視（管理）。

蠻族被帝國本地的居民視為異物，時常遭受懷疑的目光。5世紀的辛奈西斯就曾建議驅逐軍隊高官裡的蠻族出身者，以此「清掃」軍隊。當羅馬軍於378年的阿德里安堡戰役中慘敗給哥德人，皇帝瓦倫斯也戰死時，東羅馬帝國各軍就收到祕密指令，要求以遊行的名義，將哥德人士兵聚集在一處以便屠戮殆盡。後來在386年也曾發生蠻族士兵的屠殺事件。往後的東羅馬帝國改革了徵兵制度，盡可能將蠻族士兵的比例減至最少。

西羅馬帝國也曾在408年屠殺日耳曼人士兵，並謀殺汪達爾人的名將斯提里科。儘管遭遇這樣的結局，但在當時實力主義的風氣下，蠻族出身這點其實並沒有妨礙他們在軍中的升遷。比如Laeti出身的皇帝馬格嫩提烏斯（4世紀中葉）就曾是君士坦斯時期的野戰軍總長，而曾任特里爾隨從官的阿波加斯特（4世紀末）便是法蘭克人。然而在斯提里科死後，高級軍官裡就幾乎再也沒出現過羅馬人以外的民族。

即使在羅馬人獨占高級軍官後，大部分士兵仍由蠻族組成。那麼軍隊蠻族化加快了西羅馬帝國的滅亡嗎？關於這個問題，答案既是YES也是NO。只要能夠好好教育身為羅馬軍士兵的紀律，不論出身什麼部落都能成為模範羅馬軍士兵，這件事早在過去羅馬軍的歷史上就已得到證明。可是原本應該教育他們的老兵在阿德里安堡戰役中折損大半，又沒有充裕的時間與經濟，可以取回因此失去的傳統與紀律，於是軍隊終究喪失了保護帝國的能力。

這當中最具象徵性的事件便是406～410年間發生的放棄不列顛尼亞。

從不列顛尼亞撤退的士兵究竟去了哪裡，有多少士兵決定留在故鄉不列顛尼亞，一切都成了謎團。

由此可見，羅馬軍的蠻族化與現代移民問題類似，擁有複雜的歷史緣由並陷入了難解的困境。

從帝國內外的蠻族召集起來的士兵稱為蠻族盟兵（Foederati）。他們雖然聽從羅馬人將軍的指揮，但部隊長是該蠻族的族長。支付給他們的報酬Annonae Foederaticae起先都是糧食等物資，後來改為每年支付現金。

在東羅馬帝國，Foederati一開始指的是蠻族的非正規部隊，不過5世紀時逐漸改為稱呼由蠻族組成的正規部隊（6世紀時羅馬人也開始加入其中），而相當於原本Foederati規模的蠻族部隊則改稱為同盟部隊。

編制

在君士坦丁一世的改革後，舊有的軍團大隊、側翼指揮系統保持原樣，而新創建的宮廷衛隊、楔形騎兵、分隊等等新式部隊，則採用步兵、騎兵共通的新指揮系統。

實行四帝共治制之後，取消了以往的百夫長制度，取而代之的是指揮百人隊的百夫長，以及指揮擁有2倍戰力的兩百人隊的兩百夫長（Ordinarius）。他們合稱為Principia。

至於新部隊，則制定了位階相當於舊制百夫長、兩百夫長的另一種百夫長（Centenarius）及兩百人長（Ducenarius），合稱Priores。在這兩種兩百人長當中，順位最高的稱為首席隊長（Primicerius），統領所有Principia和Priores。此外，他還得兼任家內官（Domesticus）輔佐部隊長，並在部隊長不在時以代理官（Vicarius）身分指揮部隊。

家內官是為了協助司令部處理事務，於4世紀末創設的職位，由中央軍及地方軍司令官選拔而出。軍階上與首席隊長同級（有時候由同一人兼任），並在司令官缺席時擔任代理官指揮部隊。侍衛官的其中一個部隊也有家內官，不過這是為了將高官子弟拉攏進軍隊所提供的軍官職，屬於完全不同的組織。

在這些百夫長職位當中，也分為各式各樣的階級與職務，比如百夫長裡有奧古斯都（Augustales）這個階級，比百夫長的弗拉維（Flaviales）還要更高；兩百人長中，位階較高者則稱為元老（Senator）。

側翼騎兵隊的組織架構與過去類似，騎兵中隊依然由十夫長指揮，其中位階最高的十夫長稱為首席十夫長（Princeps）。另一方面，步兵大隊的編制似乎與軍團相同。

根據耶柔米的記述，4世紀後半騎兵部隊的隊內階級，由下往上分別是新兵、騎兵（步兵）、一份半餉兵（Semissalis）、巡哨兵（Circitor）、小隊長（Biarchus）、百夫長、兩百人長、元老、護民官，步兵部隊也是同樣編制。在這當中，巡哨兵負責管理軍隊設施，而小隊長則負責分發物資給士兵，其地位類似指導教官。雖然這裡沒有寫上去，不過小隊長之下還有十夫長負責監督十人隊，但騎兵部隊裡十夫長與小隊長的區別相當模糊，所以有可能是同一職位的另外一個名字而已。

宮廷衛隊的組織架構稍有不同，沒有十夫長以下的階級。

東西羅馬帝國在不同年代中的部隊組織和階級名稱，都有巨大的差異，目前並不清楚詳細的編制。

奧理略・蓋烏斯是戴克里先到君士坦丁一世時期的退役士兵，從他的經歷中，可以窺見當時軍隊組織的上下關係。

●所屬軍團：

第一義大利軍團（默西亞）→第八奧古斯塔軍團（日耳曼尼亞）→第一約維安・西徐亞軍團（西徐亞與潘諾尼亞。戴克里先所創建的軍團）

●階級：

騎兵訓練生→（騎兵？）短槍兵→後備兵副官→兩百夫長副官→首席十夫長副官→第一約維安・西徐亞軍團（選拔？）的皇室隨從官副官

●派遣、遠征地：

（往中東方向）亞細亞、卡里亞、利底亞、呂考尼亞、奇里乞亞、敘利亞、腓尼基、埃及、亞歷山卓、印度、美索不達米亞、卡帕多奇亞、加拉太、比提尼亞。（往歐洲方向）色雷斯、默西亞、日耳曼尼亞、達爾馬提亞、潘諾尼亞、高盧、希斯帕尼亞。（非洲）茅利塔尼亞。（遠征？）達契亞的卡爾皮人和薩馬提亞人4次、潘諾尼亞的維米納基烏姆和哥德人領地2次。

據Cowan所說，後備兵副官為「第三等百人隊的副官」（但不清楚什麼是第三等），兩百夫長副官為「第一大隊的百人隊副官」，而首席十夫長副官為「第一大隊第一百人隊的副官」。副官最後雖成為皇帝近衛隊，但所屬組織依然是第一軍團，因此在名目上屬於派遣的士兵。

裝備、外觀

生產

軍隊的裝備主要由稱為工房（Fabrica）的國營兵工廠所製造。這些工房可能是由戴克里先設立在過去的生產據點，或是軍團根據地所在的場所。

工房中有許多盾牌工房（Scutaria）及鎧甲工房（Armorum、Loricaria），其中西羅馬常見的箭矢工房，在東羅馬卻極少見到。據研究，這是因為在原本就有弓箭生產體系的東方，是由個人工房來供應箭矢。工房並不會生產所有軍隊的裝備，他們的目的是生產當地難以取得的裝備。

根據ND的記述，工房在行政總管（Magister Officiorum）的管理之下，由副官（Adiutor）、副官助理（Subadiuvae adiutoris）、工房長（Subadiuuae fabricarum diversarum）、監察官（Curiosur cursus publici in praesenti）、行省視察官（Curiosi omnium provinciarum），以及口譯（Interpretes omnium gentium）等各級官僚所營運。

除此之外，帝國各處還有其他類型的工房，雖然名稱不是Fabrica，包含紡織工房（Gynaecium）、亞麻布紡織工房（Linificium）、染坊（Baphium）以及刺繡工房（Branbaricarium）等等，軍隊的衣服也可能是在這些地方生產的。這些衣物產品由運輸部隊長（Praepositus Bastagarum）指揮的運輸隊送到全國各地。

外觀

在這個時期，環片甲逐漸被淘汰，長度及膝的鎖子甲與鱗甲逐漸成為主流。鎧甲的下襬長到膝蓋，而且是長袖。肌肉甲依然受到歡迎，是高級軍官愛用的鎧甲。盾牌為橢圓形或圓形，並彎曲成碗狀。肩膀普遍披上了薩古姆，佩努拉斗篷則銷聲匿跡了。士兵會使用十字弓形的別針固定薩古姆。頭上通常戴著圓筒形的帽子。

在4世紀以前，羅馬士兵的主流裝備便開始轉變成矛、標槍以及羅馬長劍。現在並不清楚從劍改變為矛的具體過程。

圖1：3～5世紀的騎兵。
A：特里豐，騎矛兵（3世紀）。可能是薩馬提亞人的輔助部隊兵，從刮掉鬍子並留長頭髮的外貌來看，應該是3世紀末。墓碑上的頭盔看起來很光滑，但實際的出土品或圖拉真柱上，是像插圖這樣分成好幾個零件。護頰參考了圖拉真柱，應是皮革製。鎧甲正面的開叉是基於東方系的鎧甲的想像。
B：君士坦丁一世。鎧甲參考自Villa Romana da Casa de Medusa遺址中的馬賽克畫。鎧甲為鐵製肌肉甲，其上紅色的皮革製肩甲，很像第一部第3章圖5的B士兵所穿戴的阿爾巴尤利亞混合型，為左右一體化的類型。劍是在西班牙發現現存唯一的鷹頭羅馬長劍。頭盔是那個著名的柏卡索沃型頭盔，整個頭盔都貼上金箔，並鑲上玻璃與寶石。同類型的頭盔也曾被刻在君士坦丁的硬幣上。馬具參考了君士坦丁凱旋門的浮雕。
C：隸屬宮廷衛隊重甲持盾衛隊的全覆裝甲騎兵（東羅馬帝國，5世紀）。頭盔是法國韋茲龍斯出土的鋼箍盔（5世紀後半）。孔雀羽毛的羽飾似乎是皇帝與近衛兵使用的款式。這個部隊的全覆裝甲騎兵是持盾的特殊騎兵，整體造形參考自ND。關於馬的鎧甲，軀幹是實際在杜拉歐羅普斯出土的鎧甲，其他的部位則是還原自杜拉歐羅普斯的塗鴉。

圖2：4～5世紀的步兵。
A：4世紀的士兵。整體形象來自史特拉斯堡出土的雷龐提烏斯墓碑。頭盔是埃及出土的鋼箍盔，盔體被分為4等份。墓碑上的羽飾是一串類似羽毛的東西，從小盒子裡凸出來，這個小盒子應該是頭盔的一部分。雖然刻有雞的隊旗，但含意不明。鎧甲來自伽列里烏斯凱旋門（4世紀初）。盾牌圖案參考了野戰軍總長旗下，中央軍團中的首席步兵部隊（也就是東羅馬帝國最強的步兵部隊）的資深長矛兵團（Lanciarii Seniores）。這支部隊曾在阿德里安堡戰役裡奮戰至最後一兵一卒直至全滅，其士氣與武力可說是東羅馬最為精銳的部隊。雷龐提烏斯自身所屬的部隊不明。鞋子是4世紀流行的款式，幾乎都是黑色。

B：5世紀的百夫長。盾牌的圖案是埃及出土的盾牌表面貼料之一，為皮革縫製，上面畫有士兵與黑人原住民之間的戰鬥。盾心為撒克遜人使用的款式，可以勾住並順勢格擋敵人的攻擊。從人物的髮型、鬍鬚以及衣服裝飾（披風上用來彰顯自己與皇室有關的四邊形黑色刺繡〔Tablion〕）等等來看，應該是5世紀的裝扮。頭盔是英國里奇伯勒出土的頭盔，特殊的T字形頭冠來自Helm2，而整體設計則採用Helm1。護頰有著下半部彎曲的獨特設計，羽飾前方則有稱為Chi-rho的裝飾，在當時的頭盔上很常見。鎧甲來自羅馬拉丁大道地下墓穴的壁畫（320～350年）。羽飾、披風、褲子、鞋子來自羅馬聖母大殿的馬賽克畫。劍（插圖裡只看得到部分劍柄與劍鞘）出土自科隆。

圖3：在杜拉歐羅普斯發現，薩珊王朝時期的波斯全覆裝甲騎兵。分離式的頭盔上掛有垂下來的鎖鏈（當地也挖掘出了實際的頭盔），軀幹與腰部為鱗甲，手腳則被類似環片甲的防具包覆。腰部的花紋是發源於當時草原民族的樣式，他們會在腰部圍上用長方形的板子排列而成的防具。目前推測羅馬軍的全覆裝甲騎兵，應該也穿戴著類似的裝備。

第5章
軍團兵的日常

在這一章中，我將會解說1～2世紀中葉的軍團兵平時的日常生活，以及與之相關的各種事項。

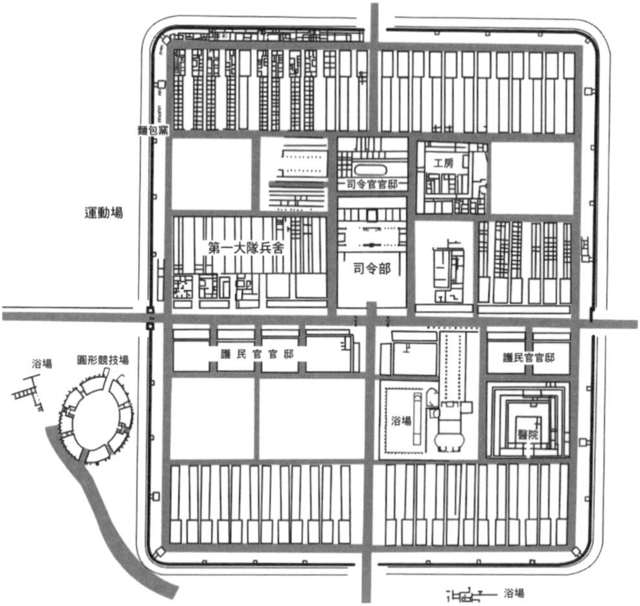

圖1：位於伊斯卡（現在的威爾斯可爾里昂）的第二奧古斯塔軍團根據地。在公元100年前後改建成石造城鎮。因為遺址在市區，所以沒能全部挖掘出來。灰色部分是道路。

早晨

軍團的一天與日出一同展開。

在軍隊裡控管時間的科爾努號手通知夜哨時間結束後，士兵及奴隸便開始準備早餐。沿城牆而建的軍團麵包窯（圖中左上角）旁，手上拿著麵團的奴隸已經在排隊了，各個兵舍則正在烹飪早餐。麵包分為Panis Militaris Castrensis與Panis Militaris Mundus這2種，現在認為前者為士兵用的全麥麵包，後者則是軍官用的白麵包。其他常見的主食還有攪拌小麥粉與熱水做成的穀物糊（Pulmentum），以及將煮過的麥片與牛奶混在一起烹煮的牛奶粥（Granea Tricitea）。

此時四處都可以聽到讚美露出頭的太陽，甚至朝拜的聲音。除了朱庇特等傳統神明外，軍中流傳最廣的信仰，就是太陽神信仰與密特拉信仰。太陽神信仰起源自奧古斯都引進了阿波羅信仰，之後以「不曾被征服的無敵太陽神」（Sol Invictus）的形象，受到廣泛崇拜，於3世紀後半獲得近乎帝國官方宗教的地位。

密特拉教則是起源於東方的宗教。教義嚴禁透露給外人，因此即便到今天也不清楚包含教義在內的詳細情況，目前只知道密特拉教僅有男性教徒，內部有7個階級及獨特的餐食習慣，並相信死後轉世之類的內容。

另一方面，基督徒無法入伍。原因並不在於信仰本身，而是懷疑同時侍奉上帝與皇帝的基督徒士兵是否具有足夠的忠誠。舉例來說，曾有百夫長在典禮上主張自己是基督徒，被禁止殺害他人，因此無法宣讀誓詞。這位百夫長後來遭到處刑，罪名就是放棄宣誓並違背了百夫長的職業精神。儘管如此，隨著時代推進，還是能看見愈來愈多基督徒士兵。

對於皇帝崇拜，當時的基督徒多半抱著如果遭到強制朝拜皇帝，那就「逃跑」或「總之先拜，之後再贖罪就好」的思維，因此基督徒士兵在軍中可能都是做做樣子，拜一下來敷衍了事。此外，猶太教徒因其特別的教義而受到官方的尊重，可以免除皇帝崇拜的一切儀式。

然而在299年，戴克里先認為基督徒的行為是在玷汙對眾神的崇拜，因此強迫軍隊必須朝拜眾神，拒絕者被以無神論者的身分驅逐出軍隊。這個狀況一直持續到311～313年君士坦丁的宗教寬容政策頒布後，軍隊才又開始接納基督徒。在「帝國後期」一節介紹過經歷的奧理略・蓋烏斯，就是這個時代的基督徒士兵。有鑑於此，Cowan認為他可能曾被軍隊開除，後來才又再次以君士坦丁一世的近衛隊身分，重新進入軍隊中。

軍隊的根據地從野外營地的營帳替換為石造建築，營房（Centuria）也直接繼承了原本營地的布局。營房是細長形的建築物群，由多個房間連在一起，每個房間都由同一個十人隊的8個人共享。原本的數量應該是10個區劃，但實際上有幾個區劃建造得比較大，很可能是百人隊幹部（副官、旗手跟口令官等等）居住的場所。

面向通道的部分沒有牆壁，看起來就像只是在上面蓋個屋頂的陽臺。許多陽臺都挖了用木板蓋起來的坑，裡面埋進籃子。這個坑既是垃圾箱，也用來當作緊急簡易廁所。剛開門進入營房內就能看到一個較小的房間，稱為武器庫（Arma），是保管士兵裝備的場所。再更裡面是士兵就寢的房間（Papilio），房間最深處的牆壁上設有暖爐。暖爐底部由磚瓦鋪設，並簡單用石頭圍成半圓，還附有排煙的煙囪。輔助部隊等部隊的要塞內沒有馬廄，多年來他們在哪裡飼養馬匹始終是個謎團，不過近年來終於了解，原來馬也同樣飼養在營房旁。考量到這點，可以推測士兵的居住環境應該相當惡劣。

在連綿的營房最後，就能看見百夫長的宿舍。相較於普通士兵的8人房僅9㎡，百夫長的宿舍廣達230～259㎡，簡直是天差地別。內部裝潢頗為豪華，進入2世紀後甚至還能看見馬賽克畫、排水溝、地暖系統，以及在塗了石膏的牆壁上所繪製的溼壁畫等等。高階百夫長的居住區更是豪奢，其規模幾乎與護民官的宿舍沒什麼兩樣。

用完早餐的百夫長接著會前往軍團司令部（Principia）。這是軍團根據地最巨大的建築物，正門（Groma）是整個根據地的設計基準點。為了展示羅馬的偉大，會刻意將司令部建造得宏偉氣派。建築物圍繞著中央的中庭，是典型地中海建築型式，而面向中庭的部分，還設有柱廊以及用來將雨水導進儲水槽的排水口。

越過中庭，位於正門相反側的建築物，便是軍團的中心部分。走進去立刻就能看見開闊的大廳（Basilica），其中也設置了講臺。大廳中，以司令官為首的各級軍團幹部正聚集在一起。

軍團每天最先實行的行政工作，便是確認人數日報，並交代當天的暗號或特別的指示等等。在杜拉歐羅普斯發現的3世紀初文件中，其內容大致如下。

3月27日
Cohors XX Palmyrenorum Alexandriana。全員人數923。
當中，百夫長9、雙餉兵8、一份半餉兵1。
駱駝騎兵34。當中，一份半餉兵1。
騎兵223。當中，十夫長5、雙餉兵7、一份半餉兵4。
護民官，尤利烏斯・魯非努斯從7個行星（挑選並）送出暗號。
「神聖的（？）墨丘利」

5名士兵前往……。當中，駱駝騎兵……名，騎兵1名。

所屬百人隊馬里亞努斯的奧理略・李錫尼。所屬百人隊普登斯的奧理略・德米特里。所屬百人隊尼格里努斯的奧理略・羅馬努斯與奧理略・魯弗斯。所屬安東尼努斯隊（騎兵中隊？）的奧代圖斯之子伊阿拉波雷斯。

歸隊：派遣到阿帕達納（？）的……，第伯里努斯……所屬……隊……

提米尼烏斯・保利努斯，十夫長於此傳達今日的命令。那就是服從一切命令。

負責保衛吾主亞歷山大・奧古斯都軍旗者，十夫長，提米尼烏斯・保利努斯；神域管理人奧理略・西爾瓦努斯……瓦巴拉圖斯之子……管理人奧理略・魯巴圖斯、巡檢官馬可之子伊阿拉艾烏斯；管理人助手克勞狄・阿格里帕，騎兵……

羅馬軍所謂的士兵人數有編制人數、文件上的人數，以及實際人數3種，從報告書來看，他們對於旗下所屬士兵的管理極為嚴格。軍團會編寫日報、月報（人數）、年報（該年士兵人數增減，分遣人數）等3種人員報告書，並提交給行省總督。關於各種任務中的人員分配，看起來似乎並非以十人隊為單位，而是從多個百人隊中隨機挑選。

◆中午前

羅馬人會在中午前完成工作，中午過後就將時間留給休閒或未完的工作。

司令部的大廳最深處橫向排列著多個房間。中央的房間是軍營中最神聖的場所——神廟（Aedes）。羅馬人認為此處居住著軍團的聖靈，這裡同時也是收納軍團軍旗的收藏庫。前面命令書所提到的「護衛軍旗」，指的就是這個神廟的警備工作，是整個軍團根據地戒備最森嚴的地方。如果打開神廟地板上裝設的小門，就可以看到能夠走下去的樓梯，這下面就是金庫（Aeriarium）。除了軍隊資金外，還保管著各個百人隊的部隊資金，以及士兵的存款等等，說是軍團的心臟也不為過。這裡很可能也保管著重要文書。

神廟旁邊的各個小房間（最常見的是左右各2間，總共4間），現在認為是辦公室（Officia），包含角徽官值勤的軍團辦公室、公文檔案庫（Tabularium Legionis）、旗手等軍官處理事務的會計辦公室等等。面朝大廳的牆壁只有腰部的高度，上面則嵌入鐵欄杆。牆壁上能看見嚴重的磨損痕跡，可知士兵不會進出辦公室，而是直接越過鐵欄杆傳遞物品。

會計辦公室走進1名士兵，告知來訪的用意。原來為了建設引水道，士兵正準備依照行省總督的命令出發前往調查。如果是會跨過支薪日的長期派遣任務，那麼可允許士兵預支軍餉。核對命令書等文件並將軍餉交給士兵後，旗手會在會計帳簿上寫下「已完成預支」(Devet ex prione ratione)。

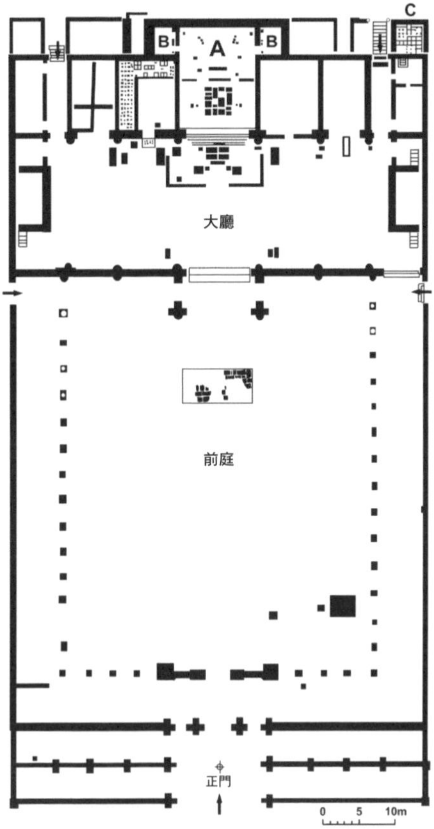

圖2：第一義大利軍團位於諾維的軍團司令部格局圖。黑色部分是牆壁、梁柱或石板路等等。箭頭表示司令部的入口。
A：神廟
B：金庫
C：小屋

大多數文書人員都屬於後述的專勤兵，在角徽官的指揮下工作。以輔佐各個高官的特權兵為首，書記員（Actarius，負責支付物品或軍餉）、會計員（Actuarius，在旗手底下實際執行會計工作的人。他們通常也是士兵的財務顧問，因此時常成為士兵表達不滿的代言人，並進一步成為叛亂的領袖）、抄寫員（Librarius，事務員。每個百人隊有2～5人，負責抄寫文件）等人，會合作編寫或處理數量龐大的各式文件。雖然平常幾乎都不會提到他們，但如果沒有這些人員，想必軍團就連1天都無法正常運作吧！

文件由全帝國共通的拉丁語寫成，無論身在何處都不用擔心語言不通的問題。彼此交談時也一樣，軍中使用稱為Sermo Militaris的內部語言溝通。這種語言以拉丁語為基礎，加入了專業術語（比如馬術用語多半來自高盧語）或當地語言，似乎與普通公民所用的拉丁語有些許不同。

現代也是如此。軍隊裡的文章有各式各樣的簡寫、符號及慣用的標示方式，精通這些是成為事務員的第一步。舉例來說，百人隊會用「＞」這個符號標示，並與隊長的名字連在一起，以區別各個百人隊。若是之後的隊長尚未到任，就會將之前的隊長名形容詞化來表記，比如馬奇烏斯（Malchius）的百人隊在文件上會寫為「＞Malchius」，而從他離任到後來的百夫長到任期間，會寫成「＞Malchiana」。另外還有一種標示百人隊在大隊裡位階的符號，位階由高到低分別是「└：Pilus Prior」、「┌：Pilus Posterior」、「┴：Princeps Prior」、「┬：Princeps Posterior」、「┘：Hastatus Prior」、「┐：Hastatus Posterior」。雖說這些符號不是很容易懂，但如果像下面這樣排在一起應該就一目瞭然了。

圖3：百夫長的符號表記與位階關係。

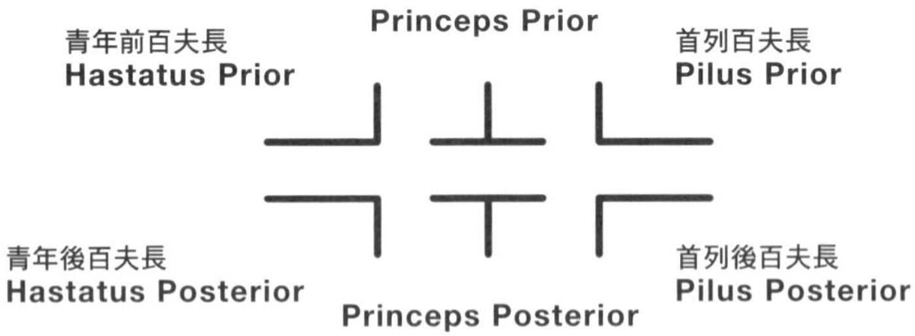

雖然有著司令部這個名稱，但實際上軍團長或護民官都不是在司令部，而是在自己宿舍裡的辦公室辦公。這些高級軍官都會分配到事務員。從2世紀塞維魯斯在位時期的碑文可知，元老院階級的護民官底下，其事務員包含1名角徽官與11名特權兵，可以說是個大型團隊。普通士兵在中午前的時間全都用於軍事訓練。根據地旁建有一座兼閱兵場功能的運動場，裡面除了舉行閱兵時指揮官所站的講壇，也豎立著元旦舉行儀式時，用來供奉神明的石碑。這塊石碑在隔年似乎就會埋進地下。

士兵分別組成隊伍，在百夫長及教官號令下，做著各式各樣的訓練。這當中花費最多時間訓練的，是隊伍的列隊方式和行軍訓練。當時訓練的主要目標是保持固定的行進速度，而非像現在一樣著眼於步伐一致。具體來說，全軍會以隊伍最右翼的士兵為準，一邊走路一邊調整速度，以免超過前面的隊伍。

運動場的一旁可以看見用木劍或矛擊打訓練用木樁，或是練習投標槍的士兵。有時候也有弓箭、投石索、弩砲等武器的訓練。曾經出土過上面有著無數孔洞的牛頭骨，這些孔洞據信是由弩砲的大型箭矢所射穿，看起來當時的軍隊似乎會將牛頭立在木樁上讓士兵練習。

某支隊伍正在前往離根據地稍遠的一處山丘，這裡有一座過去蠻族留下來的廢棄要塞。在英國曾發現像這樣利用山丘的一部分，來進行攻城戰訓練的遺跡。從攻方與守方留下的訓練痕跡來看，士兵每次挖開壕溝又會填回去，並從城牆內外側往對方射箭或投擲石頭，似乎還訓練過如何用緊密的盾牌陣形，一邊保護友方一邊來到城牆下。或許還曾有運用攻城武器的微縮模型，來解說建造方法或使用方法的教官也說不定。

走過在訓練中滿身是汗的士兵，被交代了特別任務的士兵正默默走在根據地外的大道上。羅馬軍不只是軍隊，同時也是治安維持組織，在各地都設有哨站。他們必須不時派遣偵察隊深入敵方領地，還需要監視盜賊等犯罪者，或領地內的當地人民。在帝國內外到處巡邏，也是士兵的重要職責。

他們多數不會穿著鎧甲。電影等媒體上看到的羅馬士兵，不管去到哪裡似乎都全副武裝，然而實際上只有預料到會有戰鬥時才穿戴鎧甲。現在已經發現數個事證，證明即使在會戰當中，為了確保靈活度與持久力，有些士兵還會刻意脫下鎧甲來戰鬥。在山岳地帶等地形起伏比較劇烈的地區活動的士兵，似乎也只戴上頭盔拿著盾牌而已。當然，在根據地內工作與訓練的人也只穿著便服。

至於那些負責當天雜役的士兵，則帶著疲憊的神情工作著，根本沒有興致看向其他士兵。雜役包含掃廁所、清掃道路與建築物、掃浴場並生火、站夜哨等等各種工作，內容可說是包山包海。如果賄賂百夫長或副官，或許就能從這些勞動中解放，然而少了一個人的負擔當然會由其他士兵來承受，所以不是能頻繁使用的祕訣。如果真的想從雜役中解放，那就只有升遷這條路。而升遷的第一步，就是成為專勤兵。

專勤兵大致分為工匠系、特殊技能系以及事務系3種。

工匠系指的是製作物品的技能，包含船匠（Naupegus）、弩砲匠

（Ballistrarius）、玻璃匠（Specularius）、打鐵匠（Ferrarius）、石匠（Lapidarius）、肉販（Lanius）及屋瓦工人（Scandularius）等等。

特殊技能系包含各類醫師、獸醫（Veterinarius，別名Mulomedicus）、測量師（Mensor，負責土地測量或繪製地圖等）、水準測量師（Librator，測量斜坡的傾斜度或興建引水道、運河等水利工程）、建築師（Architectus）、引水人（Gubernator）、水管維修員（Plumbarius）以及見習科爾努號手（Adiutor Corniculariori）等等。

事務系則除了前面提到的事務員外，還有獄卒（Optio Carceris，管理與監視監獄）、刑訊者（Questionarius）、工房監督官（Optio Fabrica）、糧倉管理官（Librarius Horreori）、銀行管理官（Librarius Depositori）以及遺產管理官（Librarius Caducori）等等。

這些專勤兵往往會因其技能獲得賞識而派遣到各個區域。需求量最高的是擁有建築及測量系技能的人，在他們的協助與指導下建造的建築物，許多也留存至今。舉例來說，第三奧古斯塔軍團的測量師諾尼烏斯・達圖斯，就曾受到鄰近行省凱撒茅利塔尼亞總督的指名，特別要他到當地調查水路隧道失敗的原因。他在途中還遭遇盜賊，身上財物被搜刮到幾乎一件不剩，但最後還是順利抵達當地，成功完成了水利工程。

行省總督府的工作人員也是軍團兵的一項重要業務。行省總督底下約有100～150名工作人員，大多數是軍團派遣的士兵或百夫長。根據小普林尼與圖拉真之間的書信，可以知道行省總督的事務員編制是由皇帝決定的（《Epistle》第10卷20～23）。當時的本都行省總督旗下的事務員，僅有百夫長1人、騎兵2人、步兵10人，總督不得不向皇帝抗議。

在這些專勤兵當中，與其他工作崗位有著明顯區別的是武器管理官（Custos Armorum）。他居於百夫長之下，平時的任務是確認士兵的武器防具，或所屬百人隊的備品是否有得到補給與維護，必要時補充不足的量或拿去工房修理，可以說是升遷為百人隊幹部的第一關。

根據武器管理官清查的結果，發現有1名士兵將重標槍賣給其他士兵。收到報告的百夫長，毫不留情地用手上的權杖痛打那名私賣武器的士兵。

百夫長遭受著士兵的恐懼與憎恨，但同時也是羨慕與尊敬的對象。他們行事嚴苛殘酷，收受士兵的賄賂，對普通民眾施加暴力，卻又是比任何人都要勇猛而不知畏懼的戰士。在叛亂時會最先遭到士兵殘殺，在戰鬥時又受到眾人的倚賴。他們是社會菁英，也是珍貴的知識階級中的一份子。

這些百夫長的任務不僅僅在軍事層面，也負有行政、司法等職責。

雖然沒有明確證據，不過Exercitatores指的似乎就是指揮總督近衛隊（包含騎兵、步兵在內）的百夫長。為了在沒有軍團駐守的元老院行省內指揮補助部隊，會從鄰近行省的軍團中調來百夫長，這些百夫長稱為Stratores。Princeps Praetorii則被視為監督行省內所有事務的百夫長。為了統治特定地區而派遣的百夫長，稱為區域百夫長（Regionarius）。

被百夫長揍得不成人形的士兵，滿身是血地被搬進醫院（Valetudinarium）裡。其實現在被稱為醫院的建築物，到底是不是真的醫院還有待商榷，我們只是在裡面發現了藥草與醫療器具而已。這些疑似是醫院的地方設有中庭，建有柱廊的建築物則環繞整個中庭。醫師應該就是在從入口進去的大廳進行診察與治療。

醫院由醫院長（Optio Valetudinarius）管理。雖然職銜上冠了個Optio，但可能只是名普通的專勤兵，而且是純粹的文書人員。

在他底下有多名軍醫和醫護兵。被認為是最下級的醫護兵是負責包紮的Capsarius，名字的由來是放繃帶的盒子（Capsa），他們能夠做簡單的急救與傷口處理等等。Seplasiarius則是類似藥劑師的職位，在他們之上才是正式的醫師。Medicus Legionis是民間醫師，與軍團簽約而成為契約軍醫。軍醫（Medicus Ordinarius）在過去認為其位階與百夫長相等，不過後來發現實際上是雙餉兵。現在還發現了其他如外科醫師（Medicus Chirurgus）、眼科醫師（Medicus Ocularius）等等專科醫師。

沒機會休息的訓練及雜役，再加上扛著重裝備長時間行軍，士兵的日常生活對他們的身體造成了很大的負擔。老兵往往有風溼、骨折、沉重行李造成的四肢變形等等各種令人傷腦筋的病痛。在默西亞首府維米納基烏姆出土的遺骸，明明推測僅24～28歲，但肩胛骨、骨盆、膝蓋、腳跟等處都能明顯看出負重造成的傷害。

儘管軍醫的技術是當時古代最先進的醫療水準，可由於欠缺對麻醉、消毒以及人體內部構造的知識，誤診或治療失誤都是時有所聞的事。

◆午後

早上的勤務時間結束後，士兵會簡單吃些中餐。當時的習慣是1天2餐，因此士兵應該只會吃些小點心來應付下午的行程。

普通士兵的訓練時間在早上就結束了，不過新兵在下午還要繼續訓練。有些人會在根據地外面的馬場進行馬術訓練，或挖開道路旁的地面，教導如何安營紮寨（從留下的遺構可以知道，他們會集中訓練如何建設軍營中最困難的四個角），也有人正在接受跑步、跳躍及游泳等課程。有些人可能會在這時挖掘出新的才能，並在之後編入騎兵等特別的部隊。

剩下的士兵為了舒緩一整天的疲憊，三五成群地前往各個設施。

湧入最多士兵的地方應該就是浴場（Therma）了。所有要塞與根據地必定會興建浴場，這也能幫助士兵管理衛生。以軍團根據地來說，浴場通常坐落於根據地的內部，輔助部隊的要塞則因為空間問題而建造在要塞外面。雖然浴場不會固定建在軍團根據地內部的某個位置，但通常位於醫院旁邊。

浴場內除了浴池外，多半還附設了運動場或迴廊等設施，是士兵彼此交流的社交場所。他們會在此簡單做些運動，同時聊聊日常生活或抱怨工作。當然，也很常聚在一起賭博或玩各式各樣的遊戲。

「十二點棋」（Duodecim Scripta）是在3×12的棋盤上，使用15顆棋子的雙陸棋，玩家使用3個骰子來玩。

「士兵與盜賊」（Ludus Latrunculoru）則是發展自希臘Petteia的戰術棋盤遊戲。放在8×8棋盤上的棋子，如同西洋棋的車般移動，將對手的棋子圍住並吃掉。贏家會被稱為大將軍（Imperator）。

「擲骰」（Tali）這種遊戲中使用的骰子稱為Talus，形狀像是將兩端切掉的鉛筆。骰子只有1、3、4、6這4個面，玩家要擲骰子4次，再用擲出的點數湊出牌型。擲出「狗」（1、1、1、1）或「六」（1、1、1、3）的玩家就把錢交出去，而第一個擲出「維納斯」（1、3、4、6）的人則收走所有的錢。

也有士兵正離開根據地前往城鎮。不論東西羅馬帝國，軍隊的駐紮地附近總是會聚集想跟士兵做生意的人潮。像這類依附軍隊而發展的聚落，若是在軍團根據地附近的就稱為Canabae，若是在輔助部隊的要塞旁則稱為Vicus。

這些聚落基本上沒有自治權，區劃也由部隊決定。大多數時候，聚落會旁附在要塞的城牆邊，不過也有坐落在河川對岸等距離要塞數公里的例子。根據地或要塞周圍的土地劃歸為軍有地（Territorium，或稱為Prata），在這個範圍內的任何活動，都必須在軍隊的管理下才能實行。在軍有地上，普通人也可以建造、租賃及買賣房舍或店鋪。雖然軍有地聽起來有些嚇人，感覺要辦理很多手續，但實際上租借或購屋似乎都還算簡單。不過士兵沒有所屬行省的土地購買權。

目前推測居住在聚落裡的多數居民都是退伍軍人。他們從入伍到退伍在這裡生活了25年，對這塊土地肯定有著深厚的情感，說是第二故鄉也不為過。或許老兵會在這與交心的同袍做生意，興致來了就約以往的同僚一起出來喝個酒，聊聊過去的往事也說不定。

對士兵而言，外出是個散心的好方法，重點是在外面還能碰見女性。儘管在法律上，百夫長以下的士兵是不被允許結婚的，但完全沒人遵守（只是在退伍前女性無法被認定為正式妻子，子女也無法獲得羅馬公民權）。而站在女性的角度來看，士兵有著相對穩定的收入，倘若飛黃騰達了，說不定還能跟著丈夫一起過上夢想中的上流生活，這樣的條件可比農民來得有魅力多了。女性如禿鷹一般齊聚到單身百夫長的身邊，也不是多奇怪的事。

然而，有自己一棟房屋的百夫長也就罷了，在狹小房間內擠了8個人的普通士兵如果結婚，究竟是怎麼確保隱私的至今尚不明瞭。離開要塞在附近租房子應該是最合理的說法，但沒有任何證據。

非值班的士兵來往穿梭於街道，乍看之下很和平，可實際上在這跟士兵做生意是相當有風險的事。除了鄰近敵方領地這個原因外，最大的問題正是出自士兵本身。

羅馬士兵的專橫跋扈早已家喻戶曉。自從士兵職業化以來，普通民眾與軍人間的鴻溝就變得愈來愈深，到了2世紀後，在一般人民的心中，士兵更成為比蠻族或盜賊更為惡劣的存在。

士兵不受公民法所約束，幾乎等同治外法權，換句話說，他們可以恣意妄為。士兵頻繁搶奪公民的財物，如果公民抵抗還能毫不留情地施加暴力。雖然公民可以上訴，但上訴的單位是行省總督，也就是士兵的頂頭上司，這樣根本不可能做出公正的審判。實際上在大半的案例中，士兵也都不會受罰，很快就無罪釋放了。

縱使是皇帝似乎也對此毫無辦法。238年在色雷斯的斯卡普托帕拉村，曾發生來此泡溫泉的士兵違反行省總督的命令，搶奪村中財物的事件。由於出現遭到政府拋棄的民眾，因此事件上呈到皇帝面前。然而皇帝對此也並未做出堅定的懲處，只是委任行省總督處理而搪塞過去。

相反的，為了守護正義挺身而出的士兵也很多。在上述的斯卡普托帕拉村事件中，擔任村莊代理人直接上告皇帝的，正是禁衛軍的士兵。在埃及也曾留下紀錄，提到有某個要塞的司令官，從胡作非為的士兵手上保護了鄰近的村民。

詐欺與勒索也時常發生。納稅時，在測量穀物的秤錘上動手腳都還算是小兒科，甚至還有命令民眾將糧食等貨物搬到遠處後，再假意替民眾搬運貨物，實則向民眾討求運費的詐欺事件，當然也有很多直接索求保護費的事情發生。埃及曾經出土2世紀時商人向士兵繳納保護費的款項明細等資料。

- 給負責警備任務的士兵 ………… 2德拉克馬1奧波爾†
- 禮物 ………… 240德拉克馬
- 小豬 ………… 24德拉克馬
- 給護衛 ………… 20德拉克馬
- 保護費（Diaseismos）………… 2200德拉克馬†
- 2名警官 ………… 100德拉克馬†
- 警官赫米亞斯 ………… 100德拉克馬†
- 給…… ………… 2574德拉克馬3奧波爾

後半期　法莫諾斯月

- 士兵的要求 ………… 500德拉克馬†
- 換匯手續費 ………… 12德拉克馬
- 葡萄酒8壺，10德拉克馬⅛奧波爾 ………… ？
- 給警察長 ………… ？†
- 水渠稅 ………… 1德拉克馬
- 牛稅？ ………… 1德拉克馬
- 士兵的要求 ………… 400德拉克馬†
- 換匯手續費 ………… 15德拉克馬

加上短劍符號（†）的就是疑似為保護費或賄賂的費用，不論次數還是金額都相當驚人。

然而在民眾面前耀武揚威的士兵一旦回到根據地裡，這次就換他們變成被壓榨的對象。

除了免除雜役或申請休假所做的賄賂，有時候他們也會被上級搶去身上財物。埃及曾發現一封信件，寄信的士兵因為被副百夫長搶走十字鎬，所以拜託父親重新送來一支。理所當然地，副百夫長根本就免除了可能會用到十字鎬的工作，因此打從一開始就是為了賣錢才奪去對方的物品。

為了逃離這樣的壓榨，也為了自己能分到好處，有許多士兵花費大量心思在賄賂跟做人脈。在當時的背景下走後門是很常見的事，羅馬人並不引以為恥，走後門的人，反而可能因優秀的交際能力受到重用。

不過也有士兵不想靠賄賂，想憑藉真材實料來升遷。若想成為前述的專勤兵，努力投入技能訓練是一個方法，但在此之前更重要的，是學習讀寫與簡單的算術。為了這樣的士兵，正寫師（Orthographus）這種屬於民間人士的軍屬人員，會教士兵閱讀寫字。

也有許多士兵靠副業賺錢。與現代的軍人或公務員不同，羅馬士兵可以自由地從事生意買賣等商業行為（還有免除稅金的特權）。在沒有內線交易相關規範的當年，他們多半會將自己的部隊當作顧客，比如就曾發現與工房簽訂契約，長期從工房購買皮革的士兵所留下的書信。奴隸也相同，可能曾像便當店一樣向士兵兜售糧食餐點等等。只是並不清楚這算是副業，還是軍隊正式活動的一環。

在薩托里烏斯的《猶太戰爭》第44卷第5節曾寫到，奴隸與士兵一起掠奪附近的農民，帶走牛與奴隸，然後將搶來的人與物，拿去跟商人交換外國產的葡萄酒等奢侈品，甚至將發放給自己的糧食全都賣掉並換成麵包。

司令部會開放一部分辦公室來舉辦同僚公會（Collegium）的聚會。同僚公會是由職業工會或擁有特定目的的人群所聚集起來的集會。由於這可能成為叛亂的溫床，因此採取政府許可制，不過實際上還是有無數的非公認同僚公會存在。

為了維持軍隊秩序，不允許普通士兵成立或參加同僚公會，但百人隊幹部及百夫長不在此限。到了哈德良在位時期，也開始出現士兵的同僚公會。大多數同僚公會都是科爾努號手工會、副百夫長公會、事務官工會、偵察兵工會、工匠工會等各種同業者組成的工會，或是退役士兵會這類組織。同僚公會的集會場所稱為Schola，室內會擺放皇帝像或公會守護神等神像，而成員可能會膜拜神像。

同僚公會能發揮類似互助會的功能。以拉百瑟斯同僚公會為例，公會向會員徵收入會費（Scamnarium），將徵收來的錢立為扶助金。當會員退伍、異動到其他部隊、降職或購買特定必要裝備時，就會支出這筆錢協助會員。

提到其他著名的同僚公會還有喪葬工會。只要存入一定金額，喪葬工會就會幫忙負擔死亡時，包含製作墓碑在內的喪葬費用。這對於遊走在生死間的士兵來說是非常寶貴的心靈支柱。

士兵在立遺囑時被授予特權（Libera Testamenti Factio），可以免去一切原本必要的法律措施，所以若士兵因為意外事故，或在戰場上遭受致命傷即將死去時，不需要證人及文件就能口頭留下遺言。

◆傍晚

結束下午訓練的新兵返回根據地後，便開始著手準備晚餐。士兵可以得到固定分量的供餐（Militaris Cibus，包含配給的雜糧〔Frumentum〕與副餐〔Cibaria〕2種）。餐點內容似乎相當豐盛，因而在以往留下的歷史紀錄中，不論士兵有多少不滿，叛亂有多少理由，但從來沒有人抱怨過餐點。

餐點內容隨各地區風土民情而有很大的差異，比如義大利的主流是豬肉，可是不列顛尼亞主要是綿羊肉，達契亞等地則以牛肉居多。

原則上餐點要自己煮，不過偶爾也有例外，比如採用伙食班烹飪的餐廳制，或是由商人販售現成的食物（海軍跟軍團不同，通常採用餐廳制）。

雜糧配給量占全部飲食量的60～75％。1天的配給量為2塞克斯塔利烏斯（Sextarius，即1.08L，大約800～865g），1個十人隊則分到1摩底烏斯（Modius，約8.6L）。百夫長等幹部的配給量是這個的數倍，這可能包含了他們所聘用的隨從（奴隸）的份，又或是名義上的糧食，實際上是拿多餘糧食換成特別津貼。

副餐包含了穀物以外的所有食物與飲料，比如鹹豬肉（或培根〔Lardum〕）在內的肉類、起司（Caseus）、醋酒（Posca，混合酸酒與水的飲料）、包含豆類（Faba）在內的蔬菜類（最多的是小扁豆〔Lantes〕）、鹽（Sal）、酸酒（Acetum，共和國中期以後），以及橄欖油（Oleum，常用來當作病人餐）等等，都是當時常見的軍中食物。

根據以上資訊，可以推估當時1天份的餐點配給量如下所示。

穀物850g（＝軍用麵包850g、白麵包600g）、肉類165g、蔬菜類30～70g、起司27g、橄欖油44ml、葡萄酒270ml（酒杯2杯份）、鹽1湯匙。1天約3,400kcal，蛋白質140g。

這些配給品也可以拿來交換其他食物，而保存這些食物的便是糧倉(Horrea)。為了通風且避免被老鼠啃咬，糧倉採高架式設計，窗戶也考慮到通風性。塔西佗提到糧倉可以存放部隊1年份的糧食，簡單換算下來，也就是說需要具備收納約2千t糧食的能力。雖然名字叫作糧倉，但穀物以外的任何食品或物資也都會保存在這。管理糧倉的職員稱為糧倉管理員(Dispensator Horreorum)，或由稱為糧管兵（Horrearius）的專勤兵來管理。

說到羅馬人用餐的形象，最有名的就是躺在躺椅上吃飯這點，但實際上士兵是坐在椅子上吃東西的。當時是用手抓取餐點，小刀等餐具則用來切割食物。

當士兵吃著樸素的餐點時，軍團長與護民官則在優雅的氣氛中享用美味的晚餐。帝國時期的指揮官或幹部，在慣例上會攜家帶眷赴任。如同出土的慶生會招待狀等文物所示，高級軍官也會與其他部隊司令官的家人等，進行積極密切的交流。參加宴會時穿著正裝（Tunica Cenatria）與披風，即使正在遠征當中，晚餐時也規定要穿正裝出席。

司令官的宿舍（Praetorium）坐落在司令部的旁邊，這是一棟配得起元老院議員階級的巨大建築物，設計仿照羅馬的高級住宅。中央有座中庭，圍繞四周的建築物裡則包含辦公室兼會客室、家族私人空間以及奴隸的居住區，在某些例子中，還附設類似個人浴場的設施。

護民官的宿舍（Domus）則沿著左右橫貫根據地中心的大道所建設，這整塊區域稱為Scamnum或Tribunorum。雖然宿舍尺寸比軍團長的還要小一些，但也相當豪華了。

以這些高級軍官為榜樣，百夫長也各自享用著自己的晚餐。某位百夫長與家人一同圍在餐桌邊，聽孩子興奮地說著學校發生的趣事。許多百夫長從自身的經驗了解到教育的重要性，因此致力於提供子女更好的教育。前1世紀的詩人賀拉斯曾述說，百夫長會將孩子送往自己小時候很想進去的學校就讀。

另外一位百夫長則躲在遠處自己1個人酗酒。周遭的人尤其是他的部下，面對這位直到最近都還很勇猛、無可挑剔的百夫長突如其來的轉變，實在是百思不得其解。根據侍奉他的奴隸所說，他常常在半夜嚇醒，害怕一些細微聲響，有時候甚至會狂暴大鬧。雖然軍醫的診斷是「χαλαστο？」（膽怯病、戰鬥疲勞症），但沒人聽得懂希臘語所以也不知道是什麼病，說到底，士兵根本就不相信那位嚴厲強悍的隊長會生病。

早在古代，人們就已經了解對戰鬥的恐懼及壓力，會給予士兵的精神巨大影響。一個最著名的例子便是大西庇阿的父親。在提基努斯河會戰中負傷的他，相較於其他士兵正準備再次上場，唯有他堅持反對繼續戰鬥，因此被同為執政官的同事評價，「他的心靈所受的傷痛比肉體更為深刻，對受傷的恐懼將他轉變為膽小鬼」。他甚至還嘗試過自殺。阿庇安曾經寫下一則故事，有位名叫塞斯提烏斯的士兵在馬其頓服完兵役後，某天他聽到自己以前所屬的軍團正在靠近自家，他立刻放火燒了房子並投入火中自焚。

這些士兵在經由多位醫師的聯合診斷後，裁判官將根據結果，決定是否該開除這些士兵。由於在分類上屬於負傷退役，因此退役後還是能保有身為士兵的特權。然而這項判斷標準非常含糊，幾乎只憑身為裁判官的行省總督自己的意見決定，幸好通常會做出比較寬容的處置。

有些百夫長會招待喜歡的部下一起舉辦宴會。雖說這種場合聊的盡是自己的吹噓與往事，但其實也是士兵教育中很重要的一環。在失敗、成功經歷以及吹噓中，能獲得一般訓練得不到的教訓及靈感。那些當作耳邊風的話題，肯定會在以後士兵自己成為百夫長時派上用場。

在另一邊的宿舍裡，某位百夫長正寫下自己創作的詩。雖然乍看之下百夫長與詩作簡直是形象相反的存在，可根據1世紀的馬提亞爾所述，許多百夫長都是愛看書的人，他們感嘆自己明明閱讀廣泛，還寫下並發送自己的詩集，但卻一塊錢也沒有進帳。大量閱讀詩、小說和史料等書籍的他們，就算想自己嘗試寫一些東西也絕非不可思議的事，現在確實也還留存數篇由他們所寫的詩。比如百夫長馬可・波爾基烏斯・伊亞斯庫坦，就留下222年時讚美部下完美修復要塞正門的詩，另外還有將各行的首字母拼起來便是自己名字的詩。

百夫長的詩作中最有名的一首，就是以下來自努米底亞不知名首席百夫長所撰寫的碑文。

Optavi Dacos tenere caesos, tenui.
我想要達契亞人的屍體，實現了。

Optavi in sella pacis residere, sedi.
我想要坐上帶來和平的長官之位，實現了。

Optavi claros sequi triumphos, factum.
我想要行走於凱旋儀式中，實現了。

Optavi primi commoda plena pili, habui.
我想要首席百夫長的榮譽，實現了。

Optavi nudas videre Nymphas, vidi.
我想要看看寧芙的裸體，實現了。

在日落之後晚餐時間也宣告結束，人群各自解散回到自己的房舍裡。日落後是夜哨時間，除了執行夜哨任務的士兵外，不會有人在外面走動。此外，司令部等設施會鎖上門鎖嚴加看守。整個軍團緩緩睡去，直到明日的破曉時分。

COLUMN 8

軍隊內部文件

羅馬軍為了管理組織並維持運作，曾撰寫了數量極為龐大的文件。這些文件使用莎草紙或木板，因此保留到現在的例子非常稀少，但仍然可以從中窺見士兵在史書上未曾記載的日常生活，是相當寶貴的資料。

（「……」表示文章缺少的部分）

A.身分證：AD92，埃及，法尤姆

提圖斯・弗拉維烏斯・隆古斯，第三昔蘭尼加軍團的阿爾忒里烏斯（？）百人隊的副百夫長，將龐培・Reg……百人隊的弗朗托，與Cre……百人隊的盧基烏斯・朗基努斯・凱勒爾，及老兵盧基烏斯・赫倫尼烏斯・富斯克斯作為保證人，在此宣告自己為具備羅馬公民權的自由人，擁有被編入軍團的權利。

因此現在，保證人弗朗托、盧基烏斯・朗基努斯・凱勒爾、盧基烏斯・赫倫尼烏斯・富斯克斯，向至高神朱庇特與英白拉多・凱撒・圖密善・奧古斯都・日耳曼尼庫斯的聖靈發誓，前述提圖斯・弗拉維烏斯・隆古斯為具備羅馬公民權的自由人，擁有被編入軍團的權利。

以上，於第三軍團冬營之皇帝軍營，英白拉多・凱撒・圖密善・奧古斯都・日耳曼尼庫斯治世第17年，昆圖斯・伏盧休斯・薩圖爾尼努斯與盧基烏斯・維努利烏斯・阿波尼亞努斯的執政官年受領。

B.傷病退役證書（抄本）：AD52，俄克喜林庫斯，埃及

此為退役證書抄本。

於英白拉多・提比略・克勞狄・凱撒・奧古斯都・日耳曼尼庫斯治世12年法爾穆提月的29日。署名者格奈烏斯・維吉利烏斯・卡比托，（上下兩埃及）總督。

狄奧尼索斯——俄克喜林庫斯的織布師——之子特里豐，因白內障造成的視覺障礙（而退役）。他的病況在亞歷山卓診察。

C.新兵分發傳令書（抄本）：AD103，俄克喜林庫斯，埃及

抄本。

蓋烏斯・米尼奇烏斯・義大魯斯向喀爾夏努斯致敬。

我下令將以下6名新兵編入貴官指揮的大隊。

命令發布於2月19日。新兵之名稱與身體特徵如下所記。

致親愛的兄弟，敬上。

蓋烏斯・維特里烏斯・傑梅勒斯，21歲，無特徵。

蓋烏斯・朗基努斯・普利斯庫斯，22歲，左眉有傷。
蓋烏斯・尤利烏斯・馬格西穆斯，25歲，無特徵。
……尤利烏斯（？）・塞孔杜斯，20歲，無特徵。
蓋烏斯・尤利烏斯・薩圖爾尼努斯，23歲，左手有傷。
馬可・安東尼・瓦倫斯，22歲，額頭右側有傷。

於吾等皇帝圖拉真治世6年2月24日，由事務官普利斯庫斯受領。我，阿維狄烏斯・阿里安，第三大隊伊圖萊耶諾姆的角徽官，證明本件之原本藏於大隊的檔案庫中。

D. 使節的通行通知：AD 3c，敘利亞

馬略・馬格西穆斯向各部隊指揮官致敬。在這封信中一併附上寫給吾等陛下的總督米尼奇烏斯・馬提亞爾的書信，請務必仔細確認。

祝各位身體安康。

「抄本」

帕提亞向堅如磐石之吾主、皇帝陛下送來了使節勾切斯，請貴官掌握使節經過之處的部隊預算，並依慣例盛情款待對方。日後務必報告款待所需的經費。
加智卡
阿帕達納
杜拉
艾達那
必布拉達

※最後5個名字是使節預定會通過的城市名稱。
書信發現於正中間的杜拉歐羅普斯。

E. 詢問信：AD 100年前後，不列顛尼亞，文多蘭達

送信
致指揮官弗拉維烏斯・凱里亞里斯
寄信人馬斯庫魯斯十夫長

本文
馬斯庫魯斯向神之凱里亞里斯致敬。
閣下，若您方便，是否可以指示我們明天的行程為何？
我們該就這樣全軍隨軍旗一同返回營地，還是只要一半返回即可？

COLUMN 8 軍隊內部文件

（缺少兩行）
……最受到祝福，並請求您寬恕我。

我們部隊的啤酒見底了，請您再送一些過來。

※馬斯庫魯斯真正想講的，當然是最後這句附註。

第二部　戰鬥

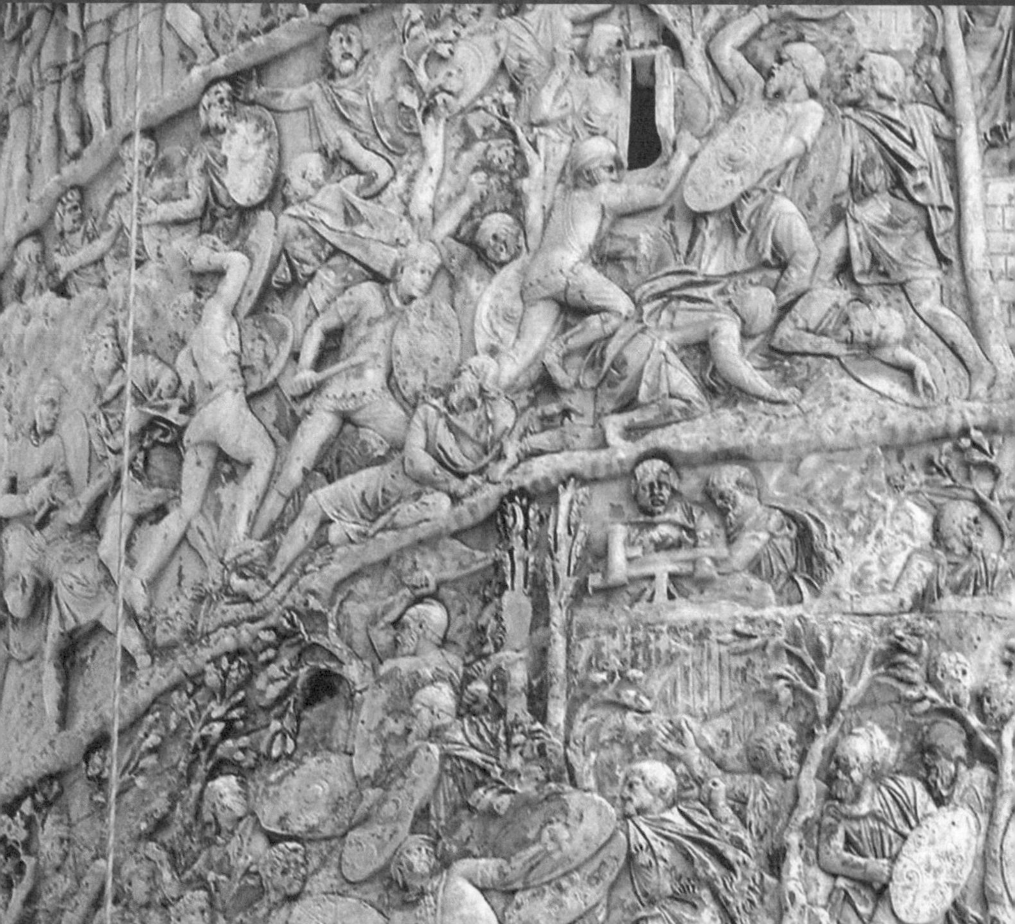

第1章 戰鬥的基本觀念

◆決出勝負的要素

士氣的重要性

在古代的會戰中，士氣被認為是最關鍵的要素。最早提出這個思維的是皮克（Ardant du Picq，1870年逝世），他認為戰爭中死傷者的數量，在勝利者與失敗者間，有將近10倍的差距，而偶爾成功以寡擊眾的案例，也都是因為士氣在當中扮演了重要的角色。

古代軍隊雖然會以具備相當縱深的陣列戰鬥，但從近身武器的攻擊範圍來看，實際與敵人戰鬥的只有最前排，或頂多到往後幾排的士兵而已，剩下的士兵只能眼睜睜看著幾公尺外，己方士兵戰鬥並受傷死去的場面，這會對士兵造成極大的壓力。士兵面臨眼前的慘況，與持續等待自己上陣的心理壓力，最終將導致整個陣列潰散。

編組陣列這件事可以讓每個士兵個體互相幫助，不至於讓敵人迂迴繞到自己身後發動攻擊，然而當陣列土崩瓦解時，士兵彼此依靠陣列互助的效果就消失了，待在任何一個位置的士兵都將暴露在危險區域內，而且士兵還會因壓力而四散逃逸。到了這個階段，敗退方等於直接放棄了戰鬥，而勝利方會將目標改為追擊敵人，令戰鬥成了單方面的殺戮。

這個理論就是現在研究交戰機制的基本觀念。在戰場上決出勝負的並不是士兵的物理殺傷力，而是恐懼造成的士氣崩潰。如何阻止自軍士氣衰退並維持紀律，再透過物理或精神打擊挫敗敵軍士氣（以及陣列），無論當年還是現在都是戰爭的不二法門。

傳達命令

也有人認為，在戰場上分出勝敗的另一個關鍵要素，就是情報的傳達。

當時要對軍隊下達指示最快的方法就是演奏樂器。羅馬軍主要使用喇叭及科爾努號。

每一種不同的命令都有相對應的樂曲。雖然在一些創作當中，描寫了軍隊使用音的數量來傳達命令，但由於「聽完聲音前必須集中精神」、「非常有可能因為戰鬥等情況漏聽」、「想確認演奏的音到底有沒有結束很花時間」、「命令太多會讓音數也變多，很容易數錯」等原因，想靠音的數量來傳達命令並不切實際。

另一方面，樂曲則有「靠數秒的樂句就能判別樂曲（命令）」、「漏聽曲子一部分也沒關係」、「可以自由增加命令數量」等等優點。根據6世紀的普羅科匹厄斯所描述，古代的軍團兵要學習用科爾努號吹出2階音高的演奏方法。儘管樂器構造簡單，不過還是能演奏頗為複雜的曲子。

維蓋提烏斯則說，戰鬥中是以小號對士兵下命令，以科爾努號對旗手下命令。

除此以外，還會頻繁運用傳令兵或命令書等其他傳令手段。

布陣

羅馬軍最重視的是如何活用地利布陣。最佳的方法是在絕對有利的地形上布陣，然後製造情勢逼迫敵方必須在此與我方交戰。有利的地形包含高處，或是側面或後方被懸崖、森林、河川等天然屏障保護的地方。若我方騎兵占優勢的話，則平坦的土地比較有利；若敵方騎兵占優勢，則障礙多或沼地等能夠削弱騎兵機動性的地形為佳。如果條件難以滿足，有時候也能自己挖開戰壕等限制敵方的行動。

最基本的布陣方法是中央配置步兵，兩側配置騎兵。輕裝步兵排在步兵前方，用以排除敵方輕裝步兵，並用遠距離武器攻擊敵方步兵。

然而進入帝國時期後，輕裝步兵改為配置到步兵（軍團兵或輔助步兵）的後方，並採用越過我方頭頂擲出遠距離武器的戰鬥方式。舉例來說，阿里安《針對阿蘭人的布陣》或莫里斯《戰略》等等，都提過這樣的布陣方式。這種戰法往往用來對抗以騎兵為主體的敵人，當前排以密集隊形（後述）舉起盾牆，並用標槍或矛抵擋敵方攻擊的期間，後方的輕裝步兵就可以瞄準敵人投擲。此外，還有組成龜甲陣（後述）往敵方推進，然後從步兵後方射箭或投擲來掩護步兵的方法。

將騎兵配置在步兵後方的布陣可見於《針對阿蘭人的布陣》。儘管原文非常難懂，但總之就是編組8支騎兵隊，命其在步兵部隊的後方待機，當敵人攻來時就越過步兵的頭頂擲出標槍，當敵人後退時再穿過步兵部隊追擊敵人。

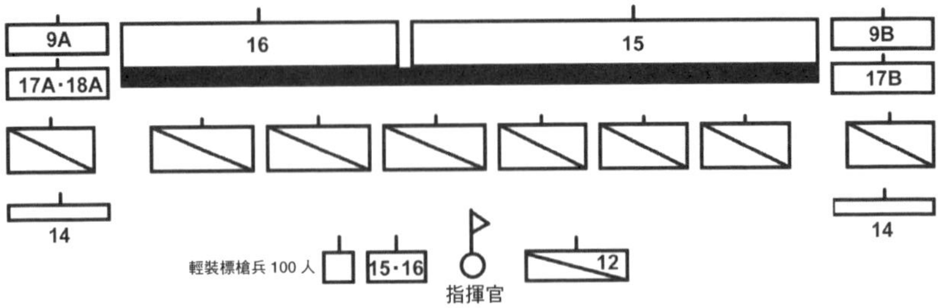

圖1：根據《針對阿蘭人的布陣》所繪製的布陣方式。數字是第一部第3章「行軍」一節提到的編號。標示斜線的部隊是騎兵，黑色矩形是弓兵（9、10、11與Ituraeorum的弓兵）。這個布陣中少了10與11。9A：昔蘭尼加分遣隊100人。17A：亞美尼亞、特拉比松、呂基亞的標槍兵。18A：Apula。9B：Italicorum的300人。17B：亞美尼亞、瓦薩喀斯、阿爾貝洛斯的弓兵。

■指揮官的位置

關於指揮官的位置幾乎沒有留下什麼史料。現存唯一的史料就是維蓋提烏斯的描述，其中寫到指揮官站在右翼步兵與騎兵之間，副官站在中央，而第3順位的指揮官則指揮著左翼。除此之外，從《高盧戰記》等紀錄來看，指揮官的位置似乎並不固定，會視情況隨時移動到任何地點。

◆基本的陣形及戰術

單線陣Simplex Acies

羅馬人將部隊的陣列比喻成劍刃而稱為Acies。

單線陣是將整個部隊排成一條橫列的陣形，可說是最為單純的陣形。單線陣可以避免被壓倒性數量的敵人包圍，也能迅速應對敵人的奇襲。

前46年的魯斯皮納戰役是最好的例子。凱撒在遭遇由龐培派遣的輕裝步兵與騎兵所組成的大部隊時，將3個軍團的30個大隊排成一條橫列，讓士兵彼此的間隔擴大到堪稱危險的程度，試圖盡可能拓寬陣列，並在兩側配置了騎兵。然而拉比埃努斯軍比凱撒的布陣更寬，幾乎完全包圍了凱撒軍隊。一般認為，後來凱撒的部隊改成橢圓陣（Orbis）來應對。不過從之後的發展來看，應該不是整個隊伍都排成橢圓形，而是各個百人隊最外緣的士兵都朝向外側，組成類似迷你方陣的隊形。緊接著凱撒命令旗下大隊兩兩朝向相反方向，而位在最左邊及最右邊的大隊則往兩側突擊，切斷敵軍的包圍。與此同時，命令其他大隊往前推進，最終凱撒的部隊突破了敵方的包圍網。

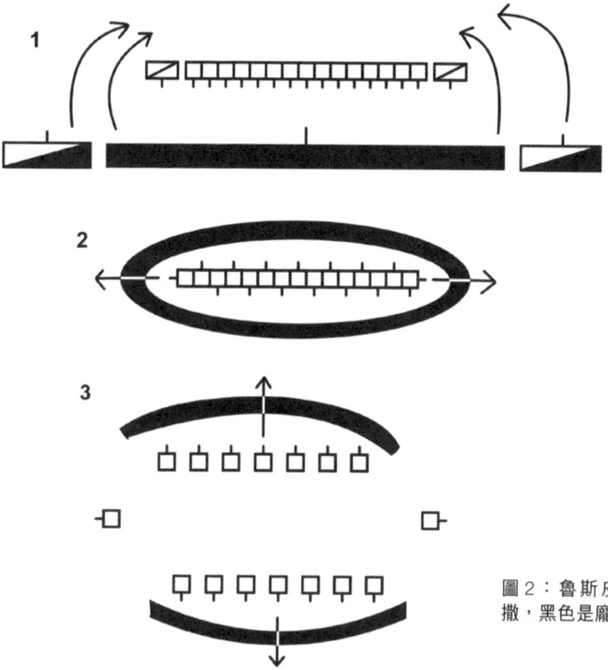

圖2：魯斯皮納戰役。白色是凱撒，黑色是龐培軍。

由於有著避免被壓倒性數量的敵軍包圍這個效果，因此常用來防禦以騎兵為主體的敵人。其中一個（失敗的）例子便是卡萊戰役。為了避免被帕提亞的弓騎兵與全覆裝甲騎兵包圍，幕僚雖建議司令官克拉蘇採用單線陣來對抗，但克拉蘇無視幕僚的忠告，採用方陣與帕提亞作戰。然而方陣是徹底的防禦陣形，不具備有效的攻擊手段（擔任攻擊手的騎兵被步兵隊伍團團圍住，無法快速出擊），再加上全軍為了形成四邊形而縮小陣列，暴露出了容易被敵人包圍的弱點，最終使束手無策的羅馬士兵被敵方死死地釘在原地。

至於成功的例子則可以提到217年的尼西比斯之戰。張開單線陣的羅馬軍將採用密集隊形的軍團兵當成防護牆，以輕裝步兵對敵軍展開攻擊。若敵方發動突擊，就撒上類似鐵蒺藜的刺釘，躲進步兵的隊伍裡；當敵人採到刺釘而動彈不得時，就回頭反擊敵人。藉由這個戰法，敵人的騎兵最後未能接近並包圍羅馬軍，在雙方都堆起陣亡屍體的小山後以平手收場。《針對阿蘭人的布陣》中也使用了這個陣形。

單線陣也能反過來用在包圍對手上，最著名的例子便是前202年的札馬戰役。在這場戰役的最後，前排的青年兵已經消滅敵方的第一與第二排士兵，騎兵則擊敗了對方騎兵，剩下的只有漢尼拔手下的精銳而已。就在這時候，大西庇阿命令壯年兵與後備兵往青年兵的左右兩翼展開，以超長的單線陣包圍漢尼拔的軍隊，最終殲滅對方。

雙線陣Duplex Acies

在共和國時期到帝國早期的資料上幾乎不見這種陣形，可是如3世紀的希律迪亞斯所言，「羅馬人不像以前那樣加強縱深，為避免被包圍而選擇將陣列往左右拓寬」。在2世紀後半到3世紀初的某個時間點，雙線陣成了軍團的基本陣形之一。

為什麼實際例子如此稀少卻成為基本陣形呢？由於雙線陣的採用時期與裝備、戰法產生變化的時期幾乎相同，因此自然可以推測兩者間應該是有關聯性的。或許是因為以密集隊形為中心的防禦戰法受到重用，導致第3排的存在不再被重視，所以將第3排的部隊拿來延長整個陣形吧！

典型的雙線陣戰鬥要屬357年的阿根托拉圖姆戰役（或稱史特拉斯堡戰役）。羅馬軍司令官尤利安（日後的背教者尤利安）將步兵排成2列，前列的中央有4個軍團4千人，兩側各2個輔助部隊1千人，然後再配置當作前衛的2個徒步弓兵隊；遙遠的後列（可能有數百公尺）則將1個軍團配置在中央，兩側同樣配置各2個輔助部隊。司令官本人與近衛兵200騎站在兩列的中間位置。除此之外，右翼配置6個騎兵部隊（2個全覆裝甲騎兵、1個輕裝騎兵、1個馬弓兵、2個騎兵隊，每個部隊各500人），左翼靠後則有塞維魯斯指揮的4個輔助部隊2千人。

敵方的阿勒曼尼人在中央有5名首領率領的步兵部隊約1萬4千人，左翼為阿勒曼尼軍總司令克諾多瑪率領的步騎混合部隊4千人，右翼的廣大森林中則潛伏著克諾多瑪的姪子，塞拉皮奧所率領的偷襲部隊2千人。

戰鬥開始後，阿勒曼尼軍的士兵便請克諾多瑪下馬率領步兵戰鬥。不敵士兵請求的他於是下馬開始指揮步兵部隊。雖然羅馬軍以全覆裝甲騎兵為核心的騎兵隊，攻擊了阿勒曼尼軍騎兵隊，但遭到配置在一起的步兵反擊而受到嚴重損害，只能向後潰逃，衝進羅馬軍步兵的右翼裡。幸虧右翼的補助部隊（中央輔助軍）不慌不忙，仍然穩穩地維持住陣線。逃亡的騎兵躲到步兵後方避難，最終在尤利安本人的說服下終於冷靜下來。

騎兵敗退的同時，阿勒曼尼軍的步兵展開了總攻擊。羅馬軍排成密集隊形以盾牆抵抗，將源源不斷衝過來的敵軍推開。阿勒曼尼的族長與精銳兵則

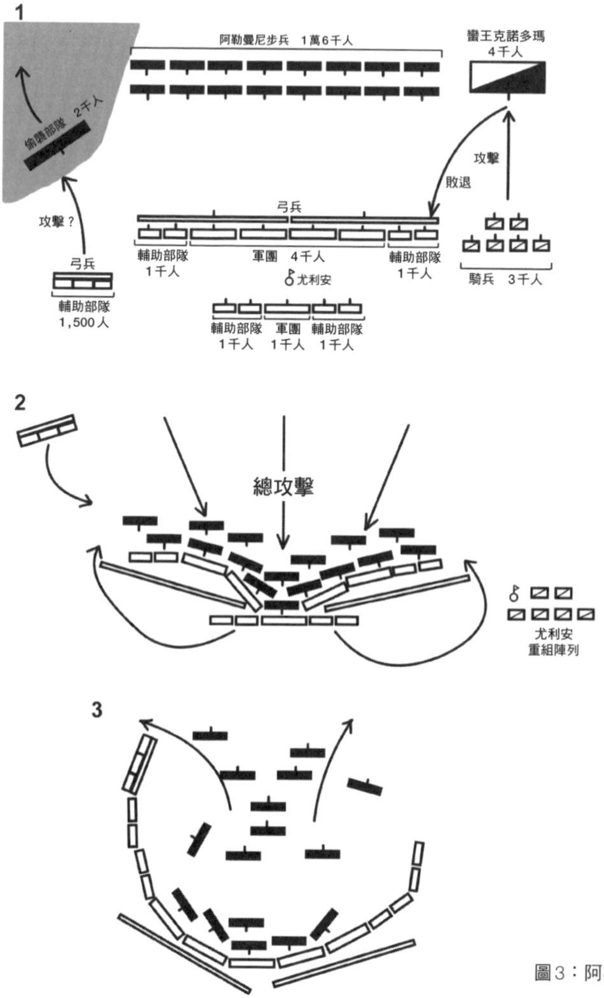

圖3：阿根托拉圖姆戰役。

組成密集隊形攻擊，直到攻破羅馬軍中央的陣列。但儘管身陷千鈞一髮的危機中，羅馬軍還是撐了下來，繼續維持著隊形。

攻破陣列的阿勒曼尼兵開始襲擊後列的軍團，不過軍團擊退了阿勒曼尼兵並開始反攻。與此同時，後列的輔助部隊及左翼的塞維魯斯隊，排到前列的側面來延長隊形，使羅馬軍的隊形呈新月形慢慢包圍住敵人。最後阿勒曼尼軍開始潰逃，羅馬取得勝利。在史料紀錄中，敵方死者6千人，而羅馬軍僅243人而已（陣亡的4位護民官中，有2位是全覆裝甲騎兵的指揮官）。

三線陣Triplex Acies

最為基本的陣形。小隊型軍團會以青年兵、壯年兵、後備兵的順序排列，並在最前方加上少年兵。這個時代以百人隊為單位排成隊形，但轉型成馬略軍團並改採大隊制後，便開始以大隊為單位排列。凱撒在前49年的伊萊爾達戰役中，就從前方以4-3-3的隊形排列各個大隊，而這就是最基本的布陣方式。

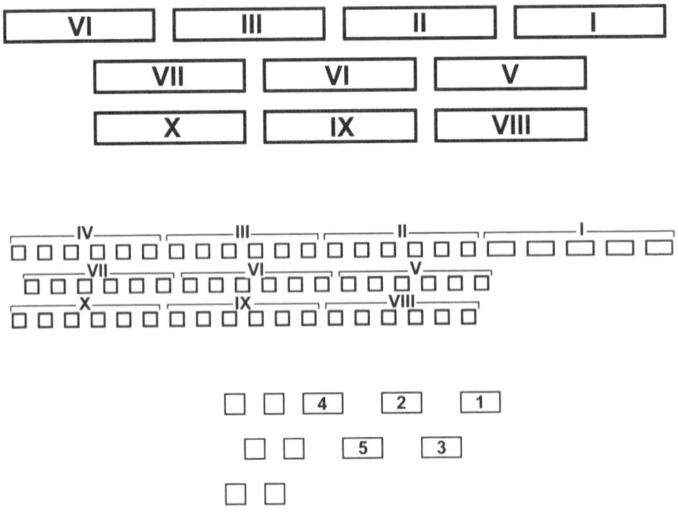

圖4：上段是最普遍常見的布陣示意圖。乍看之下排得很漂亮，但實際換成百人隊的陣列（中段）後，就會發現第一大隊是完全孤立的隊伍。第一大隊的士兵數量之所以是2倍，或許也是為了應對這種狀況。下段則是筆者思考的提案，當中只有第一大隊排成雙線陣。分別為1：首席百夫長（Primus Pilus）、2：Princeps Prior、3：Princeps Posterior、4：青年前百夫長（Hastatus Prior）、5：青年後百夫長（Hastatus Posterior）。羅馬數字為大隊的編號。

的確，以大隊為單位來看的話，這種配置方式可以讓部隊彼此之間的空隙由下一列的部隊補上，既簡單又明確。但替換成以百人隊為單位的現場實際情況後，就會像圖4這樣，第一大隊變成完全孤立的部隊。第一大隊之所以是2倍兵力可能就與這有關。此外，若如同維蓋提烏斯所說，司令官的位置在步兵與騎兵之間，那麼司令官可能就站在第一大隊的後方吧！

在這個陣形中，最前排的士兵與敵人戰鬥，第二排則輔助最前排，最後的第三排是應對緊急情況時的備用兵力，可以靈活地應付各種場面。

四線陣 Quadruplex Acies

這是非常特殊的陣形，可能曾用在前46年的塔普蘇斯戰役中，但也可能只是誤解。這種陣形的用處或許是面對敵方優勢兵力的防禦策略，或是戰場不夠開闊，無法讓部隊展開時的妥協陣形。在小隊型軍團時期，要是戰場太過狹小，就會縮短部隊的寬度，將他們移到縱列裡，增加縱列的人數。坎尼會戰便是著名的例子。

第2章
各個時代的戰鬥方法

◆王政時期

關於羅馬最早期的戰鬥形式，推測應是由強大的領袖（國王）站在最前頭率領跟隨者（近衛隊）往前推進，後面再接上從平民裡徵召而來的普通士兵。

國王會展示自己的勇氣與力量來保持權威，並提高後續士兵的士氣。同時為了強調自己的武勇，國王往往會跟敵方的領袖一對一單挑，單挑的結果幾乎決定了整場戰爭的走向。直到前100年為止，所記錄下的17場單挑中，幾乎都是騎士階級締造的。原本單挑就是王族與貴族的傳統，騎士階級只是繼承了這一傳統，從這點來看，可以說決鬥是上流階級的特權。

這項傳統還會延續到日後很長一段時間，往後的指揮官在戰鬥時都得在心中苦惱，決定自己到底是要接受光榮的單挑，還是要服從軍紀。順帶一提，接受對手的挑戰並在全軍面前戰鬥，或是在會戰中與敵方指揮官一對一戰鬥，這樣才叫作「決鬥」，與遭遇戰或小規模衝突時偶然發生的一對一戰鬥有著截然不同的含意。

後者這種形式的戰鬥，在普魯塔克筆下的赫拉克利亞戰役（前279年）中，有詳細的描述。當時敵方司令官伊庇魯斯國王皮洛士，正與護衛一同在戰場上來回指揮軍隊，遠方則有一名義大利騎兵不斷跟蹤他。察覺這點的親信警告他。「那名騎兵正目不轉睛地盯著陛下，感覺會無視周遭一切向您拚殺過來」。當皮洛士正回答怎可能有這種蠢事時，那名騎兵便舉起矛筆直地朝著皮洛士猛衝，並刺穿了皮洛士的座駕。與此同時，護衛的矛也貫穿了義大利騎兵的馬匹，於是義大利騎兵與皮洛士雙雙落馬，兩人糾纏在一起摔到地上。皮洛士立刻被護衛所救，義大利騎兵即使死命地攻擊，仍無奈地被周圍的護衛斬殺（普魯塔克《希臘羅馬名人傳》的皮洛士第16章7～10節）。

決鬥結束後，兩軍就會彼此接近，開始擲標槍互相攻擊。描寫義大利戰爭樣貌的最早期資料，是前3世紀恩紐斯的作品（他曾是同盟軍士兵，參加過第二次布匿戰爭）。他在描述羅馬第六任國王時代的戰爭時提到，「當士兵對投矛（Hasta ansatis，附握把的矛＝附投矛索的矛）感到厭煩後會彼此靠近，手上舉著矛在所有戰線開始戰鬥」（第3卷160～161節）。雖然無法知道更為具體的情況，但在看過近世印度人的戰爭後，曾有英國人留下這樣的紀錄：「最前排的戰士憑藉著難以置信的勇氣與膽量激烈戰鬥，但後方的戰士只是揮舞武器、大聲叫喚咆哮就滿足了。戰鬥一陣子後，其中一方開始向四面八方逃竄」。這應該是最接近當時羅馬的戰鬥方式了。

被流放的盧修斯・塔克文是羅馬最後一任國王，他率領的伊特魯里亞軍（塔爾奎尼亞、維愛聯合軍），和新建立的羅馬共和國軍之間，發生了席爾瓦阿爾西亞之戰，此戰役展示了從王政末期到共和國初期的戰爭樣貌。

收到塔克文入侵羅馬領土的快報後，首任執政官普布里烏斯・瓦萊里烏斯・波普利柯拉（也作巴布利柯拉，指揮步兵），以及盧修斯・尤尼烏斯・布魯圖斯（暗殺凱撒的布魯圖斯的祖先，指揮騎兵），率領軍隊布陣在席爾瓦阿爾西亞。

布魯圖斯留下步兵與瓦萊里烏斯在原地，親率騎兵勘察當地情勢，然而就在這時，他遭遇了塔克文的兒子所率領的騎兵隊（父親率領步兵），原來他們也同樣正外出偵察。

根據李維的記敘，塔克文（兒子）早在遠處就看見刀斧手（高官的護衛，象徵權威的官員）的身影，並察覺執政官就在那邊。靠近後他發現執政官就是布魯圖斯，隨即發起突擊，並作勢與他單挑。布魯圖斯自己也答應了對方的挑戰（李維預先解釋了「答應單挑是當時的習俗」），兩者同時用矛刺穿對方，彼此不分勝負。接著兩軍騎兵進入戰鬥，跟在後方的步兵也隨之加入戰鬥中。儘管戰況是一進一退，但最後兩軍的右翼都開始壓制敵方的左翼。士氣最早崩潰的是伊特魯里亞軍左翼的維愛軍，看到他們作鳥獸散的塔爾奎尼亞軍，則在日落時撤退，羅馬宣布了自己的勝利。

從這場戰爭的過程來看，可以發現自古以來的單挑習俗，在王政時期依然存在。事實上，從歷史學家留下的紀錄可知，即使進入共和國時期，早期仍頻繁發生氏族長等領導者，率先與敵方指揮官一較高下的情況。前340年的執政官曼利烏斯・托爾卡圖斯曾處死自己的兒子，理由是他違反了自己不要受敵方挑釁而決鬥的禁令。這則著名的故事也在告訴後人，決鬥這項習俗有多麼深植於羅馬人的內心。

◆建立小隊編制後

建立小隊編制後，儘管羅馬軍的組織體系有所差異，但戰法或陣形組法跟以往相比幾乎沒有什麼變化，因此我在這邊一併解釋。

羅馬軍最為人所知的，就是那攻擊性強的戰鬥方式。就算是在打防守戰，羅馬軍也絕不會待在原地承受敵方的攻勢，而是在接戰的瞬間立刻向敵人突擊。這種攻擊精神非常強大而徹底，因此即使處在敵人攻打要塞的狀況中，羅馬人也更喜歡跑到要塞外與敵人作戰，而非躲在要塞內守城。

步兵的戰鬥方式

■士兵的位置

過往對羅馬士兵的陣列或位置的解釋，都受到學者腦中根深柢固的傳統觀念影響，認為羅馬士兵就像18世紀的線列步兵一樣，每位士兵與前後左右的士兵都保持一定間隔，不允許任意離開陣列中固定的位置。

不過最近學界也開始接受，羅馬士兵的行動其實遠比線列步兵更加自由的說法。比如李維（第22卷第38章第4節）就說，士兵雖然會發誓除了「去拿取標槍時、敵人衝過來正要攻擊時、幫助戰友時」以外的情況，絕不會離開隊伍，但反過來說只要面臨上述3種狀況，就可以自由離開隊伍。戰鬥中也相同，士兵在陣列內的位置本來就只是個大概，想要掩護前排或填補陣列的破口時，便可以根據當下狀況適時調整位置。

■士兵的間距與2種隊形

關於士兵的間距，波利比烏斯的描述如下：「全副武裝的羅馬士兵（與方陣相同），要占用每邊90㎝的空間，可是他們的戰鬥方式，是士兵個人自由地與敵人戰鬥，亦即將盾牌舉向敵人攻擊的方向來保護身體，然後再用劍劈砍或突刺，而這又需要更多的空間。因此為了讓每位士兵都能有效地戰鬥，前後左右還需要保持90㎝的間距」（第18卷第30章6～7節）。

簡而言之，就是士兵本人占了一個邊長90㎝的正方形，可是為了順利戰鬥還必須再遠離其他士兵90㎝的距離。筆者在《古希臘重裝步兵的戰術》中，引述這段文章並計算成「士兵的身體＋90㎝」，但想成每個士兵各占了前後左右180㎝的空間，或許比較好理解。

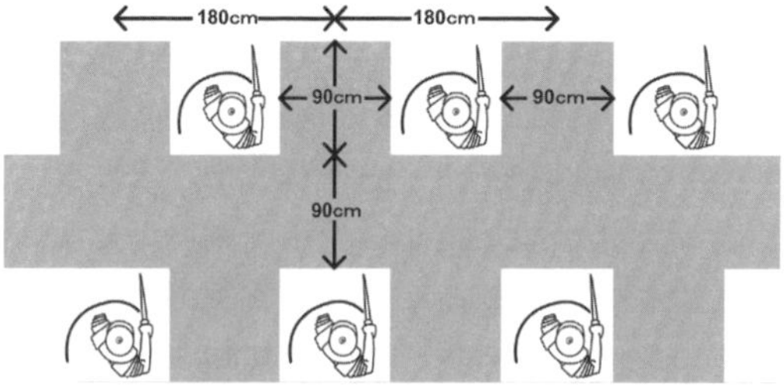

圖5：士兵的間距。

有些人認為這樣似乎離得太遠，但如果要往左右各跨1步，一邊移動一邊戰鬥的話，這樣的空間剛剛好。如果一個人只占90㎝，那麼不僅往旁邊移動可能會有撞到友方士兵的危險，揮劍時更可能砍到自己人（如同後述，認為羅馬士兵只會突刺的說法是誤解）。

這種每人占寬180㎝的隊伍稱為「散開隊形」，是羅馬軍的基本隊形之一。另一種基本隊形是每人占寬90㎝的「密集隊形」。這樣的間隔剛好只比盾牌的寬度再寬一點，因此當一整排士兵都舉起盾牌時，就能形成嚴密的盾牆，抵禦敵方的遠距離武器或騎兵的突擊。更方便的是，從散開隊形切換成密集隊形，只需要第2排士兵站進第1排的空隙裡面，若反過來要解除密集隊形，也只需第1排的士兵往前站1步就好。

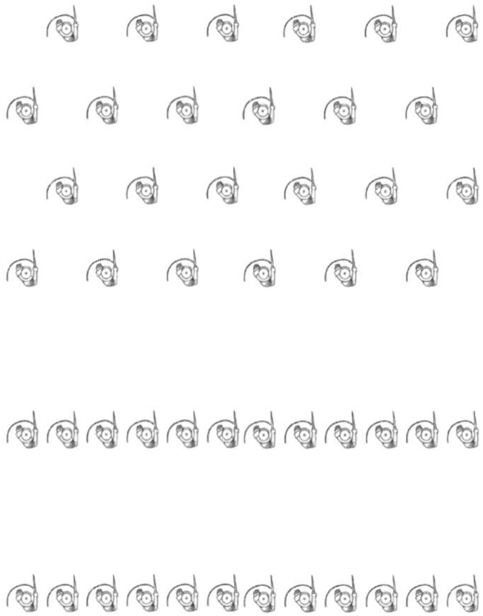

圖6：散開隊形（上段）與密集隊形（下段）。如圖所示，只要第2排往前站就能組成密集隊形。在實際的戰鬥中，由於標槍要投過前排士兵的頭，因此有可能除了最前排以外，都保持著散開隊形。

即使進入帝國時期，士兵依然遵守這個間距，不過根據4世紀維蓋提烏斯的說法，每位士兵所占的空間已經改為寬90㎝、縱長180㎝。筆者認為，這是因為3世紀的戰法從散開隊形（攻擊型）轉變為密集隊形（防禦型），結果士兵之間的橫向間距也隨之縮短了。長盾的形狀之所以從圓筒形變成橢圓形，也是因應間距這項變化，說不定士兵使用的劍從短劍改成長劍也與此有關。在密集隊形下，士兵緊挨著彼此，連往兩側踏出半步都頗為困難，因此無法做出大幅揮動劍的動作。在這種狀況下，比起能包覆身體的盾牌形狀，能與相鄰士兵的盾牌合在一起做出盾牆的平坦盾牌更合適。另外，為了避免揮劍劈砍的動作傷及友軍，突刺成了劍術的主要動作，或許正是這個理由，才使得如同矛一般有著一定攻擊範圍的羅馬長劍，變成軍隊武器的主流。

COLUMN 9

東羅馬帝國的語言

從帝國時期以前，東地中海世界的共通語言就是希臘語，東羅馬帝國也將希臘語當成官方語言。

可是政府內，尤其是軍隊內仍持續沿用拉丁語很長一段時間。後世之所以能清楚地知道這件事，要歸功於莫里斯寫於6世紀的《戰略》。這本書與之前的戰術書截然不同，排除了以往戰術書最大特徵的抽象理論，以及翻譯成希臘語的專業術語，而是著重於具體的實用事例，並以現役軍人使用的通俗語言寫成，這使得《戰略》具有重視實用性的特色。

多虧這種特色，我們才知道原來當時的軍隊仍然使用拉丁語。記載於《戰略》裡的命令，多半都是直白簡單的句子，因此現代大多將此解釋為，當時普通對話使用希臘語，只有命令使用拉丁語——但實際上也有一些聽起來根本就是注意事項的拉丁語命令，比如：

「肅靜。遵守命令。不要恐懼，留在指定位置。不要離開軍旗，並要追擊敵人。」*Silentum, mandata captate. non vos turbatis, ordinem sevate. bando sequute. nemo demittat bandum et inimicos seque*」

既然都寫得那麼長了，很有可能當時在軍隊內都還說著拉丁語。

軍隊或政府棄用拉丁語是之後7世紀的事。

■縱深與排列方式

在現代的主流說法中，小隊型軍團的百人隊會排成縱向6排，馬略軍團以後則是4或8排。但實際上這些數字沒有什麼根據，單純只是從能夠整除百人隊士兵數量的數字中，選擇最有可能的數字而已。

留存於歷史紀錄上的縱深資料如以下所示。

參照資料	縱列數	狀況
共和國時期，定論：6排		
老加圖《De re militari》	4	不明
李維，44卷9章6節	4	龜甲陣，前169年
弗朗提努斯，2卷3章22節	10	戰鬥，前48年
普魯塔克《安東尼》45章2節	3	龜甲陣，前36年
帝國時期，定論：4／8排		
約瑟夫斯《猶太戰史》2卷172章	3	鎮壓暴動，26～36年
約瑟夫斯《猶太戰史》5卷131章	3	防禦，70年
約瑟夫斯《猶太戰史》3卷124章	6	行軍隊伍的寬度，60年代
阿里安《針對阿蘭人的布陣》16～17章	8	戰鬥
維蓋提烏斯1卷26章	4	訓練
維蓋提烏斯3卷14～15章	3／6／9	戰鬥

由於共和國時期的龜甲陣採密集隊形，而散開隊形時的縱深為密集隊形的兩倍，因此可以推測，共和國時期最常出現的陣列數應該是8排，帝國時期則是6或8排。此外，《戰略》還提到當時步兵的縱深為8排（加弓兵1列），所以筆者認為無論哪一個時代，很可能步兵的陣列都以散開8排、密集4排的8／4排縱深為基準，偶爾才根據當下狀況採用6／3排縱深。可惜這個說法若套用在共和國時期的60人百人隊時會出現小數點。

帝國時期的士兵陣列常常被描寫成奇數列與偶數列各排一半的樣子，本書也是如此。其實這也沒什麼根據，單純只是覺得投擲重標槍時，為了避免刺到後方士兵，這樣排比較合理而已。不過當士兵的間隔為180㎝時，這種相互錯開的排列方式，可以補上前排士兵之間的空隙，具有牽制敵兵、不讓對方輕易突破的效果，因此也絕非隨便設計的排法。

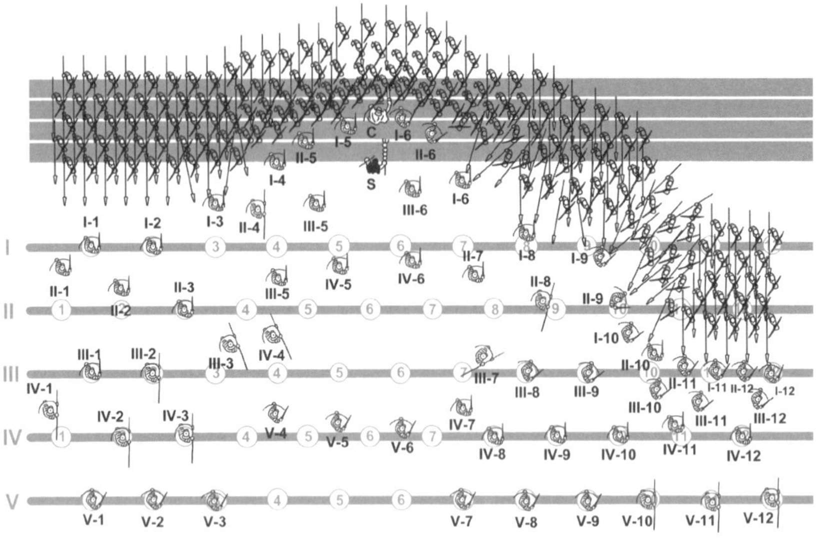

圖7：戰鬥示意圖。羅馬數字是橫列的編號，阿拉伯數字是縱列的編號。有數字的白色圓圈表示陣列原本的位置。沒有拿矛的敵方士兵，表示陣列太過密集而陷入無法戰鬥的狀態。

圖7是表示百人隊戰鬥狀態的示意圖。圖中假設這些士兵在互相支援的同時，也會與周圍士兵保持適當距離。

部隊左翼與敵方互相對峙，恐怕大部分戰鬥時間都像這樣彼此按兵不動、等待時機。也有後排的士兵越過友方頭頂擲出重標槍（III-2、III-3等）。

中央處是百夫長（C）率先向敵方突擊的狀態。敵方隊伍被推擠而無法使用長矛。為了補上接在百夫長後面前進的士兵所造成的破口，後排的士兵也往前線推進，形成三角形的士兵牆。乍看之下後面似乎很空虛，但後方若緊貼著士兵反而會造成阻礙，所以這樣的人數就很充足了。士兵III-5、III-6就是前鋒隊伍的後盾。

右翼則反而被推回來了。如圖所示，當前排部隊被推擠到後方，就會自動形成密集隊形並頑強地抵抗。這邊值得注目的是，前後的士兵間隔在我方被推擠時，能發揮緩衝功能，避免隊伍的混亂影響到後方。以此處來說，儘管士兵都被推到第3排了，但第4排卻未受影響，仍然維持整齊的陣列。不過若我方死傷者太多，第4排就容易被捲入戰鬥中。考量到這點，《戰略》之所以主張4排縱深不夠穩定，或許也不見得是錯的。

■部隊的間隔

關於羅馬軍的研究中，最受到學者關注的議題，就是部隊之間的間隔。所有古代著述家都描述羅馬軍會與相鄰部隊隔開一段距離後再布陣。這些作品提到這段間隔的寬度，在小隊型軍團時期與小隊的寬度相等，在馬略軍團時期之後與大隊的寬度相等。然而這樣實在太過開闊，交戰時相當危險，因此一般認為古代作家真正想講的，可能是與小隊或大隊的百人隊同樣寬度。每條線陣上的部隊互相交錯排列，填補部隊彼此之間的開口。前排與後排可以從這道開口互換位置，讓部隊能始終以體力最旺盛的士兵與敵人對峙。

但部隊的間隔這麼遠，就有可能讓敵人入侵到陣列之中，讓敵方士兵有機會從背後包夾友軍，因此在過去，通常認為只有在接戰前才會隔出間距，到了即將接觸敵人時，會運用某種方式補上這段開口。不過現在這樣的說法逐漸被否定了。

圖8是帝國時期的軍團戰鬥狀態示意圖。此處將百人隊設定為橫向10人、縱向8人，而百人隊的間距與百人隊的正面寬度（16m）相同。首先看到幾乎尚未與敵方接觸的右側部隊，可以發現散開隊形時，由於士兵彼此的間隔也相當遠，乍看之下似乎難以阻擋敵方的攻擊。

圖8

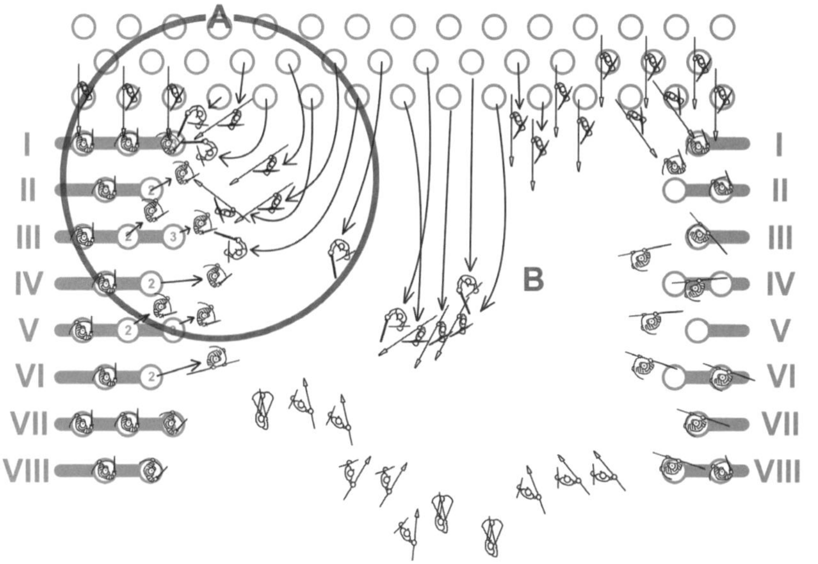

可是只要看左方的A區就可以知道，面對試圖迂迴到側面的敵人，只要偶數列的士兵往前踏1步，就能輕易做出沒有縫隙的人牆，再加上這個時候敵方必須旋轉90度，使自己的背部暴露在開口附近的輕裝步兵或後方軍團兵（士兵III-8或V-8）的面前。各位可能會覺得可以靠盾牌撐過去，但想要跟眼前的軍團兵一邊戰鬥，一邊警戒左邊的輕裝步兵，幾乎不可能的事，承受的心理壓力也極其巨大。明明想要攻擊對方的側面，但實際上側面被攻擊的卻是自己，正常人恐怕就連前進都做不到吧，更別說若羅馬軍還設置了弩砲之類的大型武器。

當然，若後方的敵兵不斷湧入就又是另一回事了。這時候敵方的前排會接連攻擊百人隊的側面，為了不讓陣列產生破口，後排的士兵也必須往前推進。當敵人推進到完全遮掩住百人隊的側面時，敵方陣列的中央就會變得相當薄弱。要是命令輕裝步兵集中攻擊那一處，並讓後排待機的百人隊也跟著攻擊這一點，那麼敵方陣列轉眼間就會崩潰。此時兩側的百人隊也會前進並推擠敵方士兵，因此闖進開口的敵方部隊，最終會被截斷成左右2組，遭到來自前方與左右3個方向的士兵所擊潰。

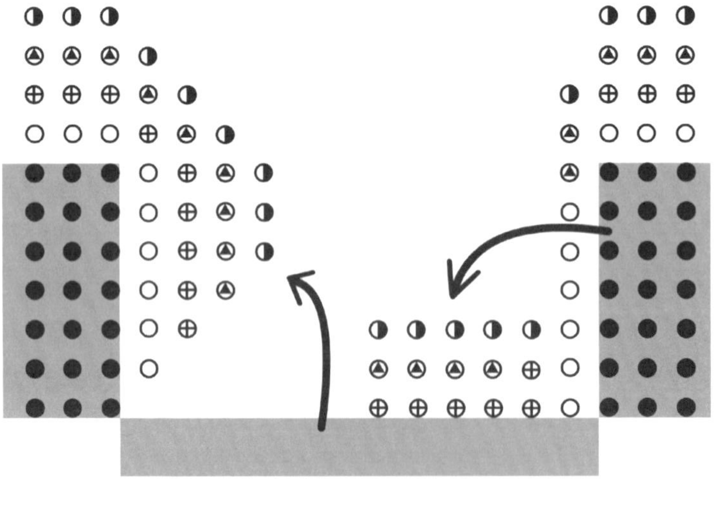

圖9：敵方闖進開口的示意圖。
開口的寬度為12個單位。左邊是想要盡可能維持原本隊形的狀況，中央開了一個大洞。右邊是對開口後方的部隊提高警戒時的狀況，側面變得薄弱。在實戰中，狀況是介於這兩個極端之間。箭頭是羅馬兵的反擊路徑。

B區則是敵方推進得不夠徹底的狀況，而且如同前述，這些準備攻擊側面而轉向的士兵，會使陣列變得薄弱，導致前進的士兵被孤立在中間，承受來自輕裝步兵的集中攻擊。考量到以上這些狀況，就算發現部隊之間有空隙可鑽，然而想要攻擊側面卻被敵人從背後攻擊的恐懼，以及後續的士兵速度跟不上，使自己孤立在敵軍陣中的不安等等，都會令就進攻的士兵拒絕深入敵陣，頂多就是往裡面鑽幾公尺而已，無法真正對側面發動攻擊，我想這才是戰場上的實際狀況吧！

那麼我們可以計算出實際的部隊間距嗎？Taylor注意到，共和國的羅馬軍步兵似乎不會將自軍的隊伍延長到超過敵方步兵的隊伍，並由此計算出百人隊之間的空隙寬度。他在計算中將各個士兵的寬度設為135㎝，因此這裡筆者重新用寬180㎝來計算，結果在Taylor計算的5場會戰中，當縱深為6排（百人隊寬度16.2m）時，百人隊的間距為0～12m；縱深為8排（寬14.4m）時，間距為1.6～14.1m；縱深為10排（寬10.8m）時，間距為5.2～17.7m。

這個計算結果的前提是兩軍步兵的寬度相同，而且必須正確把握敵方步兵的數量及陣列，所以只能當作參考。儘管如此，對小隊型軍團來說，可以想見縱深6排或8排，是最能有效應付敵方各種人數的排列方式。

另一點是百人隊的間距，最有說服力的說法是百人隊寬度的一半。因為當部隊交替時，前排會縮短橫幅，以寬度為一半的密集隊形往後退，而後排則直接以散開隊形前進。

根據以上推測，理論上1個軍團的正面寬度若採6排縱深時，為648m（486m），採8排縱深時為576m（432m）（括弧內是將部隊間距設為部隊寬度一半時的間距）。

■陣列交替

關於陣列的交替方式也是眾說紛紜。大多數的意見指出，一邊與敵人戰鬥，一邊慢慢後退的這種方法，只要出一個差錯就可能引起全線崩潰，尤其是若採納戰鬥前會補上部隊間開口的說法，那麼這套陣列交替方式，就需要幾乎不可能做到的複雜行動。

要是部隊之間保持一定間隔，後排就可以穿過這道開口把敵人推出去，而原本的前排陣列也可以順勢往後退，整套流程實行下來相對簡單。上面提到前排會縮短橫幅往後退的作法，乍看之下似乎難以做到，但其實只要專注於防禦就不算困難。

近年來從完全不同角度提出的「休息模型」學說，也逐漸得到支持。這個學說認為即使兩軍正在交戰，但士兵也並非持續戰鬥長達數小時，而是在數分鐘的交戰後，疲憊的兩軍自發性地暫且往後退下，等待休息過後再次前進與對方衝突，這個過程將反覆多次直到決出勝負。

在休息時間，兩軍除了休整與重新補給外，也會互相咆哮怒罵，或向對方投擲標槍，傷者也會後送並重新整頓隊伍。陣列可能就是在這時候前後交替的。若此學說為真，那麼陣列交替就不會多困難，而且若是羅馬軍可以透過陣列交替，讓站到前排的部隊立刻進入攻擊狀態，就更有機會以優勢體力擊敗疲累的敵人。

■百夫長的位置

百夫長（與旗手）可能是站在百人隊的右側面或中央。筆者認為從部隊編組的情況及間接證據來看，百夫長的位置應該是根據當下狀況隨機應變才是，比如率領部隊時站到中央的最前方，組成密集隊形時站到部隊右前方，而戰鬥時則跑到中央或右前方指揮。

■個人戰鬥

羅馬士兵的戰鬥方式是先投擲重標槍，接著立刻拔劍攻向敵人。為了盡量帶給敵人恐懼，羅馬士兵直到接戰前的最後都會保持沉默，只在襲擊敵人的瞬間，一同發出戰吼並猛烈衝向敵人。這種基本戰法即使處在防守時也沒有太多改變。

不過最近關於投擲重標槍這件事，學者開始思考實際情況可能不像過去認為的那樣，也就是所有士兵一起投擲。要是所有士兵一起投出重標槍，由於射程與時機的緣故，重標槍很有可能命中友軍。除此之外，不投標槍而直接進行肉搏戰的描寫也相當常見。或許在突擊前投擲重標槍的只有最前面幾排，剩下的人要不是將重標槍當成矛來使用，就是在交戰中越過我方的頭頂投擲出去。

羅馬士兵通常採用左腳往前踏、身體蹲低，將盾舉到正面的架式。這個架式可以將大部分的身體藏在盾後，暴露在敵人眼前的部位只有眼睛與左小腿而已。雖說還要看劍的長度而定，但整體來說，因為要保持左腳在前、盾舉在正面的姿勢，所以攻擊範圍非常短，必須接近到可以把盾壓在敵人身上的距離才能進攻。儘管這種戰鬥方式要求士兵具備極為強大的意志力，但另一方面，也有能夠癱瘓敵方槍矛或長劍的優點。

這種戰鬥方式被認為相當接近重量級角鬥士的戰法（在多則故事中，都會聽到聘請角鬥士當教官訓練軍團兵的情節，或許就是因為兩者的戰鬥方式很相像），先藏在盾牌後方穩住腳步與氣勢，緩緩地逼近敵人，並在貼到身體的一瞬間用力往前踏，使勁衝撞並攻擊敵人。在羅馬的劍術中總是用盾牌來防禦，像電影那樣用劍格擋敵人的，只有在非常緊急時才這麼做。

盾牌本身也能轉用於攻擊。由於戰鬥前的演講中常常會提到這一點，應該是相當普遍的攻擊手段。盾牌上有個用來保護手的金屬配件，稱為盾心，士兵可以用盾心毆打敵人。

此時敵人要不踉蹌後退，要不就是被盾牌壓制而幾乎動彈不得，緊接著就是用劍刺出猛烈一擊。無論是長劍或短劍，羅馬劍都以突刺為首要動作。因為突刺的攻擊速度快，不容易露出破綻，還能割斷內臟或動脈，給予敵人更嚴重的傷害。不僅如此，由於雙方的盾牌會遮掩彼此的視野，左半身的姿勢也會限制視線，因此突刺刺過去的左下方，會變成舉盾時的死角。雖說羅馬士兵也是相同條件，但適當的盾牌形狀，可以自動阻擋來自相同方向的攻擊。

以往認為羅馬的劍術偏重於突刺，不過最近也有研究指出，斬擊其實也是羅馬劍術中很重要的攻擊手段。劈砍的目標是頭部、手臂、大腿及小腿裸

圖10：左：希臘（哈爾摩狄奧斯劈砍）；
右：羅馬（阿達姆克利西紀念碑37號石板）。箭頭是劍的軌跡。

露的部位。Taylor 基於繪畫史料，主張希臘與羅馬的斬擊法有著根本性的不同。他認為希臘的斬擊法（哈爾摩狄奧斯劈砍）會保持手肘朝向前方，這種斬擊方式是為了盡可能讓劍不會砍到旁邊，屬於適合在密集隊形下使用的攻擊方法。另一方面，羅馬兵的手肘始終朝向後方，這是種用來斜砍的姿勢，儘管揮劍時劍會往橫向畫出很大的圓弧，但因為彼此的間隔拉得很開，不用擔心劍會砍到身旁的友軍。

騎兵的戰鬥方式

在古代的會戰中（希臘、馬其頓、羅馬等）步兵是戰鬥的主力，因此騎兵的首要目標是打擊敵方步兵，至於是否消滅敵方騎兵，則對勝敗沒有太多影響。

然而另一方面，騎兵必須從敵方騎兵手上保護自家步兵。如同前述，為了發揮騎兵最大的效果，必須攻擊步兵的側面或後方，換言之，就是在保護自家步兵的側面及後方，不讓敵方騎兵繞過來的同時，還要迂迴到敵方步兵的側面及後方進攻。為了達成這個目的，最佳的位置就是步兵部隊的兩側。

最能彰顯騎兵效果的要屬前 193 年的摩德納之戰，此戰中與羅馬人交戰的是屬於高盧人的波伊人。在其他軍團還在後方待機的狀態下，左翼聯盟軍團與輕裝步兵便開始前進與對方交戰，隨後為了救援被波伊軍壓制的輕裝步兵，第二軍團也加入戰鬥，最終陷入膠著狀態。此時執政官命令同盟的騎兵攻擊敵方側面，並要求軍團騎兵給予協助。

在騎兵攻擊下，敵方士兵陷入混亂而失控，隊伍開始潰散。雖然敵方的隊長用長杖敲打害怕的士兵背部，試圖把他們推回隊伍裡以免士兵逃竄，不過同盟騎兵不斷穿梭在敵軍的隊伍裡並阻礙隊長的行動。見此情景的執政官喝令步兵往前推進，不給予波伊人任何重整旗鼓的機會，最後終於擊敗了波伊人。

由此可知，騎兵真正的力量在於對敵方的心理施壓，而且不會給予敵人重整態勢的時間。另外還有幾點可以注意，比如波伊人的隊長所做的行動，與羅馬軍的副百夫長完全一樣，以及波伊人的陣列有足夠讓騎兵四處活動的空間（或許是像羅馬軍一樣，布下了能夠前後互換的陣形），這些都是令人感興趣的地方。

■與步兵的交戰

騎兵在攻擊步兵部隊時，必須與步兵協同作戰。最典型的戰法是當雙方步兵在正面交戰時，騎兵就襲擊敵方的側面或後方；如果是騎兵單獨攻擊，則通常是在敵方隊伍已經被打散的狀態。最著名的例子就是前207年南義大利的格魯門圖姆戰役。

漢尼拔為了設置冬營而集結分散在各地的軍隊，紮營在格魯門圖姆的城鎮旁。儘管兩軍在數日間發生了多次小規模衝突，不過羅馬軍專注於拖住漢尼拔的腳步，並沒有離開營地。另一方面，漢尼拔則是讓士兵離開營地，並在營地外布陣，準備伺機擊敗羅馬軍隊。羅馬的執政官反過來利用敵方積極進取的方針，在某天夜裡派遣5個大隊（應該是聯盟軍團）與5個小隊（羅馬公民軍團），部署在漢尼拔軍左方丘陵地帶的另一側。

隔天早上，羅馬軍比敵方更早離開營地並布下戰鬥陣列。得知此事的漢尼拔軍爭先恐後地衝出營地，準備籌組陣形。看見敵方陷入混亂狀態的執政官，命令第三軍團的騎兵突擊。混亂狀態下的漢尼拔軍在排好隊形前，就被騎兵突如其來的襲擊給衝散，此時第一軍團與右翼的聯盟軍團接連衝上去進攻。漢尼拔軍因伏兵出現而敗退，只能躲進營地裡守城。

在偵察或遭遇戰等情境中，騎兵時常與輕裝步兵（少年兵）一起戰鬥。輕裝步兵會化為保護騎兵的盾，避免騎兵被敵方騎兵或輕裝步兵重擊，而騎兵則在他們的支援下與敵方近身交戰。

進入帝國時期後，騎兵的陣列基本上為10人1列，每列輪流在投擲標槍的同時接近敵方步兵，然後迅速掉頭保持距離，這個戰法就是當時騎兵的主要攻擊方式。從訓練法來看，騎兵的功用就是針對敵方陣列的某一點集中攻擊，將陣列打出破口，以便讓後續的步兵或騎兵隊能夠展開攻擊。完成攻擊的騎兵回到能夠接受步兵或我方騎兵援護的位置，讓馬休息並更換使用的矛。

這個原則直到帝國後期都沒什麼改變，不過當騎兵成為主力後，也開始採用多個騎兵陣列互相支援、協力的戰鬥方式。與以往不同的是，以全覆裝甲騎兵為主體的重裝騎兵隊，開始積極進攻步兵的陣列。

■與騎兵的交戰

共和國時期的羅馬騎兵在戰鬥理念上，與著重機動力的希臘、馬其頓騎兵截然不同。希臘、馬其頓的騎兵攻擊的流程是先接近敵人，接著用標槍或矛攻擊，再迅速後退重組陣列，然後再次攻擊。相反的，羅馬騎兵會朝著敵人直直衝過去，迫使戰況進入混戰狀態，然後再下馬繼續戰鬥。

從這點來看，就像只懂突擊的中世紀騎兵，往往被擅長在不遠不近的距離作戰的蒙古騎兵或伊斯蘭騎兵擊敗一樣，大家可能會認為，羅馬騎兵也會被機動力更好的希臘、馬其頓騎兵打得落花流水，但不知為何羅馬騎兵總是能取得勝利。

當時的騎兵尚沒有馬鞍、馬鐙等支撐身體的馬具，光是待在馬背上就是相當辛苦的事，因此下馬戰鬥反而有利得多。此外，對於那些在傳統文化上，不會與敵人近距離搏鬥的騎兵而言，被捲入近距離的戰鬥會激起不安的情緒，更可能導致士氣低落；即使想拉開距離，但是被羅馬騎兵迅速從後方追擊的恐懼也會進一步打擊士氣。或許敵軍這種惡性循環，就是羅馬騎兵強大的祕密也說不定。

不過這種戰鬥方式的前提是，要有足以捕捉到敵方的馬術技巧。在前207年的卡莫納戰役中，羅馬騎兵2次挫敗當時被稱為最強輕騎兵的努米底亞騎兵，戰法就是先快速接近對方，不讓對方有投擲標槍的機會，然後直接追擊逃跑的敵人將對方逼進營地裡。理所當然地，只是單純前進不可能逼退身經百戰的努米底亞騎兵。為了做到讓敵方只有撤退這個選項，也就是讓馬跑到敵陣的側面封鎖對方的進路，必須具備與努米底亞騎兵相同或是更高水準的馬術技巧。

即使到了帝國時期，若想擊退敵方騎兵，那麼騎兵仍扮演著相當重要的角色。遺憾的是過去幾乎沒留下什麼騎兵彼此的交戰紀錄，只能從後世的情報來推敲。總的來說，騎兵不像步兵那樣雙方的陣列貼在一起戰鬥，而是以數十騎的小隊伍快速交錯展開攻防，擁有相當高的動態性。

從3世紀後半開始，羅馬騎兵時常採用與敵人接觸時裝作撤退，等待敵方因追擊使隊伍混亂時，再快速回頭攻擊的戰法。此外，誘導敵人進入伏擊區的戰法也很受歡迎。

第3章
特殊陣形、戰術

龜甲陣 Testudo

Testudo的意思就是烏龜。如名稱所示，這種陣形就是用盾牌覆蓋隊伍的正面與上面，有時候還會視情況覆蓋側面。最有名的是圖拉真柱上雕刻的龜甲陣，但實際上龜甲陣有許多不一樣的類型。不過無論哪一種，都是用來防禦遠距離武器的手段。

古代最普遍的龜甲陣指的是一種密集隊形，這些組成密集隊形的士兵會做出盾牆來防禦遠距離的武器。在部分情況中，會將後一排的盾疊在前排的盾上，甚至還用第3排士兵的盾護在前排士兵的頭上。接著以這種狀態迎擊敵人，或是繼續向敵人前進。在《戰略》中以Fulcum（拉丁語，希臘語為Phoulkon，起源自日耳曼語，跟現代德語的「人民」〔Volk〕是同源）的名字為人所知。

在一些例子中指的則是某種方陣。對此描述最為詳盡的是卡西烏斯・狄奧（第49卷第30章），他描寫當他在220年代還擔任潘諾尼亞行省總督時，實際進行過的訓練：步兵組成方陣，讓運輸隊及騎兵躲到方陣中央避難。至於周圍的步兵，由前排的重裝步兵將（彎曲的）盾牌舉在正面，而後排的輕裝步兵則把（平坦的）盾牌舉到頭上做出盾牆。

不過當然，最有名的龜甲陣還是士兵排成矩形，用盾牌遮住前方、左右以及上方的陣形。據研究認為這原本是遊行時的表演項目，後來才開始運用在實戰當中。

如〈帝國前期與中期〉這一章（參照頁117）所解說的，過去也曾存在過騎兵用的龜甲陣。這是種斜著背向敵人，並用盾牌保護背部與馬的隊形，以警戒敵方的遠距離武器並等待攻擊的時機。

鉗形陣Forfex

這是種從兩側包抄並殲滅敵人的陣形（戰術），曾用於312年的杜林之戰中。該場戰役中，率軍前往羅馬的君士坦丁一世，在杜林附近遭遇羅馬皇帝馬克森提烏斯的軍隊。兩軍都將騎兵配置於中央，而步兵位於兩翼（或騎兵後方），隨後戰鬥開始。當敵方騎兵突擊時，君士坦丁軍的騎兵一邊後退，一邊分為左右兩股，同時步兵也往兩側移動讓道給敵方騎兵。在敵方騎兵脫離陣列後，分成左右的騎兵隊轉頭攻擊敵方的兩側，同時步兵也開始移動，準備從兩側包圍敵方步兵。待敵方騎兵敗逃後，步兵部隊便以包夾的形式攻擊敵人。最終在騎兵加入攻擊後，敵方步兵轉眼間就潰敗了。

鉗形戰法指的似乎就是此處君士坦丁軍的騎兵戰術，即先引誘敵人，接著分成左右兩邊，再從兩側回頭反擊。另一方面，維蓋提烏斯則將排成V字形的陣列稱為鉗形陣。

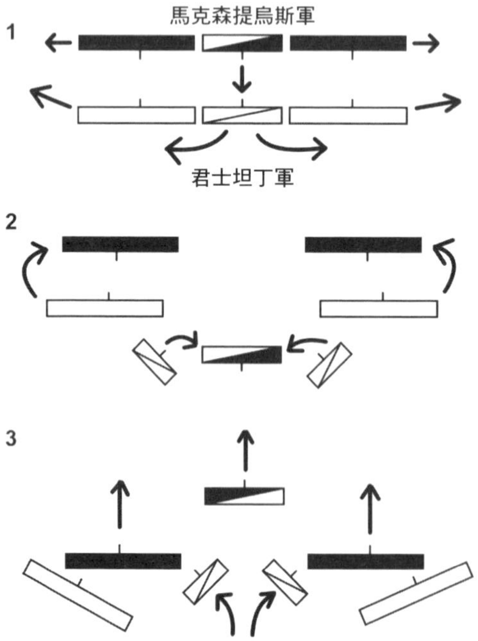

圖11：杜林之戰。
1：君士坦丁軍的騎兵分成兩邊，開道讓馬克森提烏斯軍的騎兵得以突擊。
2：「鉗形」，從左右擊潰深入敵陣的馬克森提烏斯軍騎兵。
3：擊潰剩下的敵方步兵。

楔形陣Cuneus、豬頭陣Capto Porcinum

這些可能都是密集隊形的一種。楔形陣並非像名字說的那樣將士兵排成三角形，而是指矩形陣列。這個單字原本應該是指，縱深比正面寬度還要長或至少相等的陣列，不過後來有時也當作專業術語，專門指公元69年起事的巴達維人輔助部隊那樣，在百人隊周圍建立人牆的迷你方陣。

圖12：意思為迷你方陣的楔形陣，周圍建起了鞏固的人牆。

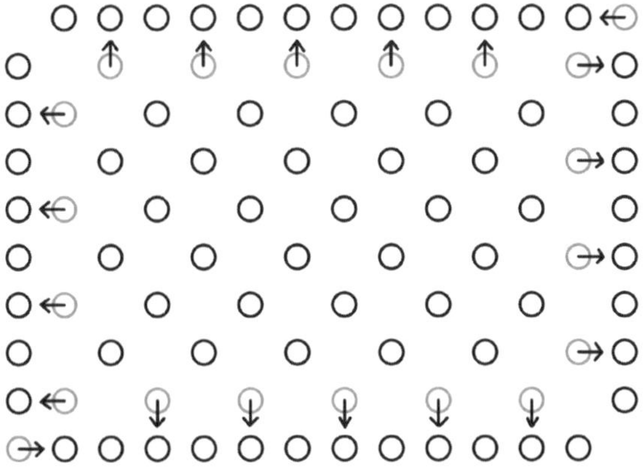

當前來鎮壓巴達維人部隊的第一日耳曼尼亞軍團，還在慢吞吞地排列單線陣時，巴達維人就是利用這種楔形陣擊潰了軍團的陣列。

另外還有一種類似的陣形稱為豬頭陣。據維蓋提烏斯所說，帝國後期的羅馬軍把這個當作楔形陣的別名來，他解釋，這種陣形前排之間的距離比後排要窄，形成接近梯形的陣列，很適合對敵方的某一點集中投擲標槍，但面對敵方的鉗形陣時則相當脆弱。

Cowan則引用1940年Lammert的說法，認為這是具備相當縱深（或排成橫列）的部隊排成2列，以八字形各自往敵方陣列的某一點斜著突進的戰法。一邊朝著那一點前進，一邊投擲標槍，集中攻擊打穿敵方陣列後，接著再轉向側面並張開陣形來擊潰敵人。

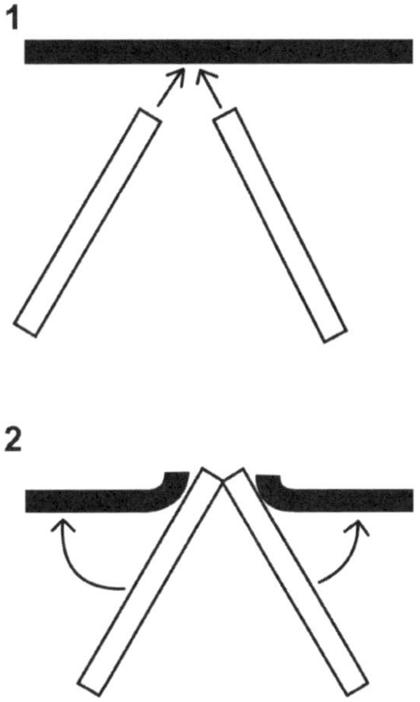

圖13：豬頭陣。
Lammert描述，首先像1這樣朝某一點前進，再像2這樣張開陣形進攻。

新月陣Lunaris、Bicornis、mênoeidês

這是目的在於包圍敵人的陣形。與名字不同，並非真的呈新月形。根據《戰略》，此陣形中央配置了主力部隊（騎兵或步騎混編），左翼為側面防守隊（騎兵），右翼則是包圍隊（騎兵），以繞到敵方左翼的方式進攻。

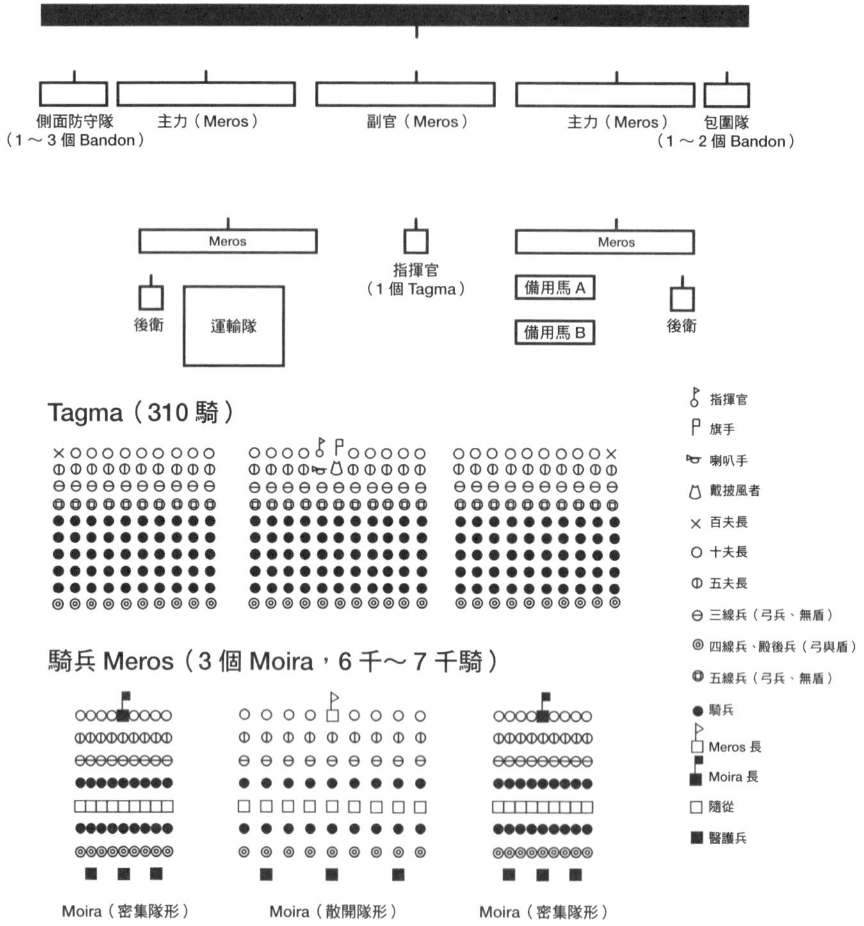

圖14：參考《戰略》第3卷的騎兵部隊布陣圖。基本上，後排的士兵不參加戰鬥，由前排的包圍隊負責攻擊。中段、下段是Tagma與Meros（兩種編制都只有騎兵）的排列方式。6世紀東羅馬帝國的軍隊編制以3為單位。
Bandon：300騎，Moira：3個Bandon，約1千騎，Meros：3個Moira。

第三部 裝 備

第1章
武器

◆劍、短劍

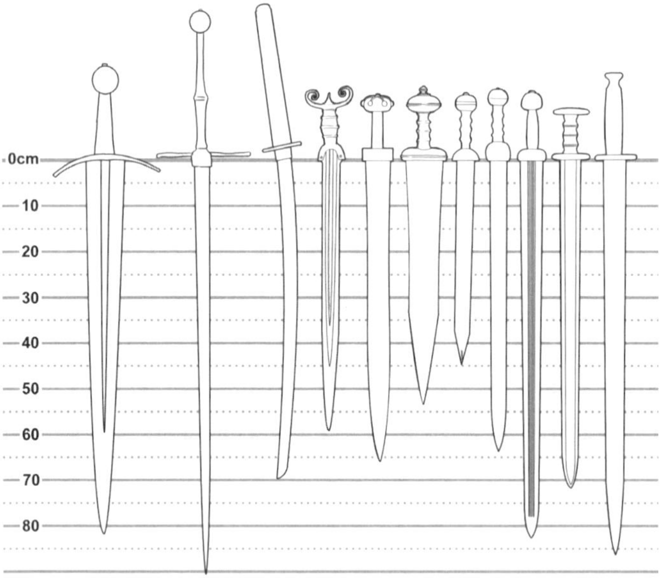

圖1：劍的長度比較。數字是劍刃長度。
由左開始：中世紀最大型的單手劍（81.8cm，14世紀）、長劍（91.4cm，15世紀後半）、日本刀（70cm）、觸角劍（59.5cm，前8世紀）、共和國時期的羅馬短劍（63.1cm，前69年前後）、美茵茲型（52.5cm，1世紀前半）、龐貝型（44.7cm，1世紀後半）、早期的羅馬長劍（63cm，1世紀後半）、Ejsbøl型羅馬長劍（約82cm，4世紀）、伊勒魯普III型羅馬長劍（約71cm）、匈人式羅馬長劍（約86cm，5世紀中葉）。

最早期的青銅劍

前8世紀時的主流武器是青銅劍。被稱為觸角劍的就是全青銅製造，柄頭部分如蝴蝶的觸角般捲起來。全長偏長，約70cm，與另一種類型的青銅劍相比，重心更靠近劍尖，雖然較難以揮動，但斬擊力更高。

另一種類型稱為微蘭諾威型。這種劍型有著T形柄頭，像三明治那樣用木頭、獸角、獸骨等材料製作而成的劍柄，夾住了青銅製的莖部。

希臘短劍Xiphos

這是種起源自希臘的直劍，刃長45～55㎝，呈中央稍微往內縮細的「黃蜂腰」劍刃。Xiphos這個字本身就是「劍」的統稱，在當時並沒有指哪種特定的劍。前4、5世紀的羅馬製青銅塊上曾雕刻有希臘短劍，由此可知，這種劍應該是該時代的主流劍種。第二次布匿戰爭時的主力也是希臘短劍。

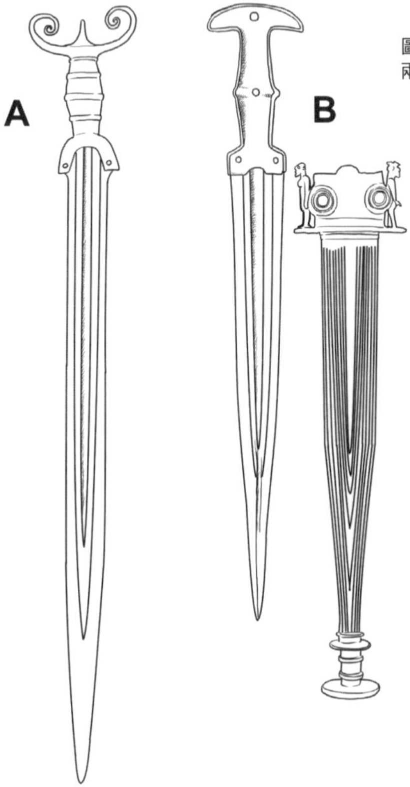

圖2：A：觸角劍、B：微蘭諾威型的劍與劍鞘。兩者都出土於義大利。

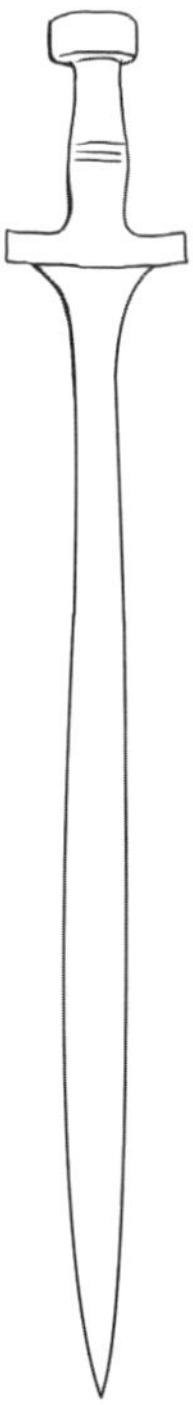

圖3：希臘短劍。

鉤刀Falcata

伊比利半島的凱爾特伊比利人（高盧系的希斯帕尼亞人）使用過的2種劍當中，並非羅馬短劍原型的那一種。這種向內彎的鉤刀與希臘彎刀（Kopis）長得非常像，但其實起源不同。可用於突刺，不過更適合劈砍。

目前並未有什麼明確證據顯示羅馬兵曾裝備這種鉤刀，然而部分紀錄（李維第31卷第34節）提到，前197年，曾有敵兵看見被羅馬騎兵的「西班牙劍」剁碎的友軍屍體而陷入恐慌狀態。紀錄寫道這具屍體「手臂從肩膀上被切下，頭顱被砍飛，身體被剖開乃至於內臟全都流出來」，因而這裡所說的西班牙劍，其實極有可能是指鉤刀。在希臘也將彎刀當作更適合騎兵的武器，側面證實了「西班牙劍＝鉤刀」的猜想。

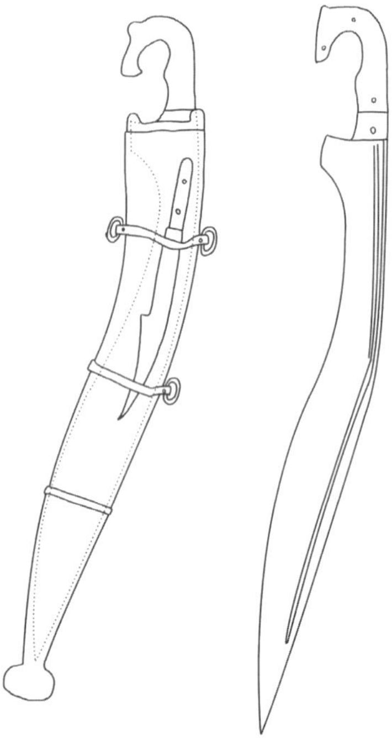

圖4：左：放入刀鞘的狀態。虛線是內部的刀。
右：鉤刀。

西班牙劍Gladius Hispaniensis

這是最具代表性的羅馬短劍。通說認為西班牙劍模仿的是第二次布匿戰爭中，凱爾特伊比利人所使用的劍。

儘管引進時期尚不明瞭，但由於當時的裝備需要自備，因此不可能一夕之間就全部換成這種劍。既然如此，應該是在羅馬人最初遇見凱爾特伊比利人的第一次布匿戰爭時期（前261～241年）就開始引進，至少在前197年以前，就已經普及於軍隊中了。現存最古老的羅馬短劍，製造於前4世紀末～3世紀初，是在薩莫奈人的聖地裡發現的，可能是從羅馬兵身上取得的戰利品。

幾乎所有類型的羅馬短劍都有個共通點：劍柄（握柄）的長度為7.5～

9.5 cm，平均8.4 cm，與成年男性的手掌寬度大致相同。此外，即使過往那麼強調這種劍很短，但實際檢視出土的遺物就會發現，最早期的羅馬短劍刃長62～67 cm、寬4～5 cm、劍尖長14～27.5 cm，基本算是羅馬短劍一族裡最長的類型。從重量來看，現代還原的羅馬短劍重1.2～1.6 kg，在單手劍中，可算是人類史上最大型的刀劍（日本刀刃長70 cm，重量0.7～1.4 kg；中世紀的單手劍刃長60～80 cm，重量1～1.3 kg，由此可見早期的羅馬短劍有多麼巨大）。

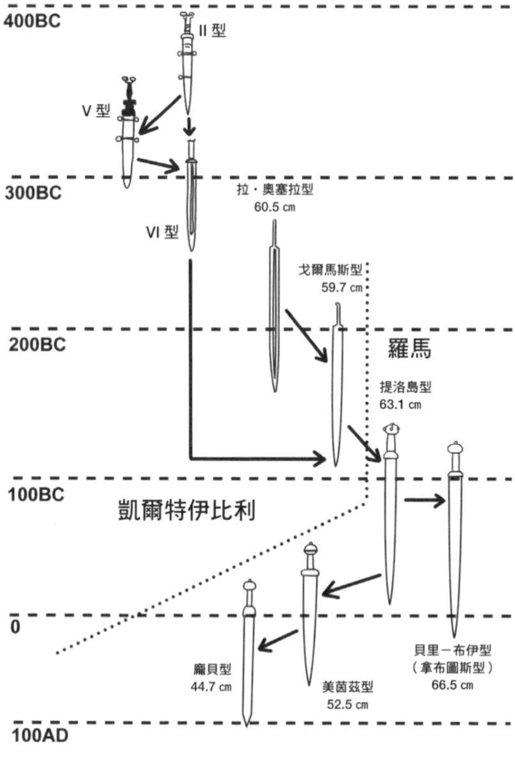

圖5：羅馬短劍的演變。基於Quesada的圖所繪製。
數字是刃長。

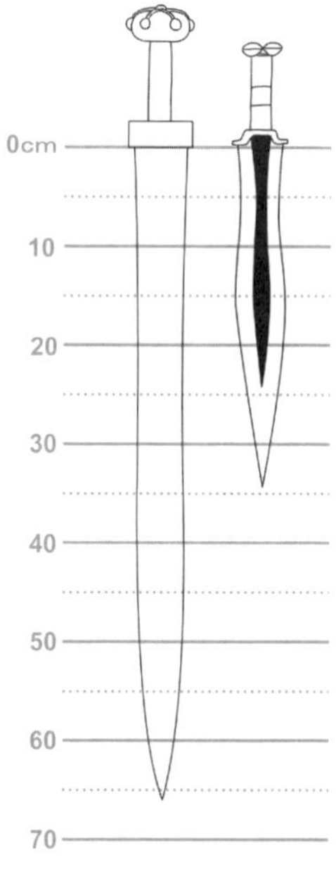

圖6：左：提洛島出土的羅馬短劍。
握柄與劍格為想像。前69年前後。
右：羅馬短劍的原型之一，收腰型觸角劍VI型。
前3～2世紀。刃長平均34.4 cm。

羅馬人到底是佩服希斯帕尼亞人的劍哪一點才引進這種劍的？他們使用的劍有2種，其中成為羅馬短劍原型的劍，與高盧（凱爾特）人的劍（La Tène I型）在系譜上有繼承關係，起源甚至可追溯至青銅器時代。這種劍擁有非常長的劍尖，再加上箍框式劍鞘（用金屬箍補強木製劍鞘本體的邊緣），以及2或3個吊環。刃長普遍為40～50㎝，不過短的只有30㎝。

羅馬人借鑑的只有「長劍尖」與「劍鞘」的設計，卻沒有沿用其長度，換句話說，之所以採用「羅馬短劍」（的設計），目的是提升劍的性能（突刺能力與便攜性），並不是打算引進新的劍術或戰鬥方法。

或許是因為古代的歷史學家在看過短劍化的羅馬短劍後，就以為過去的羅馬短劍也跟自己的時代一樣是短劍，才有了現在流傳的定論吧！

另外要注意的一點，是Gladius本身的意思就只有「劍」，亦即所有劍的統稱，並不專指某種特定類型的劍（需要指特定類型的劍時，會特地加上其他單字，比如Hispaniensis），這跟後述的羅馬長劍（Spatha）是一樣的。就算在文獻資料上看到Gladius或Spatha等單字，也不一定就是指現代分類中，所謂的羅馬短劍或羅馬長劍。

即使到了共和國後期，長型羅馬短劍仍繼續受到重用。劍身呈現些微的「黃蜂腰」且刃長超過60㎝，寬度則繼續加寬，最寬的劍甚至接近6㎝。柄頭多半是頗具特色的三葉草形。

■美茵茲型

這恐怕是羅馬短劍中最著名的劍型，底下還能再細分成6種子型。美茵茲型可能持續使用到1世紀後半。這種劍型擁有很長的劍尖，並呈現些微「黃蜂腰」或幾乎平行的劍刃（愈早期的愈細長）。最大的特徵是長度，比早期的羅馬短劍短了許多。像是把橢圓形切一半的劍格，以及呈六邊形截面的握柄上，設計有服貼手指的凹槽（也有截面呈橢圓形且沒有凹槽的種類）。柄頭變更為橢圓形，末端有著用來拴住劍莖的鈕扣。

劍鞘的基本構造與之前相同，不過開始加上裝飾用的板片。這些板片上都有非常精巧的金屬壓花工藝。

刃長34.4～59㎝（平均50㎝）、寬3.6～7.5㎝、劍尖長16～20㎝。現代還原的美茵茲型相當輕，重量僅約0.68～0.8㎏。

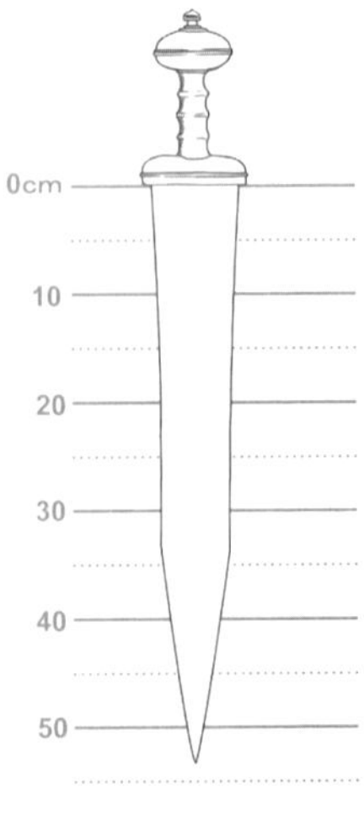

圖7：美茵茲型。

■拿布圖斯型、方蒂萊型

前1世紀中期開始出現的類型，同時擁有高盧劍與羅馬短劍的特徵。由於是從征服後的高盧人墓地發現的，因此可視為受到羅馬短劍影響的高盧劍。拿布圖斯型使用到公元25年前後，而方蒂萊型則使用到50年前後。

劍柄與劍鞘採羅馬形式。劍身比同時代的美茵茲型更長，約60～70㎝。雖然有可能是羅馬長劍的祖先，但證據並不充足。

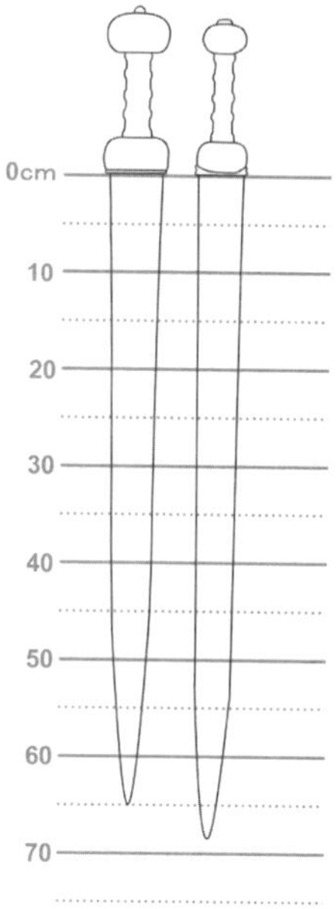

圖8：左：方蒂萊型。
右：拿布圖斯型。

■龐貝型

龐貝型羅馬短劍登場於1世紀後半（至少在公元60年時就曾用於不列顛尼亞），底下有3個子型。這種劍型的特徵是平行劍刃以及短小的劍尖，有些龐貝型還會加厚劍尖的尖端部分以提高穿透力。柄頭的形狀近似球形。

尺寸比美茵茲型小，減去了10～20%的重量。刃長36.5～56.5㎝、寬3.5～7㎝、劍尖長7～9㎝、重量約0.66㎏。

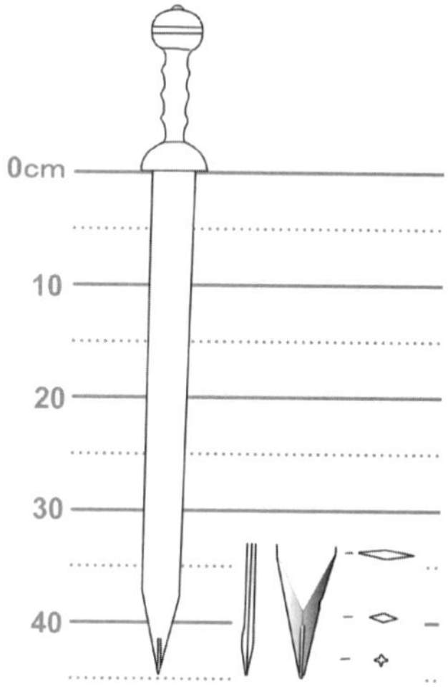

圖9：龐貝型。
右下是劍尖部分的正側面圖與截面圖。
可以看到劍的尖端得到補強。

■鷹頭型

皇帝或禁衛軍士兵身上常出現的佩劍，劍柄雕塑為鷹頭的形狀。可以說這不是指特定的劍型，而是指劍上裝飾的一部分。龐貝城出土的此種劍刃長39.6㎝、寬4.2㎝，鷹頭與劍刃呈直角。

■環首型

這種劍的誕生或許是受到2世紀居住於多瑙河流域的達契亞人所影響，稱為Ringknaufschwert。據信其原型是中國的環首劍。最大的特徵是以鍛焊的方式，將環形的柄頭焊到劍莖上，並擁有金屬製的棒狀劍格（通常羅馬短劍的劍格會用木頭或骨頭等材料製作）。雖然與此前的羅馬短劍一樣，都佩帶在腰部右邊，但樣式大有不同，採用的是將劍的掛帶穿過劍鞘上的劍璏，再吊起來的「璏式佩劍」。這種劍璏在2世紀後半非常普遍，可是進入3世紀後就銷聲匿跡了。

刃長45～50.5㎝、寬3～5㎝、劍尖長約6㎝。

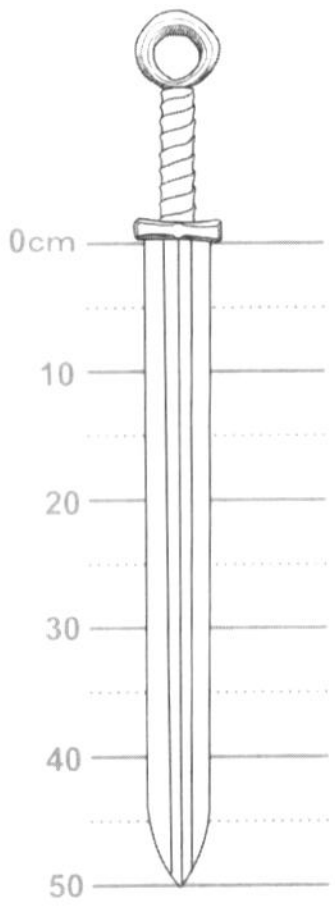

圖10：環首型。

■半長劍Semispatha

在環首型之後問世的短劍（有些比當時用的匕首還要短），曾用於3世紀。「半長劍」這個名字僅在維蓋提烏斯的著作中出現1次，原文是「他們的武器是種稱為Spatha的大型劍，以及稱為Semispatha的小型劍……」（第2卷第10章）。雖然這裡也有可能是指匕首，但或許因為念起來很順，後來就繼續使用這個名字了。

多個例子都顯示，這是種像是將羅馬長劍截短後的劍，劍尖與羅馬長劍相同。劍刃分為與龐貝型一樣的平行劍刃，以及三角形劍刃這2種。最大的特徵是劍身非常短。有種說法認為之所以會出現這種劍，是因為從較短的羅馬短劍汰換為較長的羅馬長劍時，喜歡短劍的士兵對長劍做了改造。不過筆者覺得這種說法，只是被「半長劍」這個現代分類名給影響了而已。

或許比較合理的解釋，是這種短劍本質上只是「與劍湊成同種款式的匕首」。如同中世紀歐洲的風氣那樣，可能這個時期在士兵間，也很流行持有與劍相同設計的匕首也說不定。

刃長29～39㎝、寬4～7.5㎝、劍尖長3～9㎝。

羅馬長劍Spatha

羅馬長劍被視為騎兵用的劍，比羅馬短劍更細長。與龐貝型羅馬短劍幾乎同期出現，研究指出，這兩者間可能有某種關聯。雖然往往會強調它的長度很長，但筆者認為，它與羅馬短劍之間真正的差異點是劍尖的長度。在羅馬短劍中除了龐貝型以外，其他型號都有較長的劍尖；與之相對的，羅馬長劍的劍尖則短了一些。這種設計的理由可能是考量到從馬上砍殺敵人的用途。

所有能夠測定年代的羅馬長劍中，出土於英國的紐斯特德型是最古老的型式。這種類型僅刃長63㎝、寬3～3.5㎝，而被認為幾乎同時期、出土於德國的羅特韋爾型，則是刃長76.8㎝、寬3.3㎝，有著相當長的劍身。

進入2世紀後，開展了一系列新的製造方法與設計實驗，這當中最著名的就是花紋鍛造法。這種作法是先重疊熟鐵與鋼做出鐵棒，再將鐵棒扭成芯材，最後再用硬鋼包覆芯材。以這種方式做出來的劍，不僅兼具硬度與柔軟度，也因為芯材會扭出獨特的波浪花紋而擁有著優美的外觀，裝飾性十足。此外，劍的截面除了原本的透鏡形之外，還多了多邊形或血槽設計，劍柄附近也會加入象嵌工藝的雕刻裝飾。

到了2世紀後半羅馬短劍式微，羅馬長劍一躍成為標準裝備（或許「羅馬短劍長劍化」是比較準確的描述）。2世紀前半大部分的劍刃長度都在50㎝上下，60㎝以上的劍只有20%左右，然而到了2世紀後半，已有50%左右的劍達到刃長60㎝以上，甚至連70㎝以上的劍都有14%之多。3世紀時長劍完全成為主流，93%的劍在60㎝以上，其中有一半是70～80㎝。

3世紀的劍可分類為以下2種。

斯特洛丙型（Straubing）／尼達姆型（Nydam）：細長型，劍身前端稍微收細，接著很短的劍尖。刃長65～80㎝、寬4～5.6㎝。多數都是3世紀中葉到後半葉的產物。

勞里亞庫姆型（Lauriacum）／赫羅莫夫卡型（Hromówka）：2世紀後半出現的劍型，形狀偏短而寬。劍身幾乎呈平行線，劍尖較長，可視為龐貝型羅馬短劍的演變型。

4世紀之後，劍的長度仍持續增長，平均刃長逐漸超過80㎝，不過劍型本身還是3世紀就成立的這2種類型。

斯特洛丙型在3世紀後半分化出Ejsbøl型與伊勒魯普型（Illerup）／維爾型（Wyhl）。前者的劍寬愈靠近劍尖愈窄，而後者的寬度則幾乎沒有變化。

後者這型到了5世紀還進一步加寬至5㎝。

勞里亞庫姆型在後來演變為奧斯特布爾肯型（Osterburken）／凱馬森型（Kemathen）。劍身非常寬大（6～7.7㎝，大部分為6～6.5㎝），而且從劍格到劍尖的寬度沒有變化。劍尖偏短，看起來比起刺擊更適合斬擊。

進入5世紀後，劍柄的形狀產生巨大的變化，與之前截然不同，這可能是受到薩珊王朝等文化的影響。劍的佩帶方式也同樣從肩掛式改為吊掛在腰帶上。

就在同一個時期，新的劍型也引進了羅馬。這種劍的起源據推測可能是入侵歐洲的匈人所使用的劍，起初只見於多瑙河沿岸，最後卻普及到整個西班牙。最大的特徵是又長又大的劍身，平均83㎝，有時候甚至超過90㎝，相當適合騎兵戰鬥。劍身寬度則幾乎保持固定，線條平緩地傾向劍尖。另一點是金屬製的劍格，這是之前的劍從未見過的特色。

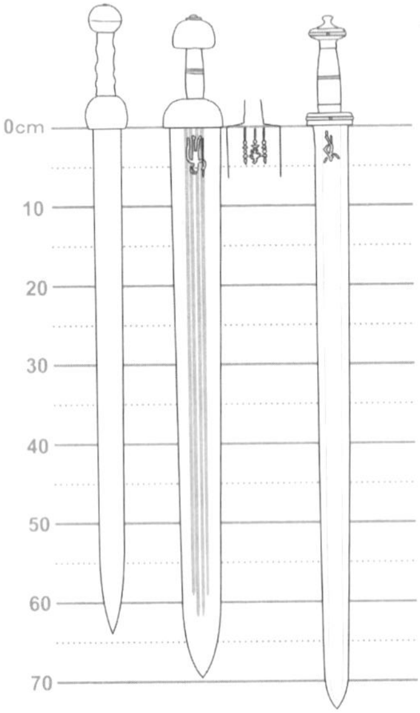

圖11：初期到中期的羅馬長劍。
左：紐斯特德型長劍。1世紀。
中間：勞里亞庫姆型。握柄等為推測。
右：斯特洛丙型。

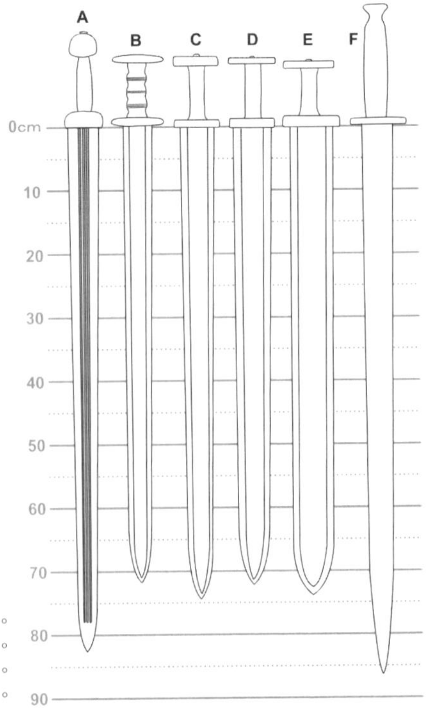

圖12：A：4世紀的Ejsbøl型。B：伊勒魯普3型。
C：維爾型。D：奧斯特布爾肯型。E：凱馬森型。
F：匈牙利出土的5世紀中期長劍。
是西羅馬帝國最後的劍型。

羅馬匕首Pugio

名字的語源是「刺穿」（Pungo，也有「拳頭」〔Pugnus〕或「劍術」〔Pugna〕等說法）。目前最早能確認到的紀錄，是西塞羅在描述凱撒遭暗殺時曾用過這個字。這是一種劍刃中央收細的雙面刃，最顯著的特徵是中央鼓起來的握柄。

古代的作家沒有留下關於羅馬匕首的起源，但從劍刃形狀與劍柄構造來看，肯定起源自希斯帕尼亞。羅馬軍團在前153～133年的努曼廷戰爭期間，將其當作戰利品引進羅馬，到了前1世紀前半，已經開始當作標準裝備分發給士兵。

現在將羅馬匕首分成3種類型，並隨著時代往前推進而逐漸大型化。早期羅馬匕首用於前2～1世紀，刃長17～22㎝、寬3～3.5㎝，形狀偏細且沒什麼裝飾。中期（前1世紀～2世紀前半）刃長18～25㎝、寬3～4㎝，雖然同樣纖細但已經能看見非常精緻的裝飾。後期（2世紀後半～3世紀）繼續加大至刃長30～35㎝，寬度最大可達7㎝，劍刃整體形狀變得寬大。至於裝飾則減少了許多，看起來頗為樸素。

軍團兵、輔助兵、騎兵、步兵等任何兵種都會使用這種羅馬匕首。

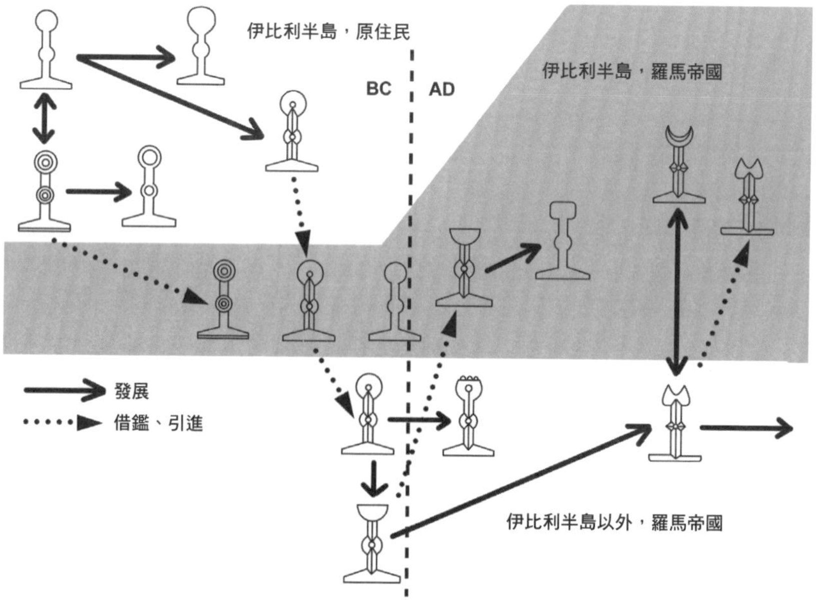

圖13：羅馬匕首的劍柄演變圖。參考自Quesada的圖。

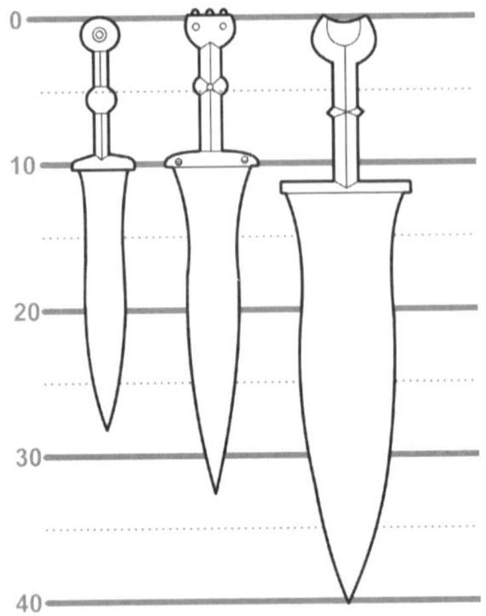

圖14：羅馬匕首的各個類型。
由左開始分別是前期、中期、後期。參考Saliola與Casprini。

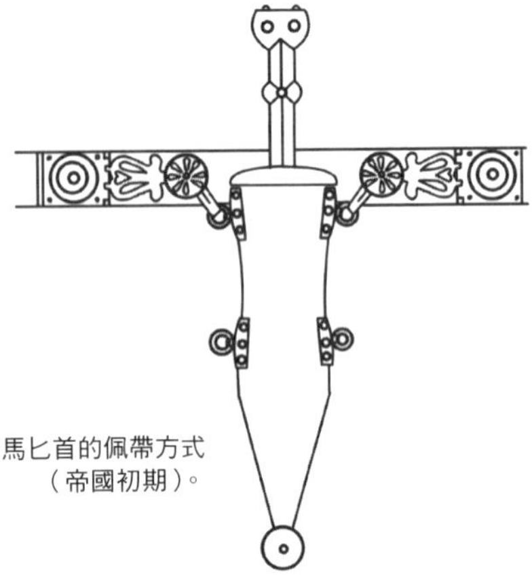

圖15：羅馬匕首的佩帶方式（帝國初期）。

劍鞘Vagina

在歐洲語言中，Vagina指的是女性性器官，不過這是從意指「劍鞘」的單字，衍生而來的古代黑話（男性性器官則是「劍」〔Gladius〕）。

從希臘引進的希臘短劍是吊在肩膀的掛帶上帶著走的。這種類型的吊掛方式，一旦劍晃來晃去的就可能纏到腳，相當礙事，因此需要用某種方法壓住劍。後世的歷史重演愛好者扮演羅馬軍時，會用腰帶綁住劍來壓著，古代可能也是採用類似的方法。

隨著羅馬短劍一同引進的希斯帕尼亞式吊掛方法，成為了之後的基礎。這種方法是將劍鞘上的環與腰帶上可以拉出來的細繩綁在一起，比以往的吊掛方式來得穩固許多。在3或4個環中，通常只會用到上面2個，不過可以依個人喜好自由調節。相較於中世紀的劍，羅馬人更傾向把劍吊高一點，因此鞘口會比腰部還高，柄頭則位在腋下。在帝國初期，劍用的腰帶與匕首用的腰帶，是2條相互交錯纏在腰上。

把劍掛在腰部右側的方式乍看之下很難拔劍，但實際操作看看就會發現，拔劍其實相當輕鬆。佩在右側的理由眾說紛紜，比較有說服力的說法有2種，一是劍吊在腰部左邊的話，手要拿劍時身體（與盾牌）就會旋轉，使身體暴露在盾牌外面。另一個說法是若拔劍前便已進入近身戰，那麼當身體緊貼盾牌時，佩在右邊才能拔劍。另一方面，百夫長與軍官則是佩在左邊。有一說是為了顯示自己的地位，但或許是因為沒有必要投擲標槍，所以掛在腰部左側也沒問題，到後來才演變成身分地位的象徵。

到了1世紀末，重新啟用劍掛帶，而腰帶只剩下用來掛匕首的1條。

進入2世紀後，隨著短劍被長劍取代，劍也改為佩在身體左側，這可能是因為劍變長後，想要從右邊拔劍變得困難許多吧！與此同時，吊掛劍鞘的方法也改回掛帶式，劍鞘裝上了稱為劍璏的Ω形配件，想要掛起來時，就將掛帶的兩端穿過劍璏的環，之後再纏繞劍鞘一圈來固定。

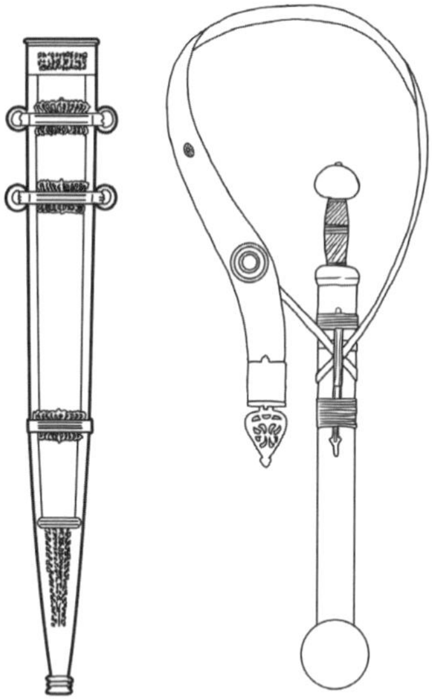

圖16：帝國時期的劍鞘。
左：共和國時期到帝國初期的劍鞘。右：2世紀後半的長劍吊掛法。細長的皮繩與粗皮帶上圓盤形金屬配件背面的環綁在一起。長度應該也是在這個部位調節。

◆矛、長矛Hasta

矛是應用最為廣泛的武器。與劍相比造價便宜，所需的技術門檻也比較低，且攻擊距離較長，還可以用來狩獵。拉丁語中，矛一般稱為Hasta，不過就像李維將少年兵的標槍稱為Hasta Velitaris，有時候這個字也會用來指標槍。有趣的是，小隊型軍團時期，持標槍的青年兵名為Hastati，取自Hasta，而持矛的後備兵的別稱Pilus，則源自Pilum（重標槍）。會有這種矛盾，筆者認為是因小隊型軍團剛成立時，Hasta與Pilum的意思其實是相反的，即Hasta指的是標槍而Pilum指的是矛，而這層意思便遺留在兵種的名稱中。金屬製的矛早在前10世紀就已問世，與劍一樣都以青銅製為主流。為了承受突刺時的衝擊，矛頭部分直到尖端都有做出補強。光看矛頭的話沒有辦法區分王政時期的矛與標槍，只能以小型的為標槍、大型的為矛、施加精緻裝飾的為矛等方式來區分，不過實際上很可能大部分的矛都兼有2種用途。大型矛的矛頭長達40～60㎝，寬大的矛頭可以對目標（人類或大型動物）造成更大的傷害。

2世紀之後，矛不再是軍團士兵的主要武器，但仍是騎兵的武器，且很長一段時間中都得到重用。

在往後的時代裡，矛有時候也被稱為戰鬥用短槍（Lancea Pugnatoria）。如3世紀奧理略・薩圖爾尼努斯的墓碑上所示，偵察兵或傳令兵會在矛頭的下方加上羽飾來當作標識。到了4世紀時，矛又重新回到步兵的裝備中，但不是所有士兵都持矛，許多人依然裝備著傳統的標槍與劍。雖然目前不清楚這時期矛的長度，不過可以推測大概是2～2.7m。從繪畫等資料來看，矛柄會塗成各式各樣的顏色。6世紀時，出現了阿瓦爾人式長矛，這是在矛柄中央加上皮繩以便更好操使矛的樣式。

當所有士兵都處在整齊劃一的密集狀態時，矛才能發揮最大的效果，不太適合用於散開狀態下的戰鬥，因此矛之所以能在後來的時代再次受到重用，可能顯示當時的戰鬥陣列變更為密集隊形。此外，矛的優點還有即使從盾牌的表面滑開，也會朝向敵人的臉或腳刺過去。

壁壘用長矛Pilum Muralium

直譯是「壁壘的標槍」，是用來「守護」壁壘的矛，但除此之外就沒有任何相關資訊了，恐怕與普通的矛沒什麼兩樣。這與兩端都是尖頭，用來構築防護柵欄的木樁（Sudes）是不一樣的東西。

◆標槍Veru

直到前4世紀中葉，標槍與近身戰使用的矛幾乎都是相同形狀，可以說是種「兩用矛」。

投擲標槍需要一定的空間。羅馬在前195年的斯巴達攻城戰中，針對斯巴達軍標槍的威力與命中率之低，李維有著如下說明：「（由於士兵太過密集）不僅無法採用邊跑邊投這種威力最高的方法，就連不受阻礙地好好踩住地面再投擲都做不到。」

標槍上綁有皮製的投矛索（Amentum）。只要將投矛索纏到標槍上，手指先勾住一端的圓圈再投擲，就能增加約50%的射程距離，再加上標槍會因此旋轉，能藉由陀螺儀效應讓標槍的彈道穩定，大幅增加命中率。以這種方式投出的標槍威力似乎相當驚人，在義大利墓地的壁畫上常見到手臂、腳甚至就連盾牌都被貫穿的場景。前331年的潘多西亞戰役中，伊庇魯斯國王亞歷山大一世（亞歷山大大帝的舅舅）就是被標槍一擊穿身而陣亡。

輕量的標槍槍頭長15～35㎝（幾乎都是20～30㎝），與槍桿的接合部分刻意做得很短，這樣命中時槍頭較容易壞掉。有些類型的標槍採用了重標槍小型化的版本，根據波利比烏斯描述，少年兵的標槍全長約90㎝，粗度約2㎝，而槍頭則是長23㎝，擁有細長的槍頭，插進地面時會彎曲，應該就屬於輕量型重標槍。現代的複製品重230g，其中90g為槍頭，是重量很輕的標槍。

重標槍Pilum

與羅馬短劍共同成為羅馬軍團士兵的象徵，是種槍頭很長的標槍。前4～3世紀時採納進羅馬軍的裝備中。Pilum（希臘語稱Hyssos）這個名字不論在當時還是現代都是相同意思，但這種武器過去也有其他名字，比如拉丁語的Veru、Verutum、Gaesum、Falarica，或是希臘語的Obeliskos、Gaison、Kontos等等。

關於重標槍的原型，現時最有力的說法是來自希斯帕尼亞的Soliferreum（意思是「全部為鐵」），以及Phalarica（或稱Falarica）這2種標槍。前者包含槍桿在內全部由鐵製成，後者則是具有長槍頭的標槍。其他的有力候補還有薩莫奈人在前6～5世紀使用過的長槍頭標槍，除此之外，前5～4世紀北義大利的高盧人墓地等處也曾出土類似的標槍（全長50～95㎝，槍頭有倒鉤。Vulci出土的標槍全長122.5㎝、槍頭長15㎝、寬3.2㎝）。由於當時各地都在使用形狀相近的標槍，可見重標槍肯定有著多個起源。

重標槍分為2種，粗重標槍（重型重標槍）的槍頭根部呈平坦莖狀，插入槍桿的固定座後再用鐵栓固定。細重標槍（輕型重標槍）則長得跟前面「標槍」條目所介紹的標槍一樣，採用普通的插槽型設計。這2種重標槍的差異貫穿了整個重標槍歷史，然而現今並不明白當年採用這種設計的理由。尤其是莖狀設計，畢竟所有可能是重標槍起源的標槍全都是插槽型，這讓莖狀設計顯得相當異類。重型重標槍的全長推測為2m左右。

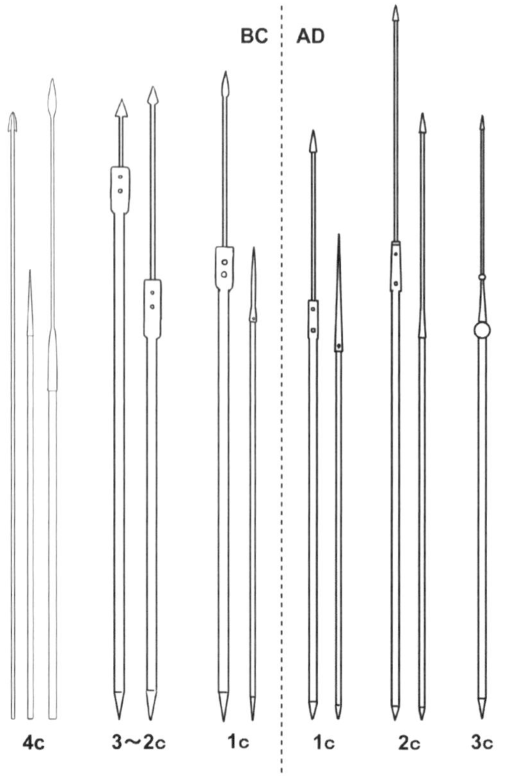

圖17：各種類型的重標槍。最左邊前4世紀的可能是重標槍原型的標槍。由左開始分別是Soliferreum（希斯帕尼亞）、Falarica（希斯帕尼亞）、高盧人的標槍（北義大利）。槍桿長度與粗細為筆者的想像。

■重型重標槍

目前出土最古老的重型重標槍，為前3世紀後半～2世紀後半的產物，最顯著的特徵是具有倒鉤且短的槍頭，以及莖狀接合部（特拉蒙型〔Telamon〕、舒米赫爾型〔Šmihel〕等）。槍頭全長27～40㎝、槍尖3.5～6.5㎝、寬2～3㎝、莖長7.5～10㎝、寬4.0～6.5㎝，整把標槍的重量為1.3～1.4㎏（槍頭0.3㎏）左右。

到了前2世紀中葉，開始出現有著超長槍頭的重標槍（雷涅夫拉斯型〔Renieblas〕、卡明雷亞爾型〔Caminreal〕等）。槍頭全長70㎝、槍尖6㎝、寬1.5㎝、槍頸部分55.4㎝、莖長9㎝、寬5.5㎝，重量約1.7㎏，其中槍頭約0.7㎏。槍頭前端呈金字塔形，沒有倒鉤。雷涅夫拉斯型的莖雖然很寬大，不過到了前1世紀前半的卡明雷亞爾型就變得細長了。

現在認為這個時期也是重標槍設計思想的轉變期。原本有倒鉤的槍尖，從其大小與短頸設計來看，並不適合用來貫穿盾牌等硬物，設計目的顯然是用來提高對輕裝甲敵人的殺傷力。另一方面，新型槍尖更為小型而且沒有倒鉤，因此殺傷力大幅減低。然而相反的，長槍頭會穿過槍尖擊穿的開口，足以刺傷位於盾牌後方的人。

帝國初期的重標槍是由卡明雷亞爾型發展而來（最具代表性的是奧伯拉登型〔Oberaden〕），其中最古老的例子可以追溯至公元前15年。這種型號最明顯的特徵，就是嵌在接合部前端的固定蓋（用來卡緊鐵栓的四邊形墊圈，也是首次出現在這種型號上）。這些零件都是為了讓接合部的木材在使用時不會破損，也顯示這個部位是重標槍在構造上的弱點。槍頭全長76.5～87.5㎝、槍尖長4～5㎝、寬1㎝，整體來說偏長。

來到弗拉維王朝時期（69～96年），重標槍的形狀有了重大變革：接合部下方多了一個球形的配重。Bishop認為，由於當時是內戰期，為了貫穿合板結構的羅馬長盾，才對舊式的重標槍做了改造，採用這種可以加強穿透力的設計。然而這種說法難以解釋，為何在過去的內戰期沒有做同樣的改造。筆者認為會出現這種設計，最直接的原因可能是當時開始流行的環片甲。到了3世紀，擁有2塊這種配重的款式也隨之問世。由於現在沒有相關的出土品，因此不清楚配重的材質，但或許是木製的。

2世紀中葉，重型重標槍的構造從莖狀的接合部演變為插槽型，同時槍頸部分也開始追加1個以上的隆起部位。這個隆起部位的功能究竟為何，目前還不清楚，Bishop認為是用來安裝配重的錨點，不過筆者覺得從插圖與照片來看，這要不是單純的裝飾，不然就是用來補強由愈來愈多零件組合而成的接合部。現在沒有出土實際樣本，所以可能是木製。

除掉以上幾點外，重標槍本身沒什麼變化。槍頭長約80㎝、槍尖長3～4㎝、寬1㎝左右。

■輕型重標槍

輕型重標槍的設計與前述少年兵所使用的標槍幾乎沒什麼差異。槍尖與重型重標槍一樣是金字塔形，並有著細長的槍頭。

在各式各樣的資料與解說書中，都會介紹重標槍的槍頭很容易彎曲，實際出土的樣品，往往也是在槍尖破損或槍頭彎折的狀態下發現的。讓這種思維進一步得到證實的是馬略的改革，他將用來固定槍頭的鐵栓換成木栓，刻意讓槍頭容易彎折。

然而實際的重標槍在設計上都將堅固當成首要目標，比如帝國時期採用的固定蓋就是其中一種手段。除此之外，重標槍也留下了用於近身戰的紀錄。既然要用在近身戰中，那至少得具備與近戰用長矛同等的耐用度才可以。在使用現代複製品的實驗中，最後也得出重標槍難以彎折的結論。

於是最合理的解釋就是「重標槍本來就製作得很堅固，並不像過往所說的那樣能夠輕易折彎」。

那麼該如何解釋出土的重標槍大部分都是彎折的呢？Bishop認為，這些都是等待修理的重標槍，只是因某些理由被廢棄。他針對各式各樣的折彎方式進行實驗，顯示槍頭從中間折彎的，是交戰時為了避免插在地面的標槍在之後造成阻礙，而被前進中的部隊踩歪的；至於從槍尖後折彎的，則是為了將貫穿盾牌的重標槍勉強拔起所造成的結果。

■飛鏢Hasta Plumbata

一般簡稱為Plumbata，在分類上屬於飛鏢的一種，可說是超小型的標槍。維蓋提烏斯稱為Mattiobarbula，6世紀的《戰略》則用希臘語稱為Martzobarboulon、Riptaria。

飛鏢的射程比弓箭還長，維蓋提烏斯還提到，步兵會在盾牌背面裝上5支飛鏢，可以一支一支抽出來射向敵人。莫里斯描述的飛鏢，則比維蓋提烏斯說的還要大型，且是放在皮袋裡帶著走。他建議戰鬥時先丟出飛鏢，接著再用標槍與矛進攻。

文獻資料與出土的文物構造幾乎一致。有倒鉤的鏢頭裝在木製的鏢桿上，後端跟箭矢一樣加上羽毛。鏢頭與鏢桿接合的部分裝有鉛製的配重，試圖補強接合部並增加威力與射程。出土品的尺寸為鏢頭長98～275㎜、重量130～350g。全長與射程距離視鏢桿長度的解釋而有多種說法，不過以前曾留下105㎝飛50m，以及51㎝飛61.3m的紀錄。

鏢桿會稍微突出到尾羽的後方，讓士兵用手抓住這裡，像投壘球一樣由下而上投擲，這被認為是最有效的投擲方式。不過除了這方法以外，也可以用投石索或投石棍投擲（實際上在希臘化時代，就曾出現飛鏢專用的投石索〔Kestrosphendon〕），在Elliot的實驗中，甚至達到了接近100m的射程。

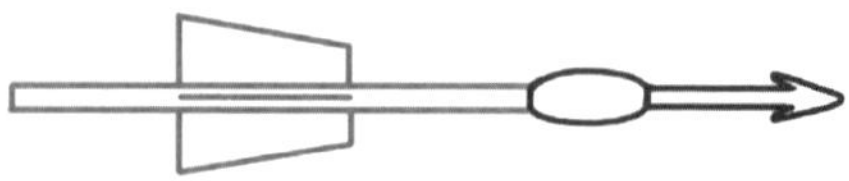

圖18：飛鏢（全長約50㎝）的復原圖。鏢頭長16㎝。

其他類型的槍矛

■短槍Lancea

這種標槍的名字語源為凱爾特語或凱爾特伊比利語，也是英語Lance的語源（要注意在原本的拉丁語中，標槍以外的槍矛也稱為Lancea）。在現代的定義中，Lancea指的是所有不像重標槍那樣有著很長的槍頭，而且擁有葉片形槍尖的標槍，並不是指某種特定標槍。2世紀後半登場的短槍兵（Lanciarius）就被認為裝備了這種標槍。輕型的標槍可能也會稱作Lancea Subarmalis。

■釘頭槍Spiculum

被視為重標槍後繼形式的一種標槍，登場於維蓋提烏斯的著作中。Spiculum的意思是「針」，可能是像輕型重標槍那樣，有著細長槍頭的標槍。不過Bishop認為，Spiculum這個單字是指涉所有箭矢或標槍的普通名詞，在考古學上也未曾發現可能是釘頭槍的遺物，因此對這種標槍的描述可能是維蓋提烏斯的誤解。

■蓋薩蒂標槍Gaesum

名字源自阿爾卑斯山脈南側的高盧人部落蓋薩蒂人。這種標槍有著類似輕型重標槍的插槽型長槍頭（55～60㎝），槍頭寬扁有著倒鉤。曾經廣泛使用於日耳曼尼亞到不列顛尼亞，可能是日耳曼尼亞的標槍被羅馬軍採納後改良的類型。

■盧庫魯斯矛Luculleas

登場於蘇埃托尼烏斯的《圖密善傳》，可能是起源於不列顛尼亞的矛。傳說中是不列顛尼亞行省總督撒路斯提烏斯・盧庫魯斯（公元80年代？）發明的矛，關於此矛詳情不明，只知道嫉妒其評價的皇帝對總督降下處罰。

■輕標槍Verutum

這是種輕量的標槍，不過也可能是指所有標槍，而不是某種特定的標槍。

◆其他武器

戰斧Securis

戰斧曾出現在王政時期的雕像等作品上，似乎是種展示身分或階級的象徵。

主要為青銅製，採用在彎成L形的握柄上插入斧頭插槽的設計。儘管之後戰斧不再是一般常用的武器，不過3世紀後半，加里恩努斯在位時又重新復活成為騎兵用的武器。ND的插圖中可以看到與各種裝備混在一起的雙頭或單頭戰斧。

3世紀時還曾有一種法蘭克人使用的投斧，稱為「弗朗奇斯卡」。這種投斧的造形是短柄上裝有奇特弧度的拱形斧頭，而從斧頭形狀來看可能無法用於近身戰。由於射程距離短，精準度又低，使用方式應該是在即將接戰時對著敵人大量投擲出去。這種投斧最大的效果是能夠劈開敵方盾牌，而且只要能打到某個部位，就算不是用斧刃打到也具有讓敵方昏厥的威力。

棍棒Fustis

這是用來對付4世紀波斯等地的重裝騎兵所使用的武器，構造是在木棒上裝設鐵刺或金屬板片。金屬製的鎧甲雖然能抵擋劍刃的傷害，卻無法抵銷棍棒等鈍器造成的衝擊力，因此面對重武裝的敵人特別有效。在3世紀初參加卡拉卡拉帕提亞遠征的斯巴達士兵馬可・奧理略・亞歷克西斯的墓碑上，就雕著他手持棍棒的塑像（也有說法認為，這根棍棒是自稱為海克力斯後裔的斯巴達人的象徵）。

日耳曼尼亞人曾用過投擲用的棍棒，不過沒有證據表明羅馬引入這項武器。

弓箭Arcus & Sagitta

早期的弓只是從木頭上裁下來的簡易弓，稱為丸木弓，不僅威力低，命中率也不高。之後羅馬軍開始使用起源自東方的複合弓。這種弓在木製的本體，黏上動物的角或肌腱來增加強度，同時也能更有效地將蓄積在弓上的能量傳達給箭矢。從頗具特色的形狀來看，羅馬軍使用的弓，應該是經由希臘傳入的斯基泰弓，而以復原的弓來測試，可知拉力為36～63kg左右。

5世紀時引進了匈人（以及馬扎爾人）的弓。匈人的弓使用獸骨強化了握把，讓射擊更為方便。另外匈人的弓分為上下對稱與不對稱2種，上下不對稱的弓主要用於馬上。

如6世紀的《戰略》所闡述，「想要射出強勁的一箭，最重要的是速度……事實上不論再精準，只要無法接連不斷地快速射擊就沒有意義」（第1卷第1節）。在戰場上重視的是射擊速度與威力，準確度則不那麼重要。

關於弓箭的最大射程或有效射程可謂眾說紛紜，因為比起弓本體的結構，射手的能力對弓射程及威力的影響更為巨大。自古以來就將300m稱為「弓箭的距離」（Bowshot，飛行距離，有時候也指稱133m的目標距離），由此似乎可以看出，當時的人已認識到箭矢可以飛行300m，但在130m之外就有被狙擊的危險。另一方面，從現時的主流意見來說，都認為有效射程落在50～100m。

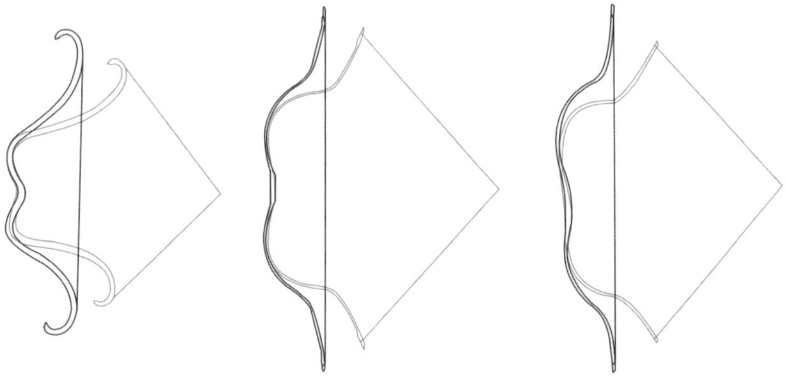

圖19：羅馬使用的弓。由左開始分別是斯基泰型、匈人型（上下對稱）、匈人型（上下不對稱）。根據Loades的圖所繪製。

投石索Fundus

投石索從遙遠的古代就是用於戰爭或護身的遠距離武器，也是最簡易的武器之一。投石索是一條中央縫上兜套的繩子，把石頭裝進兜套裡再舉到頭頂旋轉，就可以在適當時機拋向敵人。所有軍團兵（幾乎可以肯定也包含輔助兵）都要學習投石索的用法。

第2章 防具

◆頭盔

在早期拉丁語中，頭盔會使用Cassis與Galea這2個單字，前者源自伊特魯里亞語，意思是「金屬製的頭盔」，而後者則源自「毛皮帽子」（Galeus），指的是「皮製的頭盔」。在日後也曾使用希臘語Kranos來指頭盔。

王政時期

前8世紀最著名的頭盔是稱為微蘭諾威型的頭盔。微蘭諾威（Villanova）是鐵器時代早期的文明，也被視為伊特魯里亞等文明的母體。微蘭諾威型頭盔為青銅製，最顯著的特徵是頭頂那貫穿前後的巨大青銅製盔飾。

在波隆那也曾發現用藤的編織物當成底座固定青銅製圓盤，然後在空隙中插入釘子的頭盔。

這個時期也開始從伊特魯里亞等地傳入起源自希臘的頭盔。內米湖出土的前7世紀原始科林斯型頭盔就是一個例子，這種頭盔可能在皮革內襯縫上了用以象徵鬍鬚的毛皮。

前6世紀出現於伊特魯里亞的新式頭盔稱為涅高烏型（Negau）。頭

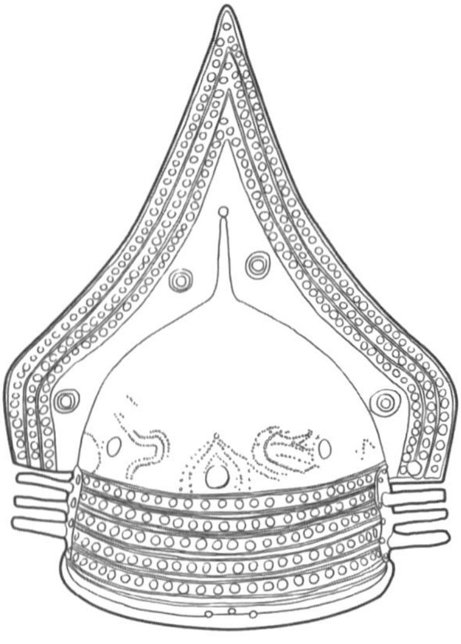

圖20：微蘭諾威型頭盔。
插圖的頭盔是擺向側面，實際戴上頭盔時，
頭上的盔飾要呈由前往後的方向。
參考Travis的插圖所繪製。

盔的盔體有著前後突起的峰，底部刻出一圈溝槽，頭盔的邊緣則像帽子的帽緣一樣往外張開。這種頭盔沒有護頰，是用皮革製的繩子固定在下巴，有些頭盔還裝上了羽飾。到了共和國初期，也發現有著精緻裝飾的頭盔。

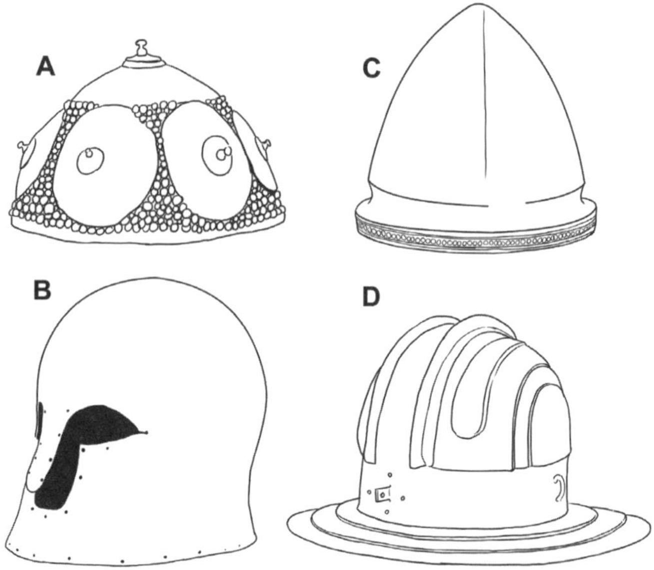

圖21：A：在編織物上固定青銅圓盤與釘子的頭盔。B：內米湖出土的原始科林斯型頭盔。C：涅高烏型。D：涅高烏型的一種。

這個時期的羽飾（Crista）主要採用由盔體前面延伸到後方的形式。羽飾通常由馬毛或鳥羽製成，可以讓自己看起來更高大，具有威嚇對手的效果。

至於由左排列到右的羽飾（Crista Transversa）也早在王政時期就出現了，是展現身分或指揮官地位（尤其是百夫長）的標識。這種類型的羽飾可能起源自希臘。

共和國時期

進入共和國時期後，雖然起源自希臘的頭盔得到廣泛使用，但幾乎都加上了義大利式的改造。

在涅高烏型之後，流行的是阿普洛－科林斯型頭盔。這種頭盔的形式與希臘的科林斯型頭盔不同，不是罩住整個頭部，只是戴在頭頂而已。前6世紀出現於義大利中部，底下還分成5個子型，包含像原型那樣鑿開眼睛與護頰縫隙的類型，或是不開孔，僅用刻線模擬開口部分的類型。本體厚度約

0.5～2㎜，重量為1kg，有些還附有護頰。頭盔本體的臉頰部分，時常用線條刻上野豬、斯芬克斯、獅子、牛、馬等各種動物。

阿提卡型頭盔也相當普及。阿提卡型在發源地希臘本土不太受到青睞，卻在流傳進義大利後大為流行，一舉成為日後象徵古代頭盔的代表性例子。沒有護鼻、有著合頁結構的護頰，以及前後方向的羽飾，是阿提卡型最明顯的特徵。額頭部分與此前的頭盔不同相當突出，像是裝上了其他金屬板。

在同一個時期的南義大利，尤其是以稱為大希臘的希臘殖民都市為中心的薩莫奈地區，當時最為流行的是哈爾基斯型頭盔。這種頭盔縮小了護鼻，臉部開口較大，護頰上則刻有象徵蛇的漩渦紋路。為了保護後腦勺，加長了頭盔的盔體，並順勢加深了耳朵的開口部分。

在義大利也發現了幾個頭頂裝有動物頭像的哈爾基斯型頭盔。

還有一種圓錐形頭盔也受到廣泛使用，其形狀源自稱為皮羅斯的圓錐形帽子。在一些特殊的例子中，也出土了雕有女神或森林之神法烏努斯的立體塑像並附上面具的頭盔。

佛里幾亞型頭盔也在引進義大利後發展出獨自的特色。這種衍生型的頭盔以發現地命名為孔韋爾薩諾型頭盔，登場於前5世紀後半。頭頂部分有波浪般的青銅盔飾，太陽穴旁的青銅羽毛裝飾更是相當有特色。另外還有頭頂波浪突起比較小的版本。

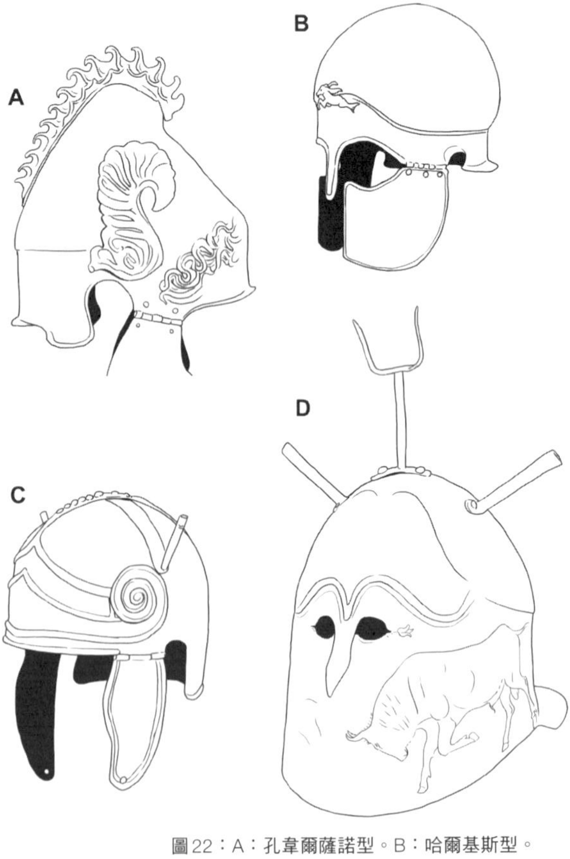

圖22：A：孔韋爾薩諾型。B：哈爾基斯型。C：阿提卡型。D：阿普洛－科林斯C型。

■蒙特福爾蒂諾型

在共和國後期最為普及的，是據稱起源於高盧的蒙特福爾蒂諾型（Montefortino）頭盔。由於形狀單純、造價低廉，從前4世紀～公元1世紀都在使用。其形狀為青銅製的盔體加上小片護頸，製造成本比其他類型低，卻又保有適當的防護能力。盔體頂部有著開了一個孔的小突起，可以用來插上羽飾。護頸上面有打孔，可以裝上用來穿過綁繩的小環。綁繩的綁法是從護頸穿到護頰內側或頭盔側面的環，最後在下巴打結。

現在確認到的子型有A～F這6種。

A與B是基本型，除了羅馬外也曾用於高盧與迦太基。兩者之間的差異在於有無裝飾，B的造形較為簡樸一些。通常裝飾會配在盔體邊緣，不過也曾

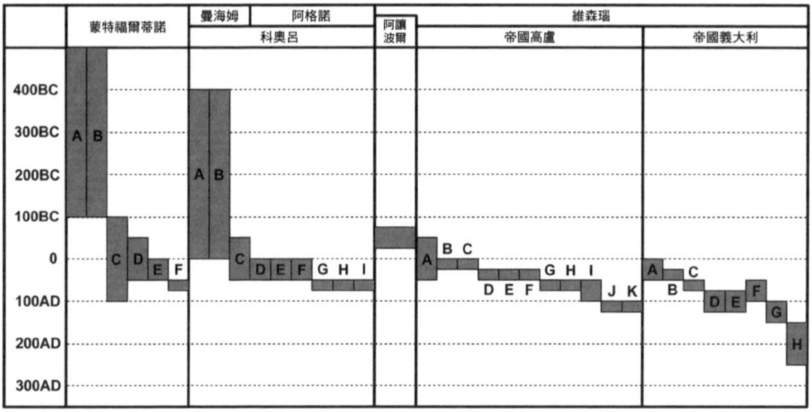

圖23：共和國時期～帝國中期，各種頭盔的使用時期。基於Travis的圖所繪製。

發現像是用鱗片覆蓋盔體的裝飾手法。C與D是前1世紀問世的類型，由於此時裝備開始由政府提供，因此現在認為這2型是從大量生產頭盔的需求發展而來。C型又稱為Buggenum型，形狀類似A與B但造形更為簡易，頭頂的突起變得更小，護頸則更為寬大平坦。D型頭頂的突起是另外製作後再裝到盔體上的。從這時候開始出現為了防鏽或裝飾，而經過鍍錫加工的頭盔（鍍錫後的外觀像是鍍銀）。從前1世紀～公元1世紀所製造的E與F型有著更寬大的護頸。

早期的型號沒有護頰，並且是用皮繩綁緊固定。早期的護頰原本是高盧風格，由3個圓組合在一起的形狀，不過從前3世紀起就變化為保護顴骨與下巴的外形。

根據波利比烏斯描述，頭盔上會插3支46㎝高的黑色或紫色（或鮮紅色）羽毛當作羽飾，不過從當時的繪畫資料來看，很多都只是插上馬毛束（通常分成左右兩邊）而已。此外，在側面插鳥羽也是很受歡迎的裝飾方式。Cowan認為這種類型的羽飾象徵著戰神瑪爾斯（或是薩莫奈人的戰神瑪莫爾斯）。

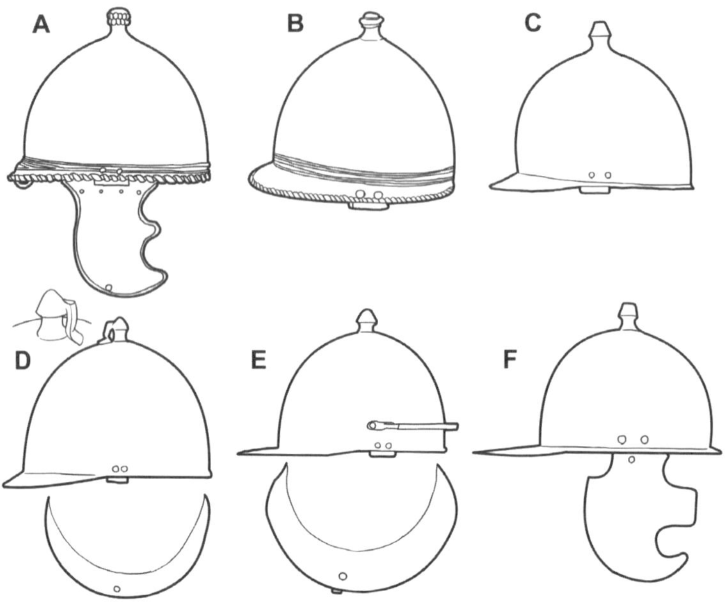

圖24：蒙特福爾蒂諾型的各種子型。基於Travis的圖所繪製。

帝國時期

■科奧呂型Coolus

1世紀之後開始成為主流，是以歐洲大陸的高盧人頭盔為基礎所設計。可分成A～I這9種子型，有時候也分為曼海姆型（Mannheim，即A～C型）與阿格諾型（Hagenau，即D～G型）。

A～C型：登場於前1世紀。盔體比蒙特福爾蒂諾型還要平扁，且沒有用來插羽飾的突起，所以更容易製造。A型沒有護頰，C型的護頸往兩側突出是各自的特徵。凱撒在高盧戰爭時期大量供應了這種頭盔。

D～G型：頭頂有突起，這或許是因為產地從高盧轉移至義大利，也可能是軍團兵與輔助兵之間的差異（A～C型比較厚實，品質也更好）。在護頸變得更寬大的同時也往兩側延伸，開始能保護到整個後頸與肩膀。

H型：額頭部分追加了補強用的金屬片。I型的盔體後半部往下降一階，頭盔不再會因為敵人的攻擊而歪掉。與護頰的連接處開始使用3顆鉚釘（以往只有2顆）。

從C型之後開始追加護眉條。這塊部件不是用來遮蔽陽光，而是為了讓正面劈砍下來的攻擊可以遠離臉部所做的設計。

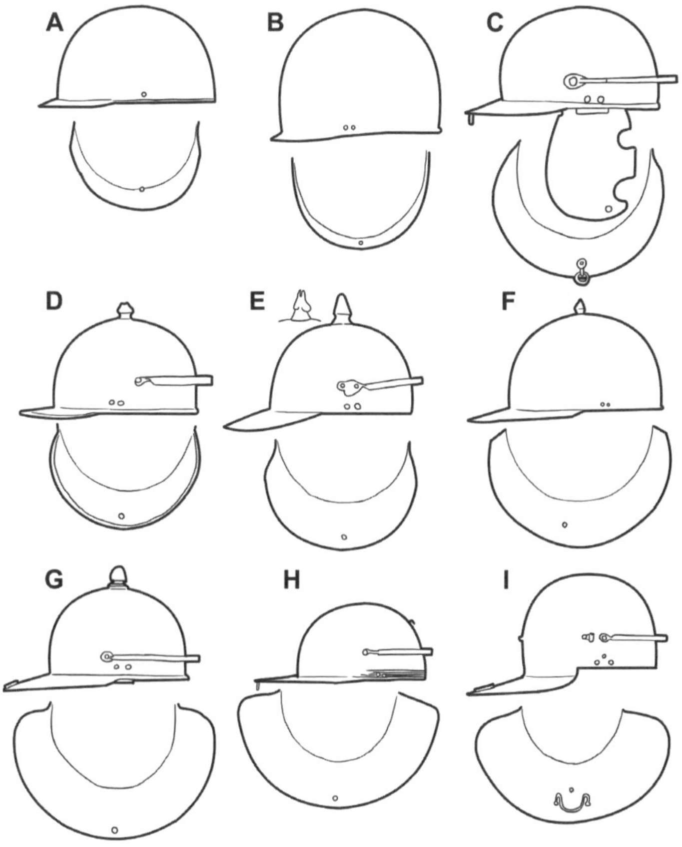

圖25：科奧呂型的各種子型。護頸是從上方俯瞰時的圖。基於Travis的圖所繪製。

■阿提卡型

從1世紀末～3世紀，阿提卡型的額頭部分變成垂直立起的形狀。許多阿提卡型加上了非常精緻的裝飾，有些還有面具，不過這當中大部分都過於厚實（最厚的甚至達到7㎜，正常只有1～3㎜左右），也過於巨大而限制了頭部的活動，因此這些阿提卡型可能混入了不少並非用於戰鬥的遊行用頭盔。

這一型的頭盔即使到了4世紀的浮雕等創作中，還是與同時代使用的頭盔一起出現，似乎在東方特別受到歡迎。直到6世紀以後，才從繪畫資料上銷聲匿跡，這麼算起來，阿提卡型有將近1千年的時間都活躍在最前線。

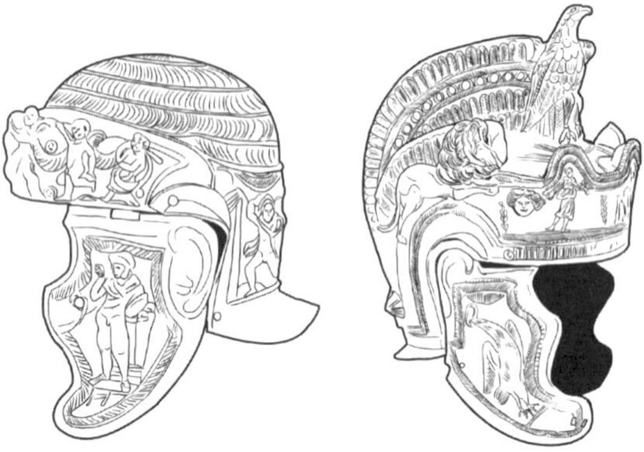

圖26：帝國時期的阿提卡型頭盔（或儀式用騎兵頭盔I型）。
左：塞爾維亞出土。1世紀後半～2世紀。
右：泰倫霍芬出土。2世紀後半。

■阿讓型Agen、波爾型Port

這些是歐洲本土的高盧人所使用的鐵盔種類，也是後來帝國高盧型的原型之一。

阿讓型圍繞著整個盔體多了一圈護片。現在已發現4個樣本，除了其中1個樣本外，其他都沒有用來裝羽飾的金屬配件。

波爾型最明顯的特徵是非常深的盔體，並在小型的護頸上有著2條隆起。盔體正面有著象徵眉毛的獨特裝飾，這個裝飾也沿襲到後來的頭盔上。

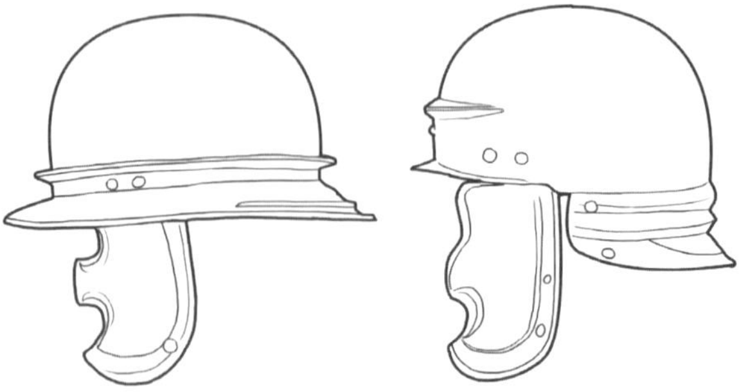

圖27：左：阿讓型。右：波爾型。基於Travis的圖所繪製。

■帝國高盧型 Imperial Gallic

征服高盧後問世的類型。以高盧人的頭盔為基礎所設計，目前可確認到A～K共11種子型。最具代表性的是以下幾種。

A型：整體形狀借鑑自波爾型，護眉條與裝飾用的補強條配置在同一線上，另外也跟阿讓型一樣，有一圈圍繞盔體的補強條。護頸加大並往兩側擴張，護眉條也得到強化。護頰在眼睛與嘴巴的部分有開口，不過耳朵部分卻沒有。

B型：盔體更為圓潤，耳孔上方多了突出的保護條。護頸稍微縮小，不過向下傾斜以確保擁有相同的保護範圍。護頰的後方上端多切了一小塊，讓耳朵露出更多面積。

C型：與B型同樣都是比較圓潤的盔體，不過後半部大幅下降，加上更為寬大的護頸以更有效地保護頸部。護頰的後方有個突起，可以讓來自前方的攻擊往外側滑開。眼睛與嘴巴開口處之間的突起呈現更平緩的弧度。

F型：用於1世紀後半。眉狀紋的裝飾更為顯眼巨大，而後腦勺的高低落差則沒有C型這麼深。護頸的邊角較為圓滑，沒有這麼向兩側突出。F型最大的特徵是頭頂的羽飾接合處，採用帝國義大利型特有的轉鎖式設計（但不清楚是否當初製造時是插槽式，後來才改造成轉鎖式）。

G型：半球形的盔體上敲出簡略化的眉狀紋樣，而後腦勺再敲出3條、護頸上2條的隆起（其中1條為了保留可以用鉚釘釘住D型環的

圖28：帝國高盧型的主要子型示意圖。
基於Travis的圖所繪製。

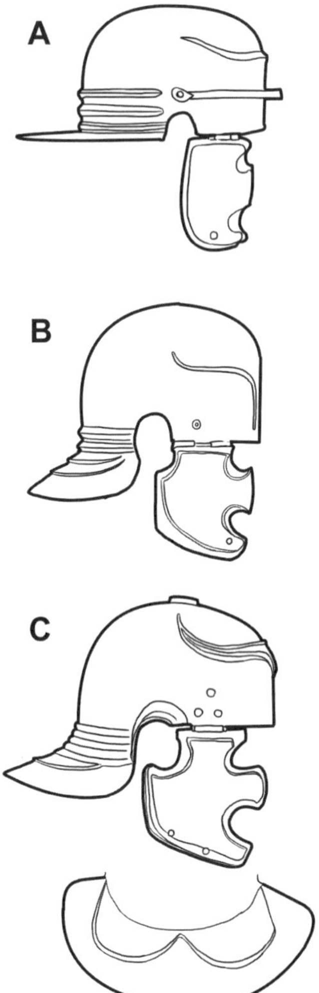

空間，做成2個半圓連在一起的形狀）。護頸的鉚釘與裝上護頰用的鉚釘各2個，護頰上的鉚釘則有3個（除了最下面那個外，其他2個是裝飾），而且全部都用裝飾片蓋起來。

護頰的設計變得更為圓滑，並加上青銅的包邊與保護脖頸的突起。合頁底下做出用來增加強韌度的隆起。

H型：將G型護頸的角度做得更深的改良型。青銅製的則被分類為I型。

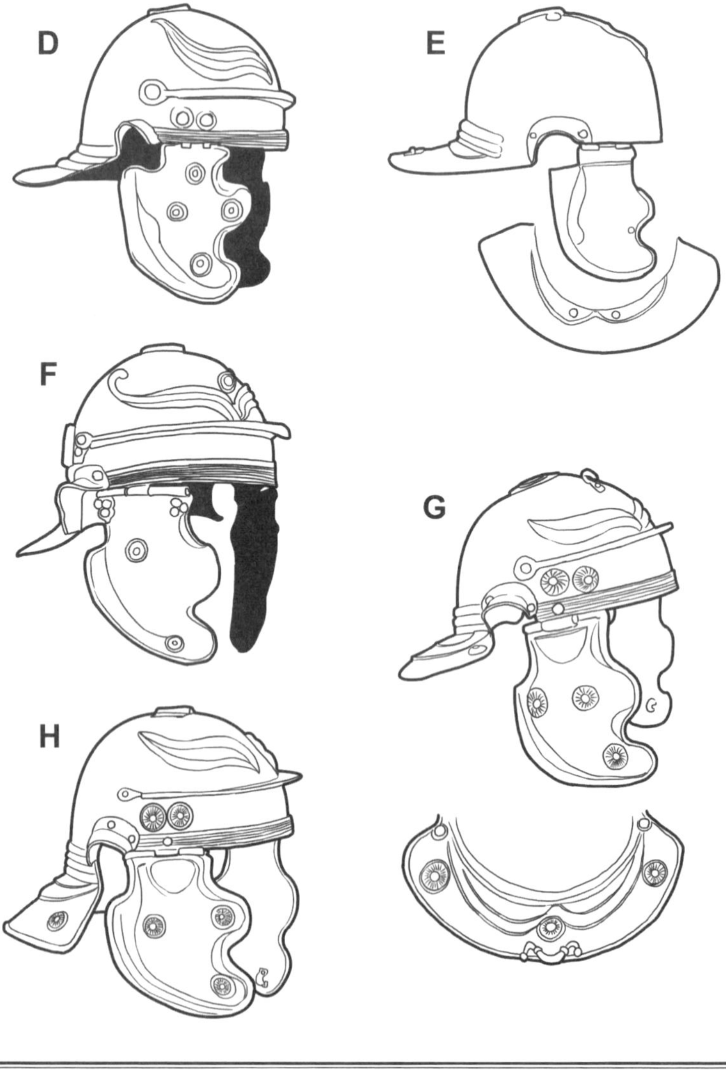

■帝國義大利型Imperial Italic

在帝國高盧型上加入傳統義大利頭盔特色的類型，推測應是以高盧型頭盔為基礎，在義大利的工房生產的。與高盧型的差異在於加強了護眉條（不是像高盧型那樣直接裝上鐵片，而是把外緣彎成直角來提高強度），採用轉鎖式的設計來裝上羽飾（高盧型為插槽式）。此外，護頰下半部不再做出用來保護喉嚨的突起，也沒有眉狀紋樣。

目前可確認有A～H等8種類型。F型只有1個樣本，可能是特別訂製的頭盔，因此這裡不多解說。

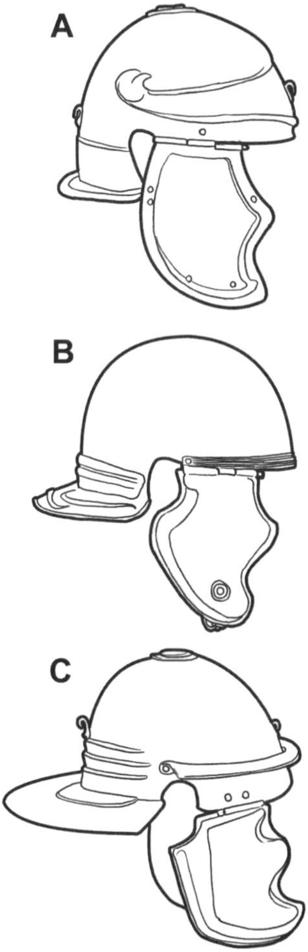

圖29：帝國義大利型的子型示意圖。
盔體前後的小鉤是用來固定羽飾的金屬配件。
H型的護頰是筆者的推測。
基於Travis的圖所繪製。

A型：1世紀登場的類型，與龐貝城同時被掩埋在火山灰下的赫庫蘭尼姆古城中，也出土了這種頭盔。從當下狀況判斷，應該是城鎮裡負責警備或消防的警備隊隊員所使用的。由於裝飾風格非常古老，很有可能是儀式用的頭盔。

後腦勺垂直下降，耳孔則沿著耳朵形狀切出弧度。護頸呈水平且相當小片。額頭可以看見類似阿提卡型護額的裝飾。羽飾的安插方式分為轉鎖式與T形插槽式，其中有幾個樣本在盔體前後還有鉤環，可以用來固定羽飾的前後端。

B型：鐵盔。後腦勺垂直下降，在底部做出隆起。護頸不大，邊角部分圓滑，中央還有1條補強用的隆起。與高盧型不同，用來穿過綁帶的D型環是扣在護頸的邊緣附近。耳孔的外緣稍微往外側突出以保護耳朵。盔體前方的邊緣追加了青銅製的補強板。

C型：青銅盔。後腦勺的隆起相當寬且平扁，護頸也同樣平坦而寬大。這是義大利型中最早加入護眉條的版本，從出土品來看，公元69年時仍在使用。

D型：外觀上接近C型，不過裝飾更為華麗。此型具備護耳，而且額頭的補強板相當寬大。後腦勺也有相同的補強板，不過此處的補強板還從後腦勺延伸到護頸上。護頸與C型一樣寬大，邊角也沒有磨圓，護頸中央有著搬運用的提手。護眉條相較於高盧型做得比較小，而且裝在更前端的位置。

E型：設計形似D型，差別在於護頸呈傾斜狀，此外，護頰內側用來穿過綁繩的D型環有2個。

G型：這是2世紀的頭盔，又稱為希布倫型（Hebron）。形狀類似D或E型，有著較深的盔體與寬大傾斜的護頸。護頸上有形狀像是2個半圓連在一起的補強用隆起，中央部分則有搬運用的提手，以及用來穿過綁繩的D型環。

這個型號最顯著的特徵，是串聯頭盔前後左右的十字形補強條，這是用來因應由上往下劈砍的斬擊。從頭盔的時期來看，有說法這是為了對抗達契亞人所使用的雙手鐮（Falx），但似乎也未成定論。為了加裝這種補強條，這一型的頭盔無法再裝上羽飾。

H型：2～3世紀出現的最終型號，設計思維與此前的所有頭盔大相逕庭。盔體的後腦勺部分大幅往下降，並做出5條顯眼高聳的隆起，底部則銜接護頸。護頸不僅非常寬，傾斜角度也很大，可以完全

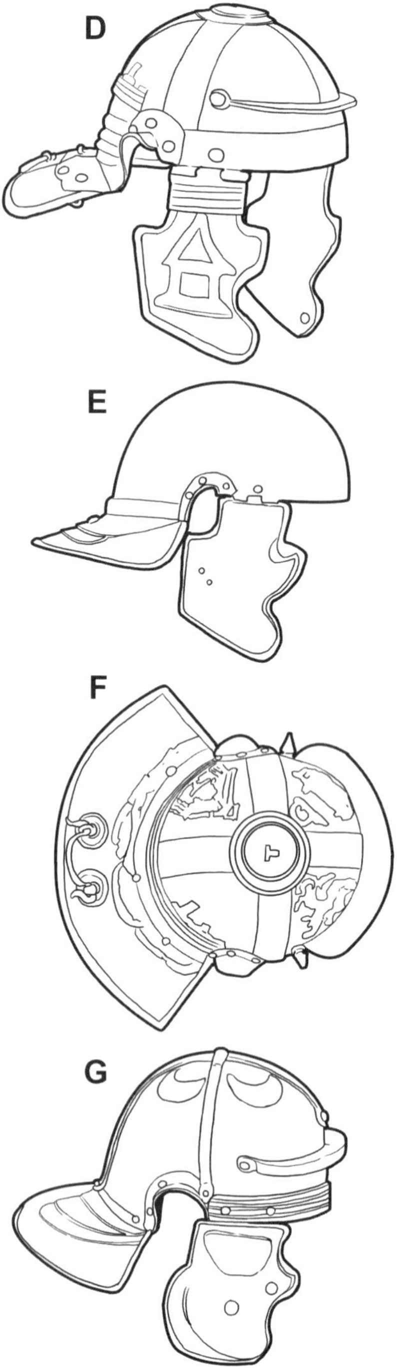

蓋住頸部。搬運用的提手也隨之變大。盔體上有連接前後左右的補強條，或是形狀仿造補強條的中脊，頭頂則裝上大型的圓盤裝飾。

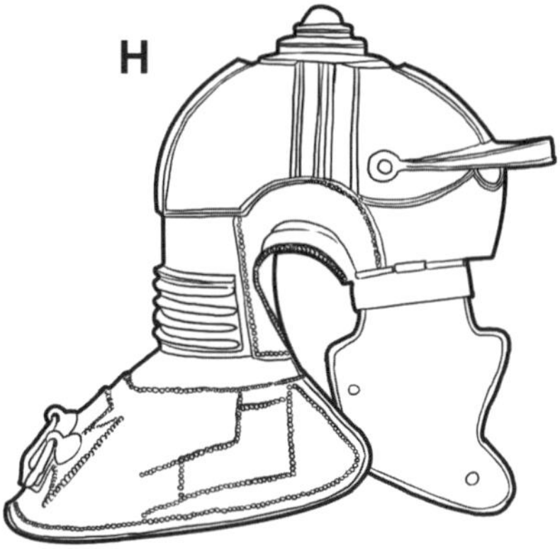

■輔助步兵型

以往認為這些是帝國時期品質較低的頭盔，是輔助部隊的步兵在使用，然而隨著刻有所屬軍團名的頭盔被發現，才知道軍團兵也使用過這種頭盔。筆者認為輔助部隊與軍團兵的裝備沒什麼太大差別，單純將這種頭盔視為品質較低的劣質品應該是比較合理的解釋。

A型：1世紀中葉的頭盔，設計類似科奧呂I型。

B型：設計接近帝國高盧型，護眉條裝在高處。

C型：2世紀的頭盔。造形像是騎兵型的D與E型並有補強條，不同的是補強條的鉚接位置，全部都在同一個高度，這點與騎兵用的有所差異。頭盔上還有片小型的護眉條，護眉條的中央有個小突起，安裝時把這個小突起插進頭盔上鑿開的小縫再折彎就能固定住。

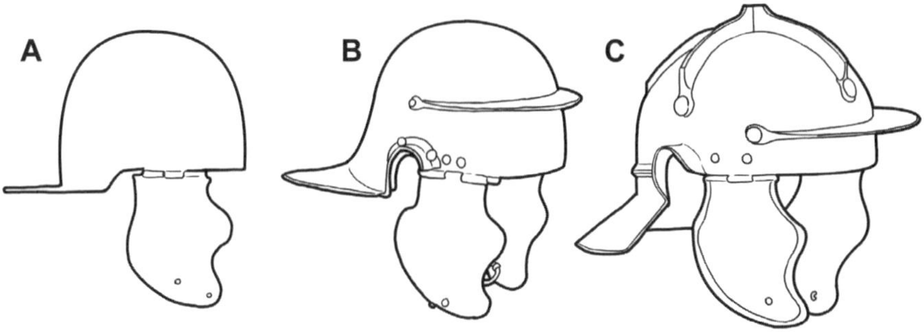

圖30：輔助步兵型的各個子型。A型的護頰是筆者的猜想。
基於Travis的圖所繪製。

■騎兵型

這類頭盔包含輔助部隊的騎兵用頭盔以及儀式用的頭盔，其中騎兵用9種、儀式用10種，共多達19種類型。分類本身沒有太深的意涵，不過是把看起來不像是步兵用或實戰用的設計，當成是騎兵用頭盔全部放在同一個類別而已。

如同「輔助步兵型」條目提到的，現在這些分類已經沒什麼意義，不論騎兵還是步兵都會使用幾乎所有類型的頭盔（尤其是C型以後）。目前也已逐漸了解，即使為頭盔施以華麗的裝飾，也還是會用於實戰中。

騎兵用A型：又稱為韋勒型（Weiler），是1世紀的頭盔。從半球形的盔體與往下加長的後腦勺伸出一片小型護頸。其中可以看到有些頭盔在鐵的底座上，覆蓋青銅製或銀製的金屬板，上面雕有相當精緻的頭髮。此型可能在額頭上追加了寬大的補強板。

騎兵用B型：雖然與A型很像，不過護頸傾斜，覆蓋面積也比較大。儘管鑿開了附有護耳的耳孔，但會被護頰完全遮住。護頰與帝國高盧型相比線條平緩，整體形狀較圓潤，耳孔部分還雕有耳朵形狀的紋路。在英國的維查格萊佛發現的樣本上，盔體的中心線釘了2排鉚釘，本來可能有著固定式的羽飾。

騎兵用C型：2世紀後開始出現的子型，而從此之後的型號有時也會統稱為內德比伯型（Neiderbieber）。特徵是尖銳的護眉條，盔體後方則下降到幾乎要碰到肩膀，銜接了一片微微傾斜的小護頸。

圖31：各種騎兵用頭盔的子型。
B與H型基於Travis的圖所繪製。

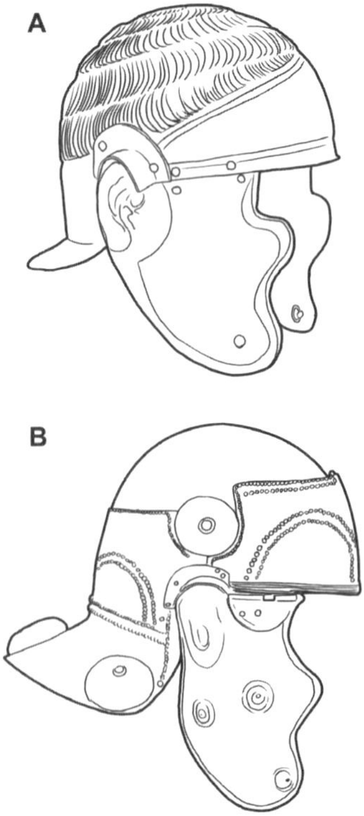

騎兵用D～I型：登場於2世紀中期，持續使用到4世紀。是內德比伯型的一種，也是羅馬軍的頭盔中，被認為防禦性能最好的頭盔。盔體後半部往下垂到肩膀，護頸則向外傾斜延長。許多樣本的護眉條都很尖銳，也有方向朝上或朝下而非水平的款式。護眉條的下方追加了補強板。雖然有耳孔，但還是被護夾遮住了。儘管有些盔體加裝了補強條，不過不是以往的棒狀而是板片狀，且與盔體表面呈直角。相較於以往的頭盔，這麼做更能有效地吸收衝擊力，也避免敵方的武器直接碰觸到頭部。此外，用來安裝補強條的鉚釘也像棘刺般尖銳。

護頰非常大片，與盔體之間幾乎沒有縫隙，下巴前方的部分完全重合。另外還存在包覆下巴或嘴巴的類型。

E

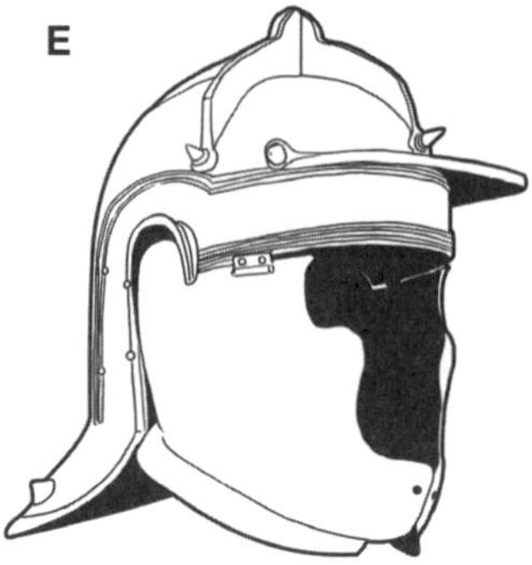

H

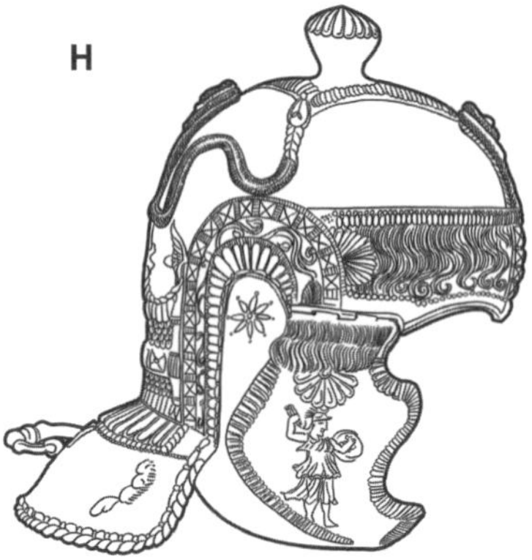

儀式用B型：1世紀末～2世紀初使用的類型，上面覆蓋著戰士、動物或神話生物的浮雕。護眉條向上翹起（多半都很尖銳）。

儀式用D型：面具上方中央裝有合頁結構，可以將面具翻起來。喀克里澤型面具的本體。

圖32：各種儀式用頭盔。粗線表示面具與本體間的境界線。I型請參照圖26。

B

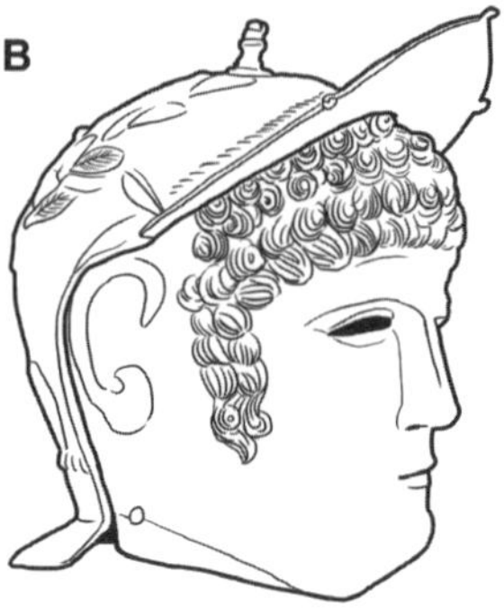

D

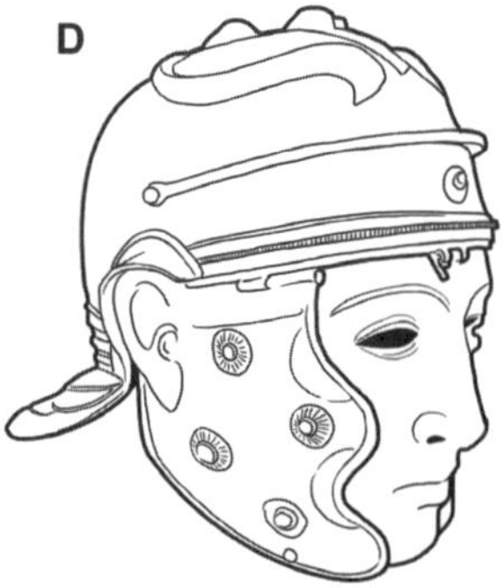

儀式用F型：此型會戴上後述的T字形面具，又稱為普豐多夫型（Pfrondorf）。頭盔本體分割成前後兩半，不若以往的頭盔般有盔體與護頰。面具會嵌在正面的T字形空洞上，在額頭部分（也可能包含下巴）用插銷固定住。

儀式用G型：2世紀後半～3世紀初使用的頭盔，又稱赫德恩海姆型（Heddernheim）。與F型同樣將頭盔本體分成前後兩半，但G型的後半部往前覆蓋到頭頂，頭盔戴起來不像F型那樣感覺深埋在頭盔中。頭上有固定式的羽飾。

儀式用I型：3世紀的頭盔。雖然是模仿阿提卡型的頭盔，不過額頭部分呈波浪狀。

F

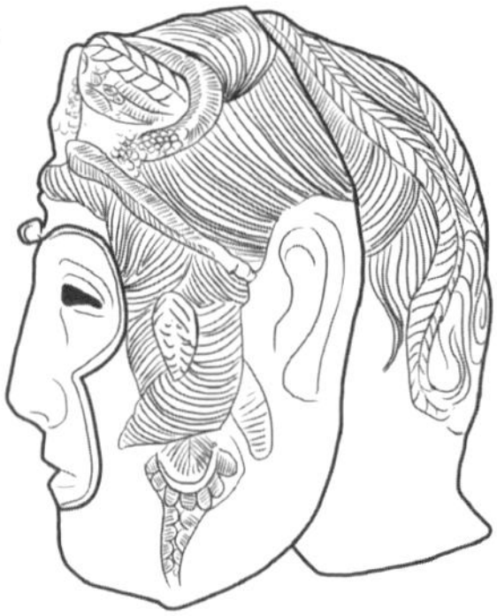

G

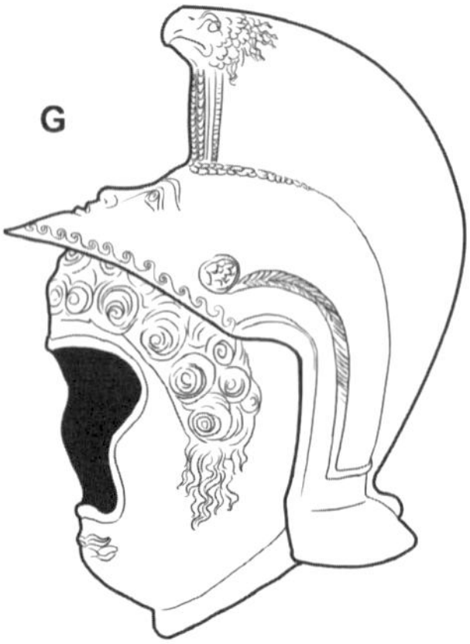

■因特基薩型Intercisa

因特基薩型頭盔的原型來自波斯薩珊王朝，其本身也是之後中世紀早期頭盔的原型。雖然有各式各樣的型式，但共通點都是盔體被分為左右2片，分別製作好後用鐵條從額頭覆蓋至後腦勺，再用鉚釘固定住。鐵條上常加裝用來強化結構的隆起（中脊〔Ridge〕），因此又稱為中脊型頭盔。

因特基薩型登場於3世紀中葉，4世紀時已成為相當普遍的頭盔。目前分成4個子型，能以護鼻及耳孔的有無、護頰形狀、盔體與護頰間是否有金屬補強帶來區分。通常認為I與II型為步兵用，III與IV型為騎兵用，可是沒有相關證據。

有些款式採用的了可動式（或可拆卸式）護鼻，可以透過額頭部分的合頁來打開護鼻。保護後腦勺的護頸從本體分離，改用皮帶與鐵扣裝上去。

許多出土的樣本具有非常華麗的裝飾，甚至還發現過全面鍍金或鑲嵌寶石的頭盔。此外，受到4世紀基督教傳播的影響，也開始出現源自基督教的裝飾。其中最常見的是稱為凱樂符號（Chi-Rho，結合P與X兩個字母）的裝飾。

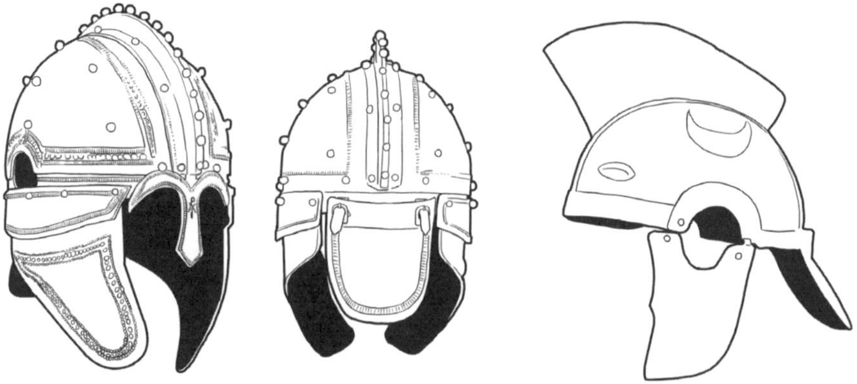

圖33：因特基薩型頭盔。左邊與中間是中脊型頭盔。護鼻上有著凱樂符號的浮雕。右邊是加上羽飾的因特基薩型。這一型時常在羽飾正面加上凱樂符號。

■鋼箍盔 Spangenhelm

從5世紀後半開始廣泛使用的頭盔。盔體由4～6片鐵板組成，與頭頂的圓盤接在一起。護頰變細，沒有以往那種複雜的形狀。保護頭部後方的護頸也消失了，取而代之的是垂下的鎖鏈。鋼箍盔可能是羅馬人仿造薩馬提亞人的頭盔所研製出來的產品。

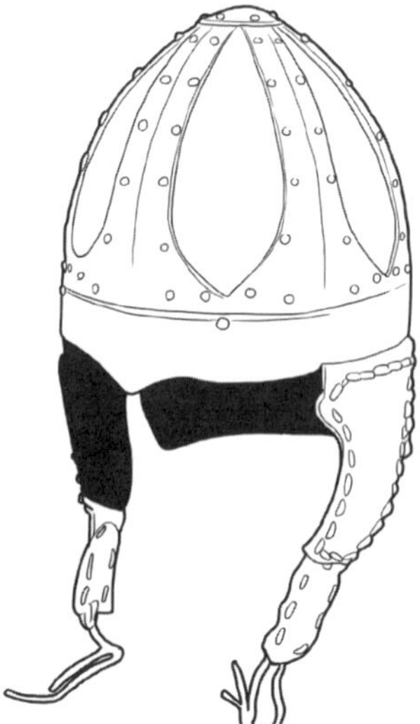

圖34：鋼箍盔。

■面具盔 Simulacra humanorum vultuum、Personatus

早在共和國時期的浮雕上就出現了許多附面具的頭盔，不過都是戰利品，目前沒有任何證據顯示，當時的羅馬士兵會佩戴這種面具盔。然而，畢竟在雕塑上難以分辨臉跟面具的差別，有可能已經出現過羅馬士兵使用面具盔的場面了，更重要的是，我們也無法否定士兵可能因個人興趣而佩戴這種面具盔。從考古學的資料來看，面具是在奧古斯都時代急速普及的，到了2～3世紀更集中分布在多瑙河流域（尤其是雷蒂亞行省），進入4世紀後卻幾乎銷聲匿跡。

喀克里澤型（Kalkriese）：這是最早期的面具盔，於1世紀初期出現於日耳曼尼亞地區。只覆蓋住臉部的正面。面具與頭盔只用額頭的合頁接在一起，採用護頰壓住面具來固定的構造，因此可以視情況把面具往上翻。

奈梅亨型（Nijmegen）：登場於公元70年前後。這種類型棄用了護頰，直接覆蓋到包含耳朵在內的臉部側面。由於沒有護頰了，為了固定就需要用到皮帶。這條皮帶穿過耳朵下方的鉚釘扣或鐵環，再用護頸上的皮帶扣扣住。額頭的合頁結構也隨著時代演進而簡略化，變成用鉤子或簡單的插銷固定，因此無法再將面具往上翻。奈梅亨型還有一種子型稱為瑞伯徹斯特型（Ribchester），這種面具盔的特徵是擁有巨大且末端尖銳的帽緣，面具的額頭部分則有頭冠或捲毛的雕刻裝飾。為了保留這條裝飾帶的空間，頭盔本體的額頭位置大幅後退。

圖35：奈梅亨型面具盔。

黑措根堡型（Herzogenburg）：登場於1世紀，並在2世紀哈德良在位時期演變為最終完成型。別名亞歷山大型，這個名字的由來是面具上雕塑的頭髮與當時遍及各地的亞歷山大雕像很相似。面具的高度到達頭頂，為了因應這種形狀，頭盔本體（儀式用C型）大幅往後退，使得整個頭盔只有保護到頭的後方。

T字型：3世紀的面具盔。面具只有刻上眼鼻口等臉部的中央部位，得搭配當時的主流，也就是能夠包覆住整個臉部的護頰一起佩戴。

女性型：刻上女性面容的面具盔。根據D'Amato的研究，底下還可分為亞馬遜型（有往上高高束起的髮型）、軍營之母型（模仿當時貴婦的波浪髮型）、梅杜莎型等各種子型，通常在騎兵的競技大賽上佩戴。

以往認為面具盔只用於遊行或儀式中，但在公元9年條頓堡森林戰役的戰場遺跡中，不僅出土了面具盔，還發現部分面具盔上有被武器（可能是劍）砍傷的痕跡，因此可以推測面具盔實際上也用於實戰中。有些款式裡還會蓋上馬毛製成的假髮，讓頭盔看起來更逼真。

1世紀的面具相當厚實，甚至比頭盔本體還要厚2～4㎜，不過到了2～3世紀，面具就變得相當薄了。

關於戴著面具是否能正常戰鬥這件事，D'Amato在使用複製品的實驗中發現，即使經過激烈運動，在呼吸上也沒什麼問題，雖然運動流出的汗會蓄積在面具內側令人感到不舒服，但很快就習慣了。至於視野，儘管喪失了周遭的視野，不過開孔很接近眼睛，所以正面視野算相當不錯（似乎比角鬥士用的頭盔或中世紀的頭盔更開闊）。聽覺方面，佩戴者的呼吸或吹進嘴巴、耳朵的風聲聽起來很吵，但除此之外沒什麼問題。

■羽飾Crista

羽飾泛指裝在頭盔上的裝飾，主要由鳥羽或馬毛（鬃毛或馬尾）製成，當中也有頭盔是裝上青銅等金屬製成的塑像。這些羽飾的目的在於讓自己看起來更高大以讓敵人膽怯，或是指揮官讓士兵知道自己的所在地，有時候也用來求取特定天神的加護。

在所有羽飾中最著名的，就是百夫長頭上裝備的橫羽冠（Crista Transversa）。這種羽飾往頭部兩側張開，從大老遠處就能一眼發現頭戴此羽飾的人。通常認為百夫長的羽飾染成了紅色，而如果是羽毛製成的，則是將白色羽毛的前端染紅。這種羽飾在2世紀初期遭到廢止，之後就改為一般由前往後的羽飾。維蓋提烏斯曾記錄，百夫長的羽冠會覆蓋銀，讓人從遠處就能看見他。

在《高盧戰記》中有提到，因為受到敵方偷襲，「沒時間把羽飾裝在頭盔上」，由此可知共和國時期以後的羽飾平常是拆卸下來的。

另外還有一些相當特別的羽飾，比如前29～28年的默西亞戰役中，就有一名叫科尼杜斯的百夫長在頭盔上裝了小火盆，還在火盆中點火，看起來就像從頭噴出火焰一般。在特拉西美諾湖戰役中陣亡的弗拉米尼烏斯，據說他頭盔上的羽飾是由斯維比人的頭髮所製。

在頭盔上覆蓋其他物品也是很常見的事。比如前48年的底拉西烏姆包圍戰中，龐培方的士兵就在頭盔上覆蓋藤編的罩子。荷蘭奈梅亨出土的頭盔則在鳥羽上發現了皮革覆蓋物的殘片。

■帽兜Cucullus

3世紀中期的杜拉歐羅普斯壁畫上，描繪著用鎖鏈或鱗片式的帽兜來代替頭盔的士兵。同樣地，3世紀的某位短槍兵墓碑上，也能見到頭戴可能是鱗片式頭盔的士兵。然而文獻資料上沒有證據可以證明這種帽兜存在，雖說這種帽兜肯定存在過，但似乎不是很普遍的東西。

圖36：來自杜拉歐羅普斯的猶太會堂中所繪製的溼壁畫《以便以謝戰役》。

◆盾牌

王政時期、共和國中期

從當年留下的圖畫資料來看，主流是圓形與橢圓形的盾牌，並採用在木製或藤編的盾體上包覆皮革的結構。中央部分保留握把的空間，另外還設有保護手部的隆起（盾心，拉丁語Umbo）。

前8世紀的上流階層戰士使用的是青銅圓盾。青銅板上有著雕刻精緻的裝飾，背面則張貼皮革或木材加以強化。在使用現代復原品的實驗中，這種盾牌還算耐用，可以承受數次戰鬥。在羅馬出土的前8世紀的盾牌上，還能看到外緣的內側裝上鐵製的補強材料。

不過也有多數意見認為這些盾牌是用於儀式當中，理由是這些盾牌有著精緻的裝飾，不可能在實戰中使用這種昂貴的裝備。然而看戰國時代的武將鎧甲就知道，豪華的武具就是要展示給敵我雙方看，才能真正發揮作用。而且既然能訂製這麼好的裝備了，那麼應該也具備財力，能夠每季回收盾牌，再重新訂製新盾牌。

握把位於中央並用鉚釘固定，鉚釘頭本身也能當成裝飾。裝在背面的4、5個環不只可以用來穿過搬運用的背帶，也會掛上晃動時就會發出聲音的青銅配件。直徑約60㎝左右，也存在1m大的樣本。

當時似乎也用過8字形的盾牌。傳說在羅馬王國第二任國王努瑪·龐皮里烏斯的時代，曾經從天上掉下戰神瑪爾斯的聖盾，也就是安基利亞盾（Ancilia）。這種盾的形狀呈葫蘆形，兩端畫有漩渦狀的S形紋樣。

之後隨著引進方陣，羅馬開始使用起源自希臘的阿斯庇斯圓盾。這種圓盾採用從木塊上切出來的碗形盾體，並在上面披覆一層薄薄的青銅皮。與之前用手握持的類型不同，阿斯庇斯圓盾是佩戴在手臂上的。圓盾直徑80～122㎝，普遍常見的尺寸是90㎝左右，重量約6～8kg。從前6世紀開始出現於義大利，到了前4世紀便被羅馬長盾取代。

雖然在希臘是步兵使用的盾，不過在義大利就連騎兵也喜歡使用這種圓盾。實際上除了重量這點外，阿斯庇斯圓盾確實適合騎兵。對騎兵而言，不僅可以空出手抓住韁繩，而且手肘在盾牌的中心，光是平常的騎馬姿勢就能完全保護身體左側面，因此騎兵使用的阿斯庇斯圓盾，或許就是波利比烏斯所說的，「只是在藤編盾體上張貼皮革的輕量盾牌」。若盾牌大小與木製盾牌相同，那麼重量可能在木製盾牌的一半以下。

共和國時期以後

■ 羅馬長盾Scutum

Scutum在拉丁語中是泛指所有「盾牌」的普通名詞，不是指特定的盾牌種類，現代則為了與其他類型的盾牌區別，而專指這種長型盾牌。最早出現這種長盾的繪畫資料，是在前340年的坎帕尼亞地區，但由於文獻上這主要是薩莫奈人所使用的裝備，目前認為羅馬人是從他們那裡吸納了羅馬長盾。另一方面，也不能忽視羅馬長盾與高盧人使用的橢圓盾（希臘語稱為門盾〔Thureos〕）之間眾多的共同點。比起薩莫奈人，羅馬人更早與高盧人進入戰爭狀態，從這點來看，亦無法否定羅馬長盾起源自高盧人的可能性。

羅馬長盾最明顯的特徵是中央有一條木製補強條（Spina，「背脊」之意），這提高了盾牌的強度。出土於埃及法尤姆的前2世紀盾牌（實際是高盧人傭兵所持有的盾牌），高128㎝、寬63.5㎝，以合板方式疊合黏貼了3層樺木製的薄板。為了提高強度，木板間的木紋還以直角交叉排列。以這種方式製作出來的板子中央厚實，邊緣較為輕薄柔軟，可以大幅吸收武器造成的衝擊。除此之外，整面盾牌還以羊毛氈包覆，在中央釘上木製補強條。上下端為了避免盾牌破裂，則包覆了金屬框。盾牌呈平緩的弧形，可以包覆身體。重量推測為10㎏左右。

不過並不是所有時代都採用這種形式。舉例來說，在維愛出土的前5世紀塑像中，羅馬長盾就是一塊大小從肩膀到膝蓋的平坦方盾而已，可以看出早期的盾牌平坦，形狀也是各式各樣。

進入帝國時期後，為了舉盾時不會影響視線，盾牌的上端被切平，後來側面也修成直線，變成現今所熟知的四邊形。但不是所有羅馬長盾都是四邊形，其中也存在六邊形的長盾。

關於這個時期的羅馬長盾，在杜拉歐羅普斯出土的3世紀長盾是唯一樣本，也是最知名的例子。這面盾牌的結構與前述法尤姆的沒什麼改變，同樣是3層合板結構，背面貼上呈田字形的鐵製補強材，邊緣則包覆了皮革。大小為高105㎝、寬85㎝、重量約7～10㎏左右。

羅馬長盾到了3世紀後半，又再次被橢圓形的盾牌所取代。

■圓盾Clipeus

幾乎所有時代的羅馬士兵都會使用圓盾，比如共和國時期的少年兵會使用直徑約90㎝的圓盾。圓形（橢圓形）的盾牌都算在這個類別中，因此儘管形狀、材質截然不同，但主流的結構都是橫向排列木板並黏合成內部的盾體，再包覆皮革或毛氈，於中央裝上握把。

隨著羅馬長盾遭到淘汰，圓盾逐漸興起。起初最常用的圓盾是橢圓形，到了4、5世紀，圓形的盾牌成為主流。盾牌是橫向排列並黏合木板所製成，為了提高強度還彎曲成淺淺的碗形。

埃及法尤姆出土了多面這個時期的盾牌。這些盾牌以杉木為材料，表面張貼的是山羊或綿羊的皮革。盾體由寬4～6㎝、厚7㎜的木板拼接而成，皮革使用了動物性的黏著劑，盾牌的邊緣還縫上一圈皮革製的補強帶。盾牌本身的直徑約為1m，呈5.5～6㎝深的碗形。如果是大小與結構幾乎相同的盎格魯－撒克遜人所使用的盾牌，那麼厚5～13㎜（正常為6～8㎜）的盾牌重量大概是3～5㎏左右，與羅馬長盾相比，重量僅為一半。

在同時期的人像畫上，也描繪了直徑30㎝左右的小盾。根據文獻，這種盾牌稱為拳盾（cheiroskoutaria）。

4世紀之後，盾牌的盾心變得像棘刺一樣尖銳。這種類型的盾心登場於2世紀的馬科曼尼戰爭時期，隨著羅馬軍中的日耳曼人愈來愈多，這種盾心作為他們的裝備也漸漸引進並普及到羅馬軍裡。此時期最有名的盾牌是羅馬軍的日耳曼人軍官墓地裡出土的款式，盾心直徑20㎝、高16㎝，表面用鍍上黃金的銀所包覆，內側則用鉚釘固定長36㎝的握把，握把也包了一層銀皮。盾牌本體也同樣豪華，表面張貼紅紫色的皮革，再覆蓋上一層黃金的薄板。

盾牌的裝飾

共和國時期的盾牌上會描繪各式各樣的圖案，據說像大西庇阿的盾牌就畫著父親與叔叔的肖像。從現在遺留的浮雕來看，除了戈爾貢的頭、鱗片或羽毛外，也繪有羅馬神明、勝利女神維多利亞、狄奧斯庫里兄弟（指的是雙子座的神卡斯托和波路克斯）等各路神明的圖案與象徵，有些還採用了在皮革上壓印出立體圖畫的手法。

進入共和國末期，開始改畫植物紋樣、閃電、星座符號或神話生物等等，而這些盾牌有時會採用極為華麗、精緻的圖樣設計。遊行用的盾牌也有豪華裝飾，然而目前沒有任何手段可以分辨哪種是遊行用，哪種是實戰用的盾牌。只不過在杜拉歐羅普斯發現的橢圓形盾牌上，沒有用皮革等表面材料來補強，且直接在板材上畫出圖樣，因此多半推測這是遊行用的盾牌。

這些圖樣不單純只是裝飾，也兼有部隊名牌的功用。最著名的要屬312年米爾維安大橋戰役的前一天，於天空中顯現的十字架與凱樂符號（Chi-Rho，結合P與X兩個字母的符號）。據說君士坦丁看過這個符號後，便將符號畫在盾牌上迎接戰鬥。

當時的畫家使用白、黑、黃褐色（黃）、紅褐色（紅）的顏料，至於其他顏色必須由訂製者自行準備，因此大多數圖案應該都是以這幾個顏色為基本色。

盾心也可以裝飾得相當豪華，手法包含刻線、浮雕、鍍金等等，當中有些盾心卻讓人無法握住握把，很可能原本是裝在吊掛於牆壁的裝飾用盾牌上，又或者根本不是盾心而是其他什麼配件，比如馬具或盾牌上的裝飾。

◆鎧甲

護心鏡Kardiophylax

最早期的鎧甲稱為護心鏡（Kardiophylax；Kardia＝心臟，Phylax＝護具），可能是在前760～720年間從中東傳進羅馬，也是前7～6世紀運用最廣泛的鎧甲。基本的型式是用右肩與腋下的背帶，來固定保護胸口與背後的青銅板。進入前6世紀後，右肩的背帶更換成青銅板。

在羅馬發現的護心鏡是長23㎝、寬19㎝的四邊形，具有鑽開的小孔用以縫上皮革內襯。這與波利比烏斯的敘述相同，他並暗示這種類型的鎧甲持續使用到前160年左右。一般的尺寸長16～20㎝、寬14～19㎝，每一條邊都往內側彎曲，早期的款式還會敲出點狀的裝飾。戰神瑪爾斯的舞蹈祭司（Salii）在祭祀時，佩於身上的Aeneum Pectris Tegumentum也屬於這種護心鏡。

在義大利中部及南部曾使用直徑20㎝左右的圓形護心鏡，其中有的具備鐵製的內襯。每2片為1組，1片保護胸口，另外1片保護背部，而這2片用掛在右肩上的金屬帶串聯在一起。

這種鎧甲僅有保護心臟的功用，防禦效果極為低落，但令人驚訝的是它依然在相當長久的時間中受到廣泛使用。Burns認為最有可能的理由，是護心鏡具有宗教性及社會性地位的象徵。

在這之後，護心鏡持續發展成主要由薩莫奈人使用的三碟型，或是肌肉雕刻等等其他衍生型。

圖37：護心鏡。左邊為本體，其中下面那片圓盤的前方與上方位在背部。右邊是基於在卡佩斯特拉諾挖掘出來的戰士塑像，所繪製的護心鏡著裝圖。箭頭所指的小環用來吊掛劍。

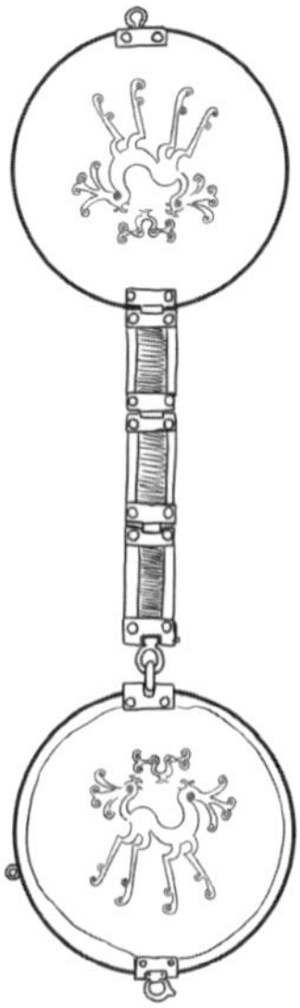

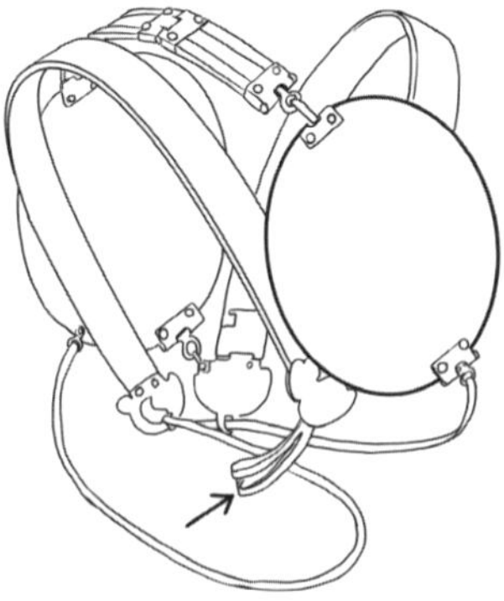

胸甲 Lorica

在一個是否為防具還眾說紛紜的東西上，套上了形狀類似彭丘披風的胸甲。分成前後2片，皆為青銅製，與彭丘一樣是套到身體上來保護肩膀與胸口。使用於前8世紀的伊特魯里亞。

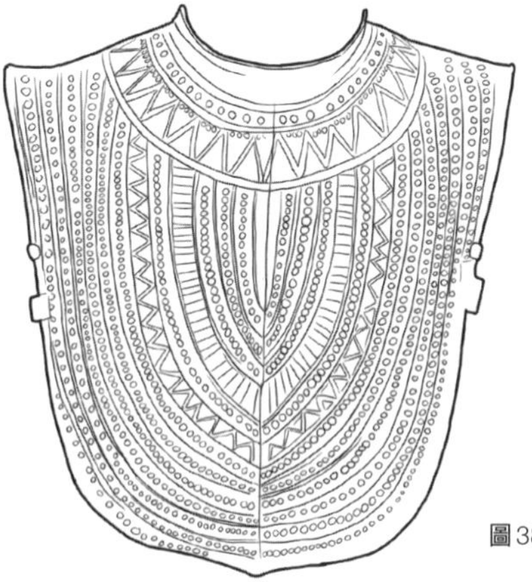

圖38：胸甲。

三碟型鎧甲 Triple Disc Cuirass

俗稱薩莫奈型鎧甲的一種鎧甲類型。發明於前5世紀早期的義大利中部阿爾費代納，進入前3世紀以前也曾用於義大利南部。胸板與背板的形狀像是3塊碟子排在一起，並用保護肩膀與側腹的板片連結起來。胸板及背板寬26～28㎝、長27～32.5㎝；肩板採合頁結構，長8～12㎝、寬3.5～7㎝；

側板長16～24㎝、寬5.7～8㎝。胸板與背板的背面還縫上了皮革等內襯。

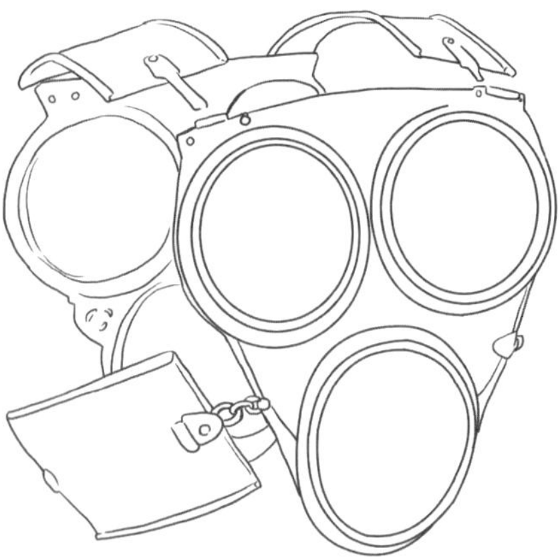

圖39：三碟型鎧甲。

圖40：後期的三碟型鎧甲。
左邊為正面，右邊為背面。附在背板上的橫板有鉤子，勾到正面胸板鎖鏈的環中就可以固定鎧甲，只要更改勾到的環便可以調整鎧甲尺寸。

肌肉型護心鏡Kardiophylax

這種護心鏡同樣由胸板和背板組成，並受到後述肌肉甲的影響，在板上雕塑了男性上半身的肌肉（雕塑成女性上半身的現存僅一例，不過是男性墳墓的陪葬品，不是女性用的鎧甲）。胸板高29.5～37㎝、寬25～30㎝；背板高29.5～31㎝、寬27.5～30㎝。穿戴時，胸板與背板用雙肩及腋下的合頁式青銅板或鎖鏈連結在一起。或許是因為板片的尺寸較小，所以肌肉雕塑得也比真實肌肉再小一些。

僅出土於4世紀後半的墓地，因此普遍認為可能只流行過很短一段時間就棄用了。

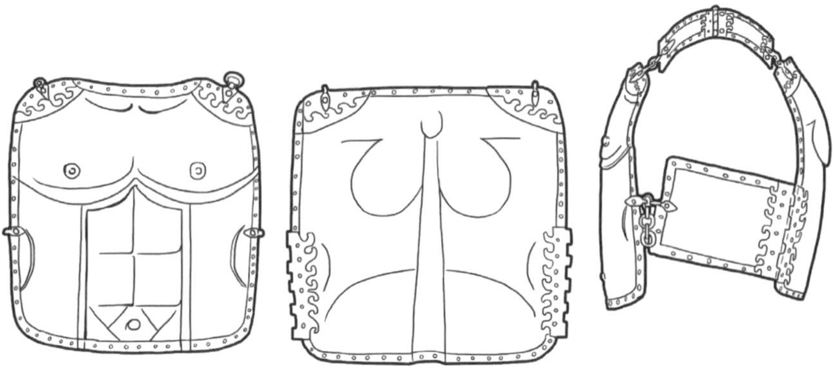

圖41：肌肉型護心鏡。穿戴方法與上面的三碟型鎧甲相同。

亞麻胸甲 Linothorax

於前6世紀末引進羅馬。原本是起源於波斯的鎧甲，可能是在伊特魯里亞連同方陣一同引進的，或是經由有貿易（對手）關係的迦太基傳進義大利。前4世紀時是伊特魯里亞運用最廣泛的鎧甲。

原本是透過疊合及拼接亞麻布，或在皮革芯材上拼貼亞麻布所製成，由纏繞身體的軀幹，以及保護肩膀與後頸的護肩這2塊部件組成。為了不妨礙身體屈伸，軀幹的下半部會切割出短片狀的缺口，這個部位稱為皮條流蘇。

伊特魯里亞型的亞麻胸甲，是採用短片狀的鱗片覆蓋整件胸甲，這點與希臘的款式有所不同（南義大利並不使用鱗片）。此外，從前3世紀的雕像上可以看出，上半部與下半部似乎使用完全不同的材質。雕像亦不如希臘那樣在軀幹部分貼上鱗片，而是在胸部使用較大的鱗片，軀幹部分是細密的網紋狀，兩者之間縫有可能是皮革製的補強條。這或許是複合式鎧甲，軀幹為鎖子甲，胸口則是亞麻胸甲或鱗甲（或是在鎖鏈上裝配鱗片）。護肩寬度非常窄，看起來只是普通的皮帶。

圖42：亞麻胸甲的衍生型。
左邊是德國格勞堡出土的凱爾特戰士像（前500年）上穿戴的鎧甲復原品。背部的垂條比一般的亞麻胸甲長，鎧甲本身的長度也接近胯下。右邊是伊特魯里亞的亞麻胸甲，長度也同樣接近胯下。插圖是直接還原了當時雕像上的表現手法。

肌肉甲
Lorica Musculata、Thorakion Heroikon、Gyala

雕塑著男性上半身的鎧甲，主要流行於伊特魯里亞。這是5世紀初期，希臘出現更寫實的肌肉甲時，經由大希臘地區傳進義大利的（目前還未發現早期的「吊鐘型」）。最早使用這種鎧甲的是伊特魯里亞人，目前推測是他們後來再傳給了羅馬人。

義大利曾使用長短兩種類型的肌肉甲。短型高35～44㎝、寬33～37㎝。正面的下端往下延伸，與當時慣用的寬腰帶穿戴在一起。長型高42～53㎝（最長62㎝）、寬31.2～42.7㎝，下端同樣往下延伸以保護下腹部。長型的幾個樣本上，可見到用來保護頸部的立領，某個樣本的立領甚至高達3㎝。肌肉甲的厚度0.6～1㎜，重量約5㎏。義大利的肌肉甲會雕出鎖骨，並在肩膀部分裝上連結用的板片。

肌肉甲若不合身，穿起來會非常不舒服，因此能夠服貼自己身材的肌肉甲價格非常昂貴。儘管肌肉甲讓軀幹幾乎無法屈伸，但從義大利南部的壁畫等創作來看，騎兵主要還是穿這種鎧甲。或許是因為肌肉甲是只有騎兵這種菁英階級才能購買的高貴用品吧！

羅馬的肌肉甲幾乎都會在軀幹底下搭配一件有皮條流蘇的襯衣。皮條流蘇有兩層，而且與兩層都相同長度的希臘型不同，羅馬型的上層只有下層一半的長度。

肌肉甲還可細分成有腰身與無腰身的款式，無腰身的款式在2世紀的五賢帝時代逐漸消失。在羅馬（尤其是帝國時期以後），肌肉甲主要的穿戴者是皇帝、軍官與近衛兵。由於精美的浮雕等裝飾，以及比其他鎧甲更難活動身體等理由，目前普遍認為肌肉甲可能不是實戰用的鎧甲。可是到了3世紀初期，就連普通士兵也開始流行穿戴肌肉甲。這時期的肌肉甲通常是皮革製，金屬製的並不多。根據繪畫資料，肌肉甲還會裝上塗成黃褐色、紫色、金色、銀色或褐色的金屬製裝飾板。

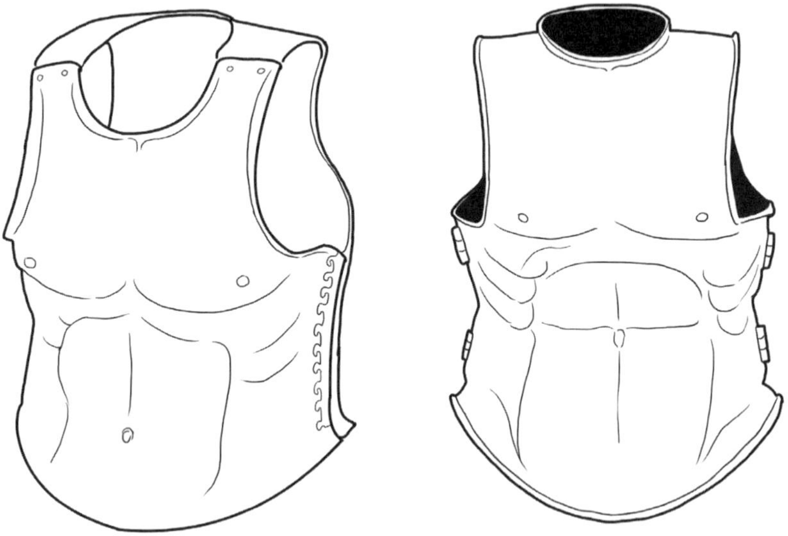

圖43：公元前的肌肉甲。左邊為短型，右邊為長型。不論哪一種，腰身部分的腹部都會大幅凹陷下去。

鎖子甲 Lorica Hamata

Hamata的意思是「鉤子」，指的是組成鎖鏈的鐵環。羅馬人認為這起源於高盧人，現代學者也大致同意這個說法。

鎖子甲最大的特徵就是其靈活性，可說是穿起來最為舒適的鎧甲。相反的，因為鎖子甲不夠硬，受到衝擊時完全沒有任何緩衝的功用，因此通常會在鎖子甲底下再穿一件有某種緩衝效果的衣服。羅馬型的鎖子甲為了因應由上往下的攻擊，採用半分離式的護肩，用以保護最脆弱的鎖骨部分。護肩的靈感可能來自亞麻胸甲的構造，是用胸口前方的鉤子勾住固定。鎖子甲面對不論近身還是遠距離等幾乎任何形式的攻擊，都有一定程度的防禦能力。

鎖子甲也是最花時間與成本的鎧甲類型。根據Sim的研究，若要用直徑6㎜的環來製作一整套鎖子甲，那麼需要約4萬個環，而這需要用到760m長的金屬線。為了製作這些環得耗費200天，最後編織成鎖子甲最多要耗掉30天。

在羅馬時代，工匠會加熱粗細和孔徑差不多的成型金屬塊，然後從規定好孔徑的小洞裡，用人力拉出加熱過的金屬塊來製作金屬線。接著將做好的金屬線纏繞到鐵棒上做出線圈，最後再裁切成一個個的環。若只想做出單純的環，那麼另外還有一種從金屬板上用打孔器打出環的方法。環的直徑通常是10～6㎜，當中也有直徑3㎜，金屬線粗度僅0.5㎜的超迷你環。在沒有放大鏡的當年竟能如此準確地打孔，甚至還具備用鉚釘固定這種小環的技術，實在是令人驚歎不已。

鱗甲
Lorica Squamata、Squameis、Lorica Plumata

鱗甲是用青銅、鐵或皮革的小片縫製而成的鎧甲。Lorica Squamata這個單字只在4世紀武加大譯本的《舊約聖經》中，描述歌利亞的鎧甲時使用過一次，我們並不知道，當時羅馬人實際上到底怎麼稱呼這種鎧甲。不過，3世紀的卡西烏斯・狄奧曾用希臘語記錄同時代馬克里努斯皇帝的禁衛軍，擁有「被鱗片覆蓋的鎧甲（Thorakas tou lepidoutos）與筒形的盾牌」（第79卷第37節），因此「鱗甲」這個語感應該是沒有錯的。古代還曾稱呼鱗甲為Lorica Plumata，意思是「羽毛甲」，名字由來是將鎧甲上的小片看作是鳥的羽毛。也有說法是這個名字特別指在小片的中央，加上補強條來強化防禦力的鱗甲。

鱗甲以鱗片形狀、鱗片截面，以及鱗片裝設方法加以分類，在這當中與防禦力密切相關的是第2與第3項。截面形狀有平坦、魚板形、屋頂形、脊形、雙脊形5種，其中強度最高的是脊形（魚板形與脊形占了大半）。鋼鐵製與青銅製的鱗片與其他材料相比，耐用性幾乎翻了一倍，而鋼鐵製與青銅製的耐用性幾乎沒什麼差別。關於鱗片的裝設方法，如果鱗片彼此間接合得愈緊固，即使靈活性隨之下降，但更能將衝擊分散到更大的範圍。

通常認為鱗甲對付斬擊特別有效。由於鱗片相互交疊，劍刃在碰到鱗片的邊角時，效果就已經大打折扣，再加上鱗片彼此間還會稍微滑動，更能進一步分散並吸收衝擊。此外，鱗片重疊這件事也就表示，大部分的鎧甲面積都有多枚鱗片疊在一起，使鎧甲更為厚實。根據Sim的計算，鱗甲的表面積中，沒有重疊的部分為11%，重疊2片的部分為68%，重疊4片的部分則是21%。

為了防止鱗甲的內側鱗片或串接用的金屬線（皮繩、青銅線或鐵線），與肌膚不斷摩擦，會裝上可吸收衝擊的內襯。內襯由皮革及亞麻布縫合而成，Sim認為與肌膚接觸的部分用1層亞麻布，而亞麻布與鎧甲間張貼輕薄的皮革，是最有效的結構。

如今已經難以知道羅馬何時引進了鱗甲，通常認為是在鎖子甲之後。鎖子甲或伊特魯里亞等地長時間使用的亞麻胸甲上，能看到的護肩並未出現在鱗甲上，從這點可以推測，鱗甲應該是從埃及或義大利外側的蠻族，尤其是斯基泰人那裡傳入的。

進入帝國時期（2世紀後半）後，鱗甲的胸口部分追加了功能接近拉鏈的金屬片。左右2片為1組，（主要是）青銅製，上端為了服貼頸部形狀而切出凹槽。金屬片彼此之間用旋扣固定住，固定方式是先將旋扣穿過其中一片金屬片上鑿開的孔，然後90度旋轉，再將插銷插進旋扣的孔來固定（這種方法也用於同時期的紐斯特德型環片甲）。這時期許多鱗甲都有非常精美的裝飾。

幾乎就在同一時期也出現了單片式的金屬片。這種金屬片最顯眼的特徵是左右各3顆大鈕扣，似乎是別在胸口或背部。這個配件非常罕見，而且是跟可能用於遊行的武器裝備一同出土，應該是裝飾用的配件。

混合甲 Lorica Hamata Squamataque

把鎖子甲當成鱗甲的內襯來使用，是羅馬特有的鎧甲，外觀上與普通鱗甲完全相同。方法是將鱗片的上半部向內側彎折90度，然後鑽開4個孔，再從孔洞穿過鎖鏈結合這兩種鎧甲。鱗片非常小，最大片的長約11㎜，目前發現的9個樣本，鱗片中央都有脊柱。在奧格斯堡出土的其中一件鎧甲幾乎完好無損，由此可以發現鎧甲僅覆蓋肋骨的範圍，軀幹部分不包含肩膀，而是將背部延伸到正面的護肩，用胸口的2對鉤子吊住。鎖鏈與鱗片都小得令人感到不可思議（鎖鏈直徑3～4㎜），推測總共要用3萬片鱗片、35萬個環來製作1件混合甲。

另一個例子是發掘於土耳其維澤的鎧甲，目前認為應該是1世紀色雷斯國王羅伊米塔爾克斯3世的物品。雖然與前面的樣本設計幾乎相同，但保存更為完好。肩膀與軀幹下半部，使用鍍銀的青銅鱗與鐵鱗排列出菱形花紋，至於其他部位則使用青銅鱗。軀幹右側面沒有鱗片，直接露出鎖子甲，這部位或許是用來調整鎧甲尺寸所保留的空間。另一側甚至沒有鎖子甲而直接敞開，可能是因為還未完成就埋入墓穴當中了。這件鎧甲上還殘留部分亞麻內襯，因此推測本來鎧甲的內側應該縫合了一整件亞麻衣。

關於這種混合甲，最古老的記述是西利烏斯・伊塔利庫斯（1世紀）的《布匿戰記》中，對於弗拉米尼烏斯・尼波斯身上裝備的描寫，書中寫道，「交纏的鎖鏈用堅固的鑄鐵及黃金鱗片所裝飾」（第6卷第132節）。由於他在特拉西美諾湖戰役（前217年）中被漢尼拔所殺，若這份描述是正確的，那麼混合甲的起源可能相當古老。

只是挖掘出來的樣本都是1～2世紀後半的產物，且集中在帝國邊境（不列顛尼亞、日耳曼尼亞、色雷斯等），不得不說這應該與公元前的類似鎧甲，有著不同的起源與發展過程。

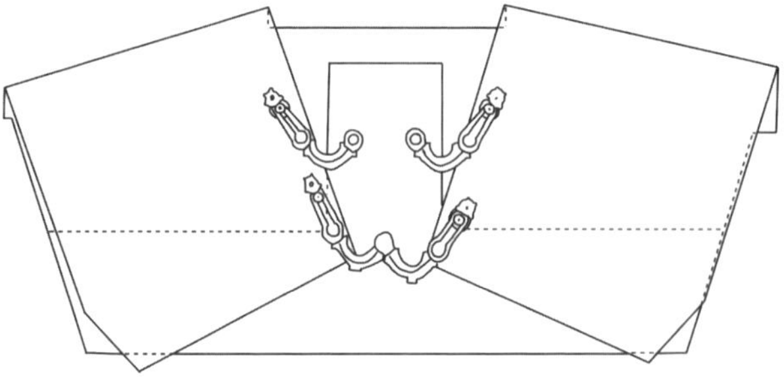

圖44：奧格斯堡出土的混合甲形式圖。
這份樣本還保留了完整的護肩與胸口部分。中央的小矩形是保護胸部上方的護片，插圖中央的橫向虛線表示軀幹部分的上端（也是腋下的高度）。
鉤子分成上下2組，上面是脫開的狀態，下面是連結時的狀態。

環片甲Lorica Segmentata

號稱是羅馬軍最著名的鎧甲，幾乎就是羅馬鎧甲的象徵。Segmentata這個名字是在文藝復興時代取的，現在並不知道當年的羅馬人實際怎麼稱呼這種鎧甲。另外還有些單字是用來形容與環片甲相同結構的鎧甲，從這點可以推測，當時最有可能的稱呼，應該是意為「疊層甲」的Lorica Laminata（但本書還是稱為環片甲）。

環片甲可能起源於東方。在羅馬以前的希臘化時代，就已經在臂甲上出現類似的結構，小亞細亞的巴格門古城，也曾出土被認為是環片甲類型的鎧甲部件。另外還有些環片甲的造形，近似薩馬提亞人的鎧甲。

最古老的樣本是在條頓堡森林中，全滅的軍團兵所穿戴的鎧甲，時間為公元9年。之後環片甲在簡化繩帶構造的同時繼續發展。以往認為環片甲在3世紀中葉便已經消失，不過近年又發現了4世紀初期的碎片，可說環片甲使用了長達300年的時間。

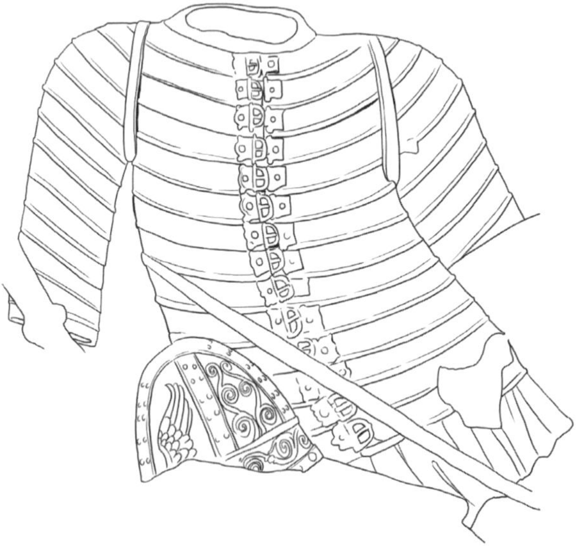

圖45：圖拉真柱上描繪的薩馬提亞人鎧甲。
這些戰利品都基於實際物品所雕刻，形象應該相當準確。底下穿著布製的鎧甲襯衣。左下是鋼箍盔原型的階梯形頭盔，右下奇妙的形狀則是斧頭的痕跡。

環片甲可分為以下4種類型。

喀克里澤型（1世紀前半）：最古老的類型，也是資料最少的類型。

科布里奇型（40～130年）：結構掌握最詳細的類型。軀幹部分，從腰帶處用皮繩穿過繩環並綁緊固定，胸板與軀幹的連結也改為鉤扣式（B、C型。A型與以往相同）。現代復原的複製品皆以這個型號為主流。

紐斯特德型（2世紀以後）：胸板與胸板、背板與背板彼此間採用插銷方式連結。

環片甲是用鉚釘將金屬片釘在內側的皮帶上來連結每一片金屬片。金屬片使用的是未經淬火的鋼、鐵，或疊合鋼與鐵的合板結構鋼板，鉚釘等配件則使用青銅。

環片甲既具備一定程度的靈活性，面對各種攻擊時又有充足的防禦力，尤其對矛或箭矢等穿刺攻擊特別有效，然而環片甲真正的長處，其實在於較低的製作成本、較少的製作時間以及優秀的維護性。Sim主張古羅馬的工匠擁有軋鋼技術，可藉此生產鋼板。如果這項主張正確，那麼古代的羅馬人就可能在極短的時間內，做出厚度適中的鋼板。只要以剪鉗裁剪厚度適用於鎧甲的鋼板，在上面打出幾個孔，就能輕易做出環片甲的零件。

另一方面，環片甲的弱點在於舒適度以及覆蓋面積較小。環片甲跟其他類型的鎧甲相比，不僅穿起來很不舒服，也必須穿上襯衣（之後會在「襯衣」的條目說明，如果肩膀沒有襯墊，那麼胸部中央就會產生縫隙）。此外，環片甲也沒有覆蓋腰部以下的部位，等於下腹部及臀部會在沒有防護的狀態下暴露出來。

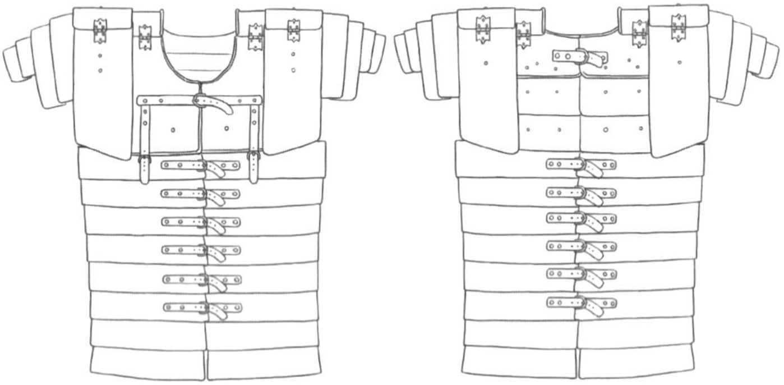

圖46：喀克里澤型。左邊為正面，右邊為背面。

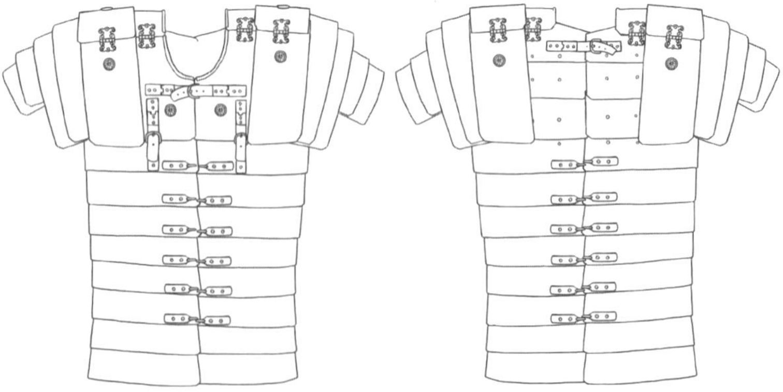

圖47：科布里奇A型。圖中省略了用來固定軀幹的皮繩。

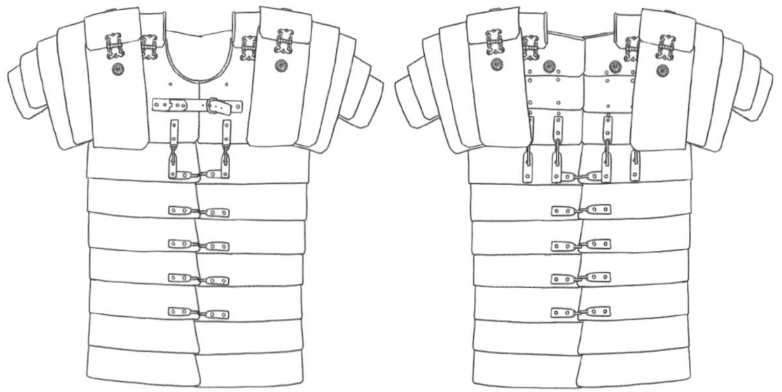

圖48：科布里奇B型。省略了皮繩。C型背後連結軀幹與背板的鉤扣，改為與正面相同的設計。

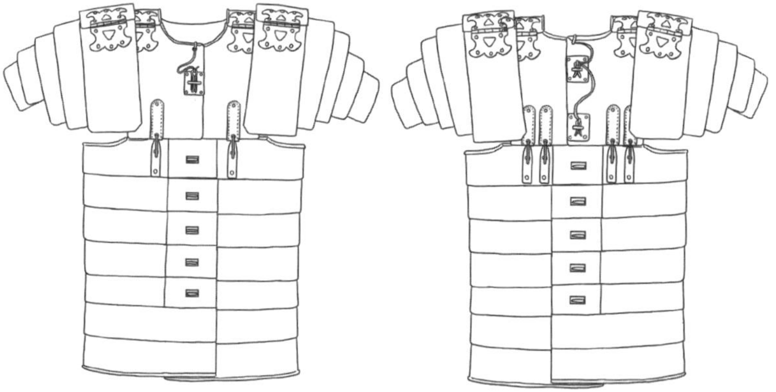

圖49：紐斯特德型。省略了綁緊軀幹的皮繩以及插銷。胸板採用轉鎖式的鎖扣來固定。背部比起正面則使用了多達2倍的鉤扣，想必這個部分應該很容易損壞吧！

儘管環片甲隨著時代而不斷簡化結構，但唯一沒有被省略掉的，就是用來將肩膀部分往上翻的合頁。這個部位與鎧甲的靈活性及舒適度完全無關，本來應該是最先被淘汰的機關，結果直到最後都還保留在上面，這說明了該片合頁肯定是相當重要的零件。

最有說服力的理由是「為了穿戴鎧甲需要用到這片合頁」。現代人穿戴環片甲會分成左右兩邊，像穿背心一樣把環片甲穿起來，最後再將中央部分扣緊。但實際上環片甲的軀幹部分從一開始就是綁緊的，要先將護肩往上翻，像穿T恤一樣從頭套進去，再把護肩拉到前面（這與其他類型鎧甲的穿戴方法一樣）。根據實際穿戴過環片甲的人所說，在有人協助下，前扣式的穿法也得花上10分鐘，套頭式的穿法自己來只要1分鐘就好。但若在中途衣服被鎧甲勾到而卡住，那麼是不可能自行把鎧甲脫掉的，所以現在沒有人用這個方法穿戴鎧甲。

複合式環片甲

阿爾巴尤利亞型：達契亞的阿爾巴尤利亞所出土的浮雕上登場的類型。在環片甲的軀幹上追加了鱗甲的護肩。請參照第一部第3章的圖5B。

阿爾隆型：在日耳曼尼亞的阿爾隆發現的浮雕上，騎兵所穿著的環片甲類型，在鎖子甲上追加了環片甲的護肩。

◆其他防具

垂飾

帝國早期步兵（不論軍團還是輔助部隊）腰帶上的垂飾，最早來自綁緊腰帶後，多餘而垂下來的部分。後來逐漸增加垂條的數量，還在上面打釘子或吊掛綴飾，到了最後便從腰帶上分離，變成單獨的垂飾。雖然現在有人誤稱為Sporran之類的，但實際名稱不明。

每每說到軍團兵，就一定會介紹佩戴這種垂飾的士兵，但實際上垂飾的壽命不長，起先登場於公元1年前後，到了2世紀後半就銷聲匿跡了。

目前總共發現3種類型。類型1是腰帶末端分叉出去的形狀，存在於所有時代。類型2常見於1世紀前半，是將寬皮帶的一端做成簾狀，佩戴時先塞進腰帶（以及底下的各種條帶）裡再拉出來。類型3在任何時代都能見到，佩戴時跨過皮帶上方再垂下來。不論哪種類型，都隨著時代愈變愈短。

關於垂飾的功能，雖然學者提出了各種學說，比如防具、部隊標識，或是靠聲音給予敵方威迫感的道具，但這當中筆者覺得最有說服力的，是「因為很帥」（至少作為防具肯定沒什麼用，奔跑時還經常因劇烈晃動打到胯下；想當作部隊標識的話也小得很難看清楚）。Bishop推測垂飾的發展與消失，與腰帶裝飾的興起是同時期發生的。在當時的流行中，每個人都想盡可能配戴花俏的腰帶，多餘部分就乾脆做成鏈條狀，走路時發出喀唧喀唧的聲音。當這種風潮愈來愈浮誇後，就誕生了垂飾。

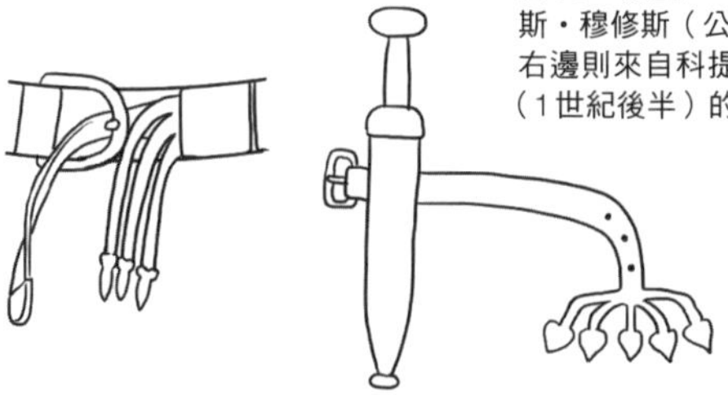

圖50：類型1。左邊來自鷹旗手格奈烏斯・穆修斯（公元43年以前）的墓碑。右邊則來自科提耶迪烏斯・阿提亞努斯（1世紀後半）的墓碑。

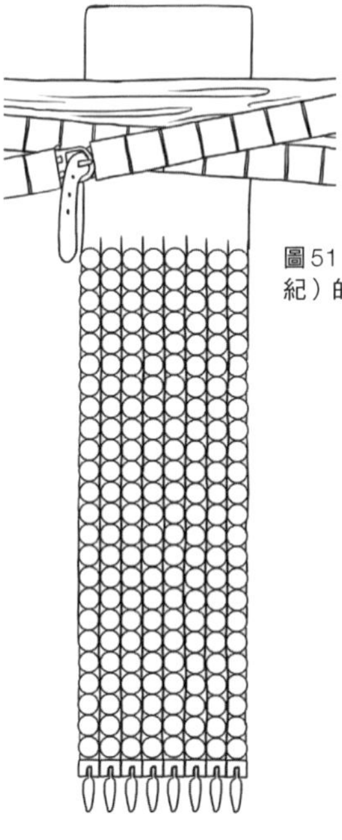

圖51：類型2。來自阿內烏斯・達維茲斯（1世紀）的墓碑。垂飾幾乎垂到大腿的一半。

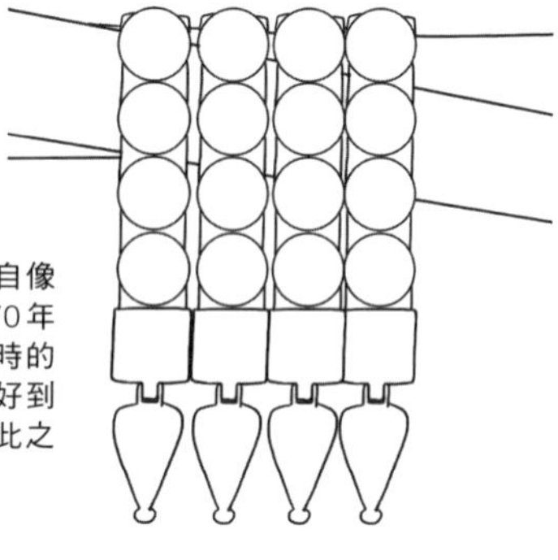

圖52：類型3。來自像旗手格尼阿里斯（70年前後）的墓碑。此時的垂飾已經變短，剛好到了胯下的長度。除此之外條數也變少了。

脛甲 Ocrea

　　脛甲是使用盾牌時的重要裝備，用來保護盾牌防禦不到的小腿與膝蓋。希臘式的脛甲曾受到廣泛使用，這種脛甲將青銅板做成服貼小腿的形狀，並利用金屬的彈性像夾子一樣固定在腿上。在義大利，許多脛甲會在膝蓋上雕出人臉裝飾。脛甲的背面還會貼上用皮革或海綿製作的襯墊來當作緩衝。

早期的脛甲厚度只有0.5～1㎜而已，難以防禦武器（尤其是矛）的直接刺擊（實際上有些曾被矛刺穿的脛甲也留下了修復的痕跡）。不過脛甲的功用本就不是擋住武器，而是透過那道弧面，滑開敵人的攻擊，因此現在認為即使只有這麼厚，面對矛或箭矢還是有充分的防禦力。

共和國時期的軍團士兵只有左腳裝備脛甲（若是出土的陪葬品，幾乎都是成對被發現的，所以實際情況不見得如此），這是為了減輕費用；如果是有財力的人，可能兩腳都會裝備脛甲。從塞爾維烏斯・圖利烏斯的改革中可以知道，脛甲是步兵，尤其是家境富裕的人才會使用的裝備，或許正是這層因素，才讓脛甲在後來成為百夫長階級以上的特權。

進入帝國時期後這種傾向也未見改變，不過在2世紀初期以前，普通軍團兵就已開始在左腳上穿戴脛甲了。形態從鐵夾型變更為用繩子緊緊綁在小腿正面。

當時的脛甲分為短型與長型2種。短型會露出膝蓋，為步兵所用，至於長型則用合頁裝上用來保護膝蓋的部件。

來到帝國後期，不論步兵還是騎兵普遍都會穿戴脛甲。6世紀的《戰略》裡曾留下木脛甲的記敘，而這可能是所謂的木條式脛甲，採用將木棍縱向排列並串聯在一起的結構（像是把繩梯擺成橫向的形狀）。

腿甲、足部護甲、腳跟護甲

腿甲覆蓋大腿的下半部，與脛甲一樣採用夾式的固定方法。雖然在希臘早早就被淘汰了，不過在義大利，尤其是伊特魯里亞地區用了很長一段時間。

分成長、中、短3種類型，長型用於前5～4世紀，長度約27㎝，也是出土數最多的類型；中型用於前5～4世紀，長度約24㎝；短型用於前4世紀，長度約21㎝。

足部護甲是種保護腳背的防具，為了方便行走，會採用合頁結構讓護甲可以彎曲。雖然製作相當精巧，上面還有著模仿腳趾的造形，可是穿戴起來舒適度不佳，比較適合用於儀式。隨著前6世紀亞麻胸甲問世，其他防具逐漸被棄用，而足部護甲就是在這時登場的防具，這或許是為了保護露出來的腳，不被當時逐漸增加的遠距離武器所傷。

腳跟護甲是包覆腳跟與阿基里斯腱的防具，曾見於義大利南部。義大利型比希臘的款式更大，高21～27㎝、寬12.5～17㎝。義大利型不像希臘型那樣，有用來裝設內襯的孔，推測可能是本來就沒有內襯，或內襯是直接黏上去的，也有可能是穿戴在襯墊或靴子上。

不過Burns認為義大利型的腳跟護甲與希臘型不同，沒有區分左右腳。在某個墓地中，曾發現腳跟護甲像是裝在遺體的小腿上，而脛甲的尺寸比起腳跟又更服貼小腿肚，因此他主張這其實是保護小腿上半部與膝蓋的脛甲。

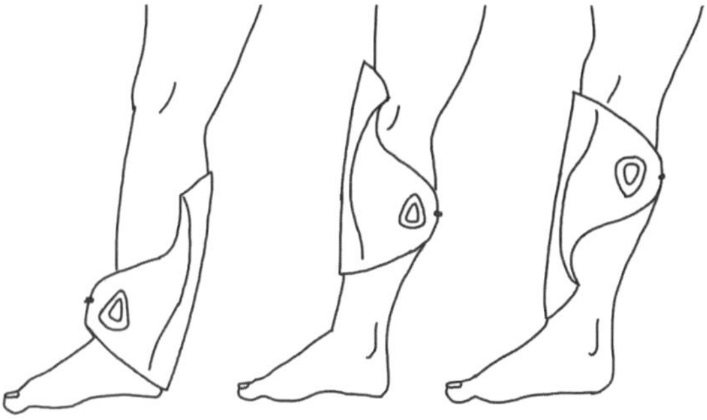

圖53：腳跟護甲的穿戴法。左邊是當作腳跟護甲使用，右邊2種則是當作脛甲使用。根據Burns的圖所繪製。

馬尼卡護手Manica

希臘或希臘化時代的各個王朝曾使用的手臂防具，在羅馬則被當成角鬥士的防具，之後被採納為士兵的標準裝備。角鬥士的馬尼卡護手多半是塞了各種材料的布製護手，不過沒有任何證據顯示士兵也使用布製護手。1世紀中葉駐紮於美茵茲的軍團士兵墓碑上，首次出現這種護手。

馬尼卡護手下一次盛大登場，就是在紀念達契亞戰爭（100年前後）的阿達姆克利西戰勝紀念碑上。這塊紀念碑上的大部分軍團兵，都裝備著馬尼卡護手，與同樣刻劃戰爭景象的圖拉真柱上的士兵相比，有著截然不同的風貌。起初認為這種防具是為了因應達契亞人使用的雙手鐮（形狀類似鐮刀的雙手劍），然而出土最多馬尼卡護手的地區卻是英國卡萊爾（第二十英勇凱旋軍團的根據地），因此這可能是使用於帝國全境的常見裝備。

馬尼卡護手的結構是依據手臂形狀重疊多片彎曲的板片，然後再用鉚釘釘在內側用以串聯前後板片的3、4條皮帶上。有的像古代繪畫資料般包覆整隻手臂，也有的只保護手臂內側，也就是舉劍時會暴露在敵人眼前的那一面。雖然會犧牲一定程度的靈活性，但對於只將劍用來攻擊的羅馬式劍術來說，這樣的靈活度就很足夠了。

COLUMN 10

羅馬的製造技術

羅馬帝國以其令人驚歎的高度製造技術而聞名，令人難以想像那是2千年以前的時代，而那份技術力也毫無保留地發揮在武器及防具的製造上。

不過跟以往見解相反的是，現在認為當時的生產規模並不大，普通的高爐生產力為1次生產約5～10kg的鐵，最多達100kg左右。

以這種方式製成的鐵塊會加工成鐵板。羅馬用於鎧甲的鐵板厚度，遠比用鐵鎚再製的還要平均許多，顯示當時就已經具備使用壓延滾筒使材料成型的技術。根據Sim的說法，當時的壓延滾筒是由金屬或石材的滾筒部，以及木製的傳動裝置組成，而至今仍未發現實際裝置的原因，是因為金屬部分被拿去回收再利用，木頭部分早已腐朽，石材製的滾筒則可能被誤認為其他物品。

在頭盔的製作中，最花時間的就是將金屬板製作成圓頂形的過程。目前可以確認羅馬採用鍛敲（用鐵鎚敲出圓頂的形狀），以及旋壓成型（將金屬板放在模具上旋轉，再用旋壓棒等工具加壓成型）這2種製法。前者的特徵是頂部容易變薄，而後者則有比較均勻的厚度。

第3章
其他

◆大型武器

大型武器指的是扭力弩（Tormenta），又稱為石弩（Catapulta）、蠍弩（Scorpio）、弩砲（Ballista）、車載弩砲（Carroballista）、野驢（Onager）等等。究竟哪個名字對應哪一種武器，會隨著時代（作家）而有完全不同的描述，但總的來說，大致可分為發射石頭的大型武器（以下稱為投石機），以及發射箭矢的小型武器（以下稱為弩砲）這2大類。這些武器大多用於攻城戰，不過一些小型的（特別是附有車輪的車載弩砲）還會用在野戰或海戰中。

羅馬人最初遭遇這些大型武器，是在前264～241年的第一次布匿戰爭時期。在第二次布匿戰爭中，羅馬雖使用從敵方那裡繳獲的武器，但還沒有自行製造的能力。此後大型武器基本上都使用搶來的戰利品，直到前1世紀時才學會了製造方法。前50年代的凱撒時期，大型武器首次作為軍團的基本配備加入到戰場中。

扭力弩是種使用動物肌腱等部位的絞繩式武器，也就是用絞繩的扭力來發射石彈或箭矢，早在前4世紀中葉就已經出現完成型的扭力弩。在構造上，如果是擁有2股絞繩的武器，那麼兩邊絞繩的張力就必須保持相同。根據前1世紀維特魯威的《De Architectura》第10卷第12章第2節所描述，士兵會用手撥彈絞繩，參考聲音來調整張力。

依照他的說法，絞繩的直徑（強度）需要根據發射物體的重量來決定，並以此為基準決定其他零件的尺寸。決定絞繩直徑的數學公式，據說是前270年前後，由埃及亞歷山卓的學者發現的。根據公式，弩砲的絞繩直徑應為箭矢長度的9分之1。投石機則稍微複雜一點，若在算式中設定「以指長（約19㎜）為單位來表示絞繩直徑的D」，「以米納（約440g）為單位來表示投射體重量的M」，則D（絞繩直徑）應為M（投射體重量）乘以100倍的值的立方根再乘以1.1倍。各位可能會疑惑，當時的人真有辦法做這樣的計算嗎？但其實早在前4～3世紀就已經發明立方根的計算尺，只要知道使用方法，任何人都能輕鬆計算（維特魯威的書裡為了沒有時間的人還附上了換算表）。

不過維特魯威基於「本人的經驗與老師的教導」，在他的設計下，絞繩粗細只要希臘式弩砲的4分之3左右就夠了。因為只要將一組用來壓住絞繩的墊圈中，上面那塊墊圈的內徑改為橢圓形，就能成功將更多的繩束擠壓進相同的空間裡。

早期型

弩砲是最早問世的大型武器。從1世紀的克雷莫納戰場遺跡中，發現的弩砲零件（固定絞繩的墊圈）來推測，箭矢長度約80㎝，重量約200g。

羅馬式弩砲是希臘式設計的衍生型，構造更簡單也更牢固，而且為了增加威力，還縮短了絞盤部分的寬度、增加高度。

帝國早期的羅馬軍使用過最大型的投石機，可以發射約26㎏的石彈，但大部分投石機發射的，都是遠比希臘式10～40㎏還要輕上許多的石彈。公元70年代的猶太戰爭時期，在攻城戰遺址內發現的投石機石彈大部分重2～4㎏，最小的僅300g，最大則是90㎏（只有1顆）。

圖54：帝國早期的弩砲。在克雷莫納發現的69年弩砲前板上，有著所屬軍團名及徽章的浮雕。基於Konstantin Nossov《Ancient and Medieval Siege Weapons》中的插圖所繪製。

後期型

公元100年前後，武器的設計有了重大變革。亦記錄在圖拉真柱上的這種弩砲，擁有金屬製外框，絞繩彼此之間離得相當遠。外框材質從木頭改為金屬後，增加了整體強韌度，但這個設計更重要的特徵是弓臂朝內裝設。

以往弩砲的弓臂就如同普通的弓一樣朝向外側，新式弩砲的弓臂則是從內側往外拉開的。在這樣的設計下，具有比舊式弩砲還長兩倍以上的距離

（＝時間），能將儲存在絞繩裡的能量傳達給投射物，如此一來，即使是張力較弱的絞繩，也能發揮比過去更高的威力。

此外，金屬外框的上部中央也彎出了半圓形的弧，形成Ω形。這不僅能用來做簡單的瞄準，同時也是為了避免發射時，箭矢或石彈往上彈而撞擊框體。另有說法認為絞繩部分儲藏於金屬缸內，可以避免絞繩受潮，然而目前並未出土這種金屬缸，很可能只是單純的誤解。

在這種弩砲上裝車輪就是車載弩砲（Carroballista）。觀察圖拉真柱可以發現，這是由2頭騾子或馬拉動的二輪車，可分為在車上搭載普通弩砲，以及弩砲本身就附帶車輪這2種類型。

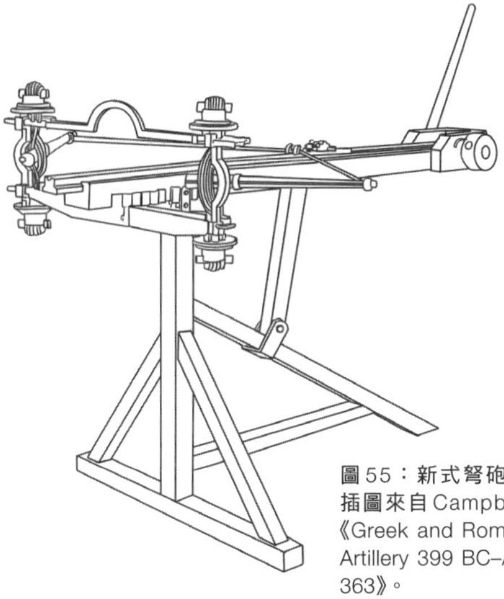

圖55：新式弩砲。插圖來自Campbell《Greek and Roman Artillery 399 BC–AD 363》。

這些武器的威力極為強大。在359年的阿米達圍城戰中，面對趁夜色入侵羅馬軍塔樓的70名薩珊王朝弓兵，羅馬軍只用5門弩砲便輕鬆殲滅敵人。據說這時發射的箭矢中，有幾支還一口氣貫穿了2個人。

4世紀的阿米阿努斯·馬爾切利努斯曾介紹過在當時

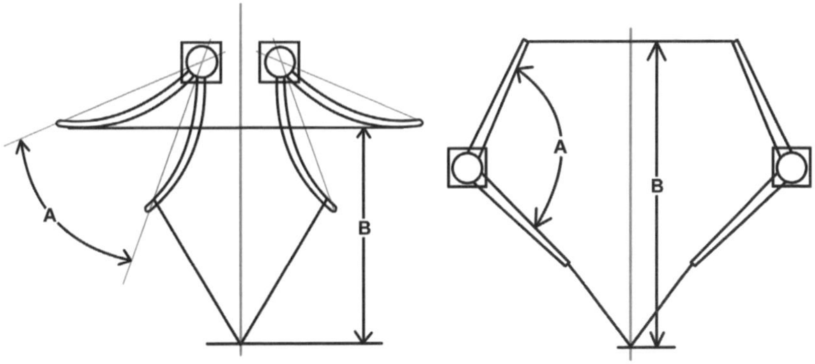

圖56：新舊兩款弩砲的性能圖解。左邊為舊式，右邊為新式。A是弓臂的旋轉角度，B是箭矢的加速距離（＝加速時間）。這兩者愈大，絞繩的扭力就愈能傳達給箭矢，也就是說效率會更好。另外還有一個附加效果，若使用弓臂不會彈出框架外的新式弩砲，那麼站在弩砲旁的士兵，就不會發生射擊時被弓臂打到的事故。

剛問世的新式武器，稱為野驢砲（Onager）。Onager指的是公驢，當時的人用驢子強勁的踢腿來形容這項武器的威力。野驢採用水平設置的絞繩再加上直角的弓臂，然後像釣魚時拋竿的動作一樣，把石頭拋飛出去。由於弓臂的運動方式，過去野驢也曾經被稱為蠍砲（Scorpio，在馬爾切利努斯的時代，Scorpio已經是指屬於弩砲的蠍弩了）。

這種武器最大的優點在於只有1捆絞繩，這樣就不需要像之前那樣，去調整兩邊絞繩的張力。

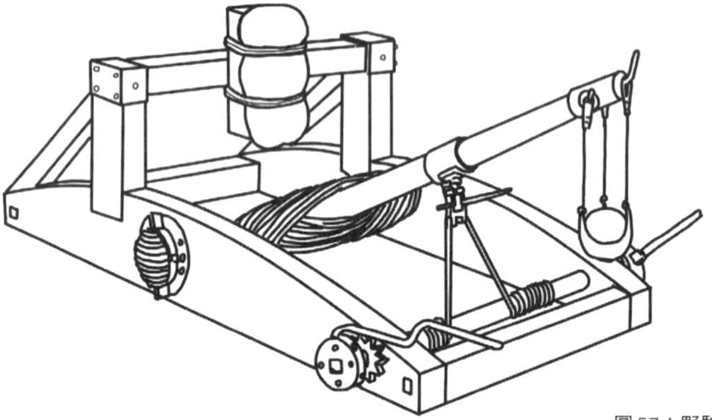

圖57：野驢砲。
根據前述Nossov的書所繪製。

◆衣服、外套

丘尼卡 Tunica

早期丘尼卡的構造與《魏志倭人傳》中倭人所穿的貫頭衣相同，由2片長方形的布組成，除了露出頭、手臂與腳，其他部分都縫合起來，最後再用繩子綁在腰上就完成了。看起來像是袖子的部分單純只是衣服的皺褶，當時的羅馬人對於有袖子的衣服（尤其是長袖）感到「相當蠢」。從各種繪畫資料來看，丘尼卡非常寬大，寬度可能有1m左右。另外他們似乎沒有穿內衣內褲的習慣。

激烈運動或勞動時，會把右肩的縫線解開露出肩膀，多餘的布就拉到背後打結。

在一切純手工的當年，需要紡織大量絲線的衣服似乎相當昂貴，因此戰利品、戰爭賠償及同盟援助金的一部分，又或是給士兵的獎賞等等，都能頻繁看見衣服這個項目。一般來說，所有要奔赴戰場的士兵，習慣上都會穿著最好的衣服前往當地。豪華的衣服既是自己的驕傲，也能提高自信、威嚇對手，更重要的是，他們相信若服裝能讓眾神看得順眼，就可以獲得神明的加持。衣服基本上都是素色，只有元老院議員和騎士階級允許在中間加入線條。

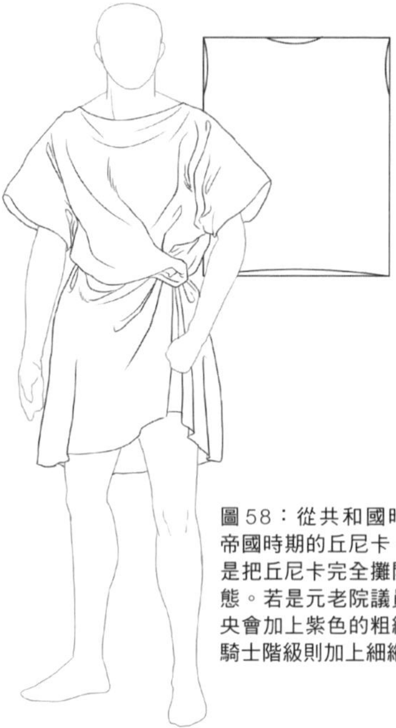

圖58：從共和國時期到帝國時期的丘尼卡。後方是把丘尼卡完全攤開的狀態。若是元老院議員，中央會加上紫色的粗縱線，騎士階級則加上細縱線。

在裝備需要自備的共和國時期，衣服也得自行準備，當時並沒有統一規定的制服。不過從「穿上戰鬥的服裝」這種表達方式來看，這些自備的衣服可能都存在某種特徵（筆者認為是像圖59的衣服）。士兵用的丘尼卡比普通的還要長，穿起來後再將下襬拉起來露出膝蓋。根據137年交給卡帕多奇亞的裁縫師的訂單可知，軍用丘尼卡長155㎝、寬140㎝、重量1.6㎏、價格是24德拉克馬。這個尺寸在現代發現的丘尼卡中也是最大號的。不過在高盧等地發現的丘尼卡，會像和服的腰褶一樣，在腰部把繼續垂下去的部分暫且往上摺然後縫起來，以這種方式來調節長度，軍用丘尼卡可能也是用同樣方法來微調的。此外，根據2世紀後半～3世紀初的特土良所描述，把這個腰褶部分露出來是很難看的事，

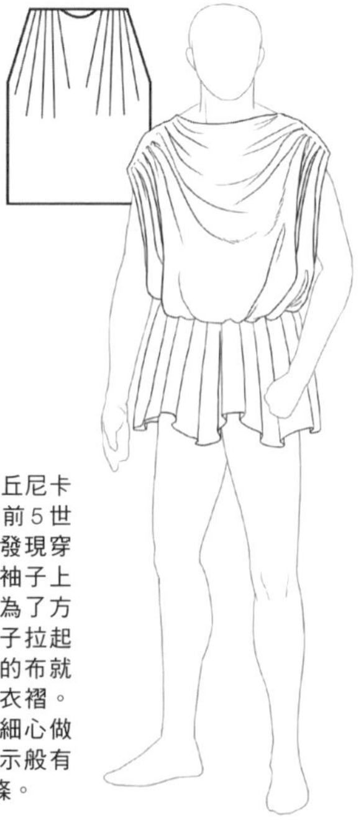

圖59：戰鬥用丘尼卡的推測圖。從前5世紀開始，就能發現穿戴鎧甲的士兵袖子上有衣褶。這是為了方便活動而把袖子拉起來，於是肩膀的布就擠在一起形成衣褶。腰部以下也會細心做出衣褶，如圖示般有著之字形的線條。

所以建議最好纏上腰帶遮住。

進入帝國時期後，軍隊開始分發衣服給士兵，於是設計等層面便得到一定程度的標準化。在埃及曾遺留文章，要求承包衣物生產的商人，必須按照指定的設計與品質來生產衣物，不過這樣的作法是否有套用在其他地區尚不得而知，目前推測就算有規定，但也應該相當寬鬆。

丘尼卡的穿法本身也有地區差異。從浮雕等創作來看，帝國早期，日耳曼尼亞地區的士兵會穿戴有著細小衣褶，而且排列整齊的衣服，可是在其他地區很少看見這麼多衣褶。當地的士兵似乎會將衣服摺出很多衣褶，再用熨斗燙整齊。此外兩腋的袖口也會拉起來，再用腰帶或皮帶綁住衣服。至於騎兵用的丘尼卡，則做得比較短以方便騎在馬上。

為了方便拔劍，也有將繩子從左肩拉到右邊腋下來綁住衣服的穿法。

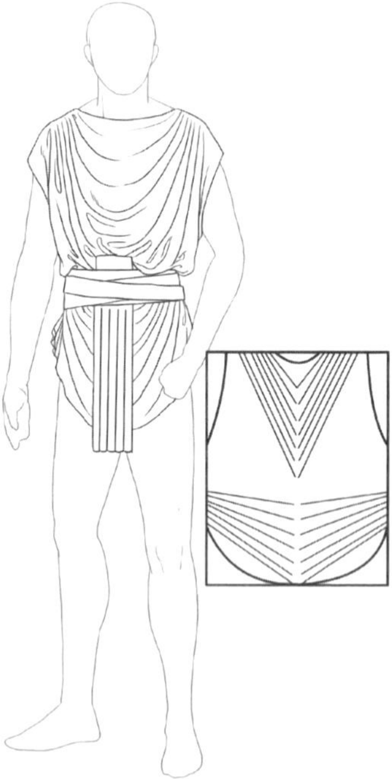

圖60：日耳曼尼亞地區的丘尼卡穿法推測圖。
日耳曼尼亞的士兵會像插圖這樣，穿戴有U字形衣褶的衣服。這原本可能是為了方便手臂與雙腿活動所做的巧思，後來逐漸成為穿衣的風潮吧！他們可能會像插圖這樣，把肩膀與腰部下方的側面摺出衣褶（袖子與下襬兩側會縮短），然後再用熨斗燙過細線部分。

進入3世紀後，丘尼卡的主流變成長袖，雙肩以下還會繡上垂直的線（Clavi）。這條線隨著時代愈變愈粗、愈變愈短，到了4世紀時，就乾脆另外織出複雜的圖形或花紋，然後再縫到衣服上。肩膀與腿部的正面部分，則縫上圓形的裝飾。

有種宴會用的特殊丘尼卡稱為Tunica Cenatria。這種丘尼卡要搭配宴會用的披肩一起穿，剪裁似乎也比一般的丘尼卡來得寬鬆。

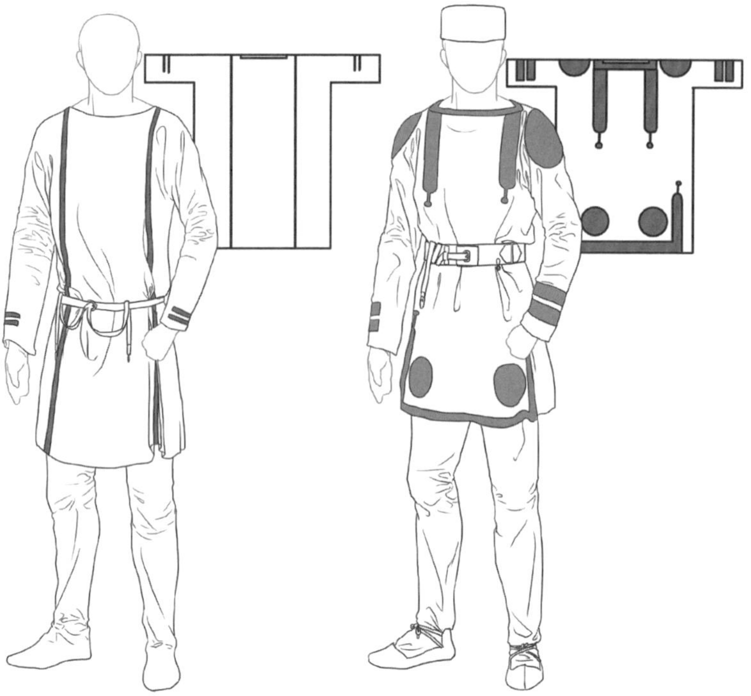

圖61：左：3世紀的丘尼卡。從當時的雕像來看，腰帶位置不是在上面的腰身部分，而是偏下面的腰椎。那時候的丘尼卡被稱為「十字丘尼卡」，如同其名，它是將布料裁成十字形並在肩線部分對折，只要把袖子的下邊與兩側縫起來就完成了。線條取自杜拉歐羅普斯出土的丘尼卡。
右：4世紀的丘尼卡。裝飾線變得更粗了。衣服上的裝飾都是用別的布縫製好後再縫上來的。裝飾通常為紫色，並繡上複雜的花紋。

薩古姆 Sagum

可以保暖、遮雨的披風是維持士兵健康不可或缺的重要裝備，在這當中最普遍的就是薩古姆。薩古姆是一塊四邊形的布（可能是很厚的羊毛，其中有些還加上流蘇），包住身體後用別針或其他可以固定的器具別在右肩，這樣右臂也可以自由活動。這種披風與士兵的關係特別深，甚至有俗諺「拿取薩古姆」（Saga sumere），意思就是「參加戰爭」。在帝國時期，薩古姆已是普通士兵的標準衣裝。

從3世紀開始，薩古姆或帕魯達門托姆（或其他種披風）都會加上裝飾，比較常見的有在布的四個角縫上L或H形，有時還有鉤十字形的裝飾，或是將繡上複雜圖案的圓形裝飾縫在披風的正反面。

4世紀時，原本長度只到膝蓋或小腿肚的披風開始延長到腳踝，與此同時肩膀上用來固定披風的別針，也改為特別的十字形別針（通常稱為十字弓型）。這種別針只有軍人才能配戴。

乍看之下，薩古姆的形狀似乎不太合理，但實際上四邊形還能用來當作毛巾、營帳的墊布或是簡易帳篷的屋頂等等，泛用性相當高。通常認為薩古姆在編織時不會去掉羊毛的油，因此能具備良好的防水效果。

圖62：薩古姆。插圖是比較特別的固定方式。如果將正面部分反折再固定，薩古姆就不會妨礙到腳，走起路來比較舒適。從2世紀開始，士兵外出時一定會披上像薩古姆這類的披風，因此若不需要保暖或遮雨，就會像插圖這樣別起來以方便活動。

佩努拉Paenula、比魯斯Byrrus

兩者都是彭丘造形的披風。布對折後，將長邊的一半縫合起來，就能做出剛好為圓錐形的形狀。有些還加上尖長形的帽兜，或為了蓋住頸部敞開的部分而縫上三角形的布，這類披風稱為比魯斯。

為避免妨礙動作，士兵用的佩努拉不會完全封住下半部，角的部分也會裁切成圓弧形。此外，也有不將正面縫合，而採用圓形或棒形鈕扣來扣緊披風的款式，這樣即使穿著鎧甲也能迅速套上披風。將佩努拉的兩側捲起來，讓雙手能自由活動的穿法，（在士兵之間）是非常普遍的事情。

到了2世紀後半就幾乎被薩古姆給取代了。

圖63：左：比魯斯。右：以軍隊式將佩努拉捲起來的穿法。上面的圖形是附帽兜的佩努拉平面圖。把圓形的布對折後剪開頸部的洞，接著從前半身的中間一直線剪開。鋸齒線的部分要縫起來。

帕魯達門托姆Paludamentum

將軍或軍官穿戴的一種披風，與其說是實用衣物，不如說是用來彰顯身分、類似階級章的服裝。使用別針固定在左肩或右肩，不過別在左肩時為了避免披風掉下來，鎧甲上可能會有類似卡扣的金屬配件。固定在右肩時則像薩古姆一樣別上去。為避免披風本體垂下去，披風會纏在身體或左臂上。邊緣有流蘇的款式在帝國時期只允許皇帝穿戴。

兜襠褲Perizoma

拉丁語稱為Subligaculum，通常也翻譯為圍裙。這是一種纏腰布，構造為在細繩或腰帶上綁半圓形或三角形的垂布。有些前後兩邊都有垂布，有些則只有前面有垂布，屁股會露出來。為了遮住胯下會從全裸狀態開始穿，不過似乎難以期待這有什麼遮掩的效果。最古老的描繪來自前6世紀，但幾乎可以肯定兜襠褲擁有更久遠的歷史。這種衣物持續使用到前4世紀末。

鎧甲襯衣 Subarmalis

襯衣不僅可以保護身體避免與鎧甲接觸或摩擦，同時還能發揮第二防具的功用，是非常重要的裝備。儘管從很久以前，就已經在議論肌肉甲底下，是否穿著附帶皮條流蘇的襯衣，然而其他鎧甲底下，肯定也穿著襯衣的說法開始受到認可，不過是這20年左右的事情而已。

促成這個想法的契機，是因為環片甲的現代復原品開始大量出現。試穿復原的環片甲就會知道，胸部的金屬板會傾斜在心臟附近產生縫隙。環片甲是由從胸部到軀幹呈水平的金屬板相互疊合而成的鎧甲，但人類肩膀自然的傾斜角度，會使胸部的金屬板也跟著傾斜，進而產生不必要的縫隙。此外，原本在胸部以水平方式裝上去的帶扣與皮帶，也會被扭成不自然的狀態。解決這個問題的方法，就是在底下穿上肩墊。也就是說，環片甲是以穿上含肩墊的襯衣為前提所設計的鎧甲。含肩墊的襯衣不只能夠緩衝對肩膀的打擊，還能減輕負重行軍時的負擔。

除此之外，穿上鎖子甲騎到馬上後，鎧甲會因為馬的上下晃動而敲擊肩膀，如果不在底下穿上有肩墊的衣服，肩膀往往會被敲得到處瘀青。這個事實也強烈暗示了襯衣的存在。在文獻資料上，2世紀的文多蘭達文件中，襯衣就被當作衣服一類而被記錄下來。

一般認為襯衣由厚實的羊毛氈、皮革或布料縫製而成，但現存唯一的襯衣，只有在比薩的聖羅索雷發掘出來的皮製襯衣。這件襯衣採用前扣的形式，長度到達大腿，肩膀

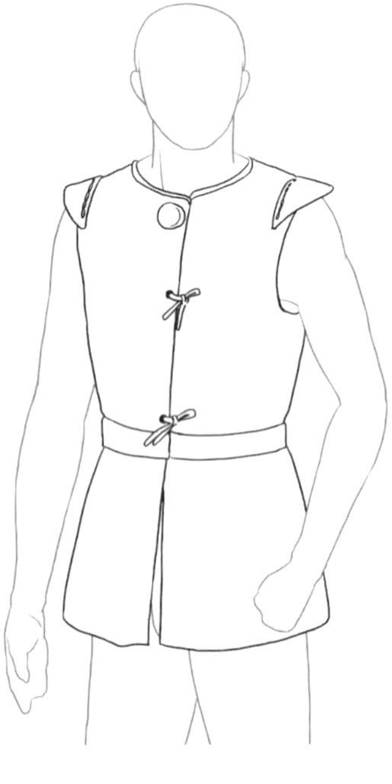

圖64：聖羅索雷沉船的水兵使用襯衣的推測復原圖。來自奧古斯都時期。

的前端部分，則縫上半月形的皮製襯墊。

Subarmalis是Sub（下）與Arma（鎧甲）的合成詞，4世紀時稱為Thoracomachus（意思可能是Thorax〔鎧甲〕＋Makhos〔戰鬥〕）。

內褲Subligares

內褲與其說是為了實用性而穿，不如說是為了禮節而穿。如果沒有會露出性器官的風險，似乎就不會穿上內褲。與現代相同，當時的內褲也有各種款式，不過基本上都是像兜襠布那樣，用長布條纏起來的類型，沒有像現代這種三角褲或四角褲等一開始就縫好的產品。

褲子Bracae、綁腿Genual、裹腳帶Fasciae

在2世紀以前，羅馬人將穿長褲視為蠻族的標記，始終拒絕穿上長褲。士兵——尤其是騎兵——雖然會穿長度到膝蓋下方的褲子，但這屬於防護服的一種，至今仍未留下任何普通民眾穿著類似褲子的紀錄。

進入3世紀後，在長袖丘尼卡逐漸普及的同時，褲子才開始為民眾所接受。話雖如此，這種褲子比起現在的褲子，更接近中世紀的緊身褲襪。它會依照穿戴者的腿形來製作，而且還包含腳掌的部分，因此不用再多穿上襪子。

這類褲子有著各式各樣的顏色，目前已確認包含灰色、藍色、橄欖色、奶油色、粉紅色等等。褲子上沒有裝飾。

在不穿褲子的時代，為了保護腿部與防寒，會用布纏繞小腿及大腿。綁腿是種縫上綁繩並用來纏繞腿部的布帶，可以綁緊並固定膝蓋以下的部位與腳踝。裹腳帶則是用繃帶狀的布纏繞並固定腿部的綁腿，會纏在襪子或褲子上。

◆鞋子

羅馬鞋 Caliga

這是軍團士兵所穿的一種涼鞋，鞋面是將皮革裁切成能包覆腳的形狀，再縫上中底與鞋底，最後在腳背部分用鞋帶把鞋子綁緊。鞋面切開了許多孔，既確保了通氣性與排水性，不容易發生磨破腳的情況，也能透出襪子的顏色來增加時尚感。

鞋底為了增加抓地力打上了鐵釘，在設計鐵釘的配置方式時，已考量到走路時腳部的重量移動。從後世羅馬鞋復原品的實驗來看，除了完全平坦的光滑平面外，羅馬鞋的抓地力甚至比現代的登山靴還要好，可用來登山或攀登岩壁。不過同時也發現，如果是走在羅馬道路那種石板路或碎石路上，步行的衝擊全部由膝蓋承受，很有可能造成膝蓋損傷，這對需要移動數百公里的士兵而言，可說是相當致命的缺點（而且說到底，羅馬的道路是為了車輛所設計，而非為了士兵，要說當然也是當然的吧）。因此，當時的士兵會準備用來走在石板路上的鞋子，比如沒有鐵釘或在裡面塞入襯墊來緩衝的其他類型，也可能就乾脆走在道路旁的草原上。

羅馬鞋可說是軍團兵的象徵，Caligati這個單字甚至還是軍團兵的別名。雖然不知道這種鞋何時被軍團所採用，但至少在奧古斯都時期，就已經是很普遍的存在了。

儘管羅馬鞋如此廣為人知，但它被淘汰的時間點卻意外地早，到了公元80年就已經是落後時代的產物了。在羅馬鞋之後流行的，是有著如網狀般複雜剪裁的鞋子，到了2世紀後半則又再次回到設計簡易的涼鞋。

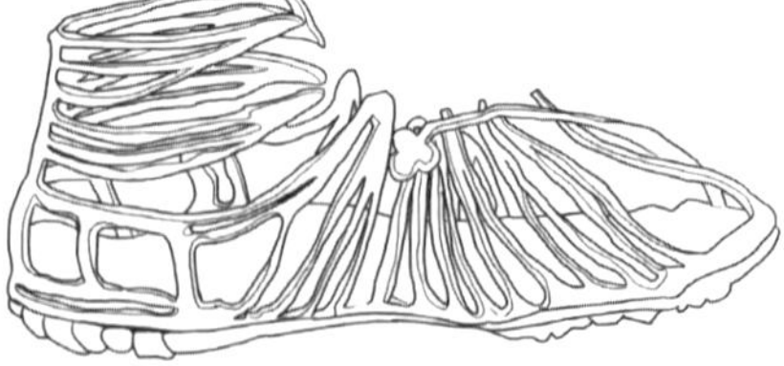

圖65：美茵茲出土的羅馬鞋。
引用自Bishop《Roman Military Equipment》。

靴子 Pero

從2世紀後半～3世紀，開始出現完全包覆整個腳掌的鞋子或靴子。這種鞋子的鞋帶與鞋子本身合為一體，從腳跟包到腿部，並在腳背部分縫合。在此之後，士兵與普通民眾的鞋子之間就沒有什麼差異了。

在使用復原品的實驗中（前述的阿爾卑斯山500㎞行軍實驗），這種古代鞋子比現代靴更不容易發生磨破腳的情況，抓地力也相當不錯。

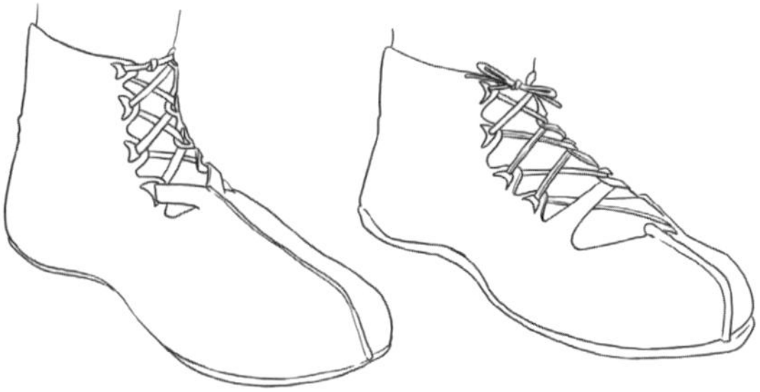

圖66：左：埃及出土的靴子。右：英國拉姆肖出土的靴子。兩者的基本構造都相同。

◆其他配件

腰帶Balteus、Cingulum

以薩莫奈人為首的奧斯坎人各族皆曾佩戴寬大的腰帶。這些腰帶由青銅、皮革或同時由兩者製成，被視為成年男性──尤其是戰士可以獨當一面的證明。羅馬人也繼承了這項傳統，腰帶（與劍）既是士兵的象徵，也是他們的榮耀（普通羅馬人則使用細繩，或腰上不綁東西，穿成像罩袍一樣）。對於膽怯者的刑罰之一，就是將他們的腰帶移除後，暴露於公眾面前，這種刑罰也源自上述這項傳統。

引進羅馬短劍後，腰帶也成為用來吊掛劍的重要裝備。帝國早期會將分別用來掛劍與掛匕首的2條腰帶，交叉佩戴在腰上，也就是所謂「雙槍式」的腰帶穿法，不過被劍掛帶取代後，又重新回到1條腰帶的穿法。

從前1世紀後半開始，流行在腰帶打上圓盤或鉚釘等各種裝飾。這種風潮在1世紀前半達到巔峰，那時的腰帶表面，幾乎被各種金屬配件給覆蓋過去。不過之後裝飾變得愈來愈樸素，到了2世紀後半就幾乎沒有裝飾了。另一方面，打上金屬片的腰帶在騎馬時頗為礙事，因此騎兵直到3世紀時，都使用幾乎沒有裝飾的腰帶。

根據曾佩戴腰帶複製品的人所說，這類腰帶都用金屬板補強到相當牢固，所以非常難彎腰，必須持續保持直立姿勢，而且在跑步等激烈運動時也會造成阻礙。Hoss主張，羅馬士兵受到腰帶等配件的影響，走路時會稍微把腳張開，以一種略呈O形腿的姿勢，一邊搖晃身體一邊走路。

到了2世紀中葉，劍改為吊掛在肩膀上，腰帶只剩下1條。這條腰帶上附有用來掛小袋子的圓圈，小袋子則可以用來裝錢包或小刀等等。腰帶本身也變長，用帶扣固定住後，繼續把腰帶拉到右腰附近，然後讓腰帶垂下直到膝蓋的長度。這個垂落的部分會分成兩叉，並打上裝飾用的金屬配件。

進入3世紀，開始出現在寬大（2.5～4㎝）的腰帶上，裝設圓環式帶扣（Ringschnallencingulum）的腰帶類型。從帶扣中穿出來剩餘的部分會分成兩叉，然後像傾倒的B字形那樣，夾進腰部的兩側並纏起來，接著垂落到膝蓋。這種類型的腰帶，可能採用了達契亞人或薩馬提亞人腰帶的設計。比較當時浮雕上的腰帶位置，與膝蓋或手肘的位置，便可以知道這種腰帶不是纏在腰身，而是像和服的腰帶般纏在腰椎上。

圓環型腰帶在4世紀時也退出流行，原本寬大的打孔式腰帶又再次回到歷史舞臺。腰帶的寬度在4世紀後半達到5～10㎝，帶扣位置也開始移到腰帶的中央部分。

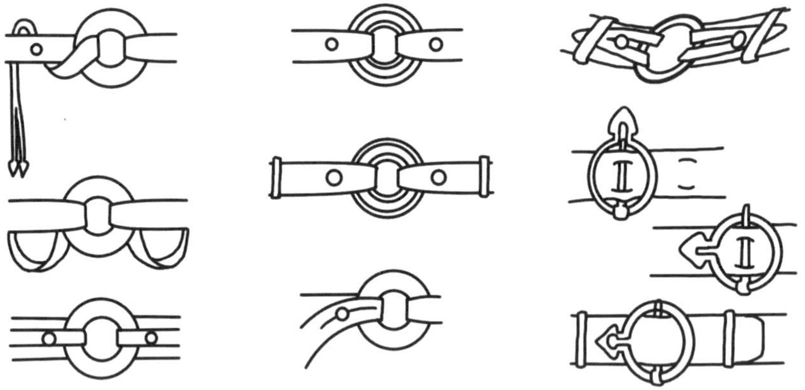

圖67：圓環式帶扣的佩戴方法。引用自Monica Gui《How to wear Ringschnallencingulum in Dacia》。

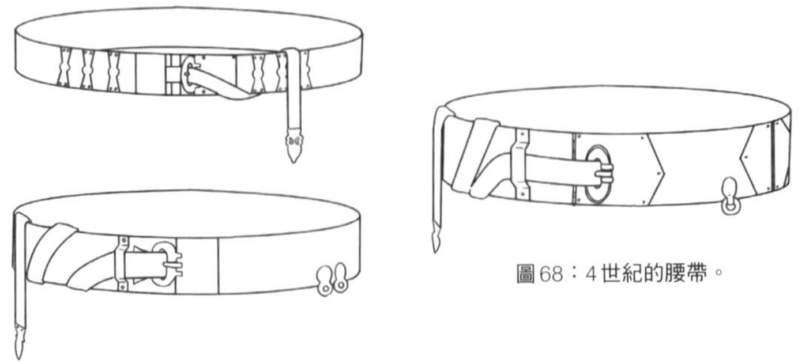

圖68：4世紀的腰帶。

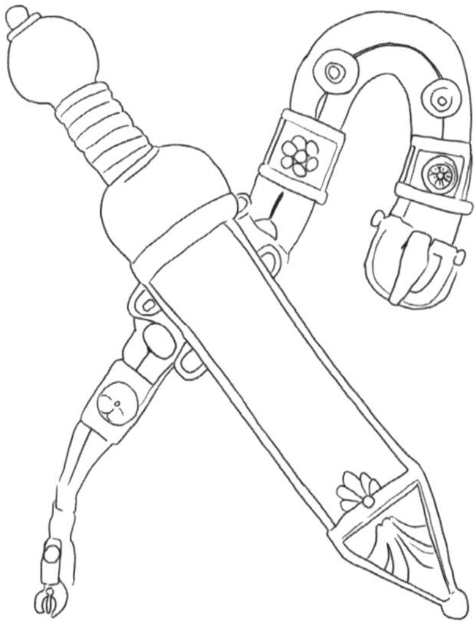

圖69：位於克羅埃西亞普拉的浮雕，上面雕著龐貝型羅馬短劍與其劍掛帶。2條皮帶排在一起，分別綁到劍的鐵環上（把劍夾在中間的左右腰帶沒有接在一起）。雖然其中一邊消失了，但腰帶的一端可能是分成兩叉的。

現在我們將羅馬的軍用腰帶稱為Cingulum（或Cingulum Militare），然而這個名稱是3世紀後才開始使用的單字，在此以前稱為Balteus（起源自伊特魯里亞語，也是今日belt一詞的語源），日後Balteus這個單字，也開始指稱用來從肩膀吊掛劍的劍掛帶。或許就是因此才有現在Balteus指吊掛劍的腰帶，而Cingulum指束腰的腰帶這種區分吧！

手環 Armilla

王政時期的戰士會戴手環。有一個故事講述了在羅穆盧斯的時代，曾有少女為了換得薩賓人戰士「左手拿的東西」，而告訴對方卡比托利歐山的祕密小徑。雖然她說的是薩賓人纏在左臂上的黃金手環，然而戰士卻把「左手拿的」盾牌接連丟到她身上把她壓死。從這個故事來看，就算羅馬人會戴手環也不奇怪。後來戴手環的風俗消失，手環變成了獎勵品。

腰掛 Cinctorium

腰掛是指將軍等高級軍官纏在鎧甲上的腰帶，原本是波斯人作為身分象徵而使用的物品，後來引進羅馬。戴好腰掛後在身體前方打蝴蝶結，剩餘的部分則塞進腰帶裡。

帽子 Galerum

羅馬人幾乎不戴帽子，唯一的例外就是這種在頭盔底下當成襯墊穿戴的帽子。在埃及的出土品中，就發現了用舊衣服拼合在一起縫製而成的拼布型帽子，形狀與希臘稱為皮羅斯的圓錐形帽子很像。在已發現的帽子中，有些以綠色的氈布製成，有些是用紅、綠、黃的三角形布料縫合而成。因為「看起來很像老爺爺的睡帽」這個理由，所以現在沒什麼人氣。

3世紀後半開始普及的是稱為潘諾尼亞帽（Pilleus Pannonicus）的筒狀四邊形帽子，其最早期形式是2世紀埃及的出土品，由厚2㎜的綠色毛氈製成。潘諾尼亞帽以士兵常用的帽子為人所知，推測可能原本是戴在頭盔底下的。從馬賽克畫來看，後世的潘諾尼亞帽常用毛皮、皮革或氈布縫製。

襪子 Udones、Socci

為避免腳被鞋子磨破皮，多數人一般都會穿襪子。雖說就算有長度到膝蓋的襪子也不奇怪，可是現在出土的遺物中，可以確認的襪子大多數都只到腳跟（或因為破損而不知道原本長度）。材質通常是羊毛布料，也出土過針織襪。許多襪子都是為了因應涼鞋，所以沒有腳跟與腳尖的部分。也曾發現過像二趾襪那樣拇趾分離的襪子。

圍巾 Focale

為了避免鎧甲摩擦頸部而纏繞在脖子上的圍巾。通常會藏在鎧甲底下，沒辦法看見整條圍巾的樣子，但形狀應該是四邊形（現代的歷史重演愛好者，會使用可以塞得剛剛好的三角巾）。圖拉真柱上描繪著與擦臉巾或手拭巾差不多長度的圍巾，也有長度更長的類型。普通民眾使用的圍巾與現代較長的圍巾幾乎差不多長（推測170㎝左右）。

束腰帶 Faecia Ventralis

在帝國早期的肖像畫中，常常可以看到在腰帶底下還纏繞著布帶的人。根據實驗顯示，束腰帶可以支撐背部，穿戴鎧甲時會更舒適，另外還可以防止固定腰帶裝飾的鉚釘等尖銳物體割破衣服，或甚至可以當成口袋來使用。想要遮住捲起來的衣服或腰褶時，也會用到束腰帶。

◆馬具

馬鞍 Sella

以往普遍認為沒有馬鐙可用的古代騎兵，想要在馬上維持平衡是相當困難的事，更別說近身戰鬥了。不過在解析挖掘出來的遺物，並重現羅馬時代的馬鞍後，發現就算當時沒有馬鐙，騎兵也能獲得比想像中更好的穩定性。

這個馬鞍有著4個突起的角，前方2個角位在大腿前方，可以避免騎手往前或往旁邊滑，而後方的角則撐住腰部，防止騎手往後面滑。這項設計可以牢牢地把騎手固定在馬鞍上，甚至穩固到難以下馬，面對戰場上的激烈動作時，也能提供充分的穩定性。

唯一的缺點是上馬或下馬時，必須用力把身體撐得很高，但這只要花點時間訓練就能做到。

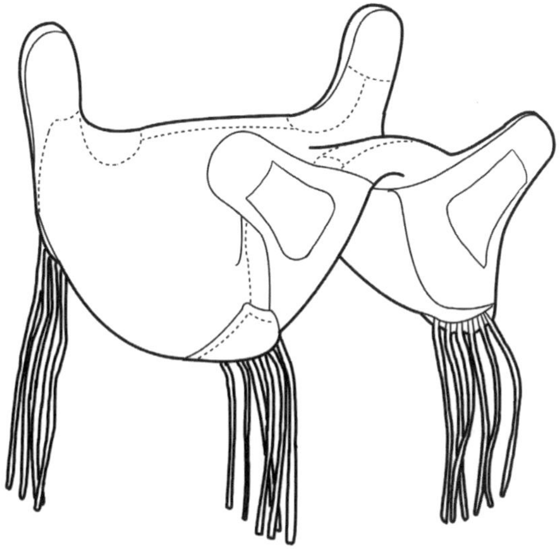

圖70：四角鞍。現今推論可能起源自高盧。馬鞍垂下的流蘇只是裝飾，沒有實用性（原本應該更長）。

馬甲

馬用防具於前5世紀就已經廣為使用。當時最常見的馬用防具是護額，用來保護額頭到鼻子的部位，另外有時候還會在胸前吊掛半月形的胸甲。

進入帝國時期的1世紀中葉，為了馬術競賽又讓馬甲再次重回歷史舞臺。此時最重要的配件是眼罩，這是將青銅板鑿成網篩狀並做成半球形的護具，不僅可以保護馬的眼睛，同時還類似現代賽馬的眼罩般，具有讓馬集中精神在正前方的功用。分為2片式與3片式這2種，2片式只包含眼罩，兩眼間以皮帶相連；3片式則是與保護額頭的青銅板連在一起的類型，多半用合頁串接。

胸甲主要是皮革或青銅所製，也同樣用於馬術競賽中。

文獻資料上最古老的馬甲記述，來自阿里安寫於136年的著作。根據書中描述，馬甲由保護側腹與前方（應是指胸口）的護甲組成。從這裡的記述來看，當時的馬甲可能是疊上多層厚實的布料並縫合而成的布甲。

實際的馬甲（僅軀幹部分）出土於3世紀的杜拉歐羅普斯，幾乎保持了完整的狀態。從馬甲的狀況來看，應是在等待修復戰鬥所受的損傷時，因建築物崩塌而直接埋進土裡。在皮革的內襯上縫有青銅製的小札片，然後再披覆到馬的身體上，並在胸口前對齊、縫合。不過也有意見認為這件馬甲不是羅馬製造，而是從敵方騎兵身上搶過來的戰利品。

馬銜 Frenus

馬銜指的是裝在馬嘴中的金屬配件，騎手透過與馬銜連接的韁繩來控制馬的行動。馬的嘴巴是纖細的器官，隨著馬銜的發明，騎手開始能將命令正確傳達給馬知道。

馬銜分成水勒銜與大勒銜2種。

水勒銜泛指不像大勒銜那樣以槓桿原理來施壓的類型，不會給馬造成多餘的負擔。雖然羅馬時代的水勒銜能更加靈敏地操控馬匹，但遠比現代的馬銜還要細，給馬的負擔依然很大。

大勒銜含在口中的部分呈Ω形，將Ω形配件與H形的配件連結後，韁繩再接到H配件上。只要拉動韁繩，Ω形配件就會在馬的口中翹起，將口腔上壁往上撐開，與此同時馬銜還會將馬的上下顎骨壓緊，使馬的嘴巴承受相當大的壓力。當然，這對馬而言負擔極大。羅馬時代的大勒銜非常強力，而它設計的目的就是要給予馬近乎虐待的壓力。

此外羅馬時代的馬銜頗為尖銳，這是為了提高馬的反應強度，然而這同時也極有可能讓馬因為馬銜傳來的疼痛與恐懼，而陷入失控的恐慌狀態。在83～84年的格勞庇烏山戰役中，曾發生過某個大隊指揮官的馬因為陷入恐慌，就這麼直接載著他衝進敵陣當中的事件，現在推測造成恐慌的原因，恐怕就是馬銜造成的傷口所致。

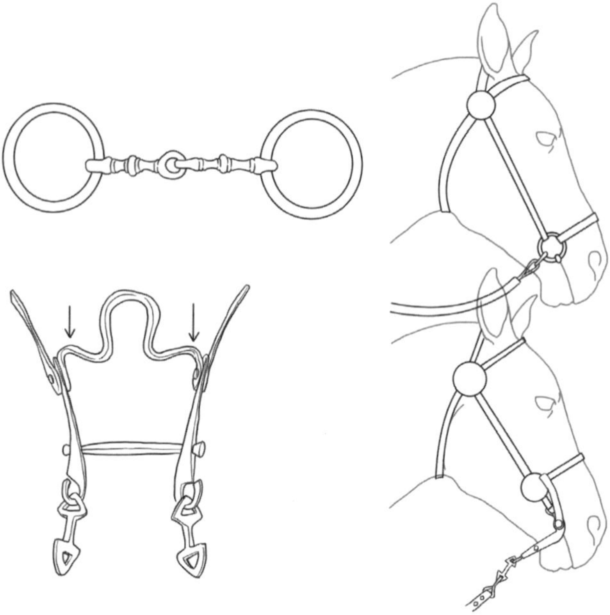

圖71：馬銜。上面是水勒銜，下面是大勒銜。在箭頭部分裝上馬轡（用來套住頭部的挽具）。這個Ω形部分平時是水平狀態。

封嘴帶Psalion

羅馬人發現，馬張開嘴巴時，馬銜的效果就會變差，因此構思了防止馬嘴張開的金屬配件，稱之為封嘴帶。雖然造形很像今日使用的下垂式鼻革，但羅馬時代的為金屬製，而且將嘴巴封得更緊。

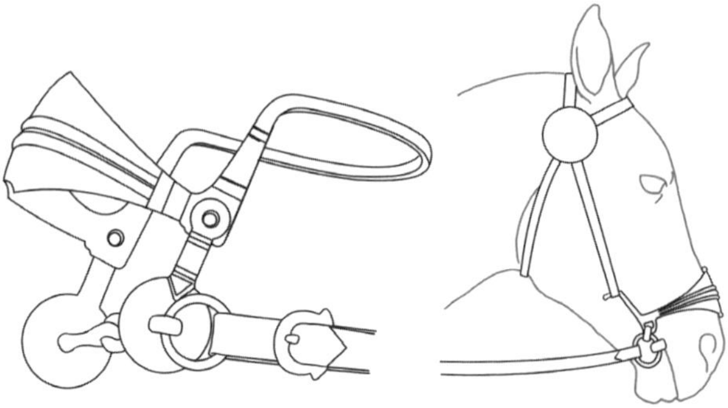

圖72：封嘴帶。左右兩邊是不同類型，左邊與馬銜是一體的，右邊則是分離式的封嘴帶。如果拉動韁繩就可以將馬的頭給壓住。

嘴套Camus

用來防止馬嘴張開的用具，戴上去時會罩住整個嘴巴。通常用於有咬人習慣的馬，避免馬在列隊時啃咬旁邊的馬匹。此外想要偷襲敵人時，也會為馬套上嘴套，以免馬發出嘶鳴聲而暴露自己的位置。

馬刺Calx

前5世紀最早期，馬刺是種在U字形底座上裝釘刺的用具，不過不是裝在腳跟而是腳踝。從繪畫資料來看，似乎是先準備一條皮革綁帶，剪開用來穿過釘刺的孔，接著將馬刺抵在腳踝上，然後用皮革綁帶纏緊固定。

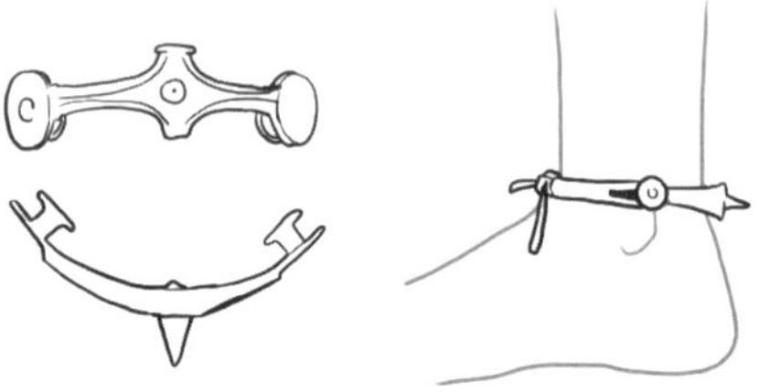

圖73：條頓堡森林出土的馬刺與推測的佩戴圖。馬刺的鈕扣穿過兩端都剪開孔洞的皮革綁帶，然後綁緊在腳踝上。

馬蹄鐵Solea Ferrae

4世紀的維蓋提烏斯曾留下有關馬蹄磨耗的紀錄，再加上在羅馬人的著作中，未見有關馬蹄鐵的描述，因此普遍認為羅馬人不使用馬蹄鐵。儘管數量稀少，但還是出土了幾件樣本，可以肯定有極少數的人（恐怕是羅馬統治下的原住民）仍會使用馬蹄鐵。羅馬馬蹄鐵的特徵在於用來固定馬蹄鐵的釘頭，以及馬蹄鐵後端突出的釘刺。

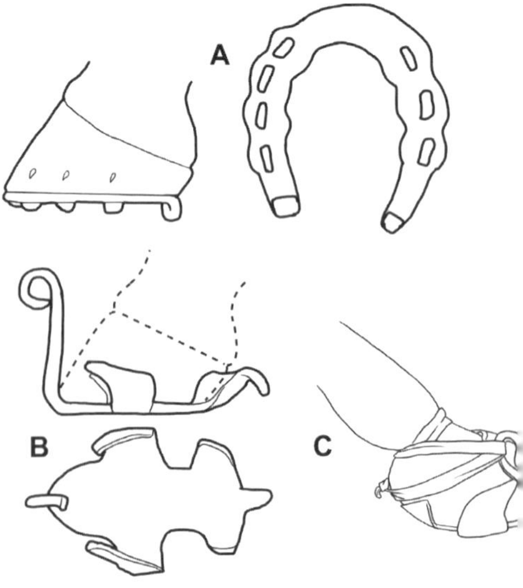

圖74：A：馬蹄鐵。B：馬涼鞋。虛線是馬蹄的位置。C：其他類型的馬涼鞋穿法。

曾經有過讓馬穿上鞋子來代替馬蹄鐵的紀錄，這種用草編織的鞋子稱為Solea Sparta。另外還有種稱為馬涼鞋（Hipposandal）的鐵鞋，現在認為這可能是用來將藥草等敷料固定在馬蹄上的治療器具。

馬鐙

首次記載於6世紀的《戰略》。原本的發明是用於上馬、下馬的墊腳工具，因此起初只有其中一邊，而且當時也有很多人認為，使用馬鐙是初學者騎手的證明而特別嫌棄馬鐙。然而裝上馬鐙後可以往側面施力踩踏，也可以讓騎手在扭轉身體向後看時保持姿勢穩定，除此之外，站在馬鐙上，也有助於騎手在奔馳的馬上拉弓射箭時，準心不容易偏移。當這些效果受到肯定後，馬鐙便迅速普及開來。

◆軍旗

與現代的軍隊相同，羅馬人也將軍旗視為神聖之物，他們認為軍旗中寄宿著代表該部隊的聖靈或說是妖精。

普林尼（第10卷第5章）提到，在馬略以前曾使用過以老鷹（也是最尊貴的）、馬、米諾陶洛斯、狼、野豬等動物為標誌的軍旗。這些動物圖騰幾乎可以肯定帶有某種宗教上的重要性，通常老鷹代表朱庇特，馬代表卡斯托和波路克斯（雙子座的神），狼代表瑪爾斯（以及養育羅馬建城者羅穆盧斯與瑞摩斯的母狼），米諾陶洛斯代表坎帕尼亞人（或某位河神），野豬代表野生或高盧人（或薩賓人的戰神奎里努斯）。另外，米諾陶洛斯據說也與「義大利」的語源，也就是奧斯坎語Víteliú（公牛之地）有關係。筆者則認為從高盧人會在頭盔上裝飾牛角這點來看，或許也跟他們有某種關係。

這些軍旗的作用至今仍眾說紛紜，比如認為各種軍旗代表青年兵、壯年兵、後備兵、少年兵的說法，或是代表特定軍團的說法等等，不過目前都沒有確切的證據。

根據李維所言，共和國時期的軍旗會保管在藏寶庫（Aerium，位於薩圖恩努斯神廟）。進入帝國時期後，軍旗則保管在司令部中央正面的神廟（Aedes Principiorum）。

軍旗有以下幾個種類。基本構造包含在舉起旗子的長棒上，裝設可以插在地面的釘刺，以及拔起旗子時可以握住的握柄。

鷹旗Aquila

鷹旗是軍團的象徵。根據繪畫資料顯示，鷹旗上有座用腳抓住雷霆的老鷹雕像，並安放在握柄上面。失去鷹旗是軍隊最大的恥辱，甚至有人會捨命守護鷹旗。

卡西烏斯・狄奧曾寫道，「鷹旗就是個小型的攜帶用神廟，在鷹旗中收納著黃金的老鷹。這支旗子除了全軍出擊以外都不會離開冬營」。3世紀中期的費索尼烏斯・維魯斯墓碑上，就出現了與狄奧所述相同的鷹旗，目前推論當時他們會將活的老鷹放進旗子上的籠子裡。

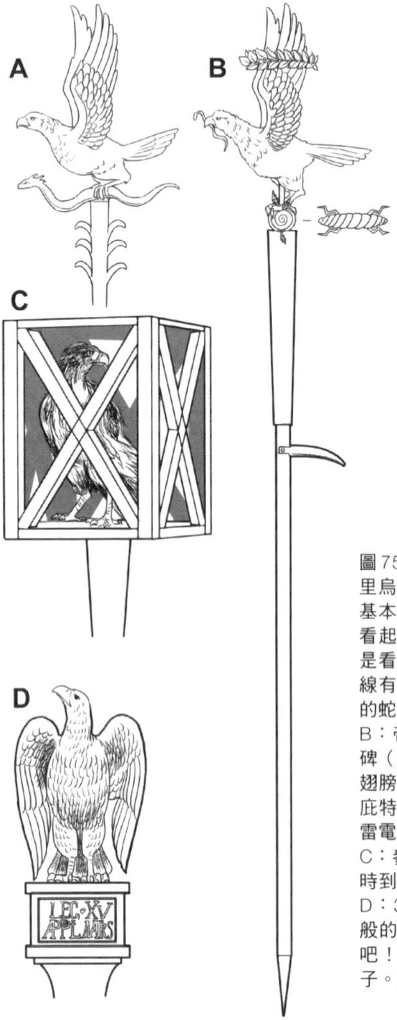

圖75：A：共和國時期。參考自蓋烏斯・瓦萊里烏斯・弗拉庫斯的第納里烏斯硬幣。鷹旗的基本型就是像插圖這樣飛在天空的姿勢。或許看起來有些奇妙，但如果是3D塑像的話，這是看起來最強勁優美的姿勢。關於腳下的波浪線有各種解釋，不過筆者深信是被老鷹抓起來的蛇。下面3對突起應該是符號化的葉片。
B：帝國初期。參考自格奈烏斯・穆修斯的墓碑（前13～公元43年）。基本設計不變，不過翅膀多戴了月桂冠。嘴裡叼著蛇，爪子抓住朱庇特的雷電。順帶一提，中央旋紋形的棒子是雷電本體，而閃電形的線代表雷電的閃光。
C：參考自3世紀費索尼烏斯的墓碑。不清楚當時到底能不能辦到這樣的事。
D：3世紀。參考自伊斯坦堡的墓碑。說到一般的鷹旗設計，應該都會想到這種直立的姿勢吧！腳邊有塊可能寫有軍團名稱等資訊的牌子。文字是筆者的想像。

軍柱旗 Signum

百人隊或騎兵中隊的旗幟。百人隊的軍柱旗由圓盤（Phalerae）、有垂飾的橫棒、流蘇、月牙（Lunulae或Curniculae）、頭冠（Corona）、名牌等各式各樣的配件組合而成，其中大多是部隊得到的獎賞及勳章。在這當中，有人推測圓盤與月牙代表大隊的編號或星座，不過沒有確切證據。右手造形的裝飾可能代表著Manipulus（「手」的意思）。

禁衛軍的軍柱旗會加上蠍子的圖騰。這肯定表示星座中的天蠍座，但不清楚含意。

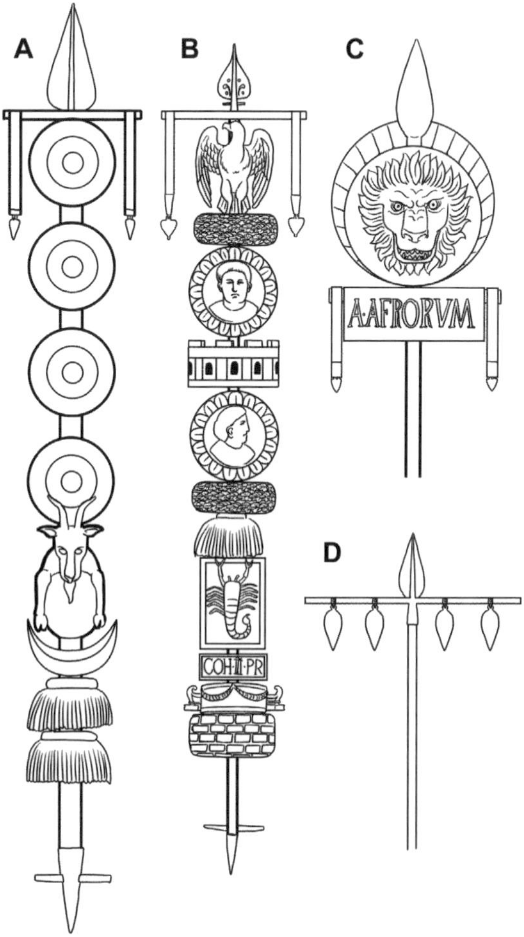

圖76：A：蓋烏斯・瓦萊里烏斯・塞孔杜斯，來自第十四雙子軍團旗手的墓碑（6～15年）。實際的握柄應該更長（整個裝飾部分占整體的一半長）。山羊是軍團的標誌，也象徵著軍團的精靈。
B：禁衛軍的軍柱旗，圖拉真時期。此處還參考了圖拉真柱與同時期的其他浮雕。裝飾在上面的頭冠等由上往下分別為：老鷹、公民冠、皇族（圖拉真）肖像、城牆冠、皇族（哈德良）肖像、公民冠、流蘇、蠍子圖騰、部隊標誌（禁衛軍第三大隊）、海軍冠，以及營地冠。
C：參考自阿非利加側翼騎兵隊的旗手奧庫拉提烏斯的墓碑。不知是不是為了方便攜帶，騎兵的旗幟大多相當簡潔。獅子頭像或許象徵著部隊的上層編制。
D：參考自希斯帕尼亞第一側翼騎兵隊的旗手昆圖斯・卡爾彌尼烏斯・因格努烏斯的墓碑（20年前後）。

分遣隊旗 Vexillum

這種旗會在裝上矛頭的握柄上追加橫條，然後再從橫條垂下旗幟。旗幟通常染成紫色，在下緣加上流蘇，這似乎是最常見的款式。這種旗在輔助部隊中的地位相當於鷹旗，而且如名稱所示，這同時也是代表分遣隊的旗子。

圖77：左：參考出土自2世紀科布里奇的浮雕。這是當時建設軍營設施的第二奧古斯塔軍團的分遣隊旗。雖然旗子上有Pelta（一種盾牌）與經過裝飾的矛頭，但上半部多有破損，只留下一部分殘片，因此這些是作者的想像。
右：3世紀的分遣隊旗。整體設計參考杜拉歐羅普斯的溼壁畫。旗上的圖案使用了埃及出土的文物。

像旗 Imago

刻有皇帝立體頭像的旗，頭像上面鍍了銀。這支旗子不屬特定部隊，可能是配置在司令官身邊象徵皇帝的權威，或是用來激起士兵的忠誠心。

龍旗 Draco

Draco即是龍的意思，這種旗起源自薩馬提亞人以龍為造形的旗幟，後來被羅馬吸納。3世紀以後，主要作為騎兵的旗子而受到廣泛使用，也曾是百人隊使用的軍旗。

構造上跟鯉魚旗相當類似，軀體部分為筒狀布條，隨著馬匹奔馳而飄動，如同活生生的龍。許多文章都描述龍旗上裝有笛子，會隨風發出聲音，但目前發現的實際遺物上，並沒有這樣的功能。

拉布蘭旗Labarum

拉布蘭旗由君士坦丁所制定，是在分遣隊旗上追加基督教符號（凱樂符號）的軍旗。Labarum這個單字指的是基督教的符號，因此也會用來描述旗幟以外的事物。

樂器

根據對考古學遺物或紀錄的研究，現在已經知道羅馬時代樂器大致的音色如何，但因為沒留下樂譜，並不清楚實際到底演奏了什麼樣的音樂。

在軍隊中，樂器不只用來下命令，也用來報時或在遊行及慶典上演奏音樂，有時也具有淨化儀式場地的功能。

羅馬小號Tuba

擁有筆直管身的樂器，相當於現代的小號。吹奏小號的士兵稱為喇叭手（Tubicen），他們負責吹響軍隊前進（攻擊）、後退、從軍營出發等指令。

科爾努號Cornu

像是把演奏者圍起來、形狀彎成圓形的喇叭。科爾努號手（Cornicen）會告知夜哨的各個時段（可能也包含吹起床號的工作）。維蓋提烏斯描述在戰場上對旗手下命令時，會使用科爾努號。僅步兵部隊裝備。

布契那號Bucina

這是一種銅管樂器，像是把小號做成筆直的形狀。似乎用來當作警報。騎兵部隊留下了較多使用布契那號或小號的證據。

◆日常用品

行李Sarcina

Sarcina指的是士兵必須自己背負的行李，裡頭包含餐具等日常用品、工具、食糧等等。維蓋提烏斯曾提到每人要背負約20kg的個人行李。

這些行李會吊掛在前端呈十字形的桿子上，士兵再將桿子背起來。對此圖拉真柱上有著相當詳盡的描繪，整體而言也與文獻紀錄一致，不過圖拉真柱上士兵的搬運方法，與實際情況有所差異。圓柱的雕刻者為了突顯行李，刪去了士兵的盾牌，並且將行李吊掛在相當高的位置。可是根據現代的實驗結果，先把盾牌背在背後，再從上面像把行李放在肩上般背負，才是最輕鬆有效的方法。

這種方法的缺點在於盾牌的位置在最下面，因此無法迅速臨機應變。盾牌不只能防禦敵人攻擊，行軍時想遮擋雨水或冰雹也很好用，因此也有意見覺得，放在最上面以便可以迅速拿起盾牌才是最好的方法。

餐具

阿庇安曾寫到，羅馬士兵會攜帶青銅製的水罐、鐵串以及馬克杯。水罐（Situla）是一種單手鍋，外形呈底部圓滑的碗狀，本體底下加上了底座，因此能兼用作餐具。在要塞遺跡中，最常發現的烹飪器具則是鍋子（Patera），這是種平底的深鍋，兩端有把手。專供軍用的烹飪器具中，有種稱為Sartago的平底鍋，具有折疊式的握柄。

水袋Uter、Culleus

圖拉真柱上可以發現使用整張動物皮革的水袋。從砍下頭部的動物身上，謹慎地剝取皮革後（不切開腹部），就能採集到一整張像是把動物翻過來般的筒狀皮。接著把皮上的肉與脂肪削掉，再塗上鹽使其乾燥。有時會視情況再次翻出正面，將毛皮刮乾淨，不過使用時，有毛皮的部分還是在內側。之後將頸部的注水口以外的孔全部縫合，再加上攜帶用的繩帶就完成水袋了。

Volken主張通常我們認為是皮製背包的物體，其實是水袋的一種。之所以這麼說，是因為這些「背包」不僅沒有翻蓋的描繪，還從角的部分突出類似注水口的構造（他將19世紀不清晰的照片視為後世誤解的原因）。據他所言，這種背包型水袋與動物型一樣，使用的都是鹽漬過的皮革。儘管只有些許殘片，但目前已發現應為四邊形水袋的一部分（邊緣、角的吊環、注水口），因此這種類型的水袋存在的可能性相當高。據推測大小為寬30㎝、高20㎝。

如果這個說法為真，那麼水袋其中一邊會加水，另一邊則會加入醋酒（Posca，混合水與酒的飲料）。

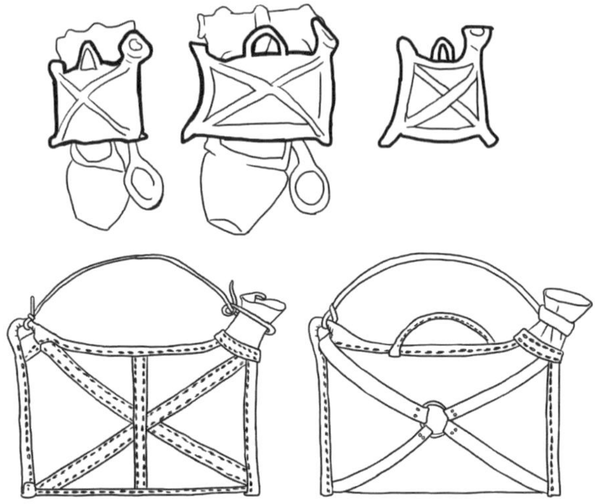

圖78：上段的左邊與中央是從不同角度看同一塊浮雕的樣子。下段是水袋的推測復原圖。根據Volken所繪製。

柵欄用木樁Sudes

這是一種全長1.5～2m的槍頭形木樁，呈上下對稱，握柄在中央。羅馬士兵會將這些插成一道柵欄當作防護牆。實驗顯示，重疊3根木樁的中央部分並組合起來是最穩固的形態。

帳篷Tabernaculum

關於帳篷的尺寸，唯一留下紀錄的文獻資料只有《De Metatione Castrorum》。書中描寫帳篷尺寸為每邊10英尺，其中2英尺用於拉繩索。也就是說，這種帳篷不是三角形，而是房屋形的五角形帳篷。這個尺寸與根據發現的殘片所推測的尺寸基本一致。依照現代的復原品，帳篷為皮革製，重量約44kg。帳篷沒有防潑水性能，被雨淋溼後會再增重8kg左右。

雖說是8人用，不過根據Dobson的計算，收容8個人時，每個人的空間僅37㎝，根本沒辦法睡覺，因此他認為這種帳篷實際上是6人用，兩邊各有3個人頭朝外睡，腳則互相交錯疊在一起。剩下的2個人會執行夜哨任務，不需要用到帳篷。事實上《De Metatione Castrorum》也提到，4名士兵中就有1人去執行夜哨任務。

上級軍官或將軍的帳篷遠比這個還要大上許多，在一些情況下，很有可能是由數頂帳篷共同組成。百夫長的帳篷據推測應該有士兵用帳篷2倍的深度。

盾牌罩

行軍中或收納時，為了不讓盾牌吹風淋雨會套上罩子。至今為止發現的盾牌罩皆為皮革製，上面刻有所屬軍團及部隊名的名牌。

防水布

在荷蘭的德爾訥曾發現雖然保存狀態惡劣，但可能是騎兵使用過的防水布。發現時，裡面包裹著騎兵的各種用具，目前認為這當中縫合了4張72×52㎝的山羊皮，製成2×2.8m的布。在四個角的補強部分中，有2處留下像是固定器具的痕跡，顯示可以將數張防水布串接在一起。

髮油Nardum

這是從生長於印度及喜馬拉雅山，名為甘松的草的根部萃取出來的香油。除了能當作食物的調味料，還可以當作髮蠟或髮膠的替代品。根據普林尼描述，士兵會在特別的節日，以香油清潔軍旗為藉口，將髮油淋到頭髮上。

第四部　軍團精神

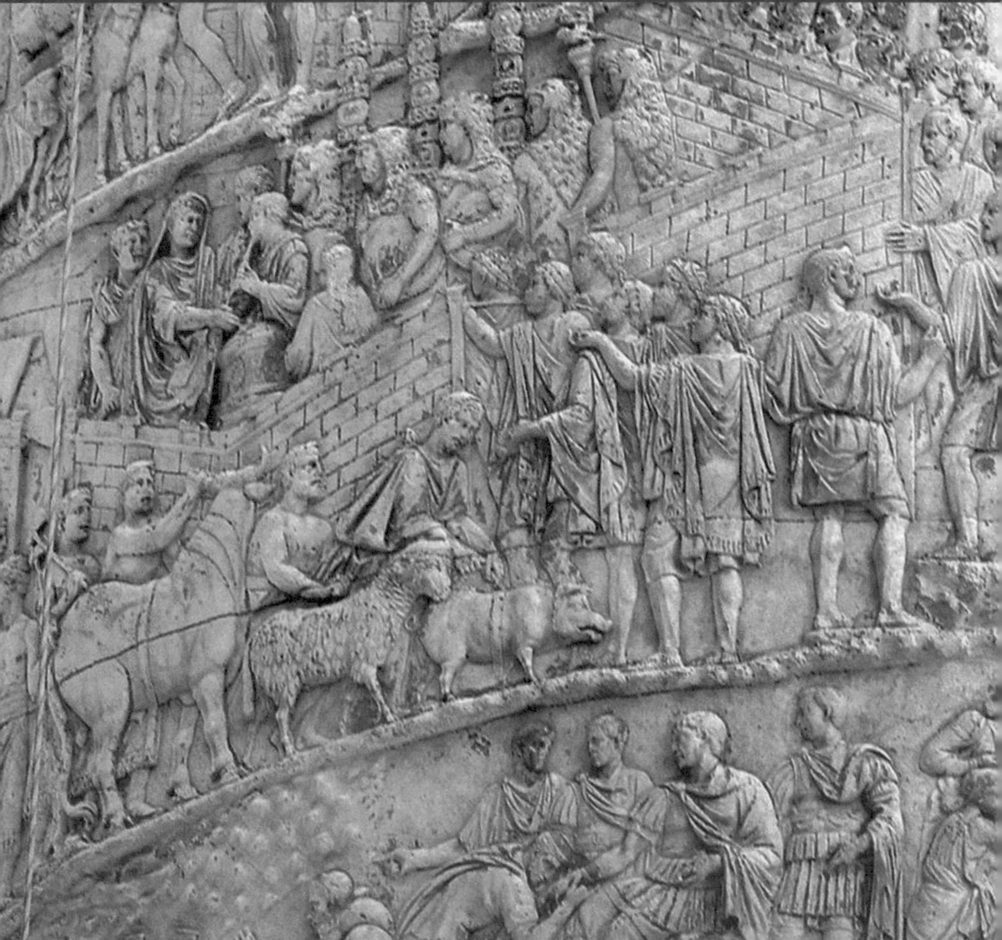

第1章
名譽和信仰

◆羅馬士兵的精神

Virtus

對羅馬人而言，Virtus是最重要的德行。雖然通常翻譯為美德，但從Vir（男）的原意能看出來，這是與「男子氣概」有關的美德。重要的不是知性或某種精神，而是軍功，尤其是殺了多少敵人、奪得多少裝備當作戰利品、在戰場上幫助多少我方、身上有多少光榮的傷痕等等。

最明顯的證據就是在羅馬的風俗中，士兵會將戰利品展示在家裡以作為Virtus的象徵。曾留下一則紀錄提到，有人將阿基米德所設計，可以自動計算天體運行的機械當成戰利品來展示。

在那個戰爭為常態的時代中，不論哪種社會都很重視Virtus，不過波利比烏斯認為，羅馬比起其他地方更具有這樣的傾向。舉例來說，在前218年的人口普查中，為了填補因漢尼拔戰爭而大量減少的元老院議員數量，當時羅馬所設立的標準，除了歷任政府要職者以外，還包含將討敵獲得的裝備裝飾在家裡的人，以及曾獲得公民冠的人（贈與拯救羅馬公民者的獎冠）。

Virtus有時甚至還具備超越法律的權力。其中一個有名的故事是大西庇阿曾因身為「打倒漢尼拔的英雄」，而逃過政敵對他的彈劾，另外還有前99年因瀆職而被告上法庭的馬尼烏斯·阿基利烏斯（日後因被迫吞下熔化的金塊而死），他展示了自己身上的戰傷而獲判無罪。

其他還有類似的例子，比如前102年與辛布里人之間的戰爭中所發生的插曲。曾有軍團因孤立於敵軍陣中而陷入恐慌，當時的首席百夫長阿提那斯，殺害了因優柔寡斷而招致此種事態的護民官（此時尚未有軍團長這個職位），親自指揮軍團衝破包圍網，讓全軍安然返回。原本殺害上級是要判處死刑的，然而他卻被授與羅馬最高榮譽的禾草環。

當然，對政治家而言，Virtus也是最重要的武器。共和國時期的騎兵之所以強大，可以說正是來自這些政治家對Virtus的渴望。如果說戰場上決出勝敗的大部分因素來自於士氣，那麼騎士階級求取Virtus的強烈動機，便是戰力能夠大幅提升的關鍵之一。

率領士兵的百夫長也必須具備Virtus。他們得身先士卒面對敵人，絕不能退縮，向士兵展示幾近超人般的勇氣，唯有獲得士兵的畏懼與尊敬，才能順利帶領士兵。

前53年高盧人對冬營的襲擊中，便能見到一個好例子。在那支軍團裡有2位分別稱為提圖斯・普羅與盧基烏斯・沃雷努斯的百夫長，他們彼此是勁敵，每年都在競爭誰能取得更好的職位。在高盧人的襲擊中，普羅向沃雷努斯提議，「現在正是決定誰更為優秀的時刻」，然後就跳出城牆外逕自衝向敵軍。沃雷努斯隨後也跟了上去。普羅丟出重標槍貫穿了1名敵後，立刻遭到反擊而陷入意識不清的狀態。正當敵人包圍他並從周圍向他投擲標槍時，沃雷努斯趕至他身邊並將他救出。沃雷努斯砍倒1名追擊的敵人並逼迫其餘人後退，就在這時，他卻因前進過頭而失足摔進坑中。這次換他陷入絕境，不過普羅也即時趕到救援，2人合力擊倒多名敵人後順利返回軍營。即使這完全違反了軍令，但凱撒卻大力稱讚他們的勇猛行徑。

進入帝國時期後，得到Virtus便成為新皇帝的任務。皇帝克勞狄的不列顛尼亞遠征，普遍認為其目的就是為了展現自己的Virtus。到了3世紀軍人皇帝的時代，為了取得士兵的支持，是否具備Virtus便成了皇帝攸關死活的問題。如亞歷山大・塞維魯斯這樣被當作膽小鬼而失去Virtus的人，最終等待他們的只有死亡。

Virtus的相反就是恥辱（Pudens）。在羅馬這種重視名譽的社會中，遭受恥辱幾乎與死相當。

信仰與Devotio

與其他民族相同，羅馬也對神的啟示或一些迷信等等抱有強烈的興趣。軍團中有專屬的占卜師，能夠解釋天氣或包含動物行為在內的各種現象，以此確認神是否支持自己的軍隊。

這一切的基礎就是正當性（justitia）。任何戰爭都必須是在正當理由下所進行的「正義之戰」（Bellum justum。即便那是接近強詞奪理的說詞），如果沒有正當性就無法獲得神明的幫助。換句話說，他們認為若沒有正當性，獲勝就是不可能的事。

舉例來說，前322年撕毀停戰協議入侵羅馬領地卻遭遇敗北的薩莫奈人，就判斷撕毀停戰協議這件事觸怒了神明，於是將撕毀協議的首謀逮捕並送往羅馬，也將此前擄獲的所有羅馬人俘虜及戰利品交還並致上歉意，再次請求羅馬簽訂停戰協議。然而羅馬元老院拒絕對方請求，反過來要求對方徹底投降，於是交涉失敗。不知道是不是神明的怒火轉向羅馬，隔年（前321年）便發生羅馬史上三大敗仗之一的卡夫丁峽谷戰役（剩下2個是高盧占領羅馬與坎尼會戰），造成包含4個公民軍團在內的羅馬全軍投降的慘劇。

當時也很盛行請眾神支持自家軍隊的儀式，最常見的是向神明約定戰勝後建設神廟，不過這當中最終極的手段，還是要屬司令官將自己當成祭品的獻祭儀式Devotio。最經典的例子是前295年的森提努姆戰役。該場戰役中，羅馬兵力由執政官昆圖斯・法比烏斯・馬克西穆斯・盧利安努斯，以及普布里烏斯・德西烏斯・穆斯率領的4個軍團與聯盟軍團組成，推估共4萬人，而敵方以薩莫奈人和高盧人為主的聯合軍人數，則比羅馬要多出許多（推估5～6萬人）。

戰鬥前夕，在兩軍之間出現鹿與追逐牠的狼。鹿逃向高盧軍，而狼則跑向羅馬軍。相較於高盧士兵擊殺了鹿，羅馬士兵則開道讓狼通過，並宣稱「高盧人殺死了狄安娜女神的化身，羅馬人放跑了瑪爾斯的化身，因此羅馬軍應能得到神的幫助」來提升士氣。

羅馬軍右翼配置了盧利安努斯的軍團，左翼則是穆斯的軍團。面對首擊強勁卻容易後繼無力的高盧人，指揮官下達指示，要軍隊採取防禦態勢來應對敵方的攻擊，然而穆斯卻未依照指示，毅然對高盧軍發動總攻，結果羅馬軍團未能擊潰高盧軍使戰況陷入膠著。見到此景的穆斯向守護左翼的騎兵鼓舞，「若左翼騎兵能成為獲勝的關鍵，那就給你們兩倍的戰利品」，並親自率領最優秀的騎兵攻向高盧騎兵。在他兩次突擊下，高盧騎兵被攻破，接下來只剩突破敵方步兵的側面就能獲得勝利，然而就在此時高盧軍祭出了祕密武器，也就是戰車。隨著戰車隊的奇襲以及戰車發出的巨大噪音，羅馬騎兵被打得措手不及、崩潰四散，敵方戰車更是強勢衝進羅馬軍步兵的陣列中，令步兵陣列陷入混亂。

在這千鈞一髮之際，穆斯做出實行Devotio的決定（他的父親也是在實行Devotio後獲得勝利）。在這場攸關羅馬是否能稱霸義大利的戰爭裡，面對遠比我軍更加強大的軍隊，就算穆斯擁有危急時刻犧牲自己也在所不惜，只求拿下勝利的念頭也毫不奇怪。證據就是，他在這場戰鬥中，時刻將祭司馬庫斯・李維・登特帶在身邊——正是為了這個時刻。

登特站到瑪爾斯的聖矛上，頭上戴著托加長袍的一部分，左手觸摸穆斯的下巴，輕聲說出祈禱的話語。

Iane Iuppiter Mars pater Quirine Bellona Lares Divi Novensiles Di Indigetes Divi quorum est potestas nostrorum hostiumque Dique Manes, vos precor veneror veniam peto oroque uti populo Romano Quiritium vim victoriam prosperetis, hostesque populi Romani Quiritium terrore formidine morteque adficiatis.

Sicut verbis nuncupavi, ita pro re publica populi Romani Quiritium, exercitu legionibus auxiliis populi Romani Quiritium, legiones auxiliaque hostium mecum Deis Manibus Telluri que devoveo.

雅努斯、朱庇特、如父的瑪爾斯、奎里努斯、貝羅那、拉爾、神聖的諸位雷神、神聖的始祖諸神、將力量施予我們與敵方的眾神啊，神聖的善靈啊！我於此招來汝等，誠心崇敬拜奉，懇求汝等之加護。祈求為羅馬公民帶來繁榮與勝利，為敵方帶去恐懼與死亡。我代替羅馬公民的共和國、軍團、援軍高誦此祈禱，並為大地之神的諸善靈與特魯斯，獻上敵方軍團、援軍以及我自身。

穆斯複誦祭司的話語，披上稱為Cinctus Gabinius的戰鬥用托加長袍，然後全副武裝地跳上馬，這樣就完成Devotio的準備了。接下來穆斯將軍隊指揮權讓渡給登特，指定他為資深裁判官（登特已於幾年前擔任過執政官），並轉告其他司令官自己將要實行Devotio（很有可能早在戰鬥前就已經通知這件事了），以免之後軍隊產生混亂。最後，穆斯徑直衝向敵陣中央，在敵人的圍攻下陣亡。隨著他的犧牲與來自右翼盧利安努斯的增援，羅馬軍士氣大振，迫使另一邊的高盧士兵陷入混亂（Cowan認為這是因為此時高盧士兵理解到殺了穆斯是在幫他完成Devotio，等於和天上的眾神為敵，才因此陷入恐慌）。

儘管高盧士兵擺出盾牌緊密相連的龜甲陣來防守，但擊敗薩莫奈軍的盧利安努斯，派遣了坎帕尼亞騎兵繞到他們背後攻擊，高盧士兵因而潰敗，只能逃進自己的軍營中。

暮色將至，然而害怕敵方趁夜色逃走的盧利安努斯，向著化身為勝利之神維克托的朱庇特獻上神廟與戰利品，向他求取完全的勝利。或許是神明回應了他的請求，在追擊戰中，薩莫奈軍指揮官戰死，試圖從軍營周遭的包圍網中逃亡的高盧軍，也遭到反擊而被殲滅，戰爭以羅馬徹底勝利告終。

順帶一提，據說穆斯的兒子以執政官身分與皮洛士戰鬥時，敵軍也對他是否會效仿父親實行Devotio而感到惶惶不安。雖然穆斯的兒子沒有留下實行Devotio的紀錄，但自此之後他就沒有其他事蹟，甚至沒有紀錄提到他在這場戰役後是否還活著。這段沉默或許正是因為他實行了Devotio卻失敗了（可能是實行了Devotio卻未能改變戰局，又或是被敵方活捉）。

李維（第8卷第10、12節）描述Devotio有2種，分成軍隊司令官從普通士兵中挑選1人實行Devotio，以及如同前述司令官自己赴死這2種。如果是前者，而被選中的士兵沒有戰死，就會把他的塑像埋到地下2m深的地方，而那位沒死的士兵本人則會被當作汙穢處死。埋入塑像的地方會成為不淨之地，且不允許羅馬的官僚踏入半步。

如果是後者並且存活下來，那麼會禁止他為了自己或他人獻上祭品，然而他還是有將武器裝備奉獻給眾神的權利。此外，他在宣誓時站上去的矛絕對不能落入敵人手中；若真被敵軍拿走，那麼為了淨化那支矛，必須向瑪爾斯獻上豬、羊以及公牛。

宣誓Sacramentum

在羅馬軍中，宣誓是維持軍隊紀律非常重要的儀式。雖然沒有留下實際的誓詞，但拼湊零散的紀錄可以知道，內容大概是向眾神發誓，會應指揮官的要求集合、服從指揮官、不違背軍法、在退役前不離開軍隊或逃脫、在戰場上不逃跑、除了去拿備用武器、攻擊敵人或保護同伴時絕不會離開陣列等等。

自從職業軍人出現後，便會在士兵剛入伍以及新司令官上任時進行宣誓。最初的宣誓象徵著從公民成為士兵，在宣誓的瞬間，公民就失去了大部分身為普通公民的權利，進入軍法的統管之下。西塞羅如此描述：無論何人，不經宣誓不能成為士兵，而若沒有宣誓，任何人都不能合法與敵人戰鬥。

前47年，在凱撒向叛亂士兵發表的著名演說中，凱撒稱呼那些士兵為「各位公民（Quirites）」，絕不稱為「各位士兵（Miles）」。凱撒藉此表示他不承認這些打破誓言、不再服從司令官的士兵還是士兵，而對此感到震撼的士兵隨即便終止了叛亂。

另外還有一種儀式稱為Iusiurandum，內容是發誓進入軍營等地時，不會實行盜竊等行為，這與上面提到的宣誓有著嚴謹的區別。這項宣誓儀式有時候也會為了提升軍紀或士氣而舉行。

第2章
榮譽和刑罰

◆褒賞

在想要提高士氣時，褒賞（Dona Militaria）有著不可或缺的重要作用。褒賞是展現士兵的軍功最直接、最一目瞭然的證據。這些褒賞會在全軍的注視下授與該名士兵。

多數褒賞都會授給在遭遇戰時發揮勇氣的士兵，而非在會戰當中。這是因為當時的羅馬人認為，在會戰中勇敢戰鬥是義務，也是理所當然的事，然而在沒有這種義務的遭遇戰中，憑藉自己的意思冒險並取得勝利，既是真正勇氣的展現，也是值得嘉獎的行為。

進入帝國時期後，軍官與普通士兵的褒賞便開始出現差距。除了極少數的例外，冠、旗、矛會授與百夫長以上的軍官，而頸圈、手環、獎章則授與普通士兵（後述）。與此同時，褒賞的性質也開始與戰場上的功績脫節，而是以年資輩分來給與。到了最後，褒賞變為支付給士兵的津貼，並在2世紀末～3世紀初被皇帝塞維魯斯給完全廢除。

典禮

■最高戰功Spolia Opima

羅馬最高級也最具權威的褒賞，只頒給與敵方將軍單挑並獲勝，還將對方身上的鎧甲剝奪下來的人。在這場儀式中，要將敵方的鎧甲套在橡樹上，然後由本人扛起來帶到卡比托利歐山上的朱庇特菲里特流斯之丘獻給神明。歷史上僅有3位授勳者，分別是羅馬第一任國王羅穆盧斯（凱尼納國王阿庫洛）、奧盧斯・科爾內利烏斯・科蘇斯（維愛國王拉爾斯・托盧尼烏斯，王政時期），以及馬庫斯・克勞狄烏斯・馬塞盧斯（蓋薩蒂國王維利多馬魯斯，前222年）。

前30年，克拉蘇的孫子馬庫斯・李錫尼・克拉蘇在馬其頓一對一擊敗敵方指揮官，並向元老院請求得到這項榮譽，不過奧古斯都害怕他的勢力會變得過於巨大，因此並未同意授予這項榮譽給他。這時候克拉蘇也要求戰勝的將軍可以獲得「大將軍」（Imperator）的稱號，但同樣被拒絕，日後Imperator便成為皇帝專用的稱號。

■凱旋儀式 Triumphus

這是在陸地或海上會戰中，獲得勝利的指揮官所能獲得的最高榮譽，只有通過嚴格標準的人才允許舉行這項儀式。這所謂的標準包含：會戰必須在將軍（執政官等）的指揮下戰鬥（譬如若護民官指揮的分遣隊打贏敵人，那麼得到榮譽的不會是護民官，而是他的執政官上司）、必須殺死數千敵人（之後規定為5千人）且友軍的死者不多、會戰必須是正當戰鬥而不是內戰等等。然而到了前1世紀，這樣的標準變得籠統曖昧。到了帝國時期，只有皇帝才能舉行凱旋儀式，實際執掌軍隊的將軍只能舉行次一等的凱旋將軍飾儀。皇帝與其家族以外的人舉行的最後一場凱旋儀式，是在公元前22年。

將軍要先到貝羅那神廟的元老院報告，若元老院判斷可以舉行，那麼就會決定凱旋儀式的日期。當天，在人們撒花慶祝的歡迎中，從戰神廣場出發的隊伍先穿越凱旋門（Porta Triumphalis），經過弗拉米尼烏斯廣場與馬克西穆斯競技場，接著再走過聖道（Via Sacra）登上卡比托利歐山，在朱庇特神廟獻上2頭白牛。將軍會穿上朱庇特・卡比托利努斯的紫色托加，手持黃金鞋與附有老鷹裝飾的象牙酒杯，並戴上月桂冠。與他一同搭乘戰車且隸屬政府的奴隸，則手持黃金的朱庇特王冠，在將軍耳邊叮囑對方不要太過傲慢。隊伍後方接續的是士兵以及這次戰鬥中取得的戰利品，在觀眾心裡鐫刻上此場勝利之宏偉以及羅馬（和將軍）之偉大。

最令人期待的重頭戲，當屬成為俘虜的敵軍司令官。他們會在觀眾好奇的眼光與罵聲下跟隨在隊伍後頭，最後在圖利亞努姆地牢（Tullianum，如今的馬梅爾定監獄）中被處以絞刑。

■小凱旋儀式 Ovatio

這是為了讚揚未達凱旋儀式標準的將軍所舉行的小規模儀式，未達標準的原因可能是因為戰果來自沒有正當性的戰鬥等等。儀式中，司令官會穿上鑲邊托加（Toga Praetexta）徒步前進，頭冠並非用月桂葉，而是用槲寄生製作。

■凱旋將軍飾儀 Ornamenta Triumphalia

這是羅馬公民為了感謝將戰爭帶往勝利的將軍而舉行的儀式，算是只有皇帝才能舉行的凱旋儀式替代方案。將軍能夠獲得在競技大賽時頭戴月桂冠的權利，還可以在公共廣場豎立稱讚自己豐功偉業的雕像。

頭冠

■禾草環Corona Graminea

這是羅馬最具權威的頭冠，只頒給曾挽救全軍的將軍、指揮官與軍官。禾草環代表從被包圍而走投無路的危機中，拯救軍團這項特質，有時候也被稱為包圍冠（Corona Obsidionalis）。只有在被救軍團的認可下，才能獲頒這種頭冠，並以戰場上的野草或麥子等作物製作而成。

獲得這頂頭冠的人在整個羅馬史上也僅有9人。

- ●**盧基烏斯・西基烏斯・登塔圖斯：**前5世紀的百夫長，傳說中的英雄。
- ●**普布里烏斯・德西烏斯・穆斯：**前4世紀，二度獲獎。
- ●**「拖延者」昆圖斯・法比烏斯・馬克西穆斯・維魯科蘇斯：**前3世紀，與漢尼拔的戰鬥中，因指導軍隊而獲獎。
- ●**馬庫斯・卡爾普爾尼烏斯・弗蘭瑪：**前3世紀，第一次布匿戰爭的將軍。
- ●**「征服非洲者」西庇阿・埃米利安努斯：**前2世紀，第三次布匿戰爭的功績。
- ●**格奈烏斯・彼得利烏斯・阿提那斯：**前2世紀末的辛布里戰爭。
- ●**盧基烏斯・科爾內利烏斯・蘇拉：**前1世紀的同盟者戰爭。
- ●**昆圖斯・塞多留：**前1世紀的西班牙。
- ●**奧古斯都：**1世紀，由元老院贈與。

■公民冠Corona Civica

用橡樹葉製作的頭冠，是羅馬軍中地位第二高的軍事勳章，僅次於禾草環。授與在戰場上救助戰友、殺敵，且從未退讓及投降的士兵。想獲得此榮譽需要受助者的申報與證詞。到了帝國時期只有皇帝可以獲頒此頭冠。

■海軍冠Corona Navalis

冠上雕刻著船的船首，頒贈給最初登上敵船並始終死守在那個位置的士兵。

■城牆冠Corona Muralis

雕刻有黃金城牆的頭冠，授與最初登上敵方城牆，並且未從那個位置撤退的百夫長或士兵。另一個為人所知的形象，是被城邦守護神佩戴在頭上的樣子。

■營地冠Corona Vallaris、Corona Castrensis

頭冠的造形象徵打入木樁所建造而成的壁壘，授與最先闖進敵方營地，並且死守位置沒有撤退的士兵或百夫長。

■黃金冠Corona Aurea

等級最低的頭冠，頒贈給在一對一決鬥中殺死敵方，而且直到戰鬥結束都死守在同一位置的百夫長或軍官。

勳章

羅馬軍的勳章原本只有長矛，但隨著時代演變，開始加入各式各樣的裝飾品。

帝國時期，不會頒發給輔助部隊的個人，而是頒發給部隊。

■頸圈Torquis

原本是高盧戰士纏在脖子上的戰士之證。羅馬的話，則是用繩子或帶子串聯一對小型的頸圈掛在脖子上。這可能是頒給勇猛士兵的獎勵，帝國時期的輔助部隊時常獲得這種勳章。

■榮譽之矛Hasta Pura、Hasta Donatica

原本的意思是「無頭之矛」，但實際上裝有裝飾用的矛頭。頒給與敵兵一對一戰鬥後取勝的士兵，不過後來只有一級百夫長可以獲得此榮譽。

■獎章Phalera

以金、銀、青銅製作，9個圓盤為一組的配飾，用田字形的胸背帶串在一起，穿戴時掛在胸前，騎兵的話則掛在馬具上。

■手環Armilla

授與百夫長以下的羅馬軍團兵，會隨獲頒者的階級與身分變更材質，包含金、銀、青銅。手環必定會贈與一對。

■杯子

授與殺死敵人並剝取其武器裝備的人。

■銀製軍柱旗的微縮模型、分遣隊旗Vexillum

兩者詳細情況不明。

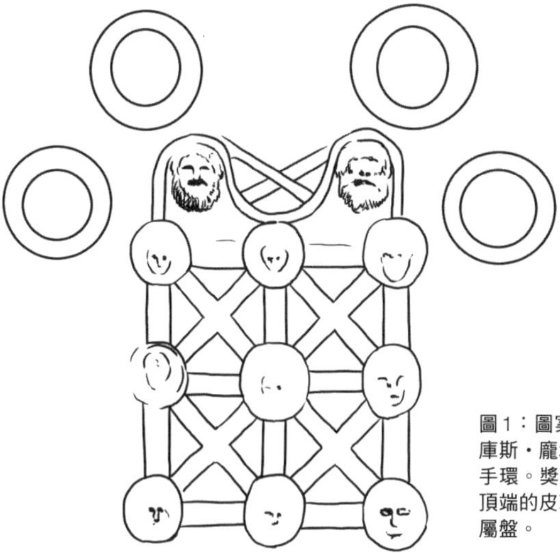

圖1：圖案來自1世紀後半的禁衛軍百夫長馬庫斯・龐培・阿斯佩爾的墓碑，上面是獎章與手環。獎章除了通常的9片組以外，還加上了頂端的皮革胸甲，肩膀前方裝有雕出人臉的金屬盤。

◆刑罰

褒賞用以獎勵士兵實行模範之事，而相對的，刑罰則用來維持紀律。想要讓有著數千名士兵的集團生活能夠順利進行，就必須制定規範當作行為準則，並且對違背者施以適當的處罰，讓規則具有強制力。將軍可以自由懲罰底下的士兵，也能無視普通公民的再審權。

■死刑Fustuarium

這是從Fustis（棍棒）衍生的單字，指的是毆打致死的刑罰。相當於死刑的犯罪包含放棄任務、陣前逃亡、竊盜、作偽證、同性性行為、犯罪3次者、在劇場出演者、自願成為奴隸者等等。此外，自殺未遂或成為敵方俘虜卻不逃走的人，也會被視為叛亂罪。

波利比烏斯在提到夜晚站哨站到睡著的士兵時，就介紹了這項刑罰。如確認有罪，那麼護民官會用棍棒輕敲罪人的肩膀，接著軍營裡所有士兵會開始用棍棒或石頭毆打罪人。大多數人當場死亡，但即使僥倖逃出，罪人也無法回到故鄉，而且任何人都不會將之迎進家門，因此就算活著也與死亡同義。

■十一抽殺律Decimatio

這恐怕是古羅馬最著名的刑罰了。若發生部隊全體逃亡等一般死刑無法應對的情況，就會執行十一抽殺律。先用抽籤決定1成的罪人由誰受罰，剩下的罪人會用棍棒將那1成的人毆打致死。剩下的罪人只能獲得大麥當作口糧，營帳也只能搭建在軍營的外面。

此外還有以下各種刑罰。

- **罰金、減俸（Pecunaria Multa）**
- **鞭刑：**在百人隊、大隊或軍團面前被鞭打。
- **矯正（Castigatio）：**
  用百夫長的手杖（Animaadversio Fustium，直譯為「懲罰之杖」）痛打。
- **重新宣誓**
- **降格（Gradus Deiectio）：**
  在共和國時期會將騎兵降格成步兵，或是騎士階級為了「教訓」資質不好的兒子而刻意讓對方以步兵身分從軍。
- **分配的口糧改成大麥：**
  第二次布匿戰爭後出現的刑罰。當時的大麥主要是用作家畜的飼料，人類吃的是小麥。
- **卸下腰帶（軍人的象徵）在道路上罰站：**
  前210年有個著名案例，是位敗北的小隊百夫長在卸下劍與腰帶的狀態下罰站示眾。
- **中止軍人特權**
- **從重要任務除外（Militiae Mutatio）**
- **不榮譽退役（Ignominiosa Missio）：**
  停止一切包含免稅權在內的特權，並沒收退休金等等。不榮譽退役者不允許居住在羅馬城內，也不能成為皇帝的下屬。

除此之外，在士兵看守的監獄中，若士兵施加暴行導致囚犯死亡，那麼除非該名囚犯是死刑犯，不然士兵的指揮官必須接受與死亡囚犯相同的刑罰。監獄內也曾發生過，將竊盜犯與蛇塞進同一個袋子丟到河裡的事情。

附 錄

附錄1　全羅馬軍團清單

主任務地指的是該軍團主要駐紮的行省（地區）。軍團會隨著時代變遷，移駐到各式各樣的地方，或派遣分遣隊前往其他行省，因此不會一直停留在同一處。另外曾經解散過，但數年後又重新編組的軍團（例如第四西徐亞軍團），在這次的清單上也算作同一個軍團。

ND表示記載於《百官志》中的軍團。
其他簡寫……**LC**：野戰軍步兵隊（Legio Comitatenses）
PC：準野戰軍團（Legio Pseudocomitatenses）
LL：邊防軍團（Legio Limitanea）　**LP**：宮廷軍團（Legio Palatinae）

I ADIUTRIX 第一輔助軍團 ND·LL

〔名稱意義〕支援的　〔建立時間〕AD 68（尼祿）
〔主任務地〕潘諾尼亞　〔象徵物〕公山羊、天馬、槳帆船
〔其他名稱〕Adiutrix Pia Fidelis、Adiutrix Pia Fidelis bis、Adiutrix Constans

I GERMANICA 第一日耳曼尼亞軍團

〔名稱意義〕日耳曼尼亞的　〔建立時間〕BC 48以前（凱撒）或BC 43年（潘撒）
〔主任務地〕日耳曼尼亞　〔象徵物〕？
〔其他名稱〕Augusta（原本的名字）
〔備註〕解散（AD 69）

I ITALICA 第一義大利軍團 ND·PC·LL

〔名稱意義〕義大利的　〔建立時間〕AD 67（尼祿）
〔主任務地〕默西亞　〔象徵物〕公牛、野豬
〔其他名稱〕Italica Serviana

I MACRIANA 第一馬克爾軍團

〔名稱意義〕馬克爾的　〔建立時間〕AD 68（克勞狄・馬克爾）
〔主任務地〕阿非利加　〔象徵物〕？
〔其他名稱〕Liberatrix
〔備註〕解散（AD 69）

I MINERVIA 第一密涅瓦軍團

〔名稱意義〕密涅瓦的　〔建立時間〕AD 83（圖密善）
〔主任務地〕日耳曼尼亞　〔象徵物〕密涅瓦、公羊、勝利女神維多利亞與公羊
〔其他名稱〕Flavia Minervia（原本的名字）、Flavia Minervia Pia Fidelis Domitiana、Minervia Antoniniana、Minervia Severiana Alexandriana

I PARTHICA 第一帕提亞軍團

〔名稱意義〕帕提亞的　〔建立時間〕AD 193（塞維魯斯）
〔主任務地〕敘利亞　〔象徵物〕？

II ADIUTRIX 第二輔助軍團 ND·LL

〔名稱意義〕支援的　〔建立時間〕AD 69（維斯帕先）
〔主任務地〕下日耳曼尼亞
〔象徵物〕野豬、天馬
〔其他名稱〕Adiutrix Pia Fidelis

II AUGUSTA 第二奧古斯塔軍團 ND·LL

〔名稱意義〕奧古斯都的　〔建立時間〕前43？（奧古斯都）
〔主任務地〕不列顛尼亞　〔象徵物〕公羊、天馬、瑪爾斯
〔備註〕軍團建立紀念日為9月23日

II ITALICA 第二義大利軍團 ND·LC·LL

〔名稱意義〕　〔建立時間〕AD 165（奧理略）
〔主任務地〕諾里庫姆　〔象徵物〕狼與雙子
〔其他名稱〕Italica Pia Fidelis、Italica Fidelis、Italica VII Pia VII Fidelis、Italica Pia Fidelis Servianae

II PARTHICA 第二帕提亞軍團 ND·LL

〔名稱意義〕　〔建立時間〕AD 193（塞維魯斯）
〔主任務地〕義大利　〔象徵物〕半人馬、公牛、野豬
〔其他名稱〕Parthica Antoniniana Pia Fidelis Aeterna

II TRAIANA FORTIS 第二圖拉真軍團 ND·LL

〔名稱意義〕圖拉真之勇猛的　〔建立時間〕AD 101（圖拉真）
〔主任務地〕埃及　〔象徵物〕海克力斯
〔其他名稱〕Triana Fortis Germanica Antoniniana

III AUGUSTA 第三奧古斯塔軍團 ND·LC

〔名稱意義〕
〔建立時間〕BC 43（潘撒）或BC 41～40（屋大維）
〔主任務地〕阿非利加　〔象徵物〕天馬、狼與雙子
〔其他名稱〕Augusta Pia Vindix Antoninianae

III CYRENAICA 第三昔蘭尼加軍團 ND·LL

〔名稱意義〕昔蘭尼加的　〔建立時間〕BC30以前（安東尼或雷比達）
〔主任務地〕埃及　〔象徵物〕貓？
〔其他名稱〕Cyrenaica Feliciter Invicta？

III GALLICA 第三高盧軍團 ND·LL

〔名稱意義〕高盧的　〔建立時間〕BC48（凱撒）？
〔主任務地〕默西亞　〔象徵物〕公牛
〔備註〕解散（AD219），222年之後再次編組

III ITALICA 第三義大利軍團 ND·LC·LL

〔名稱意義〕　〔建立時間〕AD165（奧理略）
〔主任務地〕雷蒂亞　〔象徵物〕送子鳥
〔其他名稱〕Italica Concors、Italica Antoniniana

IIII FLAVIA FELIX 第四幸運者弗拉維烏斯軍團 ND·LL

〔名稱意義〕被神所愛之弗拉維烏斯的　〔建立時間〕AD70（維斯帕先）
〔主任務地〕默西亞　〔象徵物〕獅子

IIII MACEDONICA 第四馬其頓軍團

〔名稱意義〕馬其頓的　〔建立時間〕BC48（凱撒）
〔主任務地〕日耳曼尼亞　〔象徵物〕公牛、公山羊
〔備註〕解散（AD69，之後重新編組為IIII Flavia Felix）

IIII SCYTHICA 第四西徐亞軍團 ND·LL

〔名稱意義〕斯基泰的　〔建立時間〕BC30以前（安東尼）
〔主任務地〕敘利亞　〔象徵物〕公山羊
〔備註〕解散（219年），在5世紀的《百官志》中再次登場，似乎是又重新建立了。

V ALAUDAE 第五雲雀軍團

〔名稱意義〕雲雀　〔建立時間〕BC52（凱撒）
〔主任務地〕日耳曼尼亞　〔象徵物〕大象
〔備註〕潰滅（AD86）

V MACEDONICA 第五馬其頓軍團 [ND·LC·LL]

〔名稱意義〕　〔建立時間〕BC41～40（奧古斯都）
〔主任務地〕默西亞　〔象徵物〕獅子、公牛、老鷹、勝利女神維多利亞與老鷹、大象
〔其他名稱〕Macedonica Pia Fidelis (or Constans)、Macedonica III Pia III Fidelis
〔備註〕歷史最為悠久的羅馬軍團，最後的紀錄為AD635～636。

VI FERRATA 第六鐵甲軍團

〔名稱意義〕鐵甲的　〔建立時間〕BC52（凱撒）
〔主任務地〕敘利亞　〔象徵物〕狼與雙子
〔其他名稱〕Ferrata Fidelis Constans

VI VICTRIX 第六凱旋軍團 [ND·LL]

〔名稱意義〕勝利的　〔建立時間〕BC41～40（奧古斯都）
〔主任務地〕不列顛尼亞
〔象徵物〕公牛、勝利女神維多利亞與老鷹、勝利的維納斯（Venus Victrix）
〔其他名稱〕Hispana（原本的名字）、Victrix Pia Fidelis Domitiana

VI HISPANA 第六西班牙軍團

〔名稱意義〕希斯帕尼亞的　〔建立時間〕AD212之後
〔主任務地〕達契亞？　〔象徵物〕不明
〔備註〕這個軍團僅在1座碑文上留下紀錄，AD250前後消滅？

VII CLAUDIA 第七克勞狄軍團 [ND·LL]

〔名稱意義〕克勞狄的　〔建立時間〕BC59以前（凱撒）
〔主任務地〕達爾馬提亞　〔象徵物〕公牛
〔其他名稱〕Macedonica（原本的名字）、Claudia Pia Fidelis

VII GEMINA 第七雙子軍團 [ND·LC·LL]

〔名稱意義〕雙子的　〔建立時間〕AD70（維斯帕先）
〔主任務地〕西班牙　〔象徵物〕卡斯托和波路克斯
〔其他名稱〕Gemina Felix、Gemina Pia Felix、Felix
〔備註〕由VII Hispana及VII Galibiana組建而成，軍團建立紀念日為7月10日。

VIII AUGUSTA 第八奧古斯塔軍團 [ND·LP]

〔名稱意義〕　〔建立時間〕BC59以前（凱撒）
〔主任務地〕日耳曼尼亞　〔象徵物〕公牛
〔備註〕《百官志》中記載為Octavani（第八）。

IX HISPANA 第九西班牙軍團

〔名稱意義〕　〔建立時間〕BC 41～40（奧古斯都）
〔主任務地〕日耳曼尼亞　〔象徵物〕？
〔備註〕在AD 120～197年間被消滅，
最有可能是在巴柯巴起義（132～135）或亞美尼亞戰爭（161）時被殲滅。

X FRETENSIS 第十海峽軍團 ND・LL

〔名稱意義〕（西西里）海峽的　〔建立時間〕BC 41～40（奧古斯都）
〔主任務地〕敘利亞
〔象徵物〕公牛、海豚、野豬、槳帆船、涅普頓

X GEMINA 第十雙子軍團 ND・LC・LL

〔名稱意義〕　〔建立時間〕BC 59以前（？）
〔主任務地〕潘諾尼亞　〔象徵物〕公牛、野豬
〔其他名稱〕Gemina Pia Fidelis Domitiana、Gemina Pia Fidelis Antoniniana
〔備註〕原為X Equestris

XI CLAUDIA 第十一克勞狄軍團 ND・LP・LL

〔名稱意義〕　〔建立時間〕BC 41～40（奧古斯都）
〔主任務地〕默西亞　〔象徵物〕涅普頓、公山羊
〔其他名稱〕Claudia Pia Fidelis、Claudia Alexandriana
〔備註〕《百官志》中僅記載為Undecimani（第十一）。

XII FULMINATA 第十二雷電軍團 ND・LL

〔名稱意義〕雷霆的　〔建立時間〕BC 58以前（凱撒）
〔主任務地〕敘利亞　〔象徵物〕雷電
〔其他名稱〕Fulminata Certa Constans、Galliena

XIII GEMINA 第十三雙子軍團 ND・LC?・LL

〔名稱意義〕　〔建立時間〕BC 41～40（奧古斯都）
〔主任務地〕潘諾尼亞　〔象徵物〕公山羊、獅子、老鷹、勝利女神維多利亞與老鷹
〔其他名稱〕Gemina Pia Fidelis
〔備註〕《百官志》中僅記載為Tertiadecimani（第十三）。

XIIII GEMINA 第十四雙子軍團 ND・LC？・LL

〔名稱意義〕　〔建立時間〕BC 41～40（奧古斯都）？
〔主任務地〕日耳曼尼亞　〔象徵物〕公山羊
〔其他名稱〕Gemina Martia Victrix、Gemina IV Pia IV Fidelis
〔備註〕《百官志》中僅記載為Quartodecimani（第十四）。

XV APOLLINARIS 第十五阿波羅軍團 ND·LL

〔名稱意義〕天神阿波羅之神聖的　〔建立時間〕BC 41～40（奧古斯都）?
〔主任務地〕卡帕多奇亞　〔象徵物〕?
〔其他名稱〕Apollinaris Pia Fidelis

XV PRIMIGENIA 第十五初創軍團

〔名稱意義〕最年長的、命運女神的
〔建立時間〕AD 39（卡利古拉）或AD 43（克勞狄）
〔主任務地〕日耳曼尼亞　〔象徵物〕命運女神
〔備註〕潰滅（AD 70），Primigenia（最初誕生的：最年長的）是命運女神的尊稱。

XVI FLAVIA FIRMA 第十六忠實弗拉維烏斯軍團 ND·LL

〔名稱意義〕弗拉維烏斯之堅定不移的　〔建立時間〕AD 71（維斯帕先）
〔主任務地〕敘利亞　〔象徵物〕獅子
〔其他名稱〕Flavia Firma Antoniniana

XVI GALLICA 第十六高盧軍團

〔名稱意義〕　〔建立時間〕前41～40年？（奧古斯都）
〔主任務地〕日耳曼尼亞　〔象徵物〕獅子？
〔備註〕解散（AD 69，之後重新編組為XVI Flavia Firma）

XVII、XVIII、XIX 第十七、十八、十九軍團

〔名稱意義〕　〔建立時間〕BC 41～40（奧古斯都）
〔主任務地〕日耳曼尼亞
〔備註〕潰滅（AD 9，條頓堡森林）

XX VALERIA VICTRIX 第二十英勇凱旋軍團

〔名稱意義〕勇猛而勝利的　〔建立時間〕BC 41～40（奧古斯都）
〔主任務地〕不列顛尼亞　〔象徵物〕野豬、公山羊

XXI RAPAX 第二十一掠食者軍團

〔名稱意義〕猛然抓住的　〔建立時間〕BC 41～40（奧古斯都）
〔主任務地〕雷蒂亞　〔象徵物〕公羊
〔備註〕潰滅（AD 92）?

XXII DEIOTARIANA 第二十二德奧塔魯斯軍團

〔名稱意義〕德奧塔魯斯王的　〔建立時間〕BC 25 以前（德奧塔魯斯）
〔主任務地〕埃及　〔象徵物〕？
〔備註〕潰滅（巴柯巴起義AD 132～135）

XXII PRIMIGENIA 第二十二初創軍團

〔名稱意義〕　〔建立時間〕AD 39（卡利古拉）或AD 43（克勞狄）
〔主任務地〕日耳曼尼亞　〔象徵物〕公山羊、公山羊與海克力斯
〔其他名稱〕Primigenia Pia Fidelis Domitiana、Primigenia Pia Fidelis、
Primigenia Constantiniana Victrix

XXX ULPIA VICTRIX 第三十勝利烏爾皮烏斯軍團

〔名稱意義〕圖拉真皇帝之勝利的
〔建立時間〕AD 101（圖拉真）
〔主任務地〕日耳曼尼亞　〔象徵物〕公山羊、公山羊與朱庇特、涅普頓
〔其他名稱〕Ulpia Victrix Pia Fidelis、
Ulpia Victrix Pia Fidelis Antoniniana

■ 內戰期（BC 32～30）

只記載有名稱的軍團。
「*」為高盧戰爭時期曾在凱撒指揮下的軍團。

II SABINA
〔名稱意義〕薩賓人的　〔建立時間（BC）〕43年　〔結局〕II Augusta?

II GALLICA*
〔名稱意義〕高盧的　〔建立時間（BC）〕35年以前　〔結局〕II Augusta?

IIII SORANA
〔名稱意義〕索拉的　〔建立時間（BC）〕43年　〔結局〕？

V GALLICA*
〔名稱意義〕高盧的　〔建立時間（BC）〕？　〔結局〕V Alaudae?

V URBANA
〔名稱意義〕城市（羅馬）的　〔建立時間（BC）〕43年　〔結局〕V Macedonica？

VI GEMELLA
〔名稱意義〕雙子的　〔建立時間（BC）〕？　〔結局〕？

VII PATERNA*
〔名稱意義〕國）父的　〔建立時間（BC）〕？　〔結局〕VII Claudia

VIII GALLICA*
〔名稱意義〕高盧的　〔建立時間（BC）〕？　〔結局〕VIII Augusta?

VIII MUTINENSIS
〔名稱意義〕摩德納的　〔建立時間（BC）〕43年　〔結局〕VIII Augusta?

VIIII GEMELLA
〔名稱意義〕雙子的　〔建立時間（BC）〕？　〔結局〕？

VIIII TRIUMPHALIS*
〔名稱意義〕凱旋的　〔建立時間（BC）〕47年以後？〔結局〕？

X EQUESTRIS*
〔名稱意義〕騎士的　〔建立時間（BC）〕？　〔結局〕X Gemina

X VENERIA*
〔名稱意義〕維納斯之神聖的　〔建立時間（BC）〕？　〔結局〕X Gemina?

XII ANTIQUA*
〔名稱意義〕古老的　〔建立時間（BC）〕？　〔結局〕XII Fulminata?

XII PATERNA*
〔名稱意義〕（國）父的　〔建立時間（BC）〕？　〔結局〕XII Fulminata？

XII VICTRIX
〔名稱意義〕勝利的　〔建立時間（BC）〕41年以前　〔結局〕？

XVII CLASSICA
〔名稱意義〕海軍的　〔建立時間（BC）〕41～31年〔結局〕BC31？ 解散

XVIII LIBYCA
〔名稱意義〕利比亞的　〔建立時間（BC）〕31年以前〔結局〕BC31？ 解散

XXX CLASSICA
〔名稱意義〕海軍的　〔建立時間（BC）〕？　〔結局〕BC41？ 解散

MARTIA
〔名稱意義〕瑪爾斯的　〔建立時間（BC）〕？　〔結局〕BC42因遇難而全滅

■帝國後期

名單相當冗長（《百官志》中記載了約190個軍團），因此這裡只放上有編號的軍團（也就是歷史夠長的軍團）。

創建者名稱簡寫……D：戴克里先　P：普羅布斯
T：狄奧多西　C：君士坦丁2世
A：奧理略　V：瓦倫提尼安1世

I ARMENIACA ND·PC·LL
〔創建年／創建者〕3c？ 〔任務地〕亞美尼亞

I FLAVIA CONSTANTIA ND·LC
〔創建年／創建者〕？ 〔任務地〕東方

I FLAVIA GEMINA ND·LC
〔創建年／創建者〕？ 〔任務地〕東方

I FLAVIA GALLICANA CONSTANTIA ND·PC
〔創建年／創建者〕？ 〔任務地〕西方

I FLAVIA METIS ND·PC
〔創建年／創建者〕？ 〔任務地〕西方

I FLAVIA PACIS ND·LC
〔創建年／創建者〕4c中期 C 〔任務地〕西方

I FLAVIA THEODOSIANA ND·LC
〔創建年／創建者〕？ 〔任務地〕東方

I ILLYRICORUM ND·LL
〔創建年／創建者〕AD270前後 A 〔任務地〕帕米拉

I IOVIA ND·LL
〔創建年／創建者〕3c末 D 〔任務地〕西徐亞

I ISAURA SAGITTARIA ND·PC
〔創建年／創建者〕3c末 P 〔任務地〕伊蘇里亞

I IULIA ALPINA ND·PC
〔創建年／創建者〕4c中期？ 〔任務地〕義大利

I MARTIA
〔創建年／創建者〕3c末 D? 〔任務地〕瓦萊里亞

I MAXIMIANA ND·LL
〔創建年／創建者〕AD296/297 D 〔任務地〕底比斯

I MAXIMIANA THEBAEORUM ND·CL（I MAXIMIANA相同？）

I NORICORUM ND·LC
〔創建年／創建者〕3c末 D 〔任務地〕諾里庫姆

I PARTHICA NISIBENA ND·LL
〔創建年／創建者〕？ 〔任務地〕東方

I PONTICA ND·LL
〔創建年／創建者〕3c末 D 〔任務地〕本都

I VALENTINIANA ND·LL
〔創建年／創建者〕？ 〔任務地〕東方

I ND·LP（LEGIO PRIMANI。帝國時期的某個第一軍團）
〔創建年／創建者〕 〔任務地〕東方

II ARMENIACA ND·PC
〔創建年／創建者〕3c？ 〔任務地〕亞美尼亞

II BRITANNICA ND·LC
〔創建年／創建者〕3c末？ 〔任務地〕不列顛尼亞

II FELIX VALENTIS THEBAEORUM ND·LC
〔創建年／創建者〕4c後半？ 〔任務地〕東方

II FLAVIA CONSTANTIA
〔創建年／創建者〕AD296/297 D 〔任務地〕底比斯

II FLAVIA CONSTANTIA THEBAIORUM ND·LC·LL
〔創建年／創建者〕4c末 T 〔任務地〕塞薩洛尼基

II FLAVIA CONSTANTINIANA ND·LC（是II FLAVIA CONSTANTIA嗎？）
〔創建年／創建者〕 〔任務地〕西方

II FLAVIA GEMINA ND·LC
〔創建年／創建者〕？ 〔任務地〕東方

II FLAVIA VIRTUTIS ND·LC
〔創建年／創建者〕4c中期 C 〔任務地〕西方

II HERCULIA ND·LL
〔創建年／創建者〕3c末 D 〔任務地〕西徐亞

II ISAURA ND·LL
〔創建年／創建者〕3c末 P 〔任務地〕伊蘇里亞

II IULIA ALPINA ND·PC
〔創建年／創建者〕4c中期？ 〔任務地〕伊利里亞

II VALENTINIANA ND·LL
〔創建年／創建者〕4c中期？ V? 〔任務地〕東方

II ND·LL（LEGIO SECUNDANI，帝國時期的某個第二軍團）
〔創建年／創建者〕 〔任務地〕東方

III DIOCLETIANA ND·LL
〔創建年／創建者〕AD298 D 〔任務地〕亞歷山卓

III DIOCLETIANA THEBAIORUM ND·LC
〔創建年／創建者〕AD298？ D 〔任務地〕東方

III FLAVIA SALUTIS ND·LC
〔創建年／創建者〕4c中期 C 〔任務地〕阿非利加

III HERCULIA ND·LC
〔創建年／創建者〕3c末 D 〔任務地〕伊利里亞

III ISAURA ND·LL
〔創建年／創建者〕3c末　P　〔任務地〕伊蘇里亞

III IULIA ALPINA ND·LC
〔創建年／創建者〕4c中期？　〔任務地〕義大利

IIII ITALICA ND·PC
〔創建年／創建者〕3c前半？　〔任務地〕義大利？

IIII MARTIA ND·LL
〔創建年／創建者〕AD270前後　A　〔任務地〕阿拉比亞

IIII PARTHICA ND·LL
〔創建年／創建者〕3c末　D　〔任務地〕奧斯若恩

V IOVIA ND·LL
〔創建年／創建者〕3c末　D　〔任務地〕潘諾尼亞

V PARTHICA
〔創建年／創建者〕3c末　D　〔任務地〕美索不達米亞

VI GALLICANA
〔創建年／創建者〕3c　〔任務地〕日耳曼尼亞

VI HERCULIA ND·LL
〔創建年／創建者〕3c末　D　〔任務地〕潘諾尼亞

VI HISPANA
〔創建年／創建者〕3c以前？　〔任務地〕？

VI PARTHICA ND·PC
〔創建年／創建者〕3c末　D　〔任務地〕美索不達米亞

VII SENIORES ND·LC
〔創建年／創建者〕？　〔任務地〕西方

VII IUNIORES ND·LC·PC
〔創建年／創建者〕？　〔任務地〕西方

?　…AT TRANSAQUINCUM ND·LL
〔創建年／創建者〕？　〔任務地〕西方

附錄2　輔助部隊：帝國早期

此表整理了1世紀～2世紀末每個行省的輔助部隊，清單上的部隊並非全部存在於同一時期。所在地主要選擇的是滯留期間最長也最新的地方。

■一般使用的稱號意義如以下所示。

Torquata：授與頸圈。
bis：2次（二度獲得後面所標記的稱號）。
ob virtutem (et fidem)：因武勳（與忠誠）授予（前面所標記的稱號）。
pia fidelis：忠勤與誠實。授予從未參與叛亂，對皇帝忠誠的部隊。
Civium Romanorum：授予羅馬公民權，或由羅馬公民組成的部隊。
Sagittariorum：弓兵的。
Scutata：持盾的。指的是通常為不持有盾牌的兵種，但卻裝備著盾的部隊。
Ingeniorum：徵召當地原住民所組成的部隊。
Voluntariorum：由志願兵組成的部隊。
Veterana：由退役兵組成的部隊。
Singularium：選拔部隊。

■簡寫如下所示。

Tor.：Torquata
C.R.：Civium Romanorum
Ing.：Ingeniorum
Vet.：Veterana
Sag.：Sagittariorum etc
Aug.：Augusta
Vol.：Voluntariorum
Sing.：Singularium

■不列顛尼亞

Ala Milliaria

- Gallorum Petriana C.R. bis Tor.

Ala Quingenaria

- I Aug. Gallorum Proculeiana
- I (Hispanorum) Asturum
- I Pannoniorum Sabiniana
- I Thungrorum
- II Asturum
- II Gallorum Sebosiana
- Agrippiana Miniata
- Aug. Gallorum Proculeiana
- Gallorum et Thracum Classiana Constantium Invicta bis Tor. C.R.
- (Gallorum) Picentiana
- Hispanorum Vettonum C.R.
- Aug. Vocontiorum C.R.

Cohors Milliaria Equitata

- I Nervana Germanorum
- I Vangionum
- I Fida Vardullorum C.R.
- II Tungrorum

Cohors Quingenaria Equitata

- I Aelia Classica
- I Afrorum
- I Batavorum
- I Hispanorum
- I Lingonum
- II Basconum C.R.
- II Lingonum
- II Gallorum Vet.
- II Thracum Vet.
- II Vascorum C.R.
- III Lingorum
- IV Gallorum

- IV Lingonum
- V Gallorum

Cohors Milliaria Peditata

- I Aeria Dacorum
- I Tungrorum

Cohors Quingenaria Pediata

- I Aquitanorum
- I Baetasiorum C.R. ob Virtutem et Fidem
- I Celtiberorum
- I Ulpia Traiana Cugernorum C.R.
- I Delmatarum/Dalmatarum
- I Frisiavonum
- I Hamiorum Sag.
- I Menapiorum
- I Morinorum
- I Sunicorum
- I Thracum
- II Delmatarum
- II Dongonum
- II Nerviorum C.R.
- II Pannoniorum ob Virtutem et Fidem
- III Nerviorum
- III Pannoniorum
- IV Breucorum
- V Gallorum
- V Raetorum
- VI Nerviorum C.R.

■下日耳曼尼亞

Ala Quingenaria

- I Thracum Victrix
- Gallica
- Longiniana
- Noricorum C.R.
- Parthorum Vet.
- Sulpicia C.R.

Cohors Quingenaria Equitata

- I Pannoniorum et Delmatarum
- I Raetorum C.R. pia fidelis
- II Asturum
- II C.R. pia fidelis
- II Hispanorum pia fidelis
- II Varcianorum C.R.
- VI Brittonum pia fidelis

Cohors Quingenaria Peditata

- I Aresacum
- I Flavia
- I Classica pia fidelis Domitiana
- I Thracum C.R. pia fidelis
- III Breucorum
- VI Breucorum
- VI Ingenuorum C.R.
- VI Raetorum
- VIII Breucorum
- XV Vol. C.R.

■上日耳曼尼亞

Ala Milliaria

- II Flavia Gemina pia fidelis Domitiana

Ala Quingenaria

- I Flavia Gemina
- Afrorum Vet.
- Indiana Gallorum pia fidelis Antoniniana
- Hispanorum
- Moesica Felix Tor.
- Parthorum et Araborum
- Scubulorum

Cohors Milliaria Equitata

- I Flavia Damascenorum Sag.

Cohors Quingenaria Equitata

- I Aquitanorum Biturigum
- I Aquitanorum Vet.
- I Asturum
- I C.R. Ingenuorum pia pidelis
- I Latobicorum et Varcianorum
- I Sequanorum et Rauracorum
- II Aug. Cyrenaica
- III Aquitanorum C.R.
- IV Aquitanorum C.R.
- VII Raetorum

Cohors Quingenaria Peditata

- I Aquitanorum Biturigum
- I Germanorum C.R.
- I Helvetiorum
- I Ho???
- I Ligurum et Hispanorum C.R.

- I Sag.
- II Raetorum C.R.
- III Hispanorum
- IV Vindelicorum
- V Dalmatarum
- XXIV Vol. C.R.
- XXV Vol. C.R.
- XXVI Vol. C.R.
- XXX Vol. C.R.
- XXXII Vol. C.R.
- Surorum Sag.

Numerus
- Brittonum Elantiensium
- Brittonum Triputiensium

■雷蒂亞

Ala Milliaria
- I Flavia Fidelis pia fidelis
- I Flavia Gemelliana C.R.
- II Flavia pia fidelis

Ala Quingenaria
- I Flavia C.R.
- Flavia Sing. C.R. pia fidelis
- Hispanorum Auriana

Cohors Milliaria Equitata
- VIII Batavorum
- IX Batavorum

Cohors Quingenaria Equitata
- I Breucorum C.R.
- II Aquitanorum C.R.
- III Britannorum
- III Thracum C.R. bis Tor.
- V Breucorum C.R.

Cohors Milliaria Peditata
- I Flavia Canathenorum Sag.
- IV Tungrorum

Cohors Quingenaria Peditata
- I C.R. Ing.
- I Raetorum
- II Raetorum
- II Bracaraugustanorum
- III Bracaraugustanorum
- III Thracum Vet.
- IV Gallorum
- V Bracaraugutanorum
- VI Gallorum
- VI Lusitanorum
- VI Raetorum
- VII Lusitanorum

Vexillatio
- III Tungrorum Milliaria Peditata

■諾里庫姆

Ala Milliaria
- I Aelia Brittonum
- I (Flavia) Commagenorum sag.

Ala Quingenaria
- I Aug.
- I Aug. Thracum Sag. (Thracum Herculania?)
- I Brittorum C.R.
- I Pannoniorum Tampiana Victrix
- Antoninianae

Cohors Milliaria Peditata
- I Flavia Brittonum

Cohors Quingenaria Peditata
- I Asturum
- V Breucorum
- V Brouedium (V Breucorum?)
- Auriana

Vexillatio
- III Tungnorum Milliaria Peditata

■上潘諾尼亞

Ala Milliaria
- I Ulpia Contariorum (Antoniniana) C.R.
- I Septimia Surorum

Ala Quingenaria
- I Aravacorum
- I Canninafatium C.R.
- I Hispanorum Aravacorum
- I Thracum Victorix C.R.
- III Aug. Thracum Sag.

Cohors Milliaria Equitata
- I Aelia Sag.

Cohors Quingenaria Equitata
- I Thracum C.R.
- II Alpinorum
- V Callaecorum Lucensium C.R.

Cohors Milliaria Peditata
- I Ulpia Pannoniorum C.R. Victrix
- II Batavorum C.R. pia fidelis

Cohors Quingenaria Peditata
- I Bosponiana Sag.
- IV Vol. C.R.
- XXII Vol.
- XXIII Vol. C.R.

■下潘諾尼亞

Ala Milliaria
- I Flavia Aug. Brittanica C.R. bis Tor. ob virtutem

Ala Quingenaria
- I C.R. Vet.
- I Flavia Gaetulorum
- I Aug. Thracum Sag.
- I Praetoria Sing. C.R.
- II Aug. Ituraerorum
- Aug. C.R.

Cohors Milliaria Equitata
- I Hemesenorum C.R. Sag.
- III Batavorum
- Aug. Dacorum pia fidelis
- Maurorum

Cohors Quingenaria Equitata
- I Alpinorum
- I Contabrorum
- I Noricorum
- I Novae Severiana Surorum Sag.
- I Thracum Germanica C.R.
- I Aug. Thracum
- I Vettonum
- II Aug. Thracum
- VII Breucorum C.R.
- Maurorum

Cohors Milliaria Peditata
- I Aureliana Antoniniana Surorum Sag.
- II Aug. Nerviana Pacensis Brittonum

Cohors Quingenaria Peditata
- I Alpinorum
- I Aug.
- I Aug. Thracum Sag.
- I Campanorum Vol. C.R.
- I Hemesenorum
- I Lusitanorum
- I Montanorum
- II Asturum et Callaecorum
- II Novae
- III Lusitanorum pia fidelis
- VIII Breucorum

■達爾馬提亞

Cohors Milliaria Equitata
- II Delamatarum

Cohors Quingenaria Equitata
- I Belgarum
- III Alpinorum

Cohors Quingenaria Peditata
- II Cyrrhestarum Sag.
- VIII Vol. C.R.

■上默西亞

Ala Quingenaria
- Claudia Nova

Cohors Milliaria Equitata
- II Aurelia Dardanorum

Cohors Quingenaria Equitata
- I Lucensium Hispanorum pia fidelis
- I Thracum Syriaca
- I Pannoniorum Vet.
- III Aug. Cyrenaica Sag.
- III Brittonum Vet.
- V Hispanorum

Cohors Milliaria Peditata
- I Delmatarum

Cohors Quingenaria Peditata
- I Antiochensium Sag.
- I Cisipadensium
- I Cretum Sag.
- I Lusitanorum
- I Montanorum C.R.
- III Aug. Nerviana Brittonum
- III Campestris C.R.
- IV Raetorum
- VIII Gallorum

■下默西亞

Ala Milliaria
- II Aravacorum Frontoniana

Ala Quingenaria
- I Arabacorum
- I Vespasiana Dardanorum
- II Hispanorum et Aravacorum Aug.
- (Gallorum) Atectorigianae
- Flavia Gaetulorum
- Gallorum et Pannoniorum Cataphracti
- Gallorum Flaviana
- Pannoniorum
- Pansiana

Cohors Milliaria Equitata
- I Cilicum Sag.

Cohors Quingenaria Equitata
- I Claudia Sugambrorum Vet.
- I Flavia Numidarum
- I Lepidiana C.R. to Tor.
- I Lusitanorum Cyrenaica
- II Flavia Brittonum

Cohors Quingenaria Peditata
- I Aug. Bracarum
- I Bracaraugustanorum
- I Sugambrorum
- II Chalcidenorum Sag.
- II Lucensium
- II Mattiacorum
- III Aug. Nerviana Brittorum
- IV Gallorum

Numerus
- Catafractariorum

■達契亞

Ala Milliaria
- I Batavorum C.R. pia fidelis
- I Britannica Ulpia C.R. bis Tor.
- I Hispanorum Campagonum C.R.

Ala Quingenaria
- I Asturum pia fidelis
- I Bosporanorum
- I Claudia Gallorum Capitoniana
- I Hispanorum pia fidelis
- I Illyricorum
- I Tungrorum Frontoniana
- II Flavia Numidica (or Numidarum)
- II Pannoniorum Vet.
- Siliana C.R. bis Tor. bis Armillata
- Numero Vexillatio Equitum Illyricorum

Cohors Milliaria Equitata
- I (Flavia) (Ulpia) Britannica Tor. C.R.
- I Brittonum
- I Flavia Ulpia Hispanorum C.R.
- I Ituraeorum Sag.

- I Sag.
- II Britannorum C.R. pia fidelis
- III Delmatarum C.R. pia fidelis
- XX Palmyrenorum

Cohors Quingenaria Equitata
- I Alpinorum
- I Hispanorum Vet.
- II Flavia Commagenorum Sag.
- II Hispanorum Scutata Cyrenaica
- III Gallorum
- IV Hispanorum
- IV Lingonum
- VIII Raetrum C.R. Tor.
- IX Alamannorum
- Gallorum Macedonica

Cohors Milliaria Peditata
- I Aelia Gaesatorum
- I Aug. Nerviana Pacensis Brittonum
- I Batavorum C.R. pia fidelis
- I Brittanica C.R.
- I Flavia Hispanorum
- I Ulpia Brittonum C.R.
- I Vindelicorum pia fidelis
- II Brittonum C.R. pia fidelis

Cohors Quingenaria Peditata
- I Aug. Ituraeorum Sag.
- I Cannanefatium
- I Flavia Commagenorum
- I Gallorum Dacica
- I Thracum C.R.
- I Thracum Sag.
- I Tyriorum Sag.
- I Ubiorum
- II Flavia Numidarum
- II Flavia Bessorum
- II Gallorum
- II Gallorum Macedonica
- II Gallorum Pannonica (II Gallorum et Pannoniorum)
- III Brittonum
- III Commagenorum
- IV Thracum
- V Gallorum
- V Lingonum
- VI Thracum
- Campestris C.R.

■馬其頓

Cohors Quingenaria Equitata
- I Flavia Bessorum

■色雷斯

Cohors Quingenaria Equitata
- II Lucensium

Cohors Quingenaria Peditata
- I Aelia Athoitorum

■卡帕多奇亞

Ala Quingenaria
- I Aug. Germaniciana
- I Ulpia Dacorum
- II Gallorum
- II Ulpia Auriana

Cohors Milliaria Equitata
- I Claudia
- I Flavia Numidarum Sag.
- II Italica Vol. C.R.
- III Ulpia Petraeorum Sag.

Cohors Quingenaria Equitata
- I Bosporiana
- I Lepidiana C.R.
- I Raetorum
- III Aug. Cyrenaica Sag.
- IV Raetorum
- Cyrenaica Sag.
- Ituraeorum

Cohors Milliaria Peditata
- I Germanorum
- Bosporiana Sag.

Cohors Quingenaria Peditata
- I Aug. C.R.
- II Claudia
- III Ulpia Petraeorum
- Apula C.R.

■敘利亞

Ala Milliaria
・I Ulpia Dromedariorum
・Palmyrenorum

Ala Quingenaria
・I Aug. Gemina Colonorum
・I (Flavia) Praetoria Sing. C.R.
・I Thracum Herculana
・I Ulpia Sing.
・II Flavia Agrippiana
・III Aug. Thracum Sag.
・III Thracum
・Aug. Syriaca
・Gallorum et Thracum Constantium
・Gallorum et Thracum Antiana Sag.
・Phrygum Sebastena Gallorum

Cohors Milliaria Equitata
・I Thracum
・I Ulpia Petraeorum Sag.
・II Ulpia Petraeorum

Cohors Quingenaria Equitata
・I Ascalonitanorum Sag.
・I Flavia Chalcidenorum Sag.
・I Musulamiorum
・I Sugambrosium
・I Ulpia Dacorum
・II Thracum Syriaca
・II Ulpia Paflagonum
・II Ulpia C.R.
・III Aug. Thracum
・III Dacorum
・III Thracum Syriaca
・III Ulpia Paflagonum
・IV (Callaecorum) Lucensium
・IV Thracum Syriaca
・V Chalcidenorum
・V Ulpia Petraeorum Sag.
・VII Gallorum pia fidelis

Cohors Milliaria Peditata
・I Milliaria

Cohors Quingenaria Peditata
・I Aug. Pannoniorum
・I Gaetulorum
・I Ituraeorum Sag.
・I Numidarum
・I Ulpia Sag.
・II Classica Sag.
・II Equitum
・II Ulpia Sag. C.R.
・IV Syriaca

■巴勒斯坦敘利亞

Ala Milliaria
・I (Flavia) (Gemina) Sebastenorum

Ala Quingenaria
・V Gemelliana C.R.
・VI Phrygum
・VII Phrygum
・Gallorum et Thracum
・Antiana Gallorum

Cohors Quingenaria Equitata
・I Flavia C.R.

Cohors Milliaria Peditata
・I Sebastenorum
・I Thracum

Cohors Quingenaria Peditata
・I Damascenorum
(Armeniaca/Armeniacum)(sag.)
・I Ulpia Galatarum
・II Ulpia Galatarum
・II Cantabrorum
・II Italica Vol. C.R.
・II Thracum
・III Bracaraugustanorum
・III Bracarum
・IV (Callaecorum)
・Bracaraugustanorum
・IV Breucorum
・IV Ulpia Petraeorum
・V Gemina C.R.
・VI Ulpia Petraeorum
・VII Gemella C.R.

■阿拉比亞

Ala Quingenaria
- I Gaetulorum Vet.

■埃及

Ala Quingenaria
- I Thracum Mauretana
- II Ulpia Afrorum
- Apriana
- Aug. ob Virtutem Appellata
- Aug. Xoitana
- Gallorum Vet.
- Paullini
- Vocontiorum

Cohors Quingenaria Equitata
- I Ulpia Afrorum
- I Apamenorum Sag.
- I Aug. Praetoria Lusitanorum
- I Flavia Cilicum
- I Thebaeorum
- II Ituraeorum Felix

Cohors Quingenaria Peditata
- I Aug. Pannoniorum (Scutata C.R.)(Vet.)
- II Thebaeorum
- II Thracum
- III Cilicum
- III Galatarum
- III Ituraeorum
- Scutata C.R.

Numerus
- Palmyreni Hadriani Sagittarii

■阿非利加

Ala Quingenaria
- Flavia Numidicaie

Cohors Quingenaria Equitata
- I Chalcidenorum Sag.
- II Flavia Afrorum
- VI Commagenorum

Cohors Quingenaria Peditata
- I Flavia Afrorum
- II Maurorum

Numerus
- Palmyrenorum

■凱撒茅利塔尼亞

Ala Milliaria
- I Nerviana Aug. Fidelis

Ala Quingenaria
- I Parthorum Aug.
- II Aug. Thracum pia fidelis
- Brittonum Veteranorum bis Tor.
- Gemelliana C.R.

Cohors Quingenaria Equitata
- I Flavia Hispanorum pia fidelis
- I Pannoniorum
- II Breucorum
- VI Delmatarum
- VII Delmatarum

Cohors Milliaria Peditata
- Aelia Expedita

Cohors Quingenaria Peditata
- I Aelia Sing.
- I Aug. Nerviana Velox
- I Corsorum C.R.
- I Flavia Musulamiorum
- I Nurritanorum
- II Breucorum (Peditata)
- II Brittonum
- II Gallorum
- II Sardorum
- IV Sugambrorum

Numerus
- Gaesatorum

■廷吉塔納茅利塔尼亞

Ala Milliaria

・II Syrorum Sag.

Ala Quingenaria

・I Aug. Gallorum C.R.
・I (Flavia) Gallorum Tauriana
・III Asturum C.R. pia fidelis
・Hamiorum Syrorum Sag.

Cohors Quingenaria Equitata

・III Asturum C.R.
・III Gallorum Felix
・IV Gallorum C.R.

Cohors Milliaria Peditata

・I Asturum et Callaecorum C.R.
・I Ituraeorum C.R.
・I Lemavorum C.R.
・II Syrorum Sag.
・V Delmatarum C.R.

■塔拉科西班牙

Ala Quingenaria

・I Lemavorum
・II Flavia Hispanorum C.R.
・Taurorum Victrix C.R.

Cohors Quingenaria Equitata

・I Celtiberorum C.R.
・I Gallica

Cohors Quingenaria Peditata

・II Gallica
・III Celtiberorum
・III Lucensium

■近西班牙

Ala Quingenaria

・Flavia I Lusitanorum
・II Flavia (Hispanorum?) C.R.

■盧西塔尼亞

Cohors Milliaria Peditata

・I Gallicae C.R.
・I Inturaiorum (I Ituraeorum?)

■所在地不明

Ala

・III Equitata Romanorum
・Aug. Sing.
・Baetica
・Cataphractariorum
・Petriana Sag.

Cohors

・I Ausetanorum
・I ? VIII? Batavorum
・I Brittonum (Hispanorum Nervia)
・I Ulpia Paphlagonum
・II Bracarum
・II Montanorum
・III Lucensium
・III Tungrorum
・V Baetica
・V Gemella C.R.
・V Nerviorum
・VI Asturum
・IX Thracum
・XXXIII Vol. C.R.
・Carietum et Veniaesium
・Trumplinorum

主要參考文獻

■古代的作者

Dionysius of Halicarnassus (trans. Cary, Earnest). Roman Antiquities. (Harvard University Press 1937-1950):
http://penelope.uchicago.edu/Thayer/E/Roman/Texts/Dionysius_of_Halicarnassus/home.html

Dionysius of Halicarnassus. Dionysius of Halicarnassus, Complete Works. (Delphi Classics 2017)

Gellius, Aulus (trans. Rolf, John C). Attic Night. (London 1927):
http://www.perseus.tufts.edu/hopper/text?doc=Perseus:text:2007.01.0072

Josephus, Flavius. The Complete Works of Flavius Josephus. (Start Publishing 2013)

Livius, Titus.(trans. Foster, Benjamin Oliver). Roman History. (California 1919):
http://www.perseus.tufts.edu/hopper/text?doc=Perseus:text:1999.02.0151

Livius, Titus. (trans. de Se?lincourt, Aubrey) The Early History of Rome. (Penguin Books 2002)

Livius, Titus. (trans. Radics, Betty) Rome and Italy. (Penguin Books 1982)

Livius, Titus. (trans. de Se?lincourt, Aubrey) The War with Hannibal. (Penguin Books 1972)

Livius, Titus. (trans. Bettenson, Henry) Rome and the Mediterranean. (Penguin Books 1976)

Maurice. Dennis, George T. (trans.) Maurice's Strategikon. (Pennsylvania 1984)

Polybius. History.
http://www.perseus.tufts.edu/hopper/text?doc=Perseus%3Atext%3A1999.01.0234%3Abook%3D1&force=y

Polybius. Polybius, Complete Works. (Delphi Classics 2014)

Vegetius Renatus, Flavius. Clerke, John (trans. 1767), Brevik, Mads (e-text 2001) De re militari. (Digital Attic):
http://www.digitalattic.org/home/war/vegetius/

Vegetius Renatus, Flavius. Clerke, John (trans. 1767) The Military Institution of the Romans. (Enhanced Media 2017)

Anonymous. Notitia Dignitatum. Bibliotheca Augustana:
https://www.hs-augsburg.de/~harsch/Chronologia/Lspost05/Notitia/not_dig0.html

Seeck, Otto (ed.). Notitia Dignitatum, accedunt notitia Urbis Constantinopolitanae et laterculi prouinciarum. (Berolini 1876)

■碑文等等

Corpus Inscriptionum Latinarum.
http://cil.bbaw.de/cil_en/index_en.html

Epigraphic Database Heidelberg.
https://edh-www.adw.uni-heidelberg.de/home?lang=en

Vindolanda Tablets Online.
http://vindolanda.csad.ox.ac.uk/index.shtml

TRISMEGISTOS.
https://www.trismegistos.org/index.html

Roman Inscription of Britain.
https://romaninscriptionsofbritain.org/

■現代的作者

Armstrong, Jeremy. Early Roman Warfare. (Pen & Sword Books 2016)

Beckmann, Martin. The Column of Marcus Aurelius. (North Calorina 2011)

Bishiop, M.C. 'The Early Imperial "Apron"' The Journal of Roman Military Equipment 3 (1992)

Bishop, M.C. The Gladius. (Osprey 2016)

Bishop, M.C. The Pilum. (Osprey 2017)

Bishop, M.C. Lorica Segmentata Vol. 1. (Armatura 2002)

Bishop, M.C. & Coulston, J.C.N. Roman Military Equipment (2nd edition). (Oxford 2006)

Bunson, Matthew. The Encyclopedia of Roman Empire, (Re). (NY 2002)

Burns, Michael. 'South Italic Military Equipment.' (University College London 2005)

Campbell, Brian. Greek and Roman Military Writers. (Routledge 2004)

Campbell, Brian. The Roman Army, BC 31 - AD337. (Routledge 1994)

Campbell, Brian & Tritle, Lawrence A (ed.). The Oxford Handbook of Warfare in the Classical World. (Oxford 2013)

Campbell, Duncan B. Greek and Roman Artillery 399BC-363AD. (Osprey 2004)

Campbell, Duncan B. Roman Legionary Fortresses 27BC ? AD378. (Osprey 2006)

Cheesman, G. L. The Auxilia of the Roman Imperial Army. (1914) (First Rate Publishers)

Chrystal, Paul. Roman Military Disasters: Dark Days and Lost Legions. (Pen & Sword Books 2015)

Coulston, Jon C. N. 'By the sword united: Roman fighting styles on the battlefield and in the arena.' The Cutting Edge. (Tempus Publishing 2007)

Cowan, Ross. Roman Battle Tactics 109BC ? AD313. (Osprey 2007)

Cowan, Ross. For the Glory of Rome. (Greenhill Books 2007, 2017)

Cowan, Ross. Roman Conquest: Itary. (Pen & Sword Books 2009)

Cowan, Ross. The Roman guardsman 62BC ? AD324. (Osprey 2014)

Cowan, Ross. Roman Legionary AD69-161. (Osprey 2013)

Cowan, Ross. Roman Legionary AD284-337. (Osprey 2014)

Crawford, Michael. The Roman Republic, (2nd edition). (Harper Press 1992)

Croom, Alexandra. Roman Clothing and Fashion. (Amberley Publishing 2000)

D'Amato, R. Roman Centurions 753-31BC. (Osprey 2011)

D'Amato, R. Roman Centurions 31BC-AD500. (Osprey 2012)

D'Amato, R. Roman Standards & Standard-Bearers (1) (Osprey 2018)

D'Amato, R. Decorated Roman Armour. (Pen & Sword Books 2017)

Dobson, Michael. The Army of the Roman Republic. (Oxbow Books 2016)

Drogula, Fred K. Commanders & Command in the Roman Republic and Early Empire. (University of North Carolina Press 2015)

DuBois, Michael. Auxillae vol.2. (2014)

Elliot, Paul. The Last Legionary: Life as a Roman soldier in Britain AD 400. (Spellmount 2011)

Ermatinger, James William. The Decline and Fall of the Roman Empire. (Greenwood press 2004)

Field, Nick. The Roman Army of the Principate, 27BC - 117 AD. (Osprey 2009)

Field, Nick. Roman Battle Tactics 390-110BC. (Osprey 2010)

Field, Nick. Early Roman warrior 753-321BC. (Osprey 2011)

Field, Nick. Roman Republican Regionary 298-105BC. (Osprey 2012)

Gilliver, Catherine M. 'The Roman Art of War : Theory and Practice' (Institute of Archaeology, University of College, London 1997)

Godehardt, Erhard. Jaworski, Jerzy. Pieper, Peter. Schellenberg, Hans Michael. 'The reconstruction of Scythian bows.' The Cutting Edge. (Tempus Publishing 2007)

Goldsworthy, Adrian. Roman Warfare. (Cassel 2000)

Goldsworthy, Adrian. The Complete Roman Army. (Thames & Hudson 2003)

Grzegorz, Klejnowski 'Hasta Velitalis: The First Edge of the Roman Army.' Res Militaris Studia nad wojskowo?ci? antyczn? tom II (Kalisz-Warszawa 2015)

Himmler, Florian. 'Testing the "Ramshaw" boot ? Experimental Calceology on march ' The Journal of Roman Military Equipment Studies 16. (2008)

Hoss, Stephanie. 'The Roman military belt.'

James, Simon T. 'The Arms and Armour from Dura-Europos, Syria. Vol. 1&2' (University College Institute of Archaeology 1990)

James, Simon. Rome and the Sword. (Thames & Hudson 2011)

Kayumov, Ildar & Minchev, Alexander. 'The KAMBEΣTPION and other Roman military Equipment from Thrace.' (2010)

Keppie, Lawrence. The Making of the Roman Army. (London 1998)

Kozlenko, Alexei. 'Barbarian Throwing Clubs and the origin of Plumbatae.' the Journal of Roman Military Equiment Studies 16. (2008)

Loades, Mike. The Composite Bow. (Osprey 2016)

Lommel, Korneel van. 'The Recognition of Roman Soldier's Mental Impairment ' Acta Classica LVI. (2013)

Maier, Ingo G. 'Military Units in the Compilation Notitia Dignitatum'
http://notitiadignitatum.org/702-3unl.pdf

McCall, Jeremiah B. The Cavalry of the Roman Republic. (Routledge 2002)

McNab, Chris (ed.) The Roman Army. (Osprey 2010)

Narloch, Krzysztof. 'The Cold Face of Battle: Some Remarks on the Function of Roman Helmets with Face Masks.' Archaologisches Korrespondenzblatt 42. (2012)

Quesada Sanz, Fernando. 'Not so different: Individual fighting techniques and battle tactics of Roman and Iberian armies within the framework of warfare in the Hellenistic age.' Pallas. (2006)

Quesada Sanz, Fernando. 'Hispania y el ej?rcito romano republicano. Interacci?n y adopci?n de tipos met?licos'. Sautuola XIII (2007)

Quesada Sanz, Fernando. 'Military Developments in the "Late Iberian" culture (c. 237-c.195BC): Mediterranean influences in the far east via the Carthaginian military.' in Secunda, Nick & Noguera A. (eds.) Hellenistic Warfare I. (2011)

Petru?, Da?vid. 'Everyday life in military context. Aspects of everyday life in the research concerning the Roman army in the western European part of the Empire and the Province of Dacia.' EPHEMERIS NAPOCENSIS XXII. (Editura Academiei Roma?ne 2012)

Rosenstein, Nathan. Rome at war: Families and Death in the middle Republic. (University of North Carolina Press 2004)

Rosenstein, Nathan. 'Aristocrat and Agriculture in the Middle and Late Republic' JRS 98 (The Society for the Promotion of Roman Studies 2008)

Roth, Jonathan. The Logistics of the Roman Army at War (264BC-234AD). (Brill 1999)

Sage, Michael. The Army of the Roman Republic. (Pen & Sword 2018)

Saliola, Marco & Casprini, Fabrizio. Pugio, Gladius brevis est. (BAR 2012)

Silver, Morris. 'Public Slaves in the Roman Army: An Exploratory Study.' Ancient Society 46. (2016)

Sim, D. & Kaminski, J. Roman Imperial Armour. (Oxbow Books 2012)

Southern, Pat. The Roman Army: A Social and Institutional History. (ABC-CLIO 2006)

Southern, Pat. Dixon, Karen R. The Late Roman Army. (Routledge 2000)

Spiedel, M.A. 'Roman Army Pay Scales.' Heer unt Herrschaft im R?minischen Reich der Hohen Keiserzeit. (Stuttgard 2009)

Spiedel. M.A. 'Roman Army Pay Scales Revisited.' (Bordeaux 2014)

Sumner, Graham. Roman Army; Wars of the Empire. (Brassey's 1997)

Summer, Graham. Roman military Clothing (1). (Osprey 2002)

Syvanne, Ilkka. Military History of Late Rome 284-361. (Pen & Sword 2015)

Taylor, Don. Roman Republic at War. (Pen & Sword 2017)

Taylor, Don. Roman Empire at War. (Pen & Sword 2016)

Taylor, Michael J. 'Visual Evidence for Roman Infantry Tactics.' MAAR 59/60. (2014)

Taylor, Michael J. 'Roman Infantry Tactics in the Middle Republic; A reassessment.' Historia 63. (2014)

Tomczak, Juliusz. 'Roman Military Equipment in the 4 th Century BC: Pilum Scutum and the Introduction of the Manipular Tactics.' Folia Archaeologica 29. (2012)

Travis, john & Hilary. Roman Helmets. (Amberley books 2014)

Ureche, Petru. 'The Bow and Arrow during the Roman Era.' Ziridava: Studia Archaeologica. (2013)

Vega Avelaira, Toma?s. 'Estandartes militares (signa miliaria) de e?poca procedentes de Hispania' SAUROTA (2007)

Volken, Marquita.'Making the Ramshaw boots, an exercise in experimental archaeology.' The Journal of Roman Military Equipment Studies 16. (2008)

Volken, Marquita. 'The Waterbag of Roman Soldiers.'

Wijhoven, Martijn A. 'Lorica Hamata Squamataque: A Study of Roman Hybrid Feather Armour.' The Journal of Mail Research Society. Vol2. (2009)

Zehetner, Stephen. 'The Equites Legionis and the Roman cavalry.' The Journal of ancient History and Archaeology No. 2.3. (2015)

Zehetner, Stephen. 'CIL VIII 18065 and the Ranking of Centurions.' Journal of Ancient History and Archaeology. Vol. 3.2 (2016)

用語解說

拉丁語省略了長母音符號，呈現的方式：單數形／複數形。

A ◆◆◆◆◆◆◆◆◆◆◆◆◆◆◆◆

A Libellis 皇帝請願部
審查陳情書並轉達給皇帝的職位。

A Rationibus 皇帝財務部
可說是帝國中央統治機構的八部門之一。分成負責皇室（帝國）財政的Rationalis Summarum，以及管理皇室（公共）財產的Rationalis Rei Private這2個處室。與其他部門相同，原本由奧古斯都的個人祕書，同時也是解放的奴隸來擔任此職位，不過在圖拉真或哈德良在位時期，改為由騎士階級出身者擔任。財務部長會優先選擇具備長時間軍隊資歷的人。

Ab Epistulis 皇帝通信部
起草皇帝及政府發布的敕令或公告，並轉達至帝國全境的部門。分成拉丁語課（Ab epistulis Latinis）和希臘語課（Ab epistulis Graecis）。

Acies／Acies 陣列
意思是「劍刃」，用來比喻士兵排出的陣列就像劍刃一般。此為羅馬時代的用語。參照「Triplex Acies三線陣」、「Duplex Acies雙線陣」。

Aerarium Militare 軍隊資金庫
負責營運、管理軍團和輔助兵退休金的基金，公元6年由奧古斯都投入個人資產1億7千萬塞斯特斯所創建。基金由3名軍隊資金管理官（Praefecti aerarii militaris）管理。據說位在卡比托利歐山。

Ala Sociorum／Alae Sociorum 聯盟軍團
共和國時期由羅馬的殖民地或同盟城邦中，召集士兵所組成的軍團。組織與裝備與公民軍團無異。

Auspicium 宗教授權
探詢神意的權限。這不是為了預知未來，而是為了確認接下來要做的行動是否得到神的認可，與統治權（Imperium）並列權力的根源。與軍事有關的稱為Auspicium Militiae。在神聖的場所（Templum）觀察飛過天空中特定範圍的鳥種、叫聲、飛行方式等等來占卜。參照「Imperium統治權」及「Provincia職責」。

Auxilia／Auxiliae 輔助部隊
軍團兵以外的同盟軍、傭兵的統稱。帝國時期以後指由非羅馬公民組成的部隊。

B ◆◆◆◆◆◆◆◆◆◆◆◆◆◆◆◆

Balteus／Baltei 腰帶
對公元前的義大利各個民族而言，腰帶是成年男性＝戰士的象徵，失去腰帶是莫大的恥辱。羅馬軍也繼承了這項傳統，甚至有卸下腰帶示眾的刑罰。

Beneficiarius／Beneficiarii 特權兵
輔佐各式各樣高官的軍團兵事務員。執行警備、維持治安、收稅、海關業務等半官半民的各種事務。隨著輔佐的高官立場而有等級上的差異。

Beneficiarius Consularis 行省總督輔佐
B. Legati Legiones：軍團長輔佐／B. Praefecti Praetorio：禁衛總長輔佐（禁衛軍士兵）／B. Praefecti Corhotis：輔助部隊司令官輔佐／B. Praefecti Alae：側翼騎兵隊司令官輔佐／B. Centurionis Classiarii：戰船事務員（海軍兵）／B. Praefecti Urbis：羅馬城首長輔佐／B. Proculatoris：皇帝小行省總督輔佐／B. Tribunes Legionis：軍團護民官輔佐。

C ◆◆◆◆◆◆◆◆◆◆◆◆◆◆◆◆◆◆

Castra 軍營
在每天即將結束前建設的要塞陣地。

Cataphractarius／Cataphractarii 全覆裝甲騎兵
這個字源自希臘語的Kataphraktos（Kata〔全部〕＋Phrasso〔受防護的、形成要塞的〕），指的是連馬都穿戴鎧甲的騎兵。不過通常認為早期的全覆裝甲騎兵並沒有給馬穿上馬甲。他們裝備著長矛與劍。參照「Clibanarius全覆裝甲騎兵」。

Celeres 賽拉瑞斯
意思為「腳程快的人」，是王政時期的近衛隊。

Centuria／Centuriae 百人隊
羅馬軍隊、政治的基本單位，在軍隊中用隊長的名字來稱呼、區別百人隊。別名Ordo／Ordines、Vexillum／Vexilla。

Centurio／Centuriones 百夫長
百人隊的指揮官，共和國時期又有Ordinis Ductor／Ordinum Ductores的別稱。

Centurio Supernumerarius 額外百夫長
為了特殊任務而任命的非正規百夫長，沒有屬於自己的百人隊。

Cinctus Gabinius
在獻祭或特別儀式中穿戴的托加（應該說穿法與托加相同）。名稱源自距離羅馬西方18㎞的城邦加貝伊，穿上後兩手可以自由活動。在薩古姆普及前，這是相當普遍的軍裝。

Classis／Classes 階級
羅馬王政時期五階級的名稱，原義為「（士兵的）召集」。後來開始有部隊、艦隊、階級等各種意思。

Clibanarius／Clibanarii 全覆裝甲騎兵
外來語，形容騎兵穿戴極其厚重的鎧甲，如烤麵包的烤箱（Clibanos）那樣，像是要把裡面的人給蒸熟。通常與Cataphractarius視為同一個意思，但兩種都會用於部隊名稱，因此以軍事用語來說，這個單字或許是指在特性上相同，但其實是完全不同種類的騎兵。如果真是如此，那麼Clibanarius很可能是指波斯式的重裝騎兵。

Cohors Praetoriae／Cohortes Praetoriae 禁衛軍
由奧古斯都成立的近衛隊，具有4,500～1萬6千人的兵力。4世紀初被君士坦丁解散。

Cohors／Cohortes 大隊
部隊單位。雖然不清楚正確的語源是什麼，但應該跟hors（庭院）有關。共和國時期原指同盟城邦所提供的士兵單位，後來成為軍團的下層組織。不論在哪個時代，人數大概都是500人。

Collegium／Collegia 同僚公會
類似工會、兄弟會或互助會的存在。軍隊內的同僚公會具有比較強烈的宗教意涵。

Comes／Comites 隨從官
意思是「跟班、同僚、隨從」等等。起初指的是將軍的部屬，不過戴克里先將其制定為多種行政和軍事官僚的職稱。這也是日後Count（伯爵，法語Comte）的語源。

Comitatensis／Comitatenses 野戰軍
由君士坦丁成立的軍隊。在一般情境中，時常稱為Field Army。野戰軍為騎兵與步兵的混編部隊，通常位於後方，有必要時再移動到各地作戰。參照「Limitaneus／Limitanei邊防軍」。

Comitia Centuriata 百人會議
羅馬最古老的公民大會。工作內容包含選出執政官與裁判官、宣戰布告、議論同盟締結或條約簽訂等等，由193個百人隊投票決定。指揮官的統治權也是在此大會的決議下被賦予的。

Consul／Consules 營執政官
共和國時期的國家最高負責人與軍隊最高司令官。每年選出2人，他們的名字會用來標示年分。一般認為，原本主要的職責是軍隊司令官，但到了帝國時期已名存實亡，不過是晉升為上級官職的墊腳石而已。雖然有人認為早期曾經被稱為裁判官，但兩者之間應該沒有關聯，也有說法指出執政官是在更之後的時代才制定的官職（可能是在前4世紀後半，執政護民官〔Tribunus Militum Consulari Potestate〕被廢除後）。最早可以確認到執政官的存在是在前4世紀中葉。

Contuberinalis／Contuberinales 營帳夥伴
將軍底下騎士階級出身的跟班，或是名譽近衛隊。又或是指共同分享同一頂帳篷，由8個人所組成的十人隊。

Cornicen／Cornicines 科爾努號手
號角手，附屬在百人隊之下負責傳達隊長的命令。在夜哨時也負責告知換班的時刻。

Corona Aurea 黃金冠
授與在一對一的決鬥中擊倒敵人，並直到戰鬥結束都死守住該地點的人。

Corona Civica 公民冠
頒贈給幫助公民的人，頭冠由橡樹的枝葉編織而成。

Corona Graminea 禾草環
又稱為包圍冠（Corona Obsidionalis），是羅馬最高等的頭冠，整個羅馬歷史上也僅有9位授勳者。

Corona Muralis 城牆冠
頒贈給最早登上敵方城牆而且死守住該位置的人。

Corona Vallaris 營地冠
或稱Corona Castrensis，頒贈給最初殺進敵方營地，並死守該位置直到最後的人。

Curia／Curiae 庫里亞
原義是「集團、集會」，是羅馬王政時期的政治及軍事單位，後來指元老院的議場。

D ◆◆◆◆◆◆◆◆◆◆◆◆◆◆◆

Decanus／Decani 十夫長
領導十人隊8個人的隊長。

Decurio／Decuriones 騎兵十夫長
騎兵的指揮官。原本指揮的是10名騎兵，後來被用作各式各樣職位的名稱。

Devotio
在戰場上向神明犧牲自己來獲得勝利的儀式。參照「Cinctus Gabinius」。

Dictator 獨裁官
羅馬共和國時期的官職，在面臨緊急危機時選出，可以實行絕對的權力。擁有任命副官騎兵長官（Magister Equitum）的權限。馬克・安東尼在前44年廢除此官職。

Diploma 退役證明書
Diploma是現代用語，實際上不清楚當時如何稱呼。退役證明書是一組青銅板，用來證明輔助部隊、禁衛軍與海軍等士兵已確實退役。

Donativium／Donativa 獎勵金
戰勝或重大戰役前支付給士兵的獎金。帝國時期則是在慶典或重要紀念日發放。

Duplex Acies 雙線陣
兩段式陣列，此為現代的造語。步兵的陣列由前後2排士兵排列而成。3世紀時成為基本陣列。

Duplicarius／Duplicarii 雙餉兵
指帝國時期領有普通士兵2倍軍餉的士兵。副百夫長、旗手都屬於這個階層。參照「Sesquiplicarius／Sesquiplicarii 一份半餉兵」及「Principales 百人隊幹部」。

Dux／Duces 都督
意思為「指導者、君主、領導者」，原

先是指暫時組成的部隊指揮官或國家元首（包含羅馬皇帝）的單字，可是到了3世紀開始指軍隊的司令官。戴克里先將其制定為統理邊防軍的將官稱號。這也是日後Duke（公爵）的語源。

E ◆◆◆◆◆◆◆◆◆◆◆◆◆◆◆◆◆◆◆◆

Eques Legionis／Equites Legionis 軍團騎兵
帝國時期附屬於軍團之下的騎兵。

Equites equis suis
共和國時期的騎兵，從軍時騎乘自己的馬。參照「Equites equo publico」。

Equites equo publico
指共和國時期騎乘公費購置之馬匹的騎兵。參照「Equites equis suis」。

Equus October 十月馬祭
10月15日舉行的慶典，象徵軍事季節的結束。

Etruria 伊特魯里亞人
在羅馬初創時期，支配羅馬北方廣大伊特魯里亞地區的民族，起源不明。雖有著高度文明，但隨著更北方的高盧人以及南邊（以羅馬為中心的）拉丁人的勢力擴張而逐漸衰退。在希臘語中稱為第勒尼安，取名自地中海義大利西岸的第勒尼安海。

Evocatus／Evocati 志願兵
共和國時期指部分執政官近衛隊。帝國時期則是指完成服役後再次受徵召，或延長役期的預備役士兵。到了2世紀逐漸失去原本的意義，而是指被軍隊無限期留下的優秀人才（當時的人沒有退休年齡這個概念）。

Exercitus／Exercitus 軍隊
集結多數部隊的軍隊，或是指數個部隊的集合。

Extraordinarius／Extraordinarii 執政官近衛隊
意思是「特別兵、追加兵」，共和國時期從聯盟軍團中選拔而出，是執政官的精銳士兵。

F ◆◆◆◆◆◆◆◆◆◆◆◆◆◆◆◆◆◆◆◆

Falcata 鉤刀
於1872年創作的新造詞語，意思是「如鐮刀般的劍」（在古代不用名詞Falcata來稱呼，而是使用Falcatus ensis這樣的形容詞來描述）。這是一種誕生自伊比利半島的單刃劍。

Familiaris／Familiares 將軍隨從
意思包含「朋友、家人」，指的是將軍底下地位如同軍官的騎士階級出身者。

Foederatus／Foederati 蠻族盟兵
從結成同盟（Foedus）的蠻族中召集的部隊。

G ◆◆◆◆◆◆◆◆◆◆◆◆◆◆◆◆◆◆◆◆

Gens／Gentes 氏族
擁有同一個氏族名（姓）的人所組成的集團。早期各氏族之間有獨立的首領、元老、議事機構以及法律、祭祀儀式等等。說羅馬人會因屬於哪個氏族，而決定接下來大部分的人生也絕不為過。氏族底下還可以細分為支族（有時會被稱為～家），稱為Strips／Stripes。參照「Nomen 氏族名」。

H ◆◆◆◆◆◆◆◆◆◆◆◆◆◆◆◆◆◆◆◆

Hasta Pula／Hastae Pulae 榮譽之矛
意思是「無頭之矛」，不過其實上面有裝飾性的矛頭，作為褒賞用來贈與有功績的士兵。又稱為獎章之矛（Hasta Donatica）。

Hastatus／Hastatii 青年兵
意思為「矛兵」，共和國時期前衛部隊的名稱。

Hippika Gymnasia 馬術操練表演
帝國時期舉行的騎兵馬術競賽。

I ◆◆◆◆◆◆◆◆◆◆◆◆◆◆◆◆◆◆◆◆

Italia 義大利
本來是指義大利半島的南半邊，目前認

為是從奧斯坎語Víteliú（公牛、小牛之地）的希臘語形，轉變讀音而形成的。

Immunes專勤兵
指帝國時期擁有特殊技能或負責特別職務的士兵。雖然軍餉和普通士兵相同，但免除了雜役。

Imperial Procuratorial Provinces 皇帝小行省
由皇帝代理官（Procurator Augusti）出任總督的行省。規模比一般的行省還小，但通常會設定在非常難以治理的地區。

Imperium統治權
語源是Impero（命令），原先指的是軍隊的命令，但後來開始指涉特定官職所擁有的「權限」。會與職責（Provincia）合在一起使用。參照「Provincia職責」與「Auspicium宗教授權」。

K ◆◆◆◆◆◆◆◆◆◆◆◆◆◆◆◆

Kardiophylax護心鏡
起源於義大利的防具，多為圓形或橢圓形，由青銅或皮革製作而成。主要用來保護胸部。

Kopis／Kopides希臘彎刀
希臘的單刃劍，刀刃向前方彎曲。

L ◆◆◆◆◆◆◆◆◆◆◆◆◆◆◆◆

Latro／Latrones盜賊
大多數的盜賊都是逃兵或不榮譽退役者，其中一個經典案例就是康茂德在位時期的馬特努斯。他曾是逃兵，後來為高盧地區帶來嚴重的損害，因此成為軍方鎮壓的對象。這場稱為「逃兵戰爭」的鎮壓作戰，持續到馬特努斯在暗殺皇帝的計畫中，遭到背叛而被逮捕、處刑為止。
塞維魯斯在位時期的布拉·菲利克斯亦是一名惡名昭彰的盜賊，他集結了超過600人所組成的盜賊團。據說為了鎮壓這群搶遍整個義大利的盜賊，花了整整2年的時間。

Legatus／Legati副將
原意是使節、代理人，在共和國後期指的是軍隊分遣隊的指揮官，而在帝國時期則是指軍團長等職位。

Legio／Legiones軍團
原義為「篩選」、「召集」。軍團是羅馬軍的編制單位，每個時代人數不盡相同，但大約都由4千～6千名士兵組成。

Lictor／Lictores刀斧手
跟隨在高官身邊的官員，既是高官的保鏢，也是權威的象徵。他們手持束棒（Fasces），這是將許多木棍綁在握柄上的斧頭。原本由平民選出，但後來改由解放奴隸擔任。

Limitaneus／Limitanei邊防軍
意指「國境的、邊境的」，在本書中稱為邊防軍（國外的書常稱為Frontier Troops）。邊防軍部署在帝國邊境，負責防衛當地與維持治安。參照「Comitatensis／Comitatenses野戰軍」。

Linothorax亞麻胸甲
希臘語，意為「亞麻做的鎧甲」。亞麻胸甲由多片亞麻布重疊並縫合而成的說法最為有力，不過近來皮革製的說法也逐漸獲得認同。

Lorica／Loricae鎧甲
帝國時期有Lorica Hamata（鎖子甲）、Lorica Squamata（鱗甲）、Lorica Segmentata（環片甲）、Lorica Musculata（肌肉甲）這4種基本類型。根據Sim及Kaminski的研究，各種鎧甲的特徵如下所示。

	鱗甲	環片甲	鎖子甲	肌肉甲
製作時間	高	中	高＋	低
所需材料量	高	中＋	中＋	低
製作成本	高	中	高＋	低
耐用性	中＋	中＋	中＋	高
防禦效果	高	高	中＋	中＋

Lustratio 潔淨儀式
這是一種在希臘、羅馬廣為流傳的淨化儀式，包含行進與Suovetaurilia等多項作業。各地農家為了淨化農地，於每5年的5月舉行。如果是作為國家節日，則在神廟建築時、建設殖民地時、農業節慶、人口普查的最後、袪除災厄等時機舉行。這同時也是新生兒正式登記為公民的重要儀式。

M ◆◆◆◆◆◆◆◆◆◆◆◆◆◆◆◆◆

Magister Equitum 騎兵長官
意思是「騎兵的長官、騎兵的指揮官」，為獨裁官的副官。

Magister Populi 人民統領
意思是「人民的首領」，在王政時期是國王的代理者，負責指揮軍隊。這同時也是獨裁官早期的名稱。

Makhaira／Makhairai 希臘短刀
起源於希臘的單刃劍，刀刃筆直而不彎曲。

Manipulus／Manipuli 小隊
意思為「手中的一小撮」，是共和國時期的軍團基本單位。

N ◆◆◆◆◆◆◆◆◆◆◆◆◆◆◆◆◆

Nomen／Nomina 氏族名
羅馬人名採用三名法（Tria Nomina），由個人名（Praenomen）、氏族名（Nomen）和家族名（Cognomen）3個部分組成。其中排列第二的氏族名又稱Nomen Gentilicium，用以表現個人所屬的氏族。日後也成為擁有羅馬公民權的人特有的標記。

Notitia Dignitatum 百官志
列出帝國後期羅馬官僚組織的清單。目前認為這不是公家機關所編撰，而是與政府有來往的民間人士執筆寫成。分成東羅馬與西羅馬兩部分，東方部分以AD394～395、西方部分以AD420～430的情報為基礎所寫成。

O ◆◆◆◆◆◆◆◆◆◆◆◆◆◆◆◆◆

Optio／Optiones 副百夫長
從Adoptamdum（選擇）衍生出來的詞，是百人隊的副隊長。他們手持特殊的手杖站在隊伍後方，負責整頓隊列。即便如此，以晉升的順序來說，他們還在旗手之下。

Ordo Equester 騎士階級
羅馬公民的上層階級，原本指的是作為騎兵上戰場的階級，但後來開始指介於平民和元老院議員階級之間的階級。

Ornamenta 凱旋將軍飾儀
進入帝國時期後，皇族以外的人無法再實行凱旋儀式，而凱旋將軍飾儀便是其替代方案。另外，這也用來指涉羅馬政務官（市政官、財務官、裁判官等等）的地位所具有的權威。

P ◆◆◆◆◆◆◆◆◆◆◆◆◆◆◆◆◆

Paludamentum／Paludamenta 帕魯達門托姆
羅馬指揮官或軍官穿戴的披風。

Patricii 貴族
羅馬的支配者階級。通常認為，這批人是以羅穆盧斯篩選的100名元老為祖先的家系，實際上則是各個有力的氏族花費時間所形成的群體。在前366年的階段，屬於貴族的僅有21個氏族。參照「Plebs平民」。

Pattern welding 花紋鍛造法
這可能是高盧人的刀匠所發明的刀劍鍛造法。先疊合熟鐵與鋼板並加熱，再用鐵槌敲打使之結合並做成鐵棒，接著將這根鐵棒扭成芯材，周圍用鋼製的劍刃包覆起來，如此就完成了一把有花紋的劍。不僅兼具硬度與柔軟度，扭出的芯材還會形成獨特的波浪花紋，看起來相當美觀。這項技法在2世紀前後，從過往的積層鍛造法中研發出來，到了3世紀便已成熟，並持續運用到10世紀。

Phalera／Phalerae 獎章
原本是希臘語「圓盤形馬飾」的意思，

在羅馬會將這種圓盤形獎章裝到胸背帶上，當成可穿戴的褒賞，贈與有功的士兵。

Plebs 平民
平民階級，公民中不屬於貴族的其他家系。參照「Patricii 貴族」。

Praefectus Castrorum 宿營長
帝國時期的軍團中，位階排第三的高級軍官，由曾經擔任首席百夫長的人出任。

Praefectus Equitum 騎兵指揮官
指揮騎兵的司令官。

Praefectus Fabricum 技術軍官
共和國時期負責監督攻城戰或堡壘建築等工程的職位。這似乎不是軍中職位，而是司令官的個人顧問。帝國時期成為軍隊高層的一員。

Praefectus Sociorum 盟軍指揮官
共和國時期為了指揮聯盟軍團，由執政官挑選出的12名指揮官。

Praetor／Praetores 裁判官
語源是Praeire（引導、走在前方）。裁判官（或最高裁判官〔Praetor Maximus〕）原本是軍隊司令官或執政官前身的職位，在後來的時代裡，負責在執政官缺席時指揮軍隊。

Praetor Urbanus 內事裁判官
這個職位在共和國時期，負責處理與羅馬公民有關的司法事務，戰爭時則代替遠征中的執政官，指示從羅馬發出的各種補給業務。若有必要，元老院會選出身負特別任務的內事裁判官（比如運輸船的修理等等）。

Praetorianus／Praetoriani 近衛隊
共和國時期，在遠征中守護執政官營帳的士兵。

Praetorium 將軍營帳
共和國時期的執政官所居住的營帳，建設於營地的中心。

Primi Ordines 一級百夫長
直譯為「第一士兵」，在帝國時期指第一大隊的百夫長。

Primus Pilus 首席百夫長
帝國時期的軍團中，地位最高的百夫長。

Principales 百人隊幹部
指百人隊的各級幹部，一份半餉兵與雙餉兵都屬於這個階層。

Principus／Principes 壯年兵
意思是「第一名、領導者」，為共和國時期中衛部隊的名稱。這是Prince（大公或王子）的語源。

Provincia 職責
意思為「任務」或「作戰區域」等等，指的是指揮官的統治權所遍及的範圍，或是其應當執行的任務。參照「Imperium 統治權」、「Auspicium 宗教授權」及「Provincia／Provinciae 行省」。

Provincia／Provinciae 行省
羅馬的行政區劃單位，指的是「總督的統治權所遍及的範圍」，有元老院行省或皇帝行省等分類。

Q ◆◆◆◆◆◆◆◆◆◆◆◆◆◆◆

Quincunx 梅花形
骰子「5」的圖形，原本是羅馬貨幣（5/12阿斯）的名字。學者用來形容古羅馬的陣形。

R ◆◆◆◆◆◆◆◆◆◆◆◆◆◆◆

Rosaliae Signorum 玫瑰軍旗節
這是在5月9日及5月31日舉行的節慶，會用玫瑰等花環裝飾軍旗，並用香水或香油淨化己身與周遭。

S ◆◆◆◆◆◆◆◆◆◆◆◆◆◆◆

Sacramentum／Sacramenta 宣誓
向指揮官或皇帝宣誓效忠的儀式。

Scutum／Scuta 羅馬長盾
起源於義大利半島的盾牌，早期為橢圓形，後來演變為四邊形，也有六邊形等其他形狀。盾牌會彎出一個像是筒狀的弧度，可以包覆使用者的身體。

Sesquiplicarius／Sesquiplicarii 一份半餉兵
帝國時期的軍團及輔助部隊中，可以拿到普通士兵1.5倍軍餉的職位。科爾努號手、口令官等最為常見，再上去的等級稱為百人隊幹部。參照「Duplicarius／Duplicarii 雙餉兵」及「Principales 百人隊幹部」。

Signifer／Signiferi 旗手
手持百人隊旗幟（Signum）的士兵。由部隊最勇敢之人擔任。在帝國時期還兼任部隊的會計。也被稱為雙餉兵（Duplicarius）。

Spolia Opima 最高戰功
羅馬史上僅3人獲得的榮譽。頒贈給在一對一決鬥中擊殺敵方國王或司令官，並剝奪其武器裝備的將軍。

Stipendia 發薪日
每年3次。

Stipendium／Stipendia 軍餉
支付給士兵的薪水，帝國時期這個字指的是士兵的發薪日。

Suovetaurilia
向戰神瑪爾斯獻祭豬、羊、牛來淨化對象的祭祀方式。參照「Lustratio 潔淨儀式」。

T ◆◆◆◆◆◆◆◆◆◆◆◆◆◆◆

Tesserarius／Tesserarii 口令官
負責傳令的士兵，名稱源自寫有軍營當天暗號的木牌（Tessera）。帝國時期又被稱為一份半餉兵（Sesquiplicarius）。

Testudo／Testudines 龜甲陣
意思為「龜」的陣形。

Tiro／Tirones 新兵
新兵或外行人的意思，一般指進入軍團不到半年的士兵。

Torquis／Torques 頸圈
原本是高盧人纏在脖子上的裝飾品，在羅馬當成褒賞贈與有功的士兵。

Trecenarius 三百夫長
指的是禁衛軍大隊的首席百夫長，另外他們也負責指揮300名特務（Speculator）。

Triarius／Triarii 後備兵
意為「第三列」，是共和國時期組成陣列第三列的士兵。別名Pilus。

Tribus／Tribus 投票部族
第六任國王塞爾維烏斯・圖利烏斯創建的行政單位。這是為了在部族會議（Comitia Tributa）投票所成立的組織，每個羅馬公民必定屬於某個部族。起初由4個城市部族和26個郊外部族組成，前3世紀時，擴張到4個城市部族和31個郊外部族，合計35個部族。帝國時期已名存實亡。

Tribus／Tribus 部族
指羅馬王國初期的原始三部族，或指後來的投票部族。參照「Tribus／Tribus 投票部族」。

Tribunus／Tribuni 護民官
原本的意思是部族長，指的是王政初期三部族的首領（負責人），後來開始指類似指揮官的職位，帝國時期則成為了晉升的墊腳石。帝國時期的護民官，由1名元老院階級出身的寬條紋護民官（Tribunus Laticlavius），以及5名騎士階級出身的窄條紋護民官（Tribunus Angusticlavius，別稱為Militiae Equestres或Equestris Militiae）所組成。

Triplex Acies 三線陣
三段式陣列。此為現代的造語。士兵排成前後共3排，是共和國時期、帝國早期的基本陣列。參照「Acies／Acies 陣列」及「Duplex Acies 雙線陣」。

Triumphus／Triumphi 凱旋儀式
授予戰勝將軍的最高榮譽。

Turma／Turmae 騎兵中隊
由30名騎兵組成的部隊，指揮官為騎兵十夫長。

V ◆◆◆◆◆◆◆◆◆◆◆◆◆◆◆◆

Veles／Velites 少年兵
小隊型軍團的輕裝步兵。

Vexillatio／Vexillationes 分遣隊
從本隊分派出去的部隊。這是帝國時期的基本部隊運用方式，有些分遣隊最後還成為常態性的獨立部隊。

Vexillum／Vexilla 分遣隊旗
將矛頭穿過橫桿再裝上四邊形旗幟的旗子。旗手稱為Vexillarius／Vexillarii。分遣隊旗在輔助部隊中的地位如同鷹旗，有時也被用作騎兵的旗幟。

X ◆◆◆◆◆◆◆◆◆◆◆◆◆◆◆◆

Xiphos／Xiphe 希臘短劍
起源於希臘的直劍。

其他 ◆◆◆◆◆◆◆◆◆◆◆◆◆◆◆◆

方陣
方陣是古希臘的戰法之一，由裝備長矛與盾牌的重裝步兵組成1個方塊形陣列進行戰鬥。隊伍縱深一般為8列，到了後世增加到12列。詳細請參考拙著《古希臘重裝步兵的戰術》（本社刊）。

阿德里安堡戰役
發生於公元378年8月9日的會戰。戰爭的開端是希望移居羅馬領土內的哥德人，反抗羅馬人官僚的蠻橫所引發的叛亂。儘管東羅馬皇帝瓦倫斯向西羅馬皇帝請求支援，但出於對他的嫉妒，以及在幾場衝突中的勝利，東羅馬軍在未等到西羅馬軍的狀況下，便逕自決定與哥德人展開決戰。
羅馬軍低估了敵軍的戰力，還忽視了敵軍為了徵收糧食而採取分頭行動的騎兵部隊，造成無可挽回的致命錯誤。面對在山丘上以拉車為盾牌布陣的哥德人，羅馬軍在盛夏的酷暑中，不吃不喝持續移動軍隊，大量消耗了士兵體力。哥德人為了等待騎兵返回而拖延時間，甚至派遣使節前往會談，然而部分羅馬軍卻無視命令開始攻擊，兩軍就這樣陷入激戰之中。不幸的是，戰鬥中哥德人的騎兵隊抵達戰場，開始攻擊羅馬軍左翼，而原本待在拉車後方的步兵，也開始往前拚殺，令羅馬軍往中央擠壓，最後在甚至無法揮劍的狀態下被屠殺。皇帝瓦倫斯死於這場戰爭中，羅馬軍也失去大半熟練的士兵，其損害之大，令羅馬再也無法從這次的挫敗中站起。

盾心
英語Boss，拉丁語Umbo／Umbones，指盾牌中央凸出來的部位，是用來確保握把空間並保護手部的部件，一般為金屬製。

退役
帝國時期分為光榮退役（Honesta Missio）、負傷退役（Missio Causaria）以及不榮譽退役（Missio Ignominiosa）這3種類型。

強擄薩賓婦女
羅馬建城神話之一，指的是剛建城而陷入女性不足的羅馬，用奸計掠奪了薩賓人女性並強作為妻的事件。雖然這起事件導致羅馬與薩賓人之間發生戰爭，但最後羅馬國王與薩賓國王決定共同統治羅馬，結局兩者合一。從羅馬埃斯奎利諾山挖掘出來前7世紀初的墓地中，出土了被認為是代表薩賓人移居的陪葬品，因此這起事件或許有某種程度的真實性。

圖解古羅馬軍團的
武器、防具與戰術

出　　版／楓樹林出版事業有限公司
地　　址／新北市板橋區信義路163巷3號10樓
郵政劃撥／19907596 楓書坊文化出版社
網　　址／www.maplebook.com.tw
電　　話／02-2957-6096
傳　　真／02-2957-6435
作　　者／長田龍太
翻　　譯／林農凱
責任編輯／周季瑩
校　　對／邱凱蓉
內文排版／洪浩剛
港澳經銷／泛華發行代理有限公司
定　　價／560元
初版日期／2025年3月

國家圖書館出版品預行編目資料

圖解古羅馬軍團的武器、防具與戰術 / 長田龍太作；林農凱譯. -- 初版. -- 新北市：楓樹林出版事業有限公司, 2025.03　面；公分

ISBN 978-626-7499-71-9（平裝）

1. 軍事史 2. 古羅馬

740.225　　114000919